经管核心课程系列

国际结算

International Settlement

第三版

主　编　贺　瑛
副主编　梁　婷

复旦大学出版社

第三版前言

随着全球经济的不断发展,国际结算业务正以前所未有的速度与规模在加剧与膨胀。国际结算是一门融理论、政策、法规、实务于一体的应用性学科。为使学生及实务工作者能熟练掌握国际结算理论,娴熟运用国际结算技巧,明白通晓国际商会规则,作者利用自身曾在中外资金融机构工作的实务经验,结合多年从事金融教学及行业培训的经验编写了这本教材。

本书第一版问世以来,得到了银行、外贸及高等院校读者的热烈欢迎。本书第二版也使用了十余年,国际商务环境尤其是国际结算领域的形势在这十余年里发生了新变化。比较突出的变化有:数字经济成为推动世界经济复苏和繁荣的重要动力;国际保理、福费廷等业务不管是在发达国家还是发展中国家都已经广泛使用和深受欢迎;跨境电子商务的迅猛发展和广泛普及对国际结算的快速反应和安全支付等方面提出了更高要求;区块链技术的出现和运用助力了国际跨境支付结算业务更好地发展。在国际结算业务中,更需要灵活性地综合运用多种结算方式以保障国际商务活动的顺利开展和完成。在国际支付清算体系里,随着人民币国际化进程的深度推进,人民币支付清算体系的建设和完善也值得高度关注。国际结算领域里出现的新变化需要在教材里得到体现,为此,我们重新修订了教材。

本教材具有如下特点。

1. 新颖

本书的新颖主要体现在内容上。本书在介绍了传统的国际结算方式的基础上引入了当前国际结算中的最新业务。为了对国际结算业务有一全面的了解,本书以对国际结算过程中新老法律、法规及惯例进行对比的方式,阐述了国际结算业务的法律依据。在本书的第一章第三节里,对国际结算的信用管理做了新的阐述,特别是对于跨境电子支付的国际结算的信用管理做了探索性的介绍。

2. 独特

本书的独特主要体现在结构上。与现有的同类教材不同的是:本书在相应的章节对国际结算法律环境、支付方式的选择与运用做了介绍。这些章节的安排能使读者更加全面地理解国际结算业务,从而在更高的层面上做到理论与实践的结合。

3. 务实

作为一门以应用为主的学科,作者在编写过程中十分注重理论的可运用性及实务的可操作性。每章我们都以夹叙夹议的方式分析案例。值得一提的是,本书中的许多案例、操作规范及各国在国际结算中的习惯做法都取自作者在实际工作过程中的积累及总结,而这一做法是同类教材中所罕见的。

本书是集体智慧的结晶,由贺瑛担任主编,梁婷担任副主编。贺瑛负责设计全书的大纲和内容结构,贺瑛、梁婷负责修改和统稿。参加编写人员及其分工如下:贺瑛负责第一、二、三、四、五、六、十二章的编写及全书的总纂工作;余红心负责第一章第三节和第十四、十五章的编写;赵华伟负责第七、八章的编写;梁婷负责第九、十、十一、十三章的编写。

为便于教学和检验学习成果,可以把本书与配套的《国际结算习题与案例》在教学中共同使用。

由于作者水平有限!书中疏漏或错讹之处在所难免!欢迎读者批评指正。

作　者

2022 年 5 月

目　　录

第一章　国际结算概述 …… 1
【学习目标】/ 1
第一节　国际结算的产生与发展 / 1
第二节　国际结算制度 / 3
第三节　国际结算的信用管理 / 8
本章小结 / 14
基本概念 / 14
复习思考题 / 14

第二章　国际结算法律环境 …… 16
【学习目标】/ 16
第一节　国际结算法律环境概述 / 16
第二节　国际贸易术语解释规则 / 19
第三节　托收统一规则 / 28
第四节　跟单信用证统一惯例 / 32
第五节　其他惯例与规则 / 35
本章小结 / 40
基本概念 / 41
复习思考题 / 41

第三章　国际结算票据 …… 42
【学习目标】/ 42
第一节　国际结算票据概述 / 42
第二节　汇票 / 45
第三节　本票 / 57
第四节　支票 / 60

本章小结 / 64

基本概念 / 65

复习思考题 / 66

第四章 汇款结算方式 ... 67

【学习目标】/ 67

第一节 汇款结算方式概述 / 67

第二节 汇款结算方式种类 / 68

第三节 汇款的偿付与退汇 / 71

第四节 汇款结算方式在国际贸易中的运用 / 74

本章小结 / 76

基本概念 / 77

复习思考题 / 78

第五章 托收结算方式 ... 79

【学习目标】/ 79

第一节 托收结算方式概述 / 79

第二节 托收结算方式种类 / 81

第三节 托收结算方式在国际贸易中的运用 / 84

本章小结 / 87

基本概念 / 88

复习思考题 / 88

第六章 跟单信用证结算方式 ... 89

【学习目标】/ 89

第一节 跟单信用证概述 / 89

第二节 跟单信用证的种类 / 95

第三节 信用证的流转程序 / 104

第四节 信用证项下主要当事人的法律关系 / 113

本章小结 / 117

基本概念 / 118

复习思考题 / 118

第七章 银行保函结算方式 ... 120

【学习目标】/ 120

第一节　银行保函概述 / 120
第二节　银行保函的业务流程 / 126
第三节　银行保函种类 / 133
第四节　银行保函与跟单信用证的比较 / 141
本章小结 / 142
基本概念 / 143
复习思考题 / 144

第八章　备用信用证结算方式 ………………………………… 145

【学习目标】/ 145
第一节　备用信用证概述 / 145
第二节　备用信用证的种类 / 149
第三节　备用信用证和跟单信用证的比较 / 151
第四节　备用信用证和银行保函的比较 / 152
本章小结 / 154
基本概念 / 154
复习思考题 / 155

第九章　国际保理结算方式 ………………………………… 156

【学习目标】/ 156
第一节　国际保理结算方式概述 / 156
第二节　国际保理的业务运作 / 167
第三节　国际保理结算方式在国际贸易中的运用 / 173
本章小结 / 185
基本概念 / 186
复习思考题 / 187

第十章　福费廷结算方式 ………………………………… 188

【学习目标】/ 188
第一节　福费廷结算方式概述 / 188
第二节　福费廷结算方式业务操作 / 196
第三节　福费廷结算方式在国际贸易中的运用 / 205
第四节　福费廷结算方式与其他结算方式的比较 / 214
本章小结 / 217
基本概念 / 218
复习思考题 / 219

第十一章 结算方式的选择与综合运用 ······ 220

【学习目标】/ 220
第一节 结算方式的选择 / 220
第二节 结算方式的综合运用 / 223
本章小结 / 226
基本概念 / 227
复习思考题 / 227

第十二章 国际结算单据 ······ 228

【学习目标】/ 228
第一节 单据概述 / 228
第二节 货物单据 / 229
第三节 运输单据 / 237
第四节 保险单据 / 245
第五节 其他单据 / 251
第六节 单据审核 / 254
本章小结 / 266
基本概念 / 267
复习思考题 / 268

第十三章 国际非贸易结算 ······ 269

【学习目标】/ 269
第一节 国际非贸易结算概述 / 269
第二节 国际信用卡 / 270
第三节 旅行支票和旅行信用证 / 277
第四节 国际汇款 / 283
第五节 外币兑换 / 287
本章小结 / 289
基本概念 / 289
复习思考题 / 290

第十四章 国际支付清算体系 ······ 291

【学习目标】/ 291
第一节 国际支付清算体系概述 / 291
第二节 世界著名支付清算体系 / 294

第三节 人民币支付清算体系 / 297
本章小结 / 300
基本概念 / 301
复习思考题 / 301

第十五章 国际结算中的风险管理 … 303
【学习目标】/ 303
第一节 信用风险及管理 / 303
第二节 欺诈风险及管理 / 310
第三节 操作风险及管理 / 313
第四节 综合风险及管理 / 317
本章小结 / 319
基本概念 / 320
复习思考题 / 320

主要参考文献 … 322

第一章 国际结算概述

【学习目标】
- 了解国际结算的产生与发展历程
- 掌握国际结算的基本定义
- 熟悉国际结算的基本制度
- 了解国际结算信用管理的内容

第一节 国际结算的产生与发展

一、国际结算的产生

国与国之间发生的货币收付,就是国际结算行为。

国际结算的雏形是在国家出现后,随着国际商品交换的萌芽产生,才逐渐形成的。奴隶社会、封建社会的生产力水平低,社会分工不发达,自然经济占统治地位,因此对外贸易比重极小,国际商品的交换只是个别的、局部的甚至是偶然的现象。那时国际上的结算已经发生,但其形式非常原始,即通过在国与国之间输送黄金和白银来办理。14、15世纪出现了资本主义的萌芽,资本主义各国对外贸易迅速发展,国际交换日益扩大,区域性国际商品市场逐渐形成。以黄金、白银的运送来了结债权、债务的方式已不适应当时贸易发展的需要。商人们开始使用"字据"来替代现金。16—17世纪,欧洲大陆上由这种字据发展起来的票据已被广泛使用。随着结算业务量的增加,使用单据的非现金结算方法日益显示出它的优越性。票据代替金钱,金钱被单据化了。到18世纪,单据化的概念被普遍接受。这一最早的票据就是商业汇票。即由债权人(creditor)向债务人(debtor)发出的一个支付命令,命令他按照汇票的要求,将一定的金额付与汇票上规定的第三者。例如:英国A商人向澳大利亚B商人购买价值£100 000的羊毛;澳大利亚C商人向英国D商人购买了价值£100 000的棉纺织品。英国的D商人在发出货物或对方收到货物后,开立了一张要求C商人支付£100 000的汇票,D商人可将这张汇票售予英国的A商人,收回他应得的£100 000。英国的A商人就把汇票寄给澳大利亚的B商人,由他持票向澳大利亚的C商人要求付款。这样,英国和澳大利亚两国之间两笔债权、债务通过一张汇票的传递和流转,得到了清算(见图1-1),从而避免了在现金结算方式下黄金和白银的往返运输,节约了时间和费用,有利于国际商品交易的发展,对促进国际经济交往起了一定的推动作用。

商人间用商业汇票结算债权、债务要比运送黄金、白银方便、安全得多。但使用商业汇票结算债权也有一定的局限性,它必须具备以下3个条件。

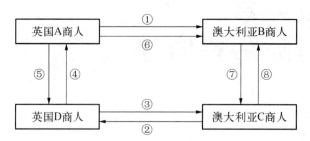

图 1-1 商人间用商业汇票结算债权、债务

图 1-1 说明：①英国 A 商人向澳大利亚 B 商人购入羊毛；②澳大利亚 C 商人向英国 D 商人购入棉纺织品；③英国 D 商人开立一张以澳大利亚 C 商人为付款人的汇票；④英国 D 商人将汇票售予本国 A 商人；⑤英国 A 商人向本国 D 商人支付汇票金额；⑥英国 A 商人将汇票寄给澳大利亚 B 商人；⑦澳大利亚 B 商人向本国 C 商人提示付款；⑧澳大利亚 C 商人向本国 B 商人支付。

(1) 一国的进出口商之间要有密切的业务联系和相互信任的基础。
(2) 进出口商的任何一方有垫付资金的能力。
(3) 进出口货物的金额和付款时间应完全相同。

任何两笔交易要同时具备以上 3 个条件，实际上是很困难的，于是就有了商业银行的介入。在国内，银行遍设机构；在国外，银行或直接开设分行，或与外国银行建立代理关系和签订互委业务约定，使银行网络覆盖全球。在这种情况下，买卖双方能集中精力开展贸易，货款结算则完全通过银行办理。卖方可将货运单据经银行寄出、索取货款，银行则配合收款。卖方也可自寄货运单据给买方，由买方经银行汇回货款。银贸之间既有分工又有协作，共同开展对外贸易，为安全收汇和按时付汇作出贡献。银行的融资使商人增加了交易量，银行本身也得以扩展业务，两者相辅相成，银行成了国际结算业务的中枢。

二、国际结算的分类

通常意义上的国际结算，其分类是以贸易作为划分标准的。

（一）国际贸易结算

国际上由于贸易活动所发生的债权、债务，是通过资金调拨、货款转移的方式了结的，称为国际贸易结算。它是建立在商品交易、钱货两清基础上的结算，又称为"有形贸易结算"。它与国际贸易的发生和发展、世界市场变化、国际运输、货损保险、电信传递有着密不可分的联系。正如贸易收支是经常项目乃至整个国际收支的中心一样，国际贸易结算也是整个国际结算的核心。

（二）国际非贸易结算

国际贸易以外的其他经济活动，以及政治、文化交流活动，如服务供应、资金调拨、国际借贷等引起的货币收付，也称为"非贸易结算"。它们都是建立在非商品交易基础上的，也称为"无形贸易结算"。常见的有侨民汇款、旅游开支、服务偿付等。

三、国际结算的发展

最早的国际结算是因国际商品买卖而发生的，国际商品买卖属于国际贸易范畴。随着国际贸易的发展,国际贸易结算也从简单的初级阶段,发展到比较完善的高级阶段。具体表现为:从现金结算发展到非现金结算;从商品买卖发展到单据买卖;从买卖直接结算发展到买卖通过银行结算;从简单的贸易条件发展到交货与付款相结合的比较完整的贸易条件。

国际贸易结算发展与支付方式的变革关系密切。传统的支付方式有以商业信用为基础的结算方式——汇款、托收和以银行信用为基础的结算方式——信用证。近30年来又出现了一种以银行信用为基础的其他结算方式——福费廷和保付代理。

从我国使用支付方式的情形看,信用证方式约占整个贸易结算方式的50%—60%。信用证方式虽然比较安全,但手续太复杂,需要大量人力处理单据,结算速度太慢。近年来,我国虽然也曾开展保理业务,但保理商向出口商作无追索买单,通常要在货物发运后90天才付款,并且要收取0.75%—1.75%的高额手续费,对出口商来说资金占用和费用负担两方面都不理想,故保理不可能成为替代信用证的结算方式。

因此,在以信用证为结算主导方式的前提下,要提高贸易结算的质量,必须从两方面入手:其一是"单据简化";其二是"无纸化"。

单据是否有简化的可能,这应该从单据本身的结构中寻找答案。各种单据虽有不同的特点和各自的用途,但某些基本内容有不少类似之处,大量相同的内容为简化单据提供了可能性。

瑞典在20世纪50年代开始着手单据简化工作,在政府支持下成立了一个公私合作的研究机构,该机构于1957年设计了一套以主单据(master document)为核心,把所有海运出口单据结合起来的"一次过"方式(one run method),先后为丹麦、挪威、芬兰所采用。1963年,经欧洲经济委员会(Economic Commission for Europe,简称ECE)的专门工作组研究后,设计了一套"ECE固定格式"(ECE layout key),这个格式后为联合国经济社会委员会采纳,于1978年定名为"联合国贸易单据固定格式"(United Nations Layout Key for Trade Documents)。虽然人们看到了标准化单据的好处,但标准格式的使用仍不普遍。

随着计算机网络和通信技术的发展,"电子数据交换"(electronic data interchange,简称EDI)以其交易速度快、及时性强,准确性高、差错率低,安全库存量小、开销费用低等优点已被经济发达国家普遍采用,成为社会经济活动信息传递和交换的最新手段,这为"无纸化"结算提供了可能。EDI的普及也必将提高国际贸易结算的质量。

国际结算由贸易结算与非贸易结算两部分组成。随着国际贸易的发展,各种非贸易活动日益增多。金融、旅游等服务业的崛起为非贸易结算的发展奠定了基础。

第二节　国际结算制度

一、多边结算制度

多边结算方式萌芽于资本主义自由竞争时代,盛行于资本主义金本位时期。由于金本位制具有金币自由铸造、银行券自由兑换和黄金自由输出输入的特点,且各国货币之间的汇率稳定、资金调拨自由,为多边结算的顺利开展创造了有利条件。自从所有资本主义国家都实行纸币本位制后,黄金和纸币已不发生直接的联系。

许多资本主义国家根据它本身的对外支付能力和黄金外汇储备情况,对本国货币的可兑换性和资金的移动施加了不同程度的限制。在这种情况下使用多边结算方式,就需要具备一定的条件。

第一,所使用的货币必须具有可兑换性。多边清算的主要特点是"多边",所以在这种方式下使用的货币必须是可以自由兑换的。这样,才能以持有某一种货币的债权抵付另一种货币的债务。例如,瑞士法郎是可以自由兑换的,一个国家持有瑞士法郎的债权要抵付其所欠美元的债务,就需要通过外汇的买卖,把瑞士法郎兑成美元后抵消。缅甸的缅元(Kyat)是不可兑换的货币,一国持有缅元的债权,除了能抵付缅甸的债务或向其购买出口货物外,不能换成其他货币以抵消其所欠其他货币的债务,多边清算就无法进行。所谓货币的自由兑换,严格地讲,应是一国的货币能随时兑换成黄金或其他货币,而不问其资金的性质如何。根据目前各国货币制度的规定,没有哪一国的货币能做到这样彻底的自由兑换。所以,现在各国货币的可交换性是有一定限度的。根据国际货币基金协会第八条关于会员国一般义务的规定,如果一国政府用其本国货币兑换成他国货币,并未加歧视性的措施,即属可兑换货币。目前,世界上属于可兑换的货币有几十种,其中在多边结算中常用的货币有美元、德国马克、日元、瑞士法郎、法国法郎和英镑等。

第二,本国商业银行应在有关国家的商业银行中开立各种清算货币的账户。一个国家如要实行各种货币的多边结算,就需要有本国的商业银行在各个金融中心的商业银行开立各种货币的存款账户,使各种货币之间能相互兑换,从而结算以各种货币表示的债权、债务。使用的结算货币越多,开立的各种币制的账户也越多。在金本位制时期,英镑是当时世界上主要的国际结算货币,伦敦是资本主义世界最大的国际金融中心,在伦敦开立了英镑账户就基本上能满足当时多边结算的要求。之后随着美元的崛起,美元在国际支付中逐渐和英镑平分秋色,在纽约、芝加哥等地商业银行中开立美元账户亦成倍增加。20 世纪 70 年代以后,由于国际储备趋向多样化,苏黎世、法兰克福、巴黎、卢森堡、东京、中国香港、新加坡也纷纷成为有关货币的结算中心。

第三,账户之间可以自由调拨。这是指本国商业银行在对方国家商业银行所持有的存款余额,可以自由转到其他国家的商业银行在该国开立的账户内,用以清偿对其他国家的债务;反之亦然。这样,就能使以同一种货币表示的对外债权、债务通过转账形式予以清偿。倘若账户所在地国家的管汇法令对账户的存入和转出有所限制,多边结算的范围亦会受到限制。例如,英国在 1954 年把英镑账户分为四种:注册英镑账户、可转让英镑账户、封锁英镑账户、居民账户英镑账户,但同种英镑的各账户之间则可相互调拨转账。因此,当时以英镑进行多边结算,受一定范围的限制。

案例 1-1

案情

某月某日日本居民通过日本东京银行对外发生如下经济交易。

(1) 日本商人甲从沙特阿拉伯进口石油支付 US$100 000 000。

(2) 日本商人乙对英国出口汽车收入 US$15 000 000。

(3) 日本商人丙从美国购买农产品支付 US$30 000 000。

(4) 东京银行贷给新加坡崇桥银行 3 年期信贷 US $20 000 000。

(5) 日本商人丁汇给其瑞士子公司 US $100 000 000。

分析

以上交易涉及 6 个国家,如实行双边结算,至少有 5 次的资金调拨和清算。如东京银行在纽约花旗银行开立一个美元账户,则所有对这些国家的债权、债务可以集中在账户上相互冲抵,如下所示。

东京银行

借方(付方)	贷方(收方)
(1) US $100 000 000	
(2)	US $15 000 000
(3) US $30 000 000	
(4) US $20 000 000	
(5) US $100 000 000	

从以上可以看出,日本因对外经济联系而与不同国家发生的债权、债务可以通过商业银行的账户变动,使其大部分得到抵消,剩下需要结算的仅是一个差额。实际上,即使这个差额也并不需要每月月底或每年年底进行结算。因为在商业银行之间一般都相互提供透支额度,只要不超过这个额度就无需清偿。

启示

(1) 多边结算减少了资金调拨和结算的手续。

(2) 在条件许可的情况下,尽可能多地使用多边结算方式。

多边结算并不是一种人为的、自觉的组织形式。许多国家经营外汇业务的商业银行都是不自觉地通过账户的建立,加入了这个结算行列,因此一个国家可以有不止一家商业银行从事多边结算;而一家商业银行持有某种货币的账户也可能有多个。从世界范围来看,就有几千家银行、几十万个账户,每天每时根据凭证的传递或电信执行多边结算任务。这样的结算往往并不是固定在某一特定时点上,把双方的债权、债务汇总后再结算的,而是在账户的变动过程中,使债权、债务彼此抵消而解决的。因为多边结算使用的是可兑换货币,所以又名为现汇结算。

多边结算的特点之一是经营外汇业务的商业银行要在海外设一个代理业务网点,一般都以其分支行为主,辅以与外国银行建立的各种代理关系。所谓代理关系,是指两家银行可以相互委托业务的一种关系。在建立代理关系时,两行首先要相互发送控制文件(control documents)。它包括有权签字人的印鉴(specimen signatures)、凭以核实来往电文的密押(test key)和费率表(terms and conditions)。有时候,在建立代理关系时,还需要肯定双方委托业务的范围、条件和费用。

在广泛建立代理关系的基础上,尚需选择一些商业银行作为账户行。账户行应具备的条件是:① 账户行所在国的货币是国际上广泛使用的清算货币;② 账户行要比一般代理行具备更雄厚的资力、更可靠的信用、更正派的作风和更友好的态度。

总之,在多边结算方式下,各国能自由进行商品的进出口;有利于竞争,提高出口商品的质量;不会造成关税贸易壁垒,有利于国际贸易的进行。但这一方式不能解决落后国家强烈的进口欲望与匮乏的外汇资金的贸易。

二、双边结算制度

双边结算是指两国政府签订支付协定,开立清算账户,用集中抵消债权、债务的办法,清算两国之间贸易和非贸易往来所产生的债权、债务的一种制度。它因产生于签订支付协定的基础上,所以也称协定结算。又因为使用的清算货币仅是一个记账单位而不是可兑换货币,故又称记账清算。通过这种特定账户收付的外汇称为协定外汇或记账外汇,以区别可自由兑换和调拨的外汇。在双边清算的情况下,一国对另一国的债权只能用以抵消对该国的债务,或用以支付从对方的进口,而不能用来抵偿它对任何第三国的债务。

双边结算制度是特定历史阶段的产物。第一次世界大战以后,资本主义经济和政治陷入全面危机,严重的通货膨胀和国际支付危机迫使有些交战国取消了外汇自由,实行外汇管制。战争结束后,有些国家曾一度取消管制,恢复自由外汇。但是,1929—1933 年的世界经济危机从根本上打乱了资本主义世界的经济秩序,货币制度和国际支付陷入严重的危机,争夺市场斗争空前激化。对外支付能力薄弱的国家为了减少国际支付逆差和保证外汇储备不致流失,纷纷实行外贸管制和外汇管制。但是,实施了这样的管制以后,本国商品的出口机会亦大为减弱,因为甲国对乙国的出口商品予以限制,乙国对甲国的出口商品亦将予以同样的限制。为了摆脱这样的困境,资本主义国家之间,帝国主义国家和殖民地、附属国之间签订了清算协定(clearing agreement),开展双边贸易和双边结算。把双方国家因贸易和非贸易引起的债权、债务不用现汇进行结算,而是集中在双方的国家银行或它们所指定的银行,在一定的时间内进行结算。到 1937 年,资本主义国家之间签订的清算协定达 170 多个。当时德国通过清算协定清算的贸易额达到全部对外贸易额的 75%。

双边结算对外汇资力薄弱的国家可以起到出口销售有保证,进口无需使用现汇,减少黄金、外汇储备流失的作用,但也可以被一些大国作为剥削、掠夺的工具,大国廉价取得原料,强行推销其工业品。另外,实行双边贸易和双边结算,进一步加深了资本主义各国之间的矛盾,使市场竞争更加白热化,给国际贸易的全面开展带来了不利的影响。

双边结算曾在我国的国际结算中占有很大比重,在 20 世纪 50 年代末和 60 年代初曾高达 70%。中华人民共和国成立之初,国民经济处于恢复阶段,外汇储备并不富裕,而当时资本主义国家普遍实行外汇管制,美国又对我国封锁禁运,使我国对外贸易的发展受到相当大的限制。当时我国对外贸易对象的重点是社会主义国家,对苏联和东欧国家的贸易全部使用双边结算的方式。在与第三世界一些新独立国家的贸易中,因对方国家外汇短缺,无法使用多边清算方式,所以通过双方谈判,根据对等互利、互通有无的原则签订了贸易支付协定。60 年代初,民族解放运动风起云涌,非洲很多殖民地国家先后独立,为了支持这些国家经济的发展,我国和第三世界各国签订的支付协定有所增加,最多时达到 26 个国家。在这些支付协定中,我国严格尊重对方的主权和愿望,并在力所能及的范围内,向它们提供一些必需的物资,同时适当收购对方的滞销产品。70 年代以后,由于双边清算的顺差清偿困难,它在我国对外清算中所占的比重也大幅度下降。

我国和第三世界国家支付协定的主要内容有：清算机构和清算账户的开立、清算范围、清算货币、信用摆动额度和利息的算收、账户余额的保值、清算账户差额的处理。

三、集团性多边结算制度

第二次世界大战后出现了各种集团性的多边结算方式，这种集团性的多边清算方式都是在双边清算方式的基础上发展起来的，即把清算范围予以有限度的扩大。它在本质上不同于以商业银行为主、使用可兑换货币和自发地进行清算的多边结算。

欧洲支付同盟(European Payment Union，简称 EPU)实行了典型的集团性多边结算制度。

当时，在西欧盛行的双边清算，由于顺差国不能把双边清算的顺差用于支付对第三国的逆差，在一定程度上影响了各国对外贸易的开展。另外，欧洲各国间的双边贸易亦不利于美国的进出口贸易，因此，美国仗着其在第二次世界大战后建立起来的霸权地位，对西欧各国施加压力，并以马歇尔计划为诱饵，诱使它们放弃双边清算，实行多边结算。1950 年 7 月成立了欧洲支付同盟，参加的国家为欧洲经济合作组织成员国。欧洲支付同盟多边结算主要有以下 3 个特点。

(1) 成立清算机构。负责清算的机构是设在瑞士巴塞尔的国际清算银行(Bank of International Settlement，简称 BIS)。

(2) 规定清算货币。清算货币规定为欧洲支付同盟的记账单位(unit of account)，每一记账单位的含金量和美元相等。根据各国货币的含金量再计算各国货币对记账单位的汇率，作为成员国债权、债务的折算标准。

(3) 按照一定的清算程序。各成员国中央银行每月将其对其他成员国的双边债权、债务通知国际清算银行，由国际清算银行把这些债权、债务集中冲销，剩下的差额再同各中央银行清算。差额在某一限度之内，一部分用黄金或美元支付，一部分作为对欧洲支付同盟的信贷存欠。超过一定限度则全部用黄金或美元支付。

随着多数成员国的货币实行自由兑换，欧洲支付同盟遂于 1958 年年底宣告解体。代之而生效的是欧洲货币协定(European Monetary Agreement，简称 EMA)，在性质上，它与欧洲支付同盟的多边结算相类似。从整个欧洲货币协定十多年执行情况来看，其成员国通过协定进行多边结算的累计总额仅为 995 亿美元。由于发挥的作用不大，这一协定亦于 1972 年年底宣布终止。

与此相对应，东方国家的集团性组织成立于 1949 年 1 月，称为经济互助委员会(Council for Mutual Economic Assistance，简称 CMEA)。参加的国家有苏联、保加利亚、匈牙利、波兰、捷克斯洛伐克、罗马尼亚、民主德国、蒙古、古巴、越南等。原来各成员国彼此间贸易往来产生的债权、债务采用双边结算方式，以"贸易卢布"为计价清算货币，后由于双边清算缺少调拨的灵活性，各成员国于 1963 年 10 月签订多边清算协定，实行多边清算。负责多边清算的机构是设在莫斯科的国际经济合作银行。清算货币为"转账卢布"，它与苏联国内流通的卢布等值。成员国彼此的债权、债务可以相互冲销。逆差国如账户资金不足，可向国际经济合作银行申请贷款以偿付所欠债务。随着东欧的演变和苏联的解体，这一组织已不复存在。

从 20 世纪 90 年代开始，世界的区域经济一体化在北美、欧盟、亚太三大世界经济活跃区的发展既迅速又深刻：北美自由贸易区、欧盟、亚太经济合作组织在 20 世纪 90 年代就已经显露出"集团化"热的发展局面；当下的"一带一路"倡议使沿线国家之间的经贸金融联系愈加密切而深刻;2020年11月《区域全面经济伙伴关系协定》正式签署,标志着当前世界上人口最多、经贸规模最大、最具发展潜力的自由贸易区正式启航。可见,集团化贸易仍在加强发展,这就为集团性多边清算的发展和完善创造了条件。

第三节 国际结算的信用管理

一、国际结算信用管理概述

国际贸易随着国际结算信用工具和方式的完善和创新,其内涵不断向深层次延伸和拓展。从国际结算产生和发展历程来看,国际结算信用管理是国际结算管理的核心要义。

(一)国际结算信用管理的定义

国际结算信用管理是指处于国际结算过程中的企业为增强信用能力,控制国际结算中信用风险而实施的一套业务方案、政策和为此建立的一系列组织制度。信用风险是指交易对方不履行到期债务的风险,而国际结算中的信用风险是指在国际结算过程中,由于一方的信用不良而可能给其他各方造成的损失,这在出口业务的国际结算中表现尤为明显,如汇付、托收、信用证、银行保函、国际保理等方式所表现出的信用风险。在竞争日益激烈的国际贸易中,信用管理关乎着企业以及与之相连的银行等的发展命运,不论是银行还是企业,不论是出口商还是进口商,都需加强信用管理,提高对外贸易、对外结汇的能力。

(二)出口业务国际结算信用风险

国际结算方式,即支付方式,既包括汇付、托收、信用证为代表的传统的结算方式,又包括备用信用证、保函、保理和福费廷等为代表的集融资、担保和结算于一体的新型结算方式。出口业务中,国际结算的信用风险较为常见。

1. 汇付方式的信用风险

汇付方式是一种商业信用,主要体现在小额贸易中,主要表现形式为货到付款,出口方面临着较大的信用风险。由于汇付方式采用的是货到付款,出口方率先发货占资金,不能迅速地回笼资金,可能面临现金流不足的风险;同时,出口方是否能够收到汇款,取决于进口方在约定的期限内偿付汇款的能力。当企业经营不善、市场行情大幅波动,又或是企业破产,也会导致商业信用风险的出现。此时,出口方需要多途径地了解进口方的信用情况、市场的风险情况,尽可能地选择买方进行预先支付全额或部分款项,以降低信用风险。

2. 托收方式的信用风险

托收方式是以商业信用为基础,出口方承担着较大的风险。当出口方先行发货时,其能否全额收回款项取决于进口方的信誉。当遇到货物市场价格下跌、进口方经营不善等情况时,进口方少付或拒付的行为可能产生。即便采用承兑交单的方式,进口方承诺付款,但出口方提交相关单据后,不能以物权凭证有效约束进口方,出口方依旧面临较大的信用风险。

3. 信用证方式的信用风险

信用证是以银行信用为基础的结算方式,相较于托收方式,出口方承担的信用风险有所降低。然而,由于信用证"单单相符、单证相符"的特点,以致容易造成货物监管的纰漏。同时,信用证的专业性强、过程复杂,又有进口方伪造信用证的可能等,从而给出口商带来一定的信用风险。

4. 银行保函的信用风险

银行保函以银行信用为基础,目的是通过消除进出口双方的不信任、避开商业信用的结算方式,以促使交易达成。然而,由于银行保函本身的特点,对具体情况不明晰,也将给保函申请人和担保人带来较大的风险。

5. 国际保理的信用风险

国际保理以商业信用为基础,当进口方不付和逾期付款时,保理商承担付款责任,降低了出口方的信用风险。然而,这并不能够说出口商没有所有的信用风险。原因在于,国际保理中保理商的信用担保范围只包括进口方的信用原因、国家风险、自然灾害和不可抗力导致的不付款行为,但对进出口双方贸易争端所导致的不付款行为则不负责任。由此,出口方通过国际保理业务所面临的信用风险是由进出口双方的贸易争端和保理商信用不足所产生的风险。

6. 福费廷的信用风险

福费廷业务是进出口商双方在签订基础合同时已经协商好的一种新型结算融资方式,进出口双方同意将基础合同项下的应收应付款项采用福费庭商以包买票据的形式进行中长期的批发性融资来完成国际结算。福费庭商几乎承担了出口商向其转嫁的与收款相关的所有风险,包括商业风险、政治风险、资金转移风险、汇率风险和利率风险。但是福费庭商也要特别关注进口国的政策管制风险,因为当进口国政府出现政策管制时就会导致福费庭商从进口商处收款遇到极大阻力乃至收款几乎不可能实现。福费廷业务对于出口商的最大魅力在于福费庭商在买断票据的时候就放弃了融资款项的追索权,但这一点也容易被不法商人利用,采用贸易欺诈手段骗取银行的贴现资金。这需要福费廷商在与出口商签订福费廷合同时,要清晰界定双方的权利和义务以及特殊情形下的例外条款,适当地规避福费廷业务的经营风险。

以上6种国际结算方式的信用风险,皆从出口业务谈及国际结算中的信用风险,针对的是出口方。同时,进口方也可能在国际结算中面临着信用风险,如当进口方向出口方预付了部分或者全部款项时,进口方却收到了不合规或不合格的货物。因此,在国际结算中,任何一方的信用不良都会造成进出口双方之间的债权、债务无法了结,此时,国际结算就失去了最基本的功能和作用。

(三)国际结算信用管理的必要性

前面提及了汇付、托收、信用证、银行保函和国际保理五种国际结算方式中可能出现的信用风险,随着国际经济技术合作的不断加深、信息技术的不断运用,国际结算外延不断扩大、内涵不断深化、载体不断升级,国际结算中的信用风险也将有可能发展变化,对国际结算信用管理的认识也需不断地深化。

1. 国际结算外延不断扩大

随着经济全球化的不断深入推进,国际合作日益紧密、国际分工也日益精细化。通信技术的发展更是大大推进了国际贸易的发展。一是国际结算中的贸易量不断扩大,尤其是随着中国经济的发展,新一轮的开放,加强国际地区间的合作和分工,如"一带一路"倡议的推进,为世界经济和国际贸易的发展注入了强心针;二是国际贸易结算中的商品结构从货物贸易扩展至服务贸易,从与国际商品贸易相关的古典服务贸易扩展至与国际直接投资密切相关的要素转移性质的服务贸易,并继续向相对独立于商品贸易和直接投资的服务贸易挺进。国际结算外延的扩大延伸了信用管理的范围。

2. 国际结算内涵不断深化

传统的结算方式仅仅局限于结汇环节,而新型的结算方式是集融资、担保和结算于一体的综合性、立体化的全面结算过程。结算方式从以商业信用为基础的结算方式过渡到以银行信用为基础的结算方式,并朝着以综合信用为基础的新型结算方式转化。国际结算内涵的深化增加了信用管理的内容。

3. 国际结算载体不断升级

随着信息技术的不断进步、全球联通设施的不断完备,电子商务发展对国际结算的影响愈发凸显。电子商务是指所有运用互联网(Internet)、内部网(Intranet)、外部网(Extranet)、局域网来解决交易问题、降低经营成本、增加商业价值并创造新商机的所有商务活动。电子商务凭借其市场全球性、方便快捷性、低成本、高渗透性和高效率性的优点逐步改变了传统贸易方式。按照参与商务活动的主体划分,电子商务可以分为企业与企业之间的电子商务(B2B)、企业与消费者之间的电子商务(B2C)、企业与政府之间的电子商务(B2G)、消费者与政府之间的电子商务(C2G)、消费者与消费者之间的电子商务(C2C)。这些电子商务模式所产生的跨国企业之间、跨国消费者与跨国企业之间等跨国交易引发了对国际结算新的要求。电子商务活动伴随着三大"流":信息流、资金流和物流。信息流和物流相对容易实现,通过电子支付实现资金流是最为重要的环节,故而决定电子商务意义的是支付方式。相较于传统的支付方式,电子支付是通过数字流转来完成支付信息传输,支付手段均是数字信息,而传统的方式则是通过现金的流转、票据的转让和银行的转账等实体形式的变化实现;电子支付是基于开放的系统平台,即互联网,而传统的支付则在较为封闭的系统中运作;电子支付使用的是最先进的通信手段,因此对软硬件要求很高,而传统支付对技术的要求不如电子支付高,使用的是传统的通信媒介,且多为局域网络,无需联入互联网;电子支付可以完全突破时间和空间的限制,可以满足 24/7(每周 7 天,每天 24 小时)的工作模式,在很短的时间内以相当于传统支付的几十分之一,甚至几百分之一的支付费用完成整个支付过程,其效率之高是传统支付望尘莫及的。按电子支付指令发起方式,电子支付的业务类型可分为网上支付、电话支付、移动支付、销售点终端交易、自动柜员机交易和其他电子支付,这些无不烙上信用的痕迹。因此,国际结算载体的升级需要信用管理的支撑。

二、国际结算信用管理内容

基于国际结算方式,国际结算信用体现为商业信用和银行信用两大类,这也是传统国际结算信用。然而,随着技术的不断发展,大数据、物联网技术的不断运用,国际结算的信用工具也不断推陈出新,如跨境电子商务,国际结算信用涵盖与之相关的系统信用和司法信用。由于商业信用和银行信用在前述章节中已谈及,此处不予赘述。

系统信用是指系统(设备和网络)安全的技术问题。由于互联网具有充分开放、管理松散和不设防三大特点,要实现电子支付结算,必须确保支付信息的安全。电子支付安全的需求包括如下五个方面:一是身份认证需求,即确定交易各方的身份,以防被假冒或伪装,同时也需要认证支付平台的真实性;二是信息的保密性,即只有合法的接收者才能解读信息;三是信息的真实完整性,即接收到的信息是由合法的发送者发出,且内容没有被篡改或被替换;四是信息的抗抵赖性,即交易一旦达成,发送方不能否认已发送的信息,接收方不能否认已收到的信息;五是信息的有效性,即确保信息在确定的时刻、地点是有效的,能对网络故障、硬件故障、错误操作、应用程序错误和计算机病毒所产生的潜在威胁加以控制和预防。

从技术角度来看,实现电子支付安全的技术措施主要包含保障后台系统的安全技术措施、用户身份认证的安全技术措施和电子支付的安全协议。保障后台系统的安全技术措施是为了保障交易服务器的安全,一般可以采取设立防火墙和利用入侵检测技术来实现。用户身份认证的安全技术措施是确定交易各方合法身份的重要手段,电子支付主要采用 PKI/CA 体系来完成用户身份认证和信息的安全处理。电子安全证书由 CA(certificate authority)认证中心发放,它对安全的保障作用体现在以下几个方面:交易主体的身份识别,交易过程的商业秘密,电子通信的安全,特别是未经授权的中途拦截和篡改的防备,交易和真实记录的保存和管理等。在国际结算中,这种安全认证是非常重要的,既可以防止欺诈,又保证信息的私密性和完整性。目前,通用的电子支付安全协议有两种:SSL 和 SET。SSL(secure socket layer)是由 Netscape 公司推出的一种安全通信协议,其位于 TCP/IP 协议和各种应用层协议之间,是国际上最早应用于电子商务的一种网络安全协议。SSL 协议具有便捷性、低成本、高速度的特点,但由于其运行的基础是卖方对买方信息保密的承诺,客户资料安全性无法保证,并且 SSL 协议不对应用层的消息进行数字签名,因此不能提供交易的抗抵赖性。SET(secure electronic transaction)是由 Visa 和 Master 两大卡组织和多家科技机构共同制定的关于在线交易的安全标准。相较于 SSL 协议,SET 协议复杂且庞大,支付过程缓慢,但其对所有的通信采用加密算法加密、电子数字签名等,安全性较高。

除了上述提及的安全性需求外,系统信用仍面临着其他隐患,如内部窃密和泄密问题。网络的发展使得内部人员有意或无意地破坏网络信息较为容易,其窃密、泄密的渠道隐蔽且难以防范。

司法信用涉及电子商务法律问题。随着电子支付的发展,国际关于电子支付服务监管的法律体系也逐渐健全。其中,美国颁布的法律是中心。另外,联合国国际贸易法委员会于1992 年制定的关于"跨境电子支付"的《国际借贷划拨示范法》也具有重要的指引作用。美国电子支付服务法律主要包括 1978 年的联邦《电子资金划拨法》、美联储 E 条例和美国《统一商法典》第 4A 篇。《电子资金划拨法》是世界上第一部关于电子支付的法律,该法为电子支付参与方的权利、义务和责任提供基本框架。该法调整的主要对象是利用电子终端机、电话相关设备、计算机及磁性存储设备等进行的小额电子支付。根据《电子资金划拨法》的授权,联邦储备系统理事会制定了联邦 E 条例,以对该法内容进行强化。《电子资金划拨法》和

E条例的内容涉及消费者与金融机构之间关系的各个方面,对消费者及电子资金转移服务的权利义务内容作出规定,并对各金融机构参与的相关活动、银行卡发行与银行卡信息管理等程序制定了标准。美国《统一商法典》第4A篇对非自然人之间的大额电子资金划拨行为进行了调整,排除了对小额电子资金(即消费性电子资金)的调整,并针对欺诈支付指令的风险责任承担,创设性地引入"支付命令与安全程序"这一概念,对电子资金划拨的风险负担作出规定。

联合国国际贸易法委员会(以下简称联合国贸法会)于1992年颁布了《国际贷记划拨示范法》,这是国际上针对跨境电子支付最为规范的法律文件。该示范法包括总则、各当事方的义务、贷记划拨未完成的后果、贷记划拨的完成4章,共计19个条文。该示范法对于规范与统一贷记划拨法律有着重要的贡献,为各国电子支付服务立法提供了重要的参照蓝本,然而该法缺少网上支付服务的相关规则和风险监管制度。1996年12月,为了给各国制定电子商务法律法规提供相应的范本,联合国贸法会颁布了《电子贸易示范法》。它由两大部分组成:第一部分是电子商务总则,是该法的核心。总则将纸面文件的基本功能提炼出来,对电子文件可视为或等同于书面文件签字效力作出明确规定,保证交易双方通过电子手段传递信息的合法性。第二部分是电子商务在特定领域中的运用,主要是在货物运输方面和单证方面的法律规定。其中第7条中初步规定了电子签字的内容,并对电子签证的可靠性制定了一些标准。联合国贸法会电子商务工作组第37届会议于2000年9月18日至29日在维也纳举行。此次会议继续讨论《电子签字统一规则》的草拟稿,该规则是对《电子商务示范法》中第7条的细化和延伸,旨在协助各国建立现代化的协调和公正的立法框架,更加有效地解决电子签字问题。该规则列出了用以衡量电子签字技术可靠性的实际标准,并将这种技术可靠性与特定电子签字可能应有的法律效力联系在一起。规则的目的在于便利使用电子签字,对书面文件的使用者和计算机信息的使用者给予同等待遇。

我国交通运输部于1999年5月颁布了《海上国际集装箱运输电子数据交换协议规则》和《海上国际集装箱运输电子数据交换电子报文替代纸面单证管理规则》等有关EDI的法律规范。我国信息产业部于2000年制定了《国家电子商务发展总体框架》,加强了政府对电子商务的宏观规划和指导。2000年5月召开的东盟与中、日、韩三国部长级经济会议上,日本提出e-ASIA构想,即在亚洲制定统一的电子商务规则,以推动亚洲各国信息化进程,发展区域经济。中、日、韩三国电子商务论坛于2000年6月21—22日在韩国汉城举行,共同签署了中、日、韩电子商务合作联合声明。

三、国际结算信用管理技术支撑

近些年,以互联网为主要载体的电子商务发展十分迅猛,借助电子商务方式产生的跨境电商模式在对外贸易中的作用也越来越大。跨境电子商务,简称跨境电商,是指分属不同关境的贸易主体,通过电子商务平台达成交易、进行支付结算,并通过跨境物流送达商品、完成交易的一种国际商业活动。按进出口方向划分,跨境电商可分为跨境电子商务出口和跨境电子商务进口。目前我国跨境电子商务出口业务以外贸B2B和B2C为主,进口模式以外贸B2C和网络海外代购模式为主。基于网络发展的跨境电商有别于传统国际贸易方式,其特征如下:跨境电商具有全球性和非中心化的特征,这带来信息最大程度共享的同时,也造成了用户可能面临因文化、政治和法律的不同而产生的风险。跨境电商的无纸化特征,颠覆了传统贸易中单证的重要地位。由于传统法律的许多规范是以规范"有纸交易"为出发点,因此无纸化带来了一定程度上的法律混乱,以及削弱了税务当局获取跨国纳税人经营状况和财务信息的能力。跨境电商具有跨国化特征,因此跨境电子支付比一般电子商务的结算风险更高。一般电子支付包括接触式和非接触式的各种各样的信用卡以及在网上流通的"电子钱包",而跨境电商结算信用卡需要用双币信用卡,也可以选择第三方平台。因网络支付的虚拟性,第三方支付对信誉、安全性和可靠性提出了很高的要求;同时,因网络信息传播的快速性,一旦信息泄露,将造成很严重的后果。此外,跨境电商的风险不仅存在于交易过程中,而且与国际形势及各国的贸易政策、市场管理方式都有密切的关系。

可见,互联网基础设施的不断健全、技术的不断进步,推动了跨境电商的发展。当下,区块链技术不断完善成熟,区块链是未来国际结算的选择之一。相较于传统的国际结算的种种弊端,区块链技术开展国际结算具有可追溯性、结算运作成本低、结算可实现去中心化、结算可利用合约编程、结算可避免洗钱等违法行为的优势,今后,SWIFT、ACH、SEPA 等银行间清算协议要让位于新兴的互联网清算协议。具体而言,传统国际结算时间周期较长,即便是最快的汇款也许 24 小时以内到账,若遇节假日则顺延至下一个银行工作日;选择托收方式进行结算则一般需要 2—3 个月后才到期;采用信用证则花费时间更多,根据 UCP600 的规定,银行能够接受的最迟交单日为提单出具后的 21 天,并且一旦遇到信用证存在单证不符,且信用证存在软条款的情况下,则结算周期会更长。传统国际结算收费较高,国际结算是商业银行中间业务的主要利润来源,很多商业银行都专门设立国际业务部门,收费比较高。此外,国际结算中汇票结算风险大,而汇票在发展实体经济的过程中发挥着重要的作用,是国内外供应链金融最重要的组成部分,且传统的国际结算存在着大量的欺诈行为。利用区块链技术开展国际结算具有两大优势:一是国际结算具有可追溯性。区块链技术的运用可以使每笔交易都能查找到交易路径,真正实现了可追溯的操作,这也使得违法分子难以改变交易信息,当然,并不是说不能改变交易信息,只是改变的成本远大于收益,这时交易双方已经没有任何动力去篡改任何信息,保证了各项结算的安全。二是国际结算运作成本低。利用区块链技术进行国际结算,可以实现不同货币在不同银行间自由、免费、即时地兑换,交易双方可以在未知对方身份的情况下实现价值转移;基于区块链技术的任何国际结算活动都可通过智能编程的方式对其用途、方向和各种限制条件等做到硬控制,省去了以法律或者合同软约束的成本;由于区块链实现了点对点的服务,使得国际结算可实现去中心化,即不需要搭建存储者的服务器,这样既可以省去很多维护成本,又使得交易更加透明化,减少正常交易被不法分子利用的风险。

国际结算信用管理是一个全方位、全过程的管理理念。全方位信用管理是市场营销、财务管理、信息管理相互交叉的管理领域。以出口企业为例,一方面,企业销售人员必须运用各种信用支付工具作为销售产品的竞争手段,打开国际市场和扩大市场份额;另一方面,企业财务人员必须时刻关注结算方式下的应收账款管理问题,避免拖欠账款或呆账、坏账的发生。全过程信用管理可以分为事前控制、事中控制和事后控制三个阶段。事前控制,是指在正式交易之前(签约和发货或预付货款)对客户的审查及信用条件的选择;事中控制,是指发货之后直到货款到期日之前,或预付货款到收到货物之前,对客户及应收账款或货物的监督、管理;事后控制,是指发生拖欠(货款或货物)之后,对案件的有效处理。

发达国家的信用管理经验是:企业往往有专门的信用管理部门和专业的信用管理人员

来负责客户信用及应收账款。在销售前,由信用管理部门先把关,对客户进行信用调查,在信用调查的基础上作出准确的信用决策;而销售部门在信用管理部门制定的信用决策的基础上对外签单出货;然后财务部门根据出货单开出发票;接着再由信用管理部门对客户进行严密的跟踪与监察,直到应收账款收回。

本章小结

国与国之间、地区与地区之间由于政治、经济、文化等一系列活动所产生的货币收付,需要通过一定的方式得以了结,这就造就了最早的国际结算。国际结算分为贸易与非贸易结算两类。国际结算伴随着全球政治、经济、文化活动的增加而不断地发展。

就国际结算制度而言,它可分为多边结算制度、双边结算制度和集团性多边结算制度。不同的结算制度是不同历史时期的产物,它迎合了当时时代发展的要求。

国际结算伴随着信用的产生而产生,并随着信用的发展而发展,国际结算制度的核心即是信用制度。信用管理是国际结算管理的关键。国际结算过程中涉及的信用可分传统的和现代的两种。传统的国际贸易和结算中的信用主要是商业信用和银行信用两类。现代国际结算信用主要是与新型结算方式相连的,说得更具体些就是与电子商务结算相关的系统信用和司法信用。借助电子商务方式产生的跨境电商模式在对外贸易中的作用也越来越大。伴随区块链技术的不断完善成熟,区块链将是未来国际结算的选择之一。

基本概念

1. 国际结算:国际结算就其本质而言是对国际上由于政治、经济、文化等一切活动所引起的债权、债务加以了结的一种方式。

2. 国际贸易结算:国际上由于贸易活动所发生的债权、债务,是通过资金调拨、货款转移的方式了结的,称为国际贸易结算。国际贸易结算是整个国际结算的核心。

3. 国际非贸易结算:国际贸易以外的其他经济活动,以及政治、文化交流活动,如服务供应、资金调拨、国际借贷等引起的货币收付,称为非贸易结算。

4. 双边结算制度:双边结算制度是指两国政府签订支付协定,开立清算账户,用集中抵消债权、债务的办法,清算两国之间贸易和非贸易往来所产生的债权、债务的一种制度。

5. 国际结算信用管理:国际结算信用管理基本是指处于国际结算过程中的企业为了增强信用能力,控制国际结算中的信用风险而实施的一套业务方案、政策和为此而建立的一系列组织制度。

复习思考题

1. 什么是国际结算?试举例说明。

2. 使用商业汇票结算债权、债务必须具备哪些条件?
3. 何谓代理行关系?如何建立代理行关系?
4. 试分析双边结算制度的利与弊。
5. 简述国际结算信用管理的基本内容。

第二章 国际结算法律环境

> 【学习目标】
> - 了解国际结算基本法律环境
> - 掌握国际贸易条件解释规则
> - 熟练掌握13种国际贸易术语
> - 熟悉《INCOTERMS 2010》与《INCOTERMS 1990》及《INCOTERMS 2000》的区别
> - 掌握国际结算中的基本法律规定

第一节 国际结算法律环境概述

一、国际结算法律环境

在国际结算中,无论是贸易或非贸易款项的结清,都需经过国际银行支付和清算系统进行。然而由于债权、债务双方分处不同的国家和地区,涉及不同的业务做法、制度安排、商业习惯、法律环境,为了避免不必要的歧义甚至争议,有必要对涉及国际结算的工具、方式、体系做某种程度的安排、规范,以构成良好的国际结算氛围。所谓国际结算的法律环境,即指国际结算过程中的各种法律系统及法律安排。它由法律、惯例两部分构成,涉及贸易、金融、货运等各个领域或环节。

二、票据的法律系统

为了保障票据正常使用和流通,保护票据当事人的合法权益,促进商品发展,各国纷纷制订票据法,重点是将票据流通规则定为法律。如英国、德国、奥地利、瑞典、日本等国订立票据单行法,美国、比利时把票据法列为商法典或债务法典的一部分。

英国于1882年颁布《票据法》(Bills of Exchange Act),是由起草人查尔姆(Chalmer)搜集历来的习惯法、特别法和各种判例,并根据银行业务实践加以总结提高而制定的。《票据法》实行到现在已经100多年,绝大多数条文长期有效不变,足见其适用性是很强的。英国《票据法》的主要特点是:首先,从法律上保护票据的流通,它制定了一套完整的流通票据制度,使票据能够充分发挥流通工具的重要作用;其次,从法律上保护和发挥票据的信用工具和支付工具作用。最后,在银行处理大量的票据业务中,适当地保护银行权益,提高银行效率。

美国在1897年开始制订票据法,以后经过修改,到1952年制定了《统一商法典》(Uniform Commercial Code)。其中第三编"商业票据"(Commercial Paper)是在英国《票据法》的基础上加以发展而制定成为美国的票据法律。有些原英联邦成员国,如加拿大、澳大利亚、印度的票据法,均属英美法系。

在法国、德国等30多个国家参加的,于1930年在日内瓦召开的国际票据法统一会议上,签订了《日内瓦统一汇票、本票公约》(Uniform Law for Bills of Exchange and Promissory Notes),1931年又签订了《日内瓦统一支票法公约》(Uniform Law for Cheques)。这两项法律是比较完善的票据法规。由于英美未派代表参加签字,所以参加签字并遵守统一票据法的成员国家形成了大陆法系。

以英国《票据法》为代表的英美法系和以《日内瓦统一汇票、本票公约》为代表的大陆法系之间在汇票必要项目的各方面大体相同,但也有些差异,比较明显的差异如下:一是伪造背书以后的拥有汇票人,《日内瓦统一法》认为可以成为持票人,英国《票据法》认为不能成为持票人,没有持票人的权利。这就引起了付款问题、付款人或承兑人责任问题、行使追索权问题有了差异,看来"统一法"规定没有受害影响,而英国《票据法》规定受害影响很大。二是"保证"的票据行为,《日内瓦统一法》有着完整的规定,而英国《票据法》无此明确规定,仅有近似规定。三是票据的对价观点,《日内瓦统一法》没有规定,而英国《票据法》除有明确规定外,还进一步规定了付对价持票人和正当持票人,给予正当持票人优越的权利,支持票据流通转让,保护银行权益。

联合国贸易法律委员会想要弥合两个法系的差异,拟定国际票据的统一法律,1987年8月,经联合国贸易法律委员会第20届会议正式通过其制订的《国际汇票和国际本票公约》(Convention on International Bills of Exchange and International Promissory Notes)和《国际支票公约》(Convention on International Cheques),并于1990年6月30日前开放请各国签字。该汇票和本票公约共9章90条。

三、国际惯例

"惯例"(usage)与习惯(custom)都是指一种重复性的行为,是人们经过长期反复实践,就某一行业在国际上形成的一些特定做法。所谓"国际贸易结算惯例",是指国际经济往来中逐渐形成的一些较为明确的、内容相对固定的贸易结算习惯和做法,其中包括成文或不成文的原则、准则和规则。

一般来说,惯例应具备以下3个特点或者是条件。
(1) 必须在一定范围内(如一个行业)被人们经常不断地、反复地采用。
(2) 必须具有明确的、易于被人们接受的内容。
(3) 必须在该范围内被人们公认并对当事人有约束力。

虽然,国际惯例对当事人具有一定的约束力,但是国际惯例本身并不是法律。惯例是民间团体或同一行业的人们共同信守的规则,而法律则是由国家权力机关统一制定和认可、集中体现国家意志的并由国家执法机关强制保证实施的约束人们的行为规范。国际惯例虽然也在一定范围内对人们的行为具有约束力,但它却不是由国家机器强制执行的。国际惯例存在的合理性在于,它能够避开不同国家和地区文化背景的不同,尤其是在政治制度、法律制度方面的差异,就人们在长期的商业实践中约定俗成的做法加以确认,为大多数人所自愿遵守,是一种非正式的制度安排,具有更强的生命力。

作为一种制度安排,国际惯例可以填补法律的空缺和不足。第一,它规范人们的商业做法,降低交易成本;第二,当事人声明按国际惯例行事,体现一种国际风范,提高了自身的商业信用；第三，国际惯例还可供法院或者是仲裁机构对纠纷进行调解、仲裁和判决。很多国家对于国际惯例明示承认，并运用于法律实践。

最先出现的国际惯例是关于国际航运方面的。国际商会于1936年首次制定了《国际贸易术语解释通则》(Incoterms)。目前，该国际惯例已经成为应用最广泛、最具影响力的国际惯例。

国际贸易中，从交易的达成到货物与款项的真正交付相隔一段时间，容易在进出口商人之间产生信用质疑。贸易的发展本身在很大程度上依赖于信用，包括交易双方的商业信用和银行信用。商业信用是交易能否成功的关键，而银行信用是商业信用的必要补充。但无论是商业信用还是银行信用，目的都是为了使买方保证向卖方支付货款或服务费用，使卖方保证按合同交付货物或提供服务。正是基于这一目的，贸易和银行界发展了一种以商业信用为基础的托收付款结算方式和一种以银行信用为基础的信用证付款结算方式，并在这两种结算方式的基础上，逐步形成了公认的结算惯例。这就是金融和贸易界最为熟悉的《托收统一规则》和《跟单信用证统一惯例》。

此外，随着国际贸易方式的发展，许多大型工程项目建设以及大型的国际性采购等都需要通过国际招标来解决。这些大型交易的成功，既依赖于商业信用，又依赖于银行信用。为此，银行以保函的方式担保商人按合同履行义务。银行开出的保函在国际贸易中普遍采用，但其格式、内容和做法各不相同，于是又产生了制定保函统一规则的要求。基于这种需要，国际商会制定了《合约保函统一规则》和《见索即付保函统一规则》等，用以规范银行保函的运作及当事人的权利和义务，以便促进交易的顺利发展。

由于国际惯例的性质并非法律，因而它不可能直接产生法律效力，也不可能自发地具有法律地位。但是，在一定条件下，国际惯例也可以获得法律效力，发挥法律上的约束作用。这个所谓"一定的条件"是指国家法律要作出"明示承认"或"默示认可"。当今国际上大多数国家，都是采用这种方式来承认某项国际惯例所产生法律效力的。

我国一贯尊重并支持国际惯例的执行。早在1985年，我国的《涉外经济合同法》就规定：合同当事人可以选择处理合同争议所适用的法律。当事人没有选择的，适用与合同有最密切联系的国家的法律。在中华人民共和国境内履行的中外合资经营企业合同、中外合作经营企业合同、中外合作勘探开发自然资源合同，适用中华人民共和国法律。中华人民共和国法律未作规定的，可以适用国际惯例。1999年10月1日开始施行的《中华人民共和国合同法》对有关涉外经济合同发生争议时所适用的法律也有类似的解释。《中华人民共和国民法典》自2021年1月1日起施行，《中华人民共和国合同法》同时废止。《民法典》第467条是关于无名合同及涉外合同的法律适用的，其明确表述"本法或者其他法律没有明文规定的合同，使用本编通则的规定，并可以参照使用本编或者其他法律最相类似合同的规定。在中华人民共和国境内履行的中外合资经营企业合同、中外合作经营企业合同、中外合作勘探开发自然资源合同，适用中华人民共和国法律。"

清华大学法学院教授车丕照认为，处理涉外民事关系不可避免地要适用国际条约和国际惯例。在《民法典》未明确规定国际条约和国际惯例适用的情况下，全国人大常委会可在批准民商事条约时明确该条约在我国法院的适用，或由最高人民法院指示各级法院直接适用民商事条约；至于国际惯例的适用，应将《民法典》第10条中的"习惯"解释为包括国际惯例，从而可由法院直接适用。国际条约和国际惯例的适用，不仅包括其作为法律的适用，也包括由当事人将其内容并入合同而加以"适用"。基于对国际条约和国际惯例属性的认定，我国民商事立法应与我国缔结的国际条约保持一致,以便利我国承担的条约义务的履行;而对于国际惯例,我国民商事立法无需与其保持一致。在适用国际条约时,要考虑国际条约的效力等级而摒弃"条约优先适用"的简单判断;而国际惯例的适用则首先应尊重当事人的选择,在当事人没有选择的情况下,可作为法律的补充规则加以适用。在处理涉外民商事案件中可适用国际规则是我国法院的一贯实践,而且也没有理由不持续下去。在处理涉外民商事案件中,我国法院经常适用国际条约和国际惯例。

当然,在一定条件下,国际惯例也可以获得法律效力,发挥法律上的约束作用。这里的"一定的条件"强调国际惯例的内容必须与本国法律没有抵触,也不违背本国的社会公共利益。我国在明示承认国际惯例时,同样也提出了上述条件限制。只有遵从这样的法律精神,仲裁机构才可以依据国际惯例对案件进行调解和判决,从而发挥对当事人的约束作用。

第二节 国际贸易术语解释规则

跨国界的国际商务活动实际上就是国际贸易。在国际贸易中,买卖双方分处两国,而两国的贸易习俗和对购销的法律规定可能迥然不同。如果在每笔交易中,买卖双方为了明确彼此的责任、费用和风险而需往返磋商,必然耗时费日,影响贸易的达成。因此,早在19世纪的国际贸易中就有使用贸易条件的习惯。所谓贸易条件(又称贸易术语),是用一个简短的词组或几个略语的组合来说明买卖双方责任、费用和风险的划分。世界上各主要港口对涉及买卖双方责任的划分有传统的规定,不同行业又有不同的惯例,因此对贸易条件的解释也常有分歧。国际上某些有影响的学术团体和商会组织为了消除这些分歧、统一认识,试图对贸易条件作出比较一致的解释。其中比较有影响的文件有:《1932年华沙—牛津规则》《1941年美国对外贸易定义修订本》和国际商会的《国际贸易术语解释规则》。在这3个文件中,又以国际商会的解释规则最有影响。即使在美国,虽其本国对某些贸易术语下了定义,但美国商会、美国进口商协会、全国对外贸易协会等7个商业团体也向美国对外贸易界推荐国际商会的解释规则以取代美国的对外贸易定义修订本。中华人民共和国成立以来,我国对外贸易界对外成交一贯采用国际商会的解释规则。因此,对该解释规则的修正和变动必须予以密切的关注和研究。

一、《1990年国际贸易术语解释规则》

国际商会于1936年开始修订《1936年国际贸易术语解释规则》后,为了适应国际贸易的发展,特别是国际贸易运输方式的发展,先后于1953年、1967年、1976年、1980年分别做了修正和补充,将原来的九种贸易条件增加为14种。在1980年进行修订时,又把以前的补充本合并成册,取名为《INCOTERMS 1980》,成为该会的第350号出版物。

1980年以来,国际贸易又有了新的变化,随着集装箱运输和联合运输的发展,以及电子数据处理系统的广泛使用,国际商会认为对1980年解释规则需进一步修订和更新,乃于1990年对该规则重新进行了编排和修订,取名为《1990年国际贸易术语解释规则》(以下简称《1990年规则》),并列为国际商会的460号出版物。

修订后的解释规则与1980年版本有下述不同点。

(1) 将原来的 14 种贸易术语精简为 13 种,取消了"铁路交货/敞车交货"条件和"飞机场交货"条件,将它们并入"交至承运人"条件。另增加一项"未完税交货"条件。这 13 种贸易术语为如下。

① EXW(Ex Works)(... named place)工厂交货(指定地点)条件。

② FCA(Free Carrier)(... named place)交至承运人(指定地点)条件。

③ FAS(Free Alongside Ship)(... named port of shipment)船边交货(指定装运港)条件。

④ FOB(Free on Board)(... named port of shipment)船上交货(指定装运港)条件。

⑤ CFR(Cost and Freight)(... named port of destination)成本加运费(指定目的港)条件。

⑥ CIF(Cost,Insurance and Freight)(... named port of destination)成本加运保费(指定目的港)条件。

⑦ CPT(Carriage Paid to)(... named place of destination)运费付至(指定目的地)条件。

⑧ CIP(Carriage and Insurange Paid to)(... named place of destination)运费、保险费付至(指定目的地)条件。

⑨ DAF(Delivered at Frontier)(... named place)边境交货(指定地点)条件。

⑩ DES(Delivered Ex Ship)(... named port of destination)船上交货(指定目的港)条件。

⑪ DEQ(Delivered Ex Quay)(Duty Paid)(... named port of destination)码头交货(关税已付)(指定目的港)条件。

⑫ DDU(Delivered Duty Unpaid)(... named place of destination)未完税前交货(指定目的地)条件。

⑬ DDP(Delivered Duty Paid)(... named place of destination)完税后交货(指定目的地)条件。

(2) 将 13 种贸易术语依不同特点分成 4 类:E 组为发货,F 组主要为运费未付,C 组主要为运费已付,D 组为货到(见表 2-1)。

(3) 对某些贸易术语规定了新的国际代号,如:C&F 一律改为 CFR,DCP 改为 CPT 等。

二、《2000 年国际贸易术语解释规则》

为使贸易术语更进一步适应世界上无关税区的发展、交易中使用电子信息的增多以及运输方式的变化,国际商会再次对《规则》进行修订,并于 1999 年 9 月公布《2000 年国际贸易术语解释规则》,简称《INCOTERMS 2000》(以下简称《2000 年规则》)。《2000 年规则》于 2000 年 1 月 1 日起生效。

(一)《2000 年规则》的适用范围

《2000 年规则》明确了适用范围,该《规则》只限于销售合同当事人的权利、义务中与交货有关的事项。其货物是指"有形的"货物,不包括"无形的"货物,如电脑软件等。《规则》只涉及与交货有关的事项,如货物的进口和出口清关、货物的包装、买方受领货物的义务,以及提供履行各项义务的凭证等,不涉及货物所有权和其他产权的转移、违约、违约行为的后果以及某些情况的免责等。有关违约的后果或负责事项,可通过销售合同中其他条款和适用的法律来解决。

表 2-1 13种贸易术语分类

类别	国际代码	英文	中文	交货地点	风险划分界限	运输方式	运输办理	保险办理	运费	保险费	出口税	进口税
E组	EXW	Ex Works	工厂交货价	在出口国家的卖方所在地工厂	货交买方	任何	买方	买方	买方	买方	买方	买方
F组	FCA	Free Carrier	货交承运人价	在出口国指定的交货地点	货交承运人	任何	买方	买方	买方	买方	卖方	买方
	FAS	Free Alongside Ship	装运港船边交货价	在出口国指定装运港码头的船边	货交船边	海运、内陆水运	买方	买方	买方	买方	卖方	买方
	FOB	Free on Board	装运港船上交货价	在出口国装运港指定的船上	货越过船舷	海运、内陆水运	买方	买方	买方	买方	卖方	买方
C组	CFR	Cost and Freight	成本加运费价	在出口国装运港的船上	货越过船舷	海运、内陆水运	卖方	买方	卖方	买方	卖方	买方
	CIF	Cost, Insurance and Freight	成本、保险费加运费价	在出口国装运港的船上	货交承运人	海运、内陆水运	卖方	卖方	卖方	卖方	卖方	买方
	CPT	Carriage Paid to	运费付至价	在出口国某一地点交承运人	货交承运人	任何	卖方	买方	卖方	买方	卖方	买方
	CIP	Carriage and Insurance Paid to	运费、保险费付至价	在出口国某一地点交承运人	货交承运人	任何	卖方	卖方	卖方	卖方	卖方	买方
D组	DAF	Delivered at Frontier	边境交货价	在进口国关境前某一地点	在指定地点货交买方	任何	卖方	卖方	卖方	卖方	卖方	买方
	DES	Delivered Ex Ship	目的港船上交货价	在进口国指定目的港的船上	指定目的港货交买方	海运、内陆水运	卖方	卖方	卖方	卖方	卖方	买方
	DEQ	Delivered Ex Quay	目的港码头交货价	在进口国指定目的港的码头	指定目的港码头货交买方	海运、内陆水运	卖方	卖方	卖方	卖方	卖方	买方
	DDU	Delivered Duty Unpaid	未完税交货架	在进口国指定的目的地	指定地点货交买方	任何	卖方	卖方	卖方	卖方	卖方	买方
	DDP	Delivered Duty Paid	完税后交货价	在进口国指定目的地	指定地点货交买方	任何	卖方	卖方	卖方	卖方	卖方	卖方

《2000年规则》指出,该《规则》是一套国际商业术语,适用跨国境的货物销售,也可用于国内市场的货物销售合同,在此情况下,规则中有关术语的 A2、B2 条款及任何与进出口有关条款的规定则无作用。该《规则》还明确,如合同的当事人在签订销售合同时,表示按《规则》办理,为避免引起不必要的纠纷,应在合同中明确使用的版本,即应在合同中规定:按《2000年规则》的规定办理。

(二)《2000年规则》的主要变化

《2000年规则》与《1990年规则》相比变化不大。《2000年规则》仍采用《1990年规则》的结构,共有 13 种贸易术语,分为 4 个基本不同类型。第 1 组为"E 组"(EXW);第 2 组为"F 组"(FCA、FAS、FOB);第 3 组为"C 组"(CFR、CIF、CPT 和 CIP);第 4 组为"D 组"(DAF、DES、DEQ、DDU 和 DDP)。与《1990年规则》相同,在《2000年规则》中,13 种术语项下买卖双方的义务均采用 10 个项目列出,但不采用原来买卖双方的义务分别列出的规定,而是采用买卖双方义务合在同一标题下,即在卖方义务的每一个项目中的义务,这种规定使术语查阅更加方便,一目了然。

《2000年规则》在以下两个方面做了实质性的变更。

1. 在 FAS 和 DEQ 术语下,办理清关手续和交纳关税的义务

《2000年规则》指出,清关手续由所在国的一方或其他代表办理,通常是可取的。因此,出口商应办理出口清关手续,进口商应办理进口清关手续。而《1990年规则》中的 FAS 术语要求买方办理货物的出口清关手续,DEQ 术语要求买方办理货物的进口清关手续,这种办理进出口清关手续的规定与上述原则不一致。因此,《2000年规则》中的 FAS 和 DEQ 术语将办理出口和进口清关手续的义务分别改变为由卖方或买方办理。这种改变更为合理、办理更加方便。表示卖方承担最小和最大义务的 EXW 和 DDP 两种术语未做改动,EXW 术语仍规定由买方办理出口清关手续的义务;DDP 术语的字面含义为完税交货(delivered duty paid),采用该术语即表示由卖方办理进口清关手续并交纳全部相关费用。

在《2000年规则》中明确了"清关"的概念。"清关"是指无论何时,当卖方或买方承担将货物通过出口国或进口国海关时,不仅包括交纳关税或其他费用,而且还包括履行一切与货物通过海关办理有关的行政事务的手续以及向当局提供必要的信息并交纳相关费用。该《规则》还指出,现在有些地区,如欧盟内部或其他自由贸易区规定,对进出口货物不必办理报关手续,并全部或部分免征关税。为此,《规则》在相关的 A2 和 B2(许可证、其他许可和手续)以及 A6 和 B6(费用划分)条款都加入"在需要办理海关手续时"(where applicable)的用语。据此,明确了对这些无关税区的进出口货物,在无需办理海关手续的情况下,即可免除买卖双方办理进、出口清关手续,交纳有关的关税、捐款和其他费用的义务。

2. 在 FCA 术语下,装货与卸货的义务

《2000年规则》中的 FCA 用语删去了有关运输方式的区别以及集装箱和非集装箱的区别,规定 FCA 术语可适用于各种运输方式,包括多式联运。《规则》指出,FCA 术语卖方对交货地点的选择,会影响在该地点装货和卸货的义务。如卖方在其货物所在地交货,卖方应负责装货;如卖方在任何其他地点交货,卖方不负责卸货,即当货物在卖方运输工具上,尚未卸货,而将货物交给买方指定或卖方选定的承运人或其他人支配,交货即算完成。

此外,《2000年规则》还对"承运人"的含义做了解释。"承运人"是指在运输合同中,通过铁路、公路、空运、海运、内河运输或上述运输的联合方式承担履行运输或办理运输业务的任何人。可见,FCA术语适用的范围很广,在国际贸易中发挥了很大的作用。

(三)《2000年规则》中的贸易术语

在《2000年规则》中,根据卖方承担义务的不同,将13种贸易术语划分为下列4组。

1. E组(启运)

本组仅包括EXW(工厂交货)一种贸易术语。

当卖方在其所在地或其他指定的地点(如工厂、工场或仓库等)将货物交给买方处置时,即完成交货。卖方不负责办理货物出口的清关手续或将货物装上任何运输工具。EXW术语是卖方承担责任最小的术语。

2. F组(主要运费未付)

本组包括FCA(货交承运人)、FAS(装运港船边交货)和FOB(装运港船上交货)3种贸易术语。在采用装运地或装运港交货条件成交而主要运费未付的情况下,即要求买卖双方将货物交至买方指定的承运人时,应采用F组术语。

按F组术语签订的销售合同属于装运合同。在F组术语中,FOB术语的风险划分为C组中的CFR和CIF术语是相同的,即均以装运港船舷为界。"船舷为界"是一种历史遗留的规则,由于其界限分明,易于理解和接受,故一直在沿用。但随着运输技术的变化,在使用集装箱运输、多式联运和滚装方式运输时,再使用以"船舷为界"已没有实际意义。此问题过去曾引起国际贸易的有关人士多次争议,建议取消这种不切实际的规定。但也有人认为,这种规定已为从事国际贸易的商人们所深知,坚持要保留这种传统的规定。对此,《2000年规则》采取了折中的规定,即对以"船舷为界"的规定未做改动。对FOB、CFR和CIF术语仍规定买卖双方承担货物灭失或损坏的一切风险,以货物在指定的装运港超过船舷为界。但同时又规定,如合同当事人无意采用越过船舷交货,可相应地采用FCA、CPT和CIP用语。

3. C组(主要运费已付)

本组包括CFR(成本加运费)、CIF(成本、保险费加运费)、CPT(运费付至目的地)和CIP(运费/保险费付至目的地)4种贸易术语。

在采用装运地或装运港交货条件而主要运费已付的情况下,则采用C组贸易术语。按此类术语成交,卖方必须订立运输合同,并支付运费,但对货物发生灭失或损坏的风险以及货物发运后发生事件所产生的费用,卖方不承担责任。C组术语包括两个"分界点",即风险划分点与费用划分点是分离的。按C组术语签订的销售合同属于装运合同。从上述可以看出,C组术语和F组术语具有相同的性质,即卖方都是在装运国或发货国完成交货义务。因此,按C组术语和F组术语订立的销售合同都属于装运合同。《2000年规则》指出,装运合同的特点是卖方要支付将货物按照惯常路线和习惯方式运至约定地点所需的通常运输费用,而货物灭失或损坏的风险以及货物以适当方式交付运输之后所产生的额外费用则应由买方承担。

4. D组(到达)

本组包括 DAF(边境交货)、DES(目的港船上交货)、DEQ(目的港码头交货)、DDU(未完税交货)和 DDP(完税后交货)5 种贸易术语。采用 D 组术语,卖方应负责将货物运至边境或目的地港(port)或进口国内约定目的地(place)或点(point),并承担货物运至该地以前的全部风险和费用。按 D 组术语订立的销售合同属于到货合同。

在《2000 年规则》中,对各种贸易术语采用上述分类排列方法,更为科学和合理,使人一目了然,便于理解和使用。

案例 2-1

案情:

某日,一开证行开出了一张以 FOB 术语开立的信用证,信用证要求的单据中包括全套以开证申请人为抬头的"已装船"海运提单。并在海运提单上表明"运费已付"字样。信用证的受益人在备货出运后,将全套单据递交议付行议付,议付行审核单据后发现:受益人提交的提单上标有"运费已付"和"已装船"字样,认为这样的做法违反了国际贸易术语解释规则,于是拒绝付款。

分析:

在 FOB 术语下,通常情况下由买方负责货物的保险及装运。但在国际贸易日益发展的今天,由 FOB 术语下的卖方取得提单且代表买方支付运费已成为一个很普遍的做法,因此,一张标有"运费已付"的提单并不与 FOB 术语不一致。关键是看信用证是如何表述的。本例中既然信用证中表明货物按 FOB 术语交货的情况下,"运费已付"提单是可以接受的,议付行就没有拒绝付款的理由。

启示:

(1) 规则是死的,人是活的。规则必须遵守,但必须是灵活地遵守。

(2) 信用证项下价格术语的使用,首先需符合信用证条款的规定。按国际商会的决定,在 FOB 术语的信用证项下并不排除运输单据上载有"船方不负责装船费用"条款的可接受性。而在成本加运保费(或成本加运费)术语的信用证项下,亦不排除运输单据上载有"船方不负担卸货费用"条款的可接受性。

三、《2010 年国际贸易术语解释规则》

国际商会(ICC)重新编写的《2010 年国际贸易术语解释规则》(INCOTERMS 2010,2010 通则,以下简称《2010 年规则》),是国际商会根据国际货物贸易的发展,对《2000 年规则》的修订,2010 年 9 月 27 日公布,于 2011 年 1 月 1 日开始全球实施,《2010 年规则》较《2000 年规则》更准确标明各方承担货物运输风险和费用的责任条款,令船舶管理公司更易理解货物买卖双方支付各种收费时的角色,有助于避免现时经常出现的码头处理费(THC)

纠纷。此外,新通则亦增加大量指导性贸易解释和图示,以及电子交易程序的适用方式。

虽然《2010 年规则》于 2011 年 1 月 1 日正式生效,但并非《2000 年规则》就自动作废。因为国际贸易惯例本身不是法律,对国际贸易当事人不产生必然的强制性约束力。国际贸易惯例在适用的时间效力上并不存在"新法取代旧法"的说法,即《2010 年规则》实施之后,当事人在订立贸易合同时仍然可以选择适用《2000 年规则》,甚至《1990 年规则》。

相对《2000 年规则》,《2010 年规则》主要有以下变化。

(1) 13 种贸易术语变为 11 种。删除《2000 年规则》中 4 个 D 组贸易术语,即 DDU(delivered duty unpaid)、DAF(delivered at frontier)、DES(delivered ex ship)、DEQ(delivered ex quay),只保留了《2000 年规则》D 组中的 DDP(delivered duty paid)。《2010 年规则》的编制者认为,通过在 DAP 和 DAT 术语后面明确填注交货地点,包括边境地点、港口、码头、集装箱堆场和终点站等,DAP 和 DAT 这两种新术语完全可以满足先前版本的 DAF 等 4 种贸易术语使用的需要。《2010 年规则》中的 11 种贸易术语是:EXW、FCA、CPT、CIP、DAT、DAP、DDP、FAS、FOB、CFR、CIF。

(2) 贸易术语分类由 4 级变为 2 类。《2000 年规则》对 13 种贸易术语按照 E 组(启运)、F 组(主运费未付)、C 组(主运费已付)、D 组(到达)做 4 组分类。而《2010 年规则》对 11 种贸易术语按适用的运输方式做了两大分类:① 适用于任何多种运输方式的术语(EXW、FCA、CPT、CIP、DAT、DAP、DDP);② 适用于海运和内陆水路运输方式的术语(FAS、FOB、CFR、CIF)。前一组分类的 7 个贸易术语可以在完全没有海洋运输的情况下使用,也可以在运输过程中的部分路段为海洋运输的情况下使用。后一组分类的 4 个贸易术语其交货地点和货物运往买方的地点都为港口。

(3) 将贸易术语的使用范围扩大至国内贸易合同。国际商会在《2010 年规则》的导演中已经指出,INCOTERMS 在传统上适用于跨境交易的国际货物买卖合同。而随着世界上区域性贸易集团的增多和发展,不同国家间边境手续的办理(如清关义务)显得不那么重要。同时,国际上许多贸易商也在单纯的国内货物买卖合同中使用 INCOTERMS 术语,因此国际商会在 INCOTERMS 2010 的副标题里正式承认了其规则适用于国际和国内贸易。

(4) 电子通信方式被 2010 通则赋予完全等同的功效。之前版本的国际贸易术语解释通则已经说明了可以被电子数据交换信息替代的文件,然而,《国际贸易术语解释规则》(2010 年版)的 A1/B1 条赋予了电子方式的通信和纸质通信相同的效力,只要缔约双方同意或者存在交易惯例。这一规定使《国际贸易术语解释规则》(2010 年版)使用期内买卖双方通过新的电子程序发展贸易会更顺畅。

此外,《2010 年规则》为了鼓励在大宗商品销售中使用该规则的贸易术语,对于传统的 FOB、CFR、CIF 这 3 个贸易术语的卖方交货义务做了添加规定,把卖方必须负责在装运港将货物交到船上添加了"或取得已如此交付的货物"的规定。添加了这样的规定之后,使得大宗交易中那些运输途中被多次转售的货物的某个或某几个卖方即使不实际装运货物,也能以自己取得在装运港交到船上的货物为依据来证明自己履行了交货义务。以往版本的贸易术语解释通则,FOB、CFR、CIF 项下要求卖方在装运港将货物装船、货物越过船舷才是为完成交货,这种规定其实与实际业务的真正做法有出入。因此,《2010 年规则》已经把 FOB、CFR、CIF 项下买方的交货义务明确规定为是"将货物装到(装运港)船上",这个改变也是更符合贸易实务中的真实做法的。

四、《国际贸易术语解释通则2020》

2019年9月10日,国际商会在法国巴黎正式向全球发布《国际贸易术语解释通则2020》(以下简称《2020年规则》),该规则于2020年1月1日正式生效。《2020年规则》主要就形式和内容做了更新与修订。

(一) 形式变化

1. 首次包含横向比较版本

之前的贸易术语解释通则对每个贸易术语的定义、适用范围和权利义务划分进行逐一展示,新版的贸易术语解释通则为了让贸易术语的使用者可以更方便迅捷地比较各术语之间的不同,首次加入了横向比较版本,让用户可以清楚地查阅同一事项(如交货、风险转移、费用划分)在不同术语下的不同规定。

2. 扩充引言和解释

《2010年规则》的解释说明(guidance note)在《2020年规则》中变为了用户解释说明(explanatory notes for users),不少问题在解释说明部分进行了更为清晰的阐述。

例如贸易术语FOB,在《2010年规则》中的说明是"如适用时,FOB要求卖方出口清关。但卖方无义务办理进口清关、支付任何进口税或办理任何进口海关手续。"在《2020年规则》中则是"如适用,FOB要求卖方办理货物出口清关。但是,卖方没有义务办理货物进口清关或经由第三国过境的清关,或支付任何进口关税或办理任何进口海关手续。"

再如贸易术语FCA,在《2010年规则》中的说明是"如果双方希望在卖方所在地交货,则应当将卖方所在地址明确为指定交货地。如果双方希望在其他地点交货,则必须确定不同的特定交货地点。"在《2020年规则》中则额外强调了,"……特别建议双方尽可能清楚地指明指定地方范围内的详细交货点。……如果详细的交货点未予指明,则可能给买方造成问题。在此情况下,卖方有权选择"最适合卖方目的"的地点:该地点即成为交货点,风险和费用从该地点开始转移至买方。"

3. 重新编排条款顺序

较之《2010年规则》自买卖双方一般义务始,以时间顺序分述安检通关、运输及保险、交货、风险转移等条款,《2020年规则》以重要性为序,在规定完买卖双方的义务后,先规定了交货/提货、风险转移等事项,之后再是运输与保险条款、运输单据的交付、进出口清关、包装及检验、费用划分,最后则是通知事项。

此次改动比较符合大众对贸易术语的普遍认识:不论是买卖交易方还是银行、航运、保险等从业人员,对于不同贸易术语的区分判断主要基于其交货地与风险转移点,而对贸易术语就买卖双方其余权利义务的划分掌握相对较弱,不少时候更是在交易合同中另做规定。

(二) 内容变化

1. 删除DAT,新增DPU

针对实践过程中买卖双方对DAT(delivered at terminal)以及DAP(delivered at place)

之间区别的疑惑,国际商会经过讨论,决定取消贸易术语 DAT,而新增贸易术语 DPU(delivered at place unloaded)。借此,商会明确了 DPU 与 DAP 的区别,前者卖方负责卸货(Unloaded),而后者卖方不负责卸货。在《2020 年规则》中,卖方不负责卸货的 DAP 排在了 DPU 前面,D 类贸易术语的顺序依次为 DAP、DPU 和 DDP。

2. CIP 最低投保险别变为 ICC(A)

在《2010 年规则》中,贸易术语 CIF 和 CIP 都是默认投保最低险别 ICC(C)即满足要求。相关要求大致如下。

卖方必须自付费用取得货物保险,该保险需至少符合 ICC(C)或类似条款的最低险别。当买方要求,且能够提供卖方所需的信息时,卖方应办理任何附加险别,由买方承担费用。

在实务中,买卖双方订立合同中的保险条款(尤其在非大宗商品贸易时)常常会要求投保 ICC(A),且未进一步明确投保该险别的费用承担方。若严格按照《2010 年规则》下的 CIF 或 CIP 贸易术语相关规定理解,卖方投保超出 ICC(C)的险别,相关费用应由买方承担——这显然与人们通常的认知(CIF/CIP 下卖方负责承担保险费用)不大相同。

有鉴于此,《2020 年规则》就 CIP 的投保险别做了新的规定:除非买卖双方另有约定,否则卖方必须自付费用投保 ICC(A)或类似险别,而在大宗商品海运贸易中更常用的 CIF 贸易术语下,《2020 年规则》依然规定 ICC(C)为卖方最低投保险别。

3. FCA 对已装船提单的获取做了规定

有别于 FOB 的"船上交货",FCA"货交承运人"是在出口国指定地交货。在 FCA 下,买方负责订立运输合同或安排从指定交货地开始的运输,卖方的交货义务在货物装船之前就已经完成。在此情况下,卖方在交货时不一定就能取得已装船提单。而在国际贸易实务中,卖方希望自己能尽早获得并持有作为物权凭证的已装船提单直至收到买方的货款。

我国《海商法》规定,"货物由承运人接收或者装船后,应托运人的要求,承运人应当签发提单。提单可以由承运人授权的人签发,提单由载货船船舶的船长签发的,视为代表承运人签发。"提单的签发对象,通常要么是签订合同的人(例如 FCA/FOB 下的买方),要么是实际交付货物的人(例如 FCA/FOB 下的卖方)。在不同的人同时向承运人主张要求拿到提单时,承运人一般会将提单交予实际交付货物的人(实际托运人)。

在《2020 年规则》框架下,FCA 突出了卖方获取运输凭证的可能性,特别规定:如果双方达成一致,买方应指示承运人向卖方出具载明货物已经装载的运输单据(如已装船提单),运输过程中的风险及费用由买方承担。这较之《2010 年规则》,更体现了实务需求。

4. 在 FCA、DAP、DPU、DDP 中体现非第三方承运人运输的可能性

《2010 年规则》预设卖方或买方雇佣第三方承运人运输,而《2020 年规则》体现了由卖方或买方自行运输的可能性。《2020 年规则》框架下的 FCA 规定,除非卖方根据 A4(运输条款)订立运输合同,否则,买方必须自付费用订立运输合同"或安排从指定交货地开始的货物运输";D 组贸易术语(DAP/DPU/DDP)则规定,卖方必须自付费用签订运输合同"或安排运输",将货物运至指定目的地或者指定目的地内的约定交货点(如有)。

5. 在运输义务和费用中加入与安全有关的要求

近年来安全运输受到越来越多的重视,《2020 年规则》也与时俱进,将安全相关的义务与费用划分添加到每个贸易术语中。例如 FOB 规定卖方必须在完成交货前遵守任何与运输有关的安全要求,买方必须支付卖方为按照 A4(运输条款)协助获取单据及信息相关的所有款项和费用;CIF 则是规定卖方必须遵守运送至目的地过程中任何与运输有关的安全要求,卖方必须支付按照 A4(运输条款)所发生的运费和所有其他费用,包括货物装船费用及与运输相关的安全费用。

《2020 年规则》带来的不仅是贸易术语的变化,还有理念的传承:贸易术语的发展,从来都是为了更好地服务于商业实践。

第三节 托收统一规则

一、托收统一规则的形成与发展

托收(collection)结算方式的基础是商业信用。在托收结算过程中虽有银行介入,但托收款项能否如期回收,银行并不承担任何保证作用。不过,这些中介银行有义务按托收指示办事,也可称为应尽"善意之责"。但是,由于各国、各地区的政治、经济、法律制度有差别,以致出现这样或那样的争议很难判定其孰是孰非,长期以来在托收业务中的纠纷不断出现。为了调解这些矛盾,统一托收的做法,经过长期的协商,在各方面相互妥协的条件下,国际商会于 1958 年草拟了《商业单据托收统一规则》(Uniform Rules for Collection of Commercial Paper),又名 192 号出版物(ICC Publication No.192,1958)。当时这一规则并未得到世界各国的普遍采纳。经过 10 年的实践以后,国际商会于 1967 年制定了《商业单据托收统一规则》,也称为 254 号出版物(ICC Publication No.254)。随着贸易的发展和托收业务的变化,国际商会于 1978 年又制定了《托收统一规则》(Uniform Rules for Collections,简称 URC),即国际商会第 322 号出版物(ICC Publication No. 322),并于 1979 年生效。这一统一规则当时已被大多数国家和地区普遍承认并施行。进入 20 世纪 90 年代以来,由于世界贸易与金融业的迅速发展,托收程序也随之有所变化,因而 URC No. 322 也需要进一步加以修订。于是,国际商会组成了专门的工作组,有众多的既有理论又有实践经验的专家参与工作,针对 URC No.322 规则实施以来 30 多个国家提出的 2 500 多条意见,结合国际上相关的法律及若干国家的法律,对它进行了逐条的研究和修订。经过修订后的版本称为《URC 522》(ICC Publication No.522,1995),并确定自 1996 年 1 月起正式实施。

二、《URC 522》综述

《URC 522》是国际商会于 1993 年对原《URC 322》着手修改、1995 年定稿并正式刊行的。《URC 522》共包括 A、B、C、D、E、F、G 7 个部分,共由 26 条条文组成。

(一) A 部分——总则和定义(General Provisions and Definitions)

这部分由第 1—3 条组成。第 1 条,明确了一笔托收业务只有在托收指示中注明遵循

《托收统一规则》时,才可以适用本规则,否则对有关当事人和可能的争议并无约束力;在给予银行可以处理或不处理托收业务的选择权的同时,又约束银行:在决定不处理托收时必须立即电告委托方。第2条,对委托方予以定义,明确银行交付的单据包含资金单据和商业单据两种,还解释了"光票托收"和"跟单托收"。第3条定义了托收业务中的有关当事人。

(二) B部分——托收的构成(Form and Structure of Collection)

这部分由第4条组成,主要表述托收指示。规定委办托收业务,必须提供托收指示书,并且必须有明确的托收指示;如果没有该指示,银行并无义务为此审查单据;银行只按托收指示办理,不受其他第三方的指使。另外,规定了托收指示可以包括的各项内容,如各当事人名称和地址、托收金额和币种、托收单据和份数、交单条件、费用和利息、付款方法及有关拒付的指示等。

(三) C部分——提示的构成(Form of Presentation)

这部分由第5—8条组成。规定了有关提示、承兑、付款、交单条件及其他单据的制作方法。

第5条对"提示"作出详尽规定。提示只是向受票人告知可以凭条件取单,而不包含把单据交付受票人的过程;银行应按单据原样提示;托收行应首先使用委托人指定的银行为代收行;在代收行与受票人无业务往来关系时,代收行可自行选定一个与受票人有业务关系的银行来提示单据。

第6条讲的是提示行处理即期、远期托收提示的期限。规定:对于即期付款单据,"提示行必须毫无延误地提示要求付款";对于远期付款单据,"提示行必须毫无延误地提示汇票要求承兑,等需付款时,必须不迟于规定付款到期日提示要求付款"。

第7条讲述D/A及D/P方式下商业单据的交付条件。又分为a、b、c 3款。a款对远期付款交单的托收(D/P远期)不鼓励使用远期汇票,以免有些银行将D/P远期按D/A方式处理,给委托人造成不应有的风险,也违背了"付款交单"的初衷;b款规定:若托收中含有远期汇票,托收指示就应说明具体的交单条件D/A或D/P,如无此交单条件,代收行将D/P处理,但对晚交单引起的后果并不负责;c款规定:对于带有远期汇票的D/P远期托收,只能在受票人付款后交单,不能按D/A处理。

第8条规定托收行在指示代收行或受票人缮制本票、信托收据等其他单据时应提供该类单据的式样。

(四) D部分——责任和义务(Liabilities and Responsibilities)

这部分由第9—15条组成。主要就托收业务中与单据有关的货物或行为、单据的有效性和单据传递过程中发生的问题等方面,规定有关银行应尽之责任以及可免除之责任。

虽然第9条要求银行在处理托收业务时应尽"善意与合理谨慎"之责,但第10条明确规定:"事先未经银行同意,不应将货物按银行地址直接运交银行",银行也无义务将托收的货物存仓和保险等。第11条介绍受委托方的免责范围,如银行为执行委托人的指示而需另一银行提供服务时,风险由委托人承担;即使银行发出的托收指示而需另一银行提供服务时,风险由委托人承担;即使银行发出的托收指示未被执行,银行对此也不负责等。第12条规定银行对所收单据的责任：银行必须核实单据的种类和份数是否与托收指示书中所列一致，不符或遗漏时，都应立即电告委托方等。第13条表述银行对单据的有效性不负责任。第14条规定银行对传递过程中单据的延误、丢失等免责。第15条规定银行对不可抗力事故免责。

（五）E部分——付款（Payment）

这部分由第16—19条组成。对代收行收妥款项后付款给托收行，付款时使用哪方货币及部分付款等做了规定。

第16条要求代收行收妥款项后，应立即并仅能付给托收行，不得延误，更不得占用。第17条规定：当受票人以当地货币付款时，代收行或提示行只有在确认货币能折换成托收指示中所要求的货币时，代收行或提示行只有在确认该国外汇管理部门准许汇出该外币时，才可以交单。第19条规定：除非托收指示中特别指明，否则在受票人部分付款时，代收行并不交单。

（六）F部分——利息、手续费和费用（Interest, Charges and Expenses）

这部分由第20—21条组成。对托收中包括托收利息和费用的情况分别做了规定。

第20条对于收利息的两种情况作出规定：如托收指示中规定包括收取利息而受票人拒付利息时，代收行有权根据具体情况在受票人付款或承兑后交单，免收利息；但当托收指示中明确注明"利息不可以放弃"而受票人拒付利息时，代收行只做提示不可交托收方承担，即使规定由受票人负担，但在受票人拒付时，仍由委托方负担。另外，银行有权要求委托方至少交托收费用。

（七）G部分——其他条款（Other Provisions）

这部分由第22—26条组成。内容涉及承兑及受票人的签字真伪或有效性，以及拒绝证书、需要时的代理人和收妥解付通知等。

第22条要求代收行对受票人"承兑"的完整性和正确性负责，但对签名的真实性和签名人的权限不负责任。第23条指出代收行对受票人在本票等其他支付凭证上的签名真实性亦不负责。第24条列明了托收指示中必须明确指出拒付时是否需作成拒绝证书，否则，代收行并无义务作此证书。第25条规定：在委托人指定了需要代理人的情况下，还应明确规定该代理人的权限，否则代收行对其批示不予受理。第26条，也是最后一条规定：代收行必须毫无延误地向托收行发送付款通知或承兑通知或拒付通知、拒绝承兑通知；收到拒付或拒绝承兑通知后，托收行应在60天之内作出进一步处理单据的指示，否则代收行可将单据退回。

三、《URC 522》与《URC 322》的区别

《URC 522》是在《URC 322》基础上修改而成的，保留了其中基本条文体现的内容，但条文的数量、涉及问题的广度和深度、条文内容的组合等，与《URC 322》却有明显不同。下面对《URC 522》与《URC 322》做比较。

《URC 522》与《URC 322》相比最本质的差异是《URC 522》更加注重银行操作，进一步

扩大了银行的权力和负责范围,多处借鉴了《跟单信用证统一惯例》《UCP 500》的写法,对条文的叙述更加明确和周密。另外,《URC 522》由 26 条条文组成,而《URC 322》由 23 条条文组成。《URC 522》在《URC 322》基础上大约对 11 处进行了实质性修改和完善,并增加了 2 条和 15 款条文。

(一)《URC 522》对《URC 322》的修改

(1)《URC 522》在第 1 条 a 款参照《UCP 500》的写法,规定:适用本规则的前提是在托收指示中注明遵循之。而在《URC 322》中并没有这样明确规定。

(2) 第 2 条 a 款把《URC 322》中的"凭付款和/或承兑交付单据"改为"凭付款和/或承兑交付商业单据",更为准确和严密,因为交付的仅是商业单据。该条 b 款把"运输单据"的原文由"shipping documents"改为现在的"transport documents"避免了人们误以为"运输单据"仅为"海运单据"。

(3) 在第 3 条当事人部分,《URC 522》把代收行定义为"除托收行外参与处理托收(collection)的任何银行",而《URC 322》相应定义是除托收行外的处理托收指示(collection order)的任何银行。这里删去"order"一词显然是必要的,因为代收行不仅仅处理托收指示。

(4) 第 5 条 d 款在措辞方面与《URC 322》有所不同,强调托收首先应选择委托人指定的银行为代收行,不管托收行与此代收行是否有业务关系,只有在委托人未指定银行时,托收行才可自己找代收行。

(5) 第 7 条 b 款与《URC 322》第 10 条相比,增加了代收行对于因托收指示未规定交单方式,而只有收妥款项后才交单的后果不予负责。这既明确了代收行应采取的做法,同时也分清了责任。

(6) 第 10 条 a 款除包含《URC 322》第 6 条内容外还增加了一项内容,即未经银行同意,所发运的货物不应以银行的指定人为收货人(to order of ××× bank)。这就是提醒发货人,在未经银行准许时,既不能货发银行,也不能在提单的"收货人"栏填银行或银行的指定人。该条 b 款在《URC 322》第 19 条基础上增加了不少内容:一是对于货物,即使托收指示中明确要求采取保护措施,银行也无义务照办。这就扩大了银行免责范围。二是银行只有在事先同意的范围内,才有义务对货物采取措施。这表明银行承担责任是有条件的。三是代收行决定对货物不采取保护措施时,即使没有告知前手,也不承担责任。这进一步放宽了银行的免责范围。

(7) 第 12 条 a 款在《URC 322》第 2 条基础上做了补充,用词也更为准确,要求银行核对单据时,不单是发现有遗漏,而且如与清单不一致(如多出某种单据或份数)时,也应告知委托方。而《URC 322》只要求遗漏时告知前手。

(8) 第 20 条是关于托收利息的规定,删去了《URC 322》第 21 条要求银行从托收单据中寻找资金单据并检验它是否含有无条件支付利息的条款。这种修改是基于便利银行操作的目的。

(9) 第 26 条对于托收结果的通知不同的情况(已付款、已承兑、已拒付或拒绝承兑)做了不同的规定,与《URC 322》第 20 条最大的不同是将《URC 322》中"发出拒付/拒绝承兑通知后 90 天内收不到托收行相应处理单据的指示,提示行可退单"改为"60 天内收不到指示,提示行可退单",提前了 30 天,这在实务中是完全可行的。

(二)《URC 522》对《URC 322》的增补

《URC 522》与《URC 322》相比,新增补的内容包括以下 12 点。

(1)《URC 522》第 1 条 b 款。它增加了银行处理或不处理托收的选择权。

(2)第 4 条 a 款。它增加规定:委办托收业务必须提供明确的托收指示,以及银行只按委托方指示行事,不受第三方约束。该条 b 款也是新增内容,规定了构成托收指示的 11 项内容。

(3)第 5 条 a、b 两款。它们分别对提示予以定义、规定提示时限和受票人履行其责任的时限。本条还增加了 f 款,规定托收行未指定提示行,代收行可自行选定提示行。

(4)第 7 条的 a、c 两款。它们首先对远期付款交单托收不鼓励使用远期汇票。而后又退一步规定:对于使用了远期汇票的 D/P 远期托收,当托收指示中规定了付款后交单时,代收行对晚交单引致的后果免责。

(5)第 8 条。它规定托收行要求代收行或受票人缮制其他单据时,要提供式样。

(6)第 10 条 e 款。它规定在代收行被作为收货人或凭其指定提货时,如受票人履行了义务,代收行交货之责应由托收行承担;代收行因交货发生的费用等亦应由托收行承担。

(7)第 11 条 b 款。它规定托收行对向代收行发出的指示未被执行也不负责,参照了《UCP 500》中相同内容和写法,扩大了银行免责范围。

(8)第 12 条 b、c 两款。这两款可以避免托收行与代收行之间就未列明的单据发生纠纷;并强调银行只要照原样提示且清点单据即可,需审核单据内容。

(9)第 13 条表述银行对单据的有效性免责。借鉴了《UCP 500》相应的内容和思想,强调银行只依据单据表面状况处理单据本身,不涉及单据以外的事情。

(10)第 14 条 b 款。它规定:当托收指示叙述不清时,银行对采取措施澄清不详内容导致的延误不负责任。

(11)第 16 条 b 款。它规定:代收行只能将收妥的款项付给托收行,而不能直接付给委托人或中间转递单据的银行。

(12)第 21 条 d 款。将目前银行常常要求委托人预交收手续费用具体做法列入本规则,加以规范,以保护银行利益。

总之,《托收统一规则》系根据托收工作的具体事项作出统一的规定,目的在于方便托收工作的进行。可以相信,随着国际结算业务不断发展,业务品种的不断增加,该规则还会进一步补充和完善。

第四节 跟单信用证统一惯例

一、跟单信用证统一惯例概述

跟单信用证(documentary letter of credit)结算方式,是目前国际贸易中最重要和使用最广泛的结算方式。20 世纪初期,国际贸易就开始采用这种结算方式,由于世界各国法律体系不同,及其银行、保险、运输等制度和习惯的不同,在实际业务运行中常常发生纠纷和争议。

国际商会为了改变这种状况,使信用证成为国际贸易较好的结算工具,根据美国代表的提议,起草了跟单信用证统一惯例(Uniform Customs and Practice for Documentary Credits,简称 UCP),该惯例是国际银行界、律师界、学术界自觉遵守的"法律",是全世界公认的、到目前为止最为成功的一套非官方规定。70多年来,160多个国家和地区的ICC和不断扩充的ICC委员会持续为UCP的完善而努力工作着。最早的惯例是由法国代表执笔编写成的首版《商业跟单信用证统一规则》(Uniform Regulations for Commercial Documentary Credits),由国际商会于1930年5月15日以第74号出版物公布实施。然而该首版惯例存在着某些观点的局限性,所以只有法国等少数国家的银行采用。国际商会于1930年对此进行了第一次修订,于1933年以第82号出版物,公布了《商业跟单信用证统一惯例》修订本。其后,随着国际贸易的发展,国际运输、保险等新技术的出现和推广应用,国际商会以此为基础,又对该《惯例》进行过多次修订,以不同编号的出版物公布实施。如1951年以第151号出版物公布的第二次修订本,1962年以第222号出版物公布的第三次修订本,1974年以第290号出版物公布的 第四次修订本,1983年以第400号出版物公布的第五次修订本。

自1974年第四次修订本起,国际商会在每次修订本公布实施后,都要广泛征求各国的银行、运输、保险、法律等各方面专家学者和有关人士对修订本的意见和建议,然后由国际商会的银行技术委员会汇集研究后作出决定,另编新号的出版物,作为补充资料发行,提供从事国际结算的银行、国际贸易等有关工作者,在处理具体业务和有关争议时作为参考。例如,1974年以第290号出版物公布第四次修订本后,曾先后以第371、399号出版物,发行了补充资料;在1983年以第400号出版物公布第五次修订本后,曾先后以第434、459、469、489、494号出版物,发行了补充资料;在1993年以第500号出版物公布第六次修订本即《UCP 500》后,又先后以第511、第516号出版物,发行了补充材料。

自《惯例》第五次修订本实施后,根据各方面的反映和要求,于1989年成立了专门工作组并广泛征求世界各国专家的意见进行反复的讨论和修改,先后六易其稿,最后于1993年4月经国际商会执行委员会通过,成为第六次修订本,同年5月国际商会以第500号出版物公布《跟单信用证统一惯例》(《UCP 500》),自1994年1月1日起正式实施。

2003年5月,ICC银行技术与惯例委员会批准对UCP进行修改。目前,大家熟悉并使用了13年的《UCP 500》即将退出历史舞台。取而代之的是顺应时代变迁、顺应科技发展的《UCP 600》。这是UCP自1933年问世后的第七次修订版。《UCP 600》于2007年7月1日正式实施。

二、《UCP 600》综述

2003年5月,ICC银行技术与惯例委员会批准对UCP进行修改。修改稿经9人起草小组的15次会议初拟,并参考了来自26个国家的41位银行和运输业专家组成的资讯小组的意见。在复杂的磋商过程中,起草小组共收到来自各ICC国家委员会的5 000多份意见书。国际商会中国国家委员会(ICCCHINA)参与了修订的全过程,而且是最主要的几个参与国家之一。对于其每次修订稿,我国银行界在ICCCHINA的组织下,都进行了深入研究,并提出了详细的建设性意见,其中很多已经反映在目前的版本中。3年来,ICC银行技术与惯例委员会每年的春、秋例会上,UCP都是重要讨论的议题。许多争议较大的条款,都是在例会上由各国家委员会以投票的方式来决定的。有的条款更是以微弱优势确定的,足见话语权的力量。

2006年10月25日,在巴黎举行的ICC银行技术与惯例委员会2006年秋季例会上,以点名(Roll Call)形式,经71个国家和地区ICC委员会以105票赞成(其中,7个国家各有3票权重,20个国家和地区各有2票权重,44个国家各有1票。值得一提的是,中国大陆有3票、中国香港有2票、中国台北有2票),《UCP 600》最终得以通过。

由于UCP的重要和核心地位,它的修订还带动了eUCP、ISBP、SWIFT等的相应修订和升级。

《UCP 600》共分8个部分,由39个条款组成。第1—5条为总则部分,包括统一惯例的适用范围、定义条款、解释规则、信用证的独立性等;第6—13条明确了有关信用证的开立、修改、各当事人的关系与责任等问题;第14—16条是关于单据的审核标准、单证相符或不符的处理的规定;第17—28条属单据条款,包括商业发票、运输单据、保险单据等;第29—32条规定了有关款项支取的问题;第33—37条属银行的免责条款;第38条是关于可转让信用证的规定;第39条是关于款项让渡的规定。

三、《UCP 600》与《UCP 500》的区别

《UCP 600》同《UCP 500》相比,无论从形式上还是内容上都有了重要的发展。形式方面的变化体现在修订版的条文编排参照了ISP 98的格式,对《UCP 500》的49个条款进行了大幅度的调整及增删,变成现在的39条。其中第2条(定义条款)和第15条(相符交单)为新增条款;删除了原《UCP 500》中7个不必要或过时的条款:第5条(开立信用证的指示)、第6条(可撤销与不可撤销信用证)、第8条(信用证的撤销)、第12条(不完整与不清楚的指示)、第30条(运输行出具的运输单据)、第33条(运费到付/预付运输单据)、第38条(其他单据),并将一个环节涉及的问题归集在一个条款中;将L/C业务涉及的关系方及其重要行为进行了定义。如第二条的14个定义和第三条对具体行为的解释。

内容方面的变化体现在以下5个方面。

(1) 增加了专门的定义条款,体现了《UCP 600》细化规定的精神,对一些术语作出定义不仅可以使概念明晰化,从而有利于条款的理解与适用,而且更可以解决一些地方法律适用的问题;引入了"honour"(兑付)的概念,兑付定义了开证行、保兑行、指定行在信用证项下,除议付以外的一切与支付相关的行为;改进了"negotiation"(议付)的定义,议付强调的是对单据(汇票)的买入行为,明确可以垫付或同意垫付给受益人,按照这个定义,远期议付信用证就是合理的。

(2) 约定了解释规则,摈弃了可撤销信用证。

(3) 开证行、保兑行及指定银行的责任更清晰、确定,规范了第二通知行的做法。

(4) 银行的审单标准更为明确。将审单时间从"不超过7个银行工作日"的合理时间改为"最多不超过5个银行工作日";明确了交单期限的适用范围;将单据与信用证相符的要求细化为"单内相符、单单相符、单证相符"。

(5) 将银行处理不符单据的选择增加到四种:① 持单听候交单人的处理;② 直到开证申请人接受不符单据;③ 径直退单;④ 依据事先得到交单人的指示行事。

总之,《UCP 600》纠正了《UCP 500》造成的许多误解,它比《UCP 500》更准确、清晰;更易读、易掌握、易操作。

第五节 其他惯例与规则

一、见索即付保函统一规则

(一) 见索即付保函统一规则概述

见索即付保函是一种适宜于银行参与各种各样公司业务的保函形式。为了规范有关各方面的行为,界定他们的权利与义务,平衡他们的合法权益,避免纠纷,国际商会于 1978 年制定和出版了《合同保函统一规则》,即国际商会第 325 号出版物(ICC 325)。由于该规则未被广泛接受,于是就有了《见索即付保函统一规则》(The ICC Uniform Rules for Demand Guarantees,简称《ICC458》)。由曾经非常成功地制定了《UCP 500》的国际商会银行技术与实务委员会与国际商业惯例委员会共同组建一联合工作组,起草了新规则。该规则于 1991 年 12 月由国际商会执行委员会批准,并以国际商会第 458 号出版物于 1992 年 4 月出版发行。

《ICC 458》阐述了新规则的目的及使用范围、各当事人的合理愿望及国际商会对推动建立见索即付保函良好业务惯例所给予的关注。这种良好惯例能使各当事人均感到公平合理,能使受益人和委托人的利益得到平衡,即保函项下受益人在委托人违约时能尽快得到赔付,而委托人也可对不当索赔有一定防范。

(二)《ICC 458》综述

见索即付保函统一规则正文本身包括 28 条,分 A、B、C、D、E、F 6 个部分。

1. A 部分内容

A 部分由 1 条条款组成,明确了规则的使用范围。

2. B 部分内容

B 部分为定义及总则,由第 2—8 条组成。第 2 条强调了保函的三条基本原则,保函的自足性及单据化特征;第 3 条规定了开立保函和修改保函的指示应清晰、准确;第 4 条的让渡条款则指出保函项下受益人索赔权不可转让性;第 5 条规定了保函的不可撤销性质;第 6 条阐述了保函的开立、生效;第 7 条则明确了不得开立无法付款的保函;第 8 条则允许保函可规定金额递减条款。

3. C 部分内容

C 部分的义务与责任由第 9—16 条构成。该部分表述了各当事人的义务、责任,大致分为 3 种:审验、通知和转递。

(1) 审验的责任。

第 9 条规定,担保人的责任是以合理的谨慎审验所提交的保函规定的所有单据,以确定它们是否表面上与保函条款相符。本条及第 11 条再次强调第 2 条 b 款所述 3 项原则中的第3项原则,即担保人对于提交的单据的完整性、准确性、真实性不负责任。担保人仅被要求以合理的谨慎审核确认单据是否 表面与保函相符。单据之间表面也必须一致。担保人有权拒受与保函条款不符的、单单之间不一致的单据,除非委托人或指示人根据情况授权可凭以付款。但是即使委托人授权付款,担保人或指示人也可拒付。因为作为付款方,担保人有其自身利益的考虑。

担保人允许有一段合理时间来审核单据以决定是否付款(第10条)由于比起商业信用证项下单据来讲,保函项下的单据要简单得多(《ICC 458》要求受益人随附索赔书提交一份委托人违约的书面声明即可)。所以,保函项下所需合理时间可能比商业信用证项下要短。在各项设施高度发达的金融中心,担保人通常在一天内或提交单据的当日审核单据并决定是否付款。但是何为"合理时间",要视具体情况而定,本规则未规定固定的时间。

(2) 通知的责任。

规则中的若干条款规定,担保人须将有关信息反馈给委托人。当由于法律的原因不能付款导致担保人无法开立保函时,担保人应如实告知委托人其不能履行开立保函的原因(第7条)索赔发生时,担保人应毫不延误地通知委托人(第17条)。担保人必须通知委托人保函的到期、失效(第25条)及以展延效期代替付款的要求(第26条)。在有些情况下,担保人也有责任联系受益人。首先,通常要将保函的开立通知受益人。如遇保函有修改或展期时,担保人也必须通知受益人,如担保人决定拒付,也必须将其决定通知受益人(第10条b款)。在间接保函业务中,担保人通知指示人,指示人再通知委托人(第17、第21、第25条)。

(3) 转递的责任。

在某些条件下,不仅要求担保人向委托人或受益人传递信息,还要求担保人转递单据。

拒付索赔时,须将单据退还给受益人或持有单据听候其处理(第10条b款)。赔付时,担保人须将索赔书及有关单据转递给委托人(第21条),拒付时正相反。因为拒付后担保人必须持有单据听候受益人处理(第10条b款)。

4. D部分内容

D部分的索赔由第17—21条组成。该部分论述索赔的主要问题,并在保留保函单据化特征和保证索赔尽快实现的同时,还包括了一些防止不当索赔的条款。从而谨慎地平衡了受益人与委托人之间的利益。

5. E部分内容

E部分由第22—26条构成,该部分专述有效期的规定。分别由保函的终止(第22条、23条)和"展期或付款""付款或展期"(第26条)两部分内容组成。

6. F部分内容

最后部分为F部分,规定了适用法律及司法管辖权,由第27、28条组成。第27、28条规定在担保函、反担保函项下各当事人没有选择适用法律和司法管辖权时的适用法律及司法管辖权。第28条的司法管辖权规则采取同样方法。受益人与担保人之间的纠纷应由担保人营业所在地国家裁决。

《ICC458》代表了国际商会及其银行和商业委员会对于简化见索即付保函惯例,追求各方面利益平衡所做出的贡献。它是国际商会两个委员会的成员们及国际商会各成员国委员会、商业协会及世界各地有关专家的集体智慧与经验的结晶。它是对国际商会已取得较大成功的《UCP500》的完善。

二、国际备用信用证惯例

(一) 国际备用信用证惯例概述

随着备用信用证越来越被广泛使用,在全球范围内规范备用信用证业务的呼声越来越高。长期以来,备用信用证并没有一个统一的独立的规则,而是依附于国际商会《跟单信用证统一惯例》。《UCP 500》及《UCP 600》增强了备用信用证的独立性和单独性特征。它还为审核单据和通知拒付提供了标准,并为抵制在市场压力下采取容易导致纠纷的做法,如开立无到期日的备用信用证提供了基础。

尽管《UCP 500》作出了很大的贡献,但无论是先前的《UCP 500》还是现在的《UCP 600》并非专门为备用信用证而制定的,这就造成了有别于一般跟单信用证的备用信用证这一业务的特点在跟单信用证统一惯例中得不到体现,《UCP 500》及《UCP 600》对备用信用证不能完全适用,也不适合。这一点在两个文件都有所承认,它规定"只在可以适用范围内"予以适用。这样就使很多问题无从解决。即使最不复杂的备用信用证(只要求提示一张汇票)都有两个文本中未涉及的问题;而较复杂一些的备用证(诸如涉及期限较长、自动展期、凭指示转让等),则需要有更加专门的实务规则。同时,由于备用信用证的作用和性质与银行保函一样,而国际商会已单独为银行保函制定了《合约保函统一规则》《ICC 325》和《见索即付保函统一规则》《ICC 458》,所以,尽管先前的《UCP 500》规定该惯例适用于所有银行信用证,但仍然不断有金融机构询问国际商会:备用信用证究竟应被当作信用证而适用《跟单信用证统一惯例》,还是应被当作银行保函而适用于保函统一规则?这些都说明在全球范围内规范备用信用证业务的必要性,因此,为备用信用证专门提供一套独立的国际统一惯例已成为一种迫切需要。

1998 年 4 月 6 日,国际商会银行技术委员会与国际银行法律和惯例学会联合印发了第 590 号出版物《ICC 590》,即《国际备用信用证惯例》(International Standby Practices,简称《ISP98》),并于 1999 年 1 月 1 日起正式起用。

《ISP 98》是国际银行法律与惯例学会(the Institute of International Banking Law and Practice,Inc.)的 ISP 工作组和国际金融服务协会(the International Financial Services Association,简称为 IFSA)的特别工作组,在国际商会银行委员会(the ICC Banking Commission)的支持下,经过 5 年努力,并与数百位银行界、法律界专家相互合作所得到的成果。这是国际商会首次以独立的规则制定备用信用证惯例,它表明备用信用证已成为用途广泛、日趋成熟的金融工具。《ISP 98》的实施必将推动备用信用证业务更大范围、更深层次、更高形式的发展。

(二)《ISP 98》综述

《ISP 98》由前言和规则两部分组成。前言主要介绍了制订备用信用证规则的理由、对备用信用证进行描述性的分类,并从整体上描述了《ISP 98》与《UCP 500》以及《联合国独立保证与备用信用证公约》的关系。

规则部分一共包括10条89款，这10条分别为：① 总则，包括"范围、适用、定义及规则和解释""一般规则"和"定义"3个部分；② 义务，包括"开证人和保兑人支付受益人的担保""不同的分支、代理及其他机构的义务""开证条件""指定代理""备用信用证或修改的通知""修改生效并产生约束力的时间"以及"修改的传递"；③ 提示/交单，包括"备用信用证项下的正点交单""如何构成交单""备用信用证的确认""在何处向何人交单相符""何为准时交单""相符的交单媒体""每次交单的独立性""部分交单支款和多次交单"等；④ 审单，包括"单据相符的审核""未作要求的单据不予审核""不一致的审核""单据的语言""单据出具人""单据日期及单据上要求的签字""备用信用证项下的单据类型"等；⑤ 通知拒付、放弃拒付及单据处理，包括"及时通知拒付""拒付理由的声明""未能及时通知拒付""通知过效期""开证人未经交单人要求请求申请人放弃拒付"等；⑥ 转让、让渡及因法律规定的转让，包括"支款权的转让""款项让渡的确认"和"依法转让"3个部分，对受益人之外的其他方的索偿办法分别进行了规定；⑦ 取消，包括"不可撤销备用信用证的取消或终止"和"开证人已取消决定的选择"；⑧ 偿付义务，包括"获得偿付的权利""费用和成本的偿付""退还偿付款""银行间偿付"，主要对款项和费用的要求和补偿进行规定；⑨ 时间安排，包括"备用信用证的时限""效期对被指定人的影响""时间计算""到期日时间"和"备用信用证的保留"，本条对备用信用证业务中涉及的时间问题做了明确规定；⑩ 共同参与开证，该条就多个开证人或分享开证权益的做法首次进行了规范。

具体来说，《ISP98》的主要内容如下。

1. 总则

第一，总则部分明确了本规则的适用范围是备用信用证或其他类似承诺，无论如何命名和描述，用于国内或国际，只要在正文中明确表明是根据《ISP 98》开立的备用信用证，均可适用此惯例。也就是说，本规则是经由当事人的选择作为备用信用证的组成条款而适用的，这样当事人当然可以变更或排除某些条款的适用。不过，自《ISP 98》生效以后，实际上已经有两个调整备用信用证的国际惯例即《ISP98》和《UCP 600》。两者的关系究竟如何？一份备用信用证能否同时适用这两个惯例？在备用信用证未表明适用哪项惯例时，究竟哪项惯例应该优先适用？《ISP 98》与《UCP 600》虽然都可以适用于备用信用证，但两者适用的对象和范围是不同的，《ISP 98》主要适用于担保型的备用信用证和保函或其他类似的担保文件，虽然也不排除适用于作为付款担保的商业跟单信用证。而《UCP 600》主要适用于跟单商业信用证，虽然也可以适用于备用信用证，但对适用备用信用证的范围有严格的限制。即《UCP 600》不适用的跟单的备用信用证将不适用。另外，根据《UCP 600》对备用信用证所下的定义与跟单信用证的定义完全相同的事实，可以确定《UCP 600》所适用的备用信用证的开证人必须是银行，而《ISP 98》所适用的备用信用证则不一定只能由银行开出。《ISP 98》的第1条第5款中明确规定："对开立备用信用证的权利或授权不予界定或规定"，因此究竟什么人可以开立备用信用证，应当根据各国法律规定。从多数国家的法律规定来看，除银行之外，还允许具备充当担保人资格的公司、企业以及非银行的担保机构，甚至以某些特定的政府部门形式开立备用信用证。可见，《ISP 98》的适用范围大大超出了《UCP 600》。

至于实践中,一份备用信用证表明同时根据《UCP 600》和《ISP 98》开立的情况下,究竟应该以哪个惯例为准的问题,有人认为,若《UCP 600》所规定的条款与《ISP 98》所规定的相冲突时,则以《ISP 98》的规定为准,并优先适用《ISP 98》条款。如果《ISP98》条款未涉及或另有规定,才可依《UCP 600》的解释处理。

第二,明确了《ISP 98》的法律性质及其与其他备用信用证法律、规则的关系,指出它作为一种国际惯例,并不当然具有法律约束力,而是需要得到当事人和各国国内法的认可方为有效。因此,本规则只是对适用的法律进行补充且不应违反法律的强行性规定,不过,在备用信用证也受其他行为规则制约而其规定与本规则相冲突时,则以本规则为准。

第三,明确了对本规则进行解释的原则,指出本规则应作为商业用法进行解释。解释时应考虑以下方面:在商业实践中备用信用证的声誉,在日常业务中银行和商界的惯例和术语,全球银行运作和商业体系内的一致性以及在解释和适用上的全球统一性。

第四,指出了本规则未做规定的排除事项,即有关开证权力和欺诈或滥用权力支款等事项。具体而言,对开立备用信用证的权力或授权、使用备用信用证的格式要求以及基于欺诈、滥用权力或类似情况原因的抗辩等事项不予界定或规定。

第五,明确界定了备用信用证的法律特征,指出它具有不可撤销性、单据性、独立性和强制性等基本特征。

第六,对备用信用证中使用的有关术语进行了解释和界定。这是因为,首先,备用信用证在其发展过程中出现了许多术语有待解释,同时实践中的很多用语语义模糊,易生歧义。如"部分支款"可能指支款额少于可支取的总额,也可能指作出多次交单即多次部分提款;"光票"可能指凭备用信用证就可支款,也可能指附具汇票或付款请求书就可支款。其次,实践中有些用语是多余的,有些则是不提倡使用的。如政府作为受益人时,通常过分谨慎地要求备用信用证中表明该备用信用证是"无条件"的,这意味着只要提出索偿要求,而不需要其他条件就可支款;但是,及时提出索偿请求本身实际上就是一种条件,因此,"无条件"一词即需解释。最后,为适应电子交单的需要,《ISP 98》还专门对与之有关的 4 个用语即电子记录、鉴别、电子签字和电文接受做了界定。

2. 义务

(1) 开证人和保兑人对受益人的承付义务。

开证人承担向受益人兑付按本规则及标准备用信用证惯例表面上符合备用信用证条款的提示的义务;除非备用信用证规定可通过承兑受益人开出的以开证人为付款人的汇票的方式承付,或规定可以对受益人的索偿承担延期付款,或规定可以通过议付方承付出,开证人应按所需求的金额即期兑付向其作出的提示;开证人如果是在被允许审核提示及发出拒付通知的期限内限期付款、承兑汇票或承担延迟付款的义务,即为以及时方式行事;开证人兑付时应以备用信用证中指定的币种支付可立即使用的资金,除非在备用信用证中注明可通过以货币记账单位付款或交付其他有价凭证的方式付款。

保兑人承担通过即期支付索偿金额,或者按备用信用证中的注明,通过与开证人义务一致的另一种付款方式兑付相符提示的义务;如果保兑允许向开证人提示,则保兑人也承担在开证人错误拒付时兑付的义务,犹如提示是向保兑人作出一样;如果备用信用证允许向保兑人提示,则开证人也承担在保兑人错误拒付时兑付的义务,犹如提示是向开证人作出一样。

（2）不同的分支机构、代理机构或其他办事处的义务。

就本规则而言，开证人的分支机构、代理机构或其他办事处，如果以非开证人的身份进行备用信用证的行为，则仅负有该身份下的义务，并应视为不同的人。

（3）指定人的义务。

备用信用证可以指定一个人进行通知、接受提示、执行转让、保兑、付款、议付、承担延期付款义务或承兑汇票。不过，这种指定并不使被指定人负有如此行为的义务，只有当被指定人承诺进行此行为时，它才有为这些行为负责的义务。

（4）通知人的义务。

通知人应按照标准信用证惯例审查所通知信息的表面真实性，并确保通知正确地反映了其收到的内容；被要求通知备用信用证的人，决定不通知时，就通知作出要求的一方。

3. 偿付

《ISP 98》对获得偿付的权利、偿付的范围以及偿付的退还等问题都做了明确规定，主要内容包括三点。

第一，申请人向开证人偿付。明确规定申请人必须对由下述事由而产生的请求、义务和责任（包括律师费用）向开证人负赔偿担保责任：① 由于在开证地所适用的或备用信用证所选择的以外的法律和惯例的适用而产生的后果；② 其他人的欺诈、伪造或其他非法行为；③ 由于保兑人错误地拒付其保兑，开证人代为履行保兑人的义务。申请人必须支付开证人收取的费用，并偿付开证人在申请人同意下指定进行通知、保兑、付款、议付、转让或开立独立承诺的指定人向开证人收取的任何费用。

第二，开证人向其指定进行付款或以其他方式给付对价的指定人偿付。开证人有义务支付以下费用：① 根据备用信用证条款应支付的费用；② 指定人通知、付款、议付、转让或开立独立承诺所惯常发生的、而由于该备用信用证下未进行索偿致使未曾或无法从受益人或其他提示人处收取的合理费用和花费。

第三，规定了偿付的退还。即如果开证人拒付，在开证人及时拒付提示之前获得偿付的指定人必须退还偿付和利息，这种退还并不影响该指定人指挥错误拒付并请求偿付。

本章小结

世界每天在变大，世界每天又在变小。从经济意义上来说，变大是因为经济、贸易、金融的发展过于迅猛；变小是因为全球化趋势不可阻挡。协调这种大与小的关系的便是法律规制。而作为完成各项经济、贸易、金融活动的载体的国际结算更需要一种良好的法律环境。这种法律环境即指国际结算过程中的各种法律系统及法律安排。它由法律、惯例两部分构成。

国际贸易术语解释规则是用来规范国际贸易过程中买卖双方责任、费用和风险划分；托收统一规则明确了托收业务中各当事方的责权划分；跟单信用证统一惯例是确保在世界范围内将信用证作为可靠支付手段的规则；国际备用信用证惯例是一个在全球范围内规范备用信用证业务的统一的独立的规则；见索即付保函统一规则是一种银行在参与各种各样公司业务的保函过程中界定其权利与义务,平衡其合法权益,避免纠纷的一项规定。

所有的规则均阐述了其各自的目的及使用范围、各当事人的合理愿望及国际商会对推动建立国际结算过程中良好业务惯例所给予的关注。这种良好惯例能使各当事人均感到公平合理,能使受益人和委托人的利益得到平衡,能使各项业务在一个宽松的环境下顺利进行。

基本概念

1. 国际结算的法律环境：指国际结算过程中的各种法律系统及法律安排。它由法律、惯例两部分构成,涉及贸易、金融、货运等各个领域或环节。

2. 国际贸易结算惯例：指国际经济往来中逐渐形成的一些较为明确的、内容相对固定的贸易结算习惯和做法,其中包括成文或不成文的原则、准则和规则。

3. 贸易条件：又称贸易术语。是用一个简短的词组或几个略语的组合来说明买卖双方责任、费用和风险的划分。

4. 国际贸易术语解释规则：国际贸易术语解释规则是用来规范国际贸易过程中买卖双方责任、费用和风险划分的一种规则。

5. 托收统一规则：用以明确托收业务中法律规定及习惯做法。

6. 跟单信用证统一惯例：跟单信用证统一惯例是确保在世界范围内将信用证作为可靠支付手段的规则,是用以明确信用证业务中的法律规定及习惯做法。

7. 国际备用信用证惯例：是一个在全球范围内规范备用信用证业务的统一的独立的规则。

8. 见索即付保函统一规则：是一种界定银行在参与各种各样公司业务的保函过程中的权利与义务、平衡其合法权益、避免纠纷的一项规定。

复习思考题

1. 何谓国际惯例？国际惯例应具备哪些条件？
2. 简述 FOB、CIF、CFR 的基本含义。
3. 世界上有哪两大票据法系？它们的基本区别点是什么？
4. 试述规范托收业务的统一规则。
5. 试述《UCP 600》的基本框架及内容。

第三章 国际结算票据

> 【学习目标】
> - 了解票据的基本定义，熟悉票据的性质
> - 掌握《票据法》的基本内容
> - 熟练掌握汇票、本票、支票的基本概念及其三者之间的区别
> - 理解票据当事人及其相互间的关系
> - 熟悉票据的行为及其票据流转程序

第一节 国际结算票据概述

一、票据的定义

票据有广义和狭义之分。广义的票据是指商业上的权利凭证（document of title），如发票、提单、保险单等。这些权利凭证是作为某人的、不在他实际占有下的金钱或商品的所有权的证券，又称商业单据。狭义的票据则是指以支付金钱为目的的特种证券，是由出票人签名于票据上，无条件地约定由自己或由他人支付一定金额的、可以流通转让的证券，又称资金单据。若约定由出票人本人付款，则是本票；若由另一人付款，则是汇票或支票。本章所研究的票据是狭义的票据，即汇票、本票和支票。

票据是国际结算的主要工具。在前资本主义社会，由于商品经济和国际贸易尚不发达，国际债权、债务的结算主要采用现金结算（cash settlement），直接用运送金属铸币或金块的方法进行结算。这种结算方法的弊端是显而易见的。随着国际贸易的发展，非现金结算（no-cash settlement）方式逐渐取代了现金结算。非现金结算是指不直接使用现金，而是使用代替现金起流通手段和支付手段的信用工具来结算国际债权、债务的一种方法。此种用以抵消国际债权、债务的信用工具就是票据（instruments）。

从我国历史看，早在唐、宋时期就有票据的雏形。唐代的"飞钱"颇似今日的汇票，"贴"类似现在的银行支票。宋代的"便钱"近似今日的即期汇票，"交子"很像现在的本票。西方国家的票据起源于12世纪。到15世纪，西欧各国的商品买卖多以市场票据授受。16世纪，法国开始有了背书制度。17世纪，一些国家开始进入票据成文法时期。18世纪，英国已开始使用支票。进入19世纪，西方主要国家的票据制度逐步健全。

为了保障票据正常的使用和流通，保护票据当事人的合法权益，促进市场经济的发展，从19世纪后期开始，欧洲各国对票据相继立法，重点是将票据流通规则定为法律。英国、德国和日本等国订立了票据单行法，美国、比利时等国则把票据法列为商法典或债务法典的一

部分。目前世界上影响较大的票据法有两类:一是以英国《1882年票据法》为代表的英美法系,另一类是以《日内瓦统一法》为代表的大陆法系。

《中华人民共和国票据法》由第八届全国人民代表大会常务委员会第十三次会议于1995年5月10日通过,根据2004年8月28日第十届全国人民代表大会常务委员会第十一次会议《关于修改〈中华人民共和国票据法〉的决定》修正。我国票据法从结构上看属大陆法体系,但从内涵上看,它又是参照英美法系,特别是参照英国票据法的体裁而制定的。同时,我国票据法还参考了国际汇票与国际本票公约以及国际支票公约草案的内容。《中华人民共和国票据法》共110条,分总则、汇票、本票、支票、涉外票据的法律适用、法律责任及附则共7章。

二、票据的性质与作用

(一) 票据的性质

票据作为非现金结算工具,能够代替货币使用,是因为它具有以下特性。

1. 设权性

所谓设权性,是指票据持有人的票据权利随票据的设立而产生,离开了票据,就不能证明其票据权利。而票据权利的产生必须作成票据,权利的转移要交付票据,权利的行使要提示票据,这里的票据权利是指付款请求权、追索权及转让票据权。

2. 要式性

票据的作成,形式上需要记载的必要项目必须齐全,各个必要项目又必须符合票据法律规定,方可使票据产生法律效力。各国的票据法对这些必要项目都做了详细规定,使票据文义做到简单明了,并根据文义来解释票据,明确当事人的权责。票据的要式性,有时也可说成票据是书面形式的要件,即有效的票据,其书面形式上包含的必要条件,要符合票据法的规定。

3. 无因性

"因"是指产生票据权利、义务关系的原因,票据是一种不要过问原因的证券。票据原因是票据的基本关系,它包括两个方面的内容:一是指出票人与付款人之间的资金关系;二是指出票人与收款人,以及票据的背书人与被背书人之间的对价关系。事实上,任何票据关系的产生总是有一定的原因。例如,甲为出票人发出以乙为付款人的票据,乙决不会无缘无故地成为付款人并同意承担付款义务,其中必有原因,其原因或者是甲在乙处有存款,抑或是乙同意给甲贷款等,这种关系就是所谓的资金关系。又比如,当甲开出以乙为收款人的票据,而乙又以背书方式把该票据转让给丙时,其中也必有原因,其原因可能是因为甲购买了乙的货物,需要开立以乙为收款人的票据来支付货款,而乙之所以要把该票据转让给丙,可能是因为他欠了丙的债。这种关系就是所谓的对价关系。票据当事人的权利、义务是以这些基本关系为原因,这种关系,称为票据原因。但是,票据是否成立,不受票据原因的影响。票据当事人的权利、义务,也不受票据原因的影响。对于票据受让人来说,他无需调查这些原因,只要票据记载合格,他就取得了票据文义载明的权利。票据的这种特性就称为无因性,这种无因性使票据得以流通。

4. 流通转让性

书面凭证的权利转让有 3 种类型。一是过户转让(assignment),如股票、政府证券等的转让。股票所有人必须办理过户手续才能转让股权,即必须通知债权人转让才能成立。二是交付转让(transfer),例如提单、仓单的转让。如果是一张可转让的提单,其代表的物权可以由持有人将提单交付他人而完成所有权的转让而不需通知债权人。三是流通转让(negotiation),如票据的转让。流通转让具有以下特点:① 票据所有权通过交付或背书及交付进行转让;② 票据的受让人获得票据的全部法律权利,可以用自己的名义提出诉讼;③ 票据转让人不必向债务人发出通知;④ 如果受让人是以善意并付对价获得票据,其权利不受前手权利缺陷的影响。票据的流通转让性保护受让人的权利,受让人甚至可以得到让与人所没有的权利。正是这一点使得受让人能够得到十足的票据文义载明的权利,从而使票据能被受让人接受并广为流通。

5. 提示性

票据上的债权人在请求票据债务人履行票据义务时,必须向付款人提示票据,方能请求付给票款。如果持票人不提示票据,付款人就没有履行付款的义务。因此,票据法规定了票据的提示期限,超过期限,付款人的责任即被解除。

6. 返还性

票据的持票人收到票款后,应将已收款的票据交还付款人。该票据一经正当付款即被解除责任而归入付款人的档案。由于票据的返还性特点,所以它不能无限期地流通,而是在到期日付款后就结束其流通。

(二) 票据的作用

票据由于其形式简明,具有流通性的特点,各国法律均予保护,因而在经济生活中发挥着重要作用。

1. 结算作用

当代的国际结算中,非现金结算方法取代了现金结算。在非现金结算条件下,必须使用一定的支付工具,来结清位于不同国家的两个当事人之间的债权、债务关系,而票据就是这样一种支付工具。

2. 信用作用

票据本身并不是商品,没有内在价值,它是建立在信用基础上的书面支付凭证。出票人在票据上立下书面的支付信用保证,付款人或承兑人允诺按照票面规定履行付款义务。例如,某项商品的交易,约定买方在收到货物后的某个时间付款,买方可以开立一张本票,这张本票就代表了买方到时付款的信用。

3. 流通作用

票据作为一种支付工具,可以减少现金的使用,票据经过背书还可以连续地转让,使票据在市场上广泛地流通,成为一种重要的流通工具,扩大了市场流通手段。

4. 抵消债务作用

国际上由于多种经济交易而引发的债权、债务关系,可以使用票据来加以抵消。例如,纽约甲商人向伦敦乙商人购买10万美元商品,而伦敦丙商人向纽约丁商人也购买10万美元商品,则不必由甲商人从纽约输送现金付给伦敦乙商人,也不必由丙商人从伦敦输送现金给纽约丁商人,只需在伦敦由乙商人开出命令纽约甲商人支付10万美元的汇票,售给当地丙商人,同时由丙商人将汇票寄给纽约丁商人,再由纽约丁商人在当地提示给甲商人,请其支付10万美元。这样就将彼此间的债权、债务相互抵消,从而便利了国际上的各种经济交易。

三、法的冲突

国内票据的票据行为发生在一国之内,受本国有关票据法的约束。但国外票据往往是在某一国家出票,而在另一国家付款,而其间的背书转让行为可能又发生在第三国。众所周知,世界各国对票据和票据行为的法律规定是有差异的。那么究竟以哪一国的法律为准,一般而言,票据由此产生的分歧应遵守以下原则。

(1) 票据的有效性应以出票地国家的法律为准。

(2) 票据的开立、背书、承兑是否合法,以行为地的法律为依据。

(3) 关于持票人提示承兑和提示付款的责任,对退票通知或拒绝证书的要求均按行为地法律解释。

(4) 国外开立在另一国付款的远期票据,其到期日的计算按付款地的法律规定。

第二节 汇 票

一、汇票的定义

《英国票据法》关于汇票的定义是:汇票是由出票人向另一人签发的,要求即期、定期或在可以确定的将来的时间,向某人或其指定人或来人无条件地支付一定金额的书面命令(A bill of exchange is an unconditional order in writing, addressed by one person to another, signed by the person giving it, requiring the person to whom it is addressed to pay on demand or at a fixed or determinable future time a sum certain in money to or to the order of a specified person or to bearer)。

《英国票据法》规定,凡不符合定义规定的必要项目的票据,或者命令去做支付金钱以外的其他任何行为的票据都不是汇票。

二、汇票的必要项目

票据是流通证券,票据当事人的权利和责任都以票据文义为准。因此,票据的文义必须明确,各国票据法对于票据的各个项目应如何记载都有详细规定。汇票要式中所包含的必要项目,即是汇票的形式要项(requisite in form)。汇票的成立和有效与否,是以这些项目的齐全和符合票据法的规定为前提的。

根据《日内瓦统一法》的规定,汇票必须包含以下内容。

(一) 无条件支付命令(Unconditional Order)

所谓无条件的支付命令,是指支付不受到限制,不附带任何条件。但如果汇票上注明出票条款、对价文句和偿付方式,不能作为有条件支付论处,如:

1. 出票条款
Drawn under ×× Bank, L/C No____, dated.
凭××银行×月×日第×号信用证开立。

2. 对价文句
for value received.
汇票的开发是有对价的。
for value received against shipment of ××.
汇票的开发是由于出运了××.
所谓对价,是指凡能构成契约行为者,如货币、商品或服务交易等,都属于有价值的对价。

3. 偿付方式
Pay Robert Brown the Sum of £10.—and debit our, account with you.
付布朗10英镑后借记我账。

(二) 书面(In Writing)

书面是指对于口头而言的。书面包括打字、印刷、钢笔和圆珠笔。虽然英国汇票法不禁止汇票用铅笔书写,但也不提倡这种做法,因为铅笔书写容易被涂改。

(三) 出票人签字(Signed by the Person Giving It)

汇票必须由"发出命令者"签署,此处"发出命令者",是指广义上的定义。它既可以是出票人本人签名,也可以是出票人代理或授权签名。

汇票无签名,或汇票签名伪造,或签名人未得到出票人授权擅自签名的汇票,都是无效的。

(四) 付款人姓名、地点(The Person to Whom It Is Addressed)

汇票的付款人,必须相当肯定。它是指:
(1) 汇票上付款人的姓名、地点必须书写清楚,以便持票人向他提示承兑或提示付款。
(2) 汇票人可以有多人,且多人之间的关系必须是并列的、非有所侧重或有选择的。如汇票上付款人为 A、B 或者 A and B 则可以接受。如汇票上付款人为 A or B 或 first A than B 则不能接受。

(五) 付款期限(On demand, or at A Fixed or Determinable Future Time)

汇票付款期限,可分为即期和远期两种,远期又可分为固定远期和可推算远期。可推算远期又可分为"见票后若干天付款"和"出票后若干天付款"。它们的关系可表述如图 3-1 所示。

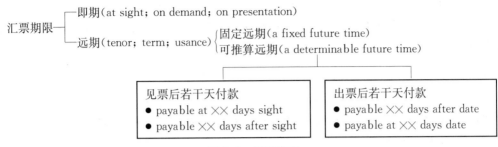

图 3-1　汇票期限

（六）一定金额的货币(A Sum Certain in Money)

"一定金额的货币"有两层含义。其一，汇票必须以货币形式而不是以货物形式表现出来。这是因为汇票是资金单据而不是货物凭证。其二，汇票金额必须肯定，不能含糊不清。如汇票上注有"about one hundred pounds"或"one hundred pounds or two hundred pounds"则是不允许的。如果汇票上载 有利息和折成他币付款的文句，只要利息条款有明确的利率、计息起讫日期，折成他币付款文句有确定的汇价折算比率，此类汇票仍可视为一定金额的汇票，因而可以接受。

汇票上金额须用文字大写(amount in words)和数字小写(amount in figures)分别表明。如果大小写金额不符，则以大写为准。例如，汇票上小写金额为 US $100，大写金额为 US Dollars One Hundred and Five，则可认为该张汇票金额为 US $105；如记载的文字或数字在汇票上有数处金额不符时，取金额最小者。

案例 3-1

案情：

A 银行向 B 银行开出不可撤销信用证，受益人交单后 B 银行通过快递将单据寄交 A 银行，A 银行审单后发现下述不符点，遂对外拒付。

汇票上小写金额为 USD 905 000.0，大写金额为 HONG KONG DOLLARS NINE HUNDRED AND FIVE THOUSAND ONLY，金额不一致。

收到 A 银行的拒付电后，B 银行认为所述不符点仅是打字手误，非实质性不符点。

分析：

1930 年 6 月 7 日日内瓦《统一汇票本票法公约》第二章第一节第 6 条规定："汇票金额同时以文字及数字记载者，遇两者有差异时，文字记载之数额为付款数额。"

"汇票金额以文字或数字记载在一次以上，而先后有不符时，其较小数额为付款数额。"

《国际汇票和国际本票公约(草案)》第二章第二节第 7 条(1)款规定："票据上以文字表明的金额与以数字表明的金额不符时，应以文字金额为准。"

本案例中,汇票票面金额同时以文字及数字记载,文字金额即大写金额为 HONG KONG DOLLARS NINE HUNDRED AND FIVE THOUSAND ONLY,数字金额即小写金额为 USD 905 000.00。两者不一致,根据上述规定,开证行只能按文字金额即大写金额照付。

启示:

实际票据操作业务中,须严格按照大小写金额一致的原则处理票据事务,消除侥幸心理,避免不必要的麻烦。倘收受的票据确遇大小写金额不一致,则票据事务的处理应严格按照票据法执行。

(七)收款人姓名(A Specified Person or Bearer)

汇票收款人既可以是确定的某一人(记名式),也可以是确定的某人的指示人(指示式),又可以是任何来人(来人式)。

1. 记名式

Pay to Smith.

非限制记名式通过背书即可转让给史密斯。

Pay to Smith Only.

仅付史密斯(限制记名式,不得通过背书转让)。

Pay to Smith Not Transferable.

付史密斯不得转让(限制记名式,不得通过背书转让)。

2. 指示式

Pay Smith or Order.

付史密斯或其指示人。

Pay to the Order of Smith.

根据史密斯指示付款。

3. 来人式

Pay to Bearer.

付来人。

Pay Smith or Bearer.

付史密斯或来人。

Pay to the Order of Smith or Bearer.

付史密斯的指示人或来人。

(八)出票日期与出票地点

出票日期,告诉汇票是否在有效期内流通。如在"出票后若干天付款"的汇票的情况下,出票日期可帮助推算出汇票的到期日。

出票地点,是仲裁汇票案件的依据,因为通常出票的规定须按照出票地法律。

(九) 表明"汇票"字样

汇票上表明"汇票"字样,主要是为了区别汇票和本票。

上述 9 项内容,是从汇票的定义中引申出来的,它是构成一张汇票的必不可少的要项,因而《日内瓦统一汇票、本票法》把它视为汇票的要项。票据 3-1 列示的汇票,虽然比较简单,它却包含所有汇票的要项。

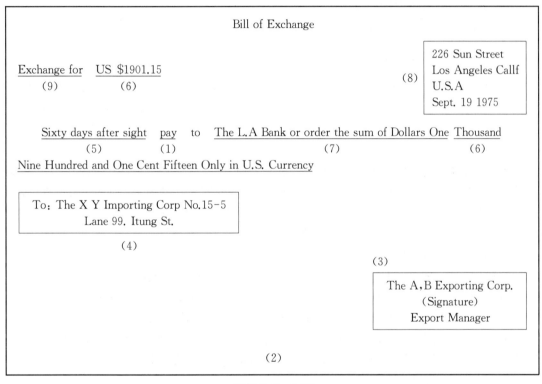

票据 3-1　汇票

三、汇票的当事人及其票据行为

汇票的基本当事人有 3 个,即出票人、收款人与付款人。经过一系列的票据行为,诸如背书、承兑后,又可引申出背书人、被背书人、承兑人、持票人等。

(一) 出票人及其行为

出票人(drawer),一般是指进出口贸易中的出口方,他是命令付款人付款并在汇票上签名的人,他在开立(draw)汇票后进行交付(delivery),则完成出票(issue)的票据行为。出票人是收款人的债务人(debtor),付款人的债权人(creditor)。承兑前,他是汇票的主债务人(principal debtor)。承兑后,出票人是次债务人(secondary debtor)。在汇票遭受拒付的情况下,出票人有向付款人、承兑人追索的权力,也应尽被其后手追索的义务。

(二) 付款人及其行为

付款人(drawee),一般是指进出口贸易中的进口方。付款人有权根据自己判断,接受或拒绝汇票,付款人在下列 5 种情况下,可拒绝出票人开具的汇票。

(1) 事先没有商定开票的付款方法。

(2) 事先没有谈妥容许透支金额及代付票款办法。

(3) 完全没有债权、债务关系。

(4) 汇票签名者是伪造的。

(5) 汇票未在合理时间内流通。

如果付款人接受了一张汇票,他必须承担到期付款的责任。

(三) 承兑人及其行为

付款人接受汇票,即完成了付款人的承兑行为(acceptance),付款人则变为承兑人(acceptor)。承兑人有权拒付超过合理时间流通的汇票,有权拒付伪造背书的汇票。汇票经付款人承兑后,承兑人则不能借口出票人的签名是伪造的,或出票人并无签名的能力而拒绝付款。

承兑一般在汇票的正面作出。承兑可分为 2 种,即一般承兑(general acceptance)和保留承兑(qualified acceptance)。一般承兑,即对汇票的内容无限制地予以承兑;保留承兑,则是"有限制"地承兑汇票。这种"限制",可能出现的情形有以下 5 种。

(1) 有条件的(conditional),即以某种行为的发生为前提条件。

(2) 部分的(partial),即对汇票的部分金额予以承兑。

(3) 规定地点的(local),即在汇票上的指定地点外,另择付款地点。

(4) 规定时间的(as to time),即改变汇票付款的时间,通常是迟于原先的付款日期。

(5) 部分付款人承兑(not accepted by all the drawee's),即承兑并非由付款人全体作出。

汇票的付款是无条件的,按理承兑也是无条件的;对于保留承兑,汇票的持票人有权拒绝接受。不是所有的汇票都要求承兑,在以下 4 种情况下,汇票一定要承兑。

(1) 见票后若干天付款的汇票。

(2) 明确规定必须提示承兑的汇票。

(3) 所开汇票在受票人所在地以外的地方支付。

(4) 远期汇票若需转让时。

承兑是一种比较重要的票据行为,因为承兑有以下 4 个意义。

(1) 持票人的权利得到保障。由于汇票的出票人与付款人各居一方,付款人是否接受出票人的委托按时付款,出票人事先不知道,持票人亦无法预知。故必须经过承兑这一手续,付款人的支付义务才能确定,持票人的权利才能得到保障。

(2) 付款日期得到明确。接到定期付款的汇票(payable at ×× days sight)后,其汇票必须有承兑日才能计算到期日,所以,承兑非常重要。

(3) 付款地点得到确定。如出票人并未记载付款人的地点,则付款地点必须由付款人在承兑时确定,使持票人有所依据。

(4) 减轻出票人或背书人的责任。

(四) 持票人及其行为

持票人(holder),是指任何一个持有汇票的人。根据获取汇票情形的不同,持票人可分为一般持票人(holder)、付对价持票人(holder for value)、正当持票人(holder in due course, or: bonafida holder)。付对价持票人,是指持票者本人或前手持票人因付出对价而取得汇票。正当持票人,是指在汇票流通的合理时间内,在付给对价的情况下,成为一张表面合格、完整、无任何所有权缺陷的汇票的持票人。

正当持票人,首先应该是一般持票人,其次应是付对价持票人。鉴于正当持票人比一般持票人、付对价持票人尽更多的义务,因而,应该享有更大的权利,即正当持票人的权利优于前手(前手指转让汇票的人,以及以前持有汇票的人)。正当持票人的权利,可不受汇票当事人之间债务纠葛的影响。

任何一个持票人,不论是一般持票人、付对价持票人,还是正当持票人,都有权决定由本人或他人收取票款。若本人对付款作出提示,他则成为汇票的收款人。若本人以他人作为汇票的收款人,则可经过交付(在来人汇票的情况下),或背书交付转让(在指示式或记名式汇票的情况下)的票据行为转让给他人,此时,持票人成为背书人。

(五) 背书人及其行为

背书(endorsement),是指转让意志的表示。由背书人在汇票背面签署。背书人(endorsor)一经背书,即为汇票的债务人,负汇票金额支付之责。若汇票的主债务人——承兑人、付款人(在不需进行承兑的情况下)不能按期支付款项时,后手可向背书人行使追索权,要求清偿汇票上所载金额。因此,背书人亦称为第二债务人。汇票的流通,除来人式外,都必须加以背书。背书有以下 2 种作用。

(1) 背书等于背书人对汇票应负法律上的责任。受让人可因背书人的背书对他行使追索权,以增加汇票持有人的安全性。

(2) 因背书证明背书人对该汇票有确实的所有权。

汇票的背书可以多次,第一次背书的人是第一背书人。接受第一次背书的人是第一被背书人(endorsee)。若第一被背书人继续背书,他成为第二背书人,他的后手成为第二被背书人……如此循环下去。

常见的背书方法主要有以下 4 种。

(1) 记名式背书(special endosement),即汇票背书给某一特定人或特定人的指示人。

```
Pay A

                    B(endorsor)
```

```
Pay to the order of A

                    B(endorsor)
```

(2) 空白背书(blank endorsement),是指背书人只在汇票背后签名,而不注明付给某人。

```
                    B(endorsor)
```

```
Pay bearer

                    B(endorsor)
```

(3) 无担保背书(qualified endorsement)是指背书人不得向其行使追索权的背书。

```
Pay to the order of A
Without recourse

                    B(endorsor)
```

(4) 限制背书(restrictive endorsement)，是指禁止汇票继续转让或仅表明汇票授权的背书。此类背书有以下 2 种情形。

① 禁止转让背书(non-negotiable endorsement)，它是阻止汇票继续转让的背书。

```
Pay A not transferable

                    B(endorsor)
```

```
Pay to the order of A only

                    B(endorsor)
```

② 委托代收背书(angency endorsement)，它是授权被背书人代理背书人行使汇票的权利。

```
Pay A for account of C

                    B(endorsor)
```

```
Pay A or order for collection

                    B(endorsor)
```

(六) 收款人及其行为

收款人(payee)是收取汇票款项的人，他一般是汇票的主债权人，在履行了一切义务后有权向付款人要求付款并取得票款。汇票遭到拒绝承兑(dishonour by non-acceptance)，或拒绝付款(dishonour by non-payment)，或付款人避而不见，或死亡，或宣告破产，以致事实上不付款时(上述行为均构成汇票的退票行为，即 dishonour)，如果有非汇票债务人，在得到收款人同意的情况下参加承兑(acceptance for honour)或参加付款(payment for honour)这张汇票，收款人即可向参加承兑人(acceptor for honour)或参加付款人(payer for honour)提出付还票款的要求。若汇票在合理时间内提示遭拒付，没有任何第三者愿意参加承兑或参加付款，则收款人应将退票事实及时通知前手直到出票人，并在退票通知后，立即请公证人作出拒绝证书，以保留和行使追索权(right of recourse)。追索权，是指汇票遭到拒付，持票人对前手(出票人、承兑人、背书人以及其他债务人)有请求偿还汇票金额(原额、利息)及费用(作成退票证书、拒绝证书和其他必要的费用)的权利。

(七) 参加承兑人、参加付款人及其行为

参加承兑是汇票遭到拒绝承兑而退票时，非汇票债务人在得到持票人的同意下，参加承兑已遭拒绝承兑的汇票(accept the bill supra protest)的一种附属票据行为。其目的是防止追索权的行使，维护出票人和背书人的信誉。参加承兑行为的人，称为参加承兑人(acceptor for honour)。参加承兑人应在汇票上面记载参加承兑的意旨、被参加承兑人姓名、参加承兑日期并签字。参加承兑记载形式如下。

```
Accepted for honour
Of_____
On_____
Signed on _____
```

参加承兑人作参加承兑后,并不是像承兑人那样成为汇票的主债务人。持票人在到期日仍应先向付款人或预备付款人作出提示,若拒付则须在作成拒绝证书后才能向参加承兑人请求付款。对于持票人来说,要求参加承兑人付款与向他直接进行追索效果几乎一样。并且参加承兑人只对持票人及被参加承兑人的后手负责,参加承兑人付款后票据并不注销,他可向被参加承兑人的前手追索,因此参加承兑的实际效果,只是推迟追索的行使。《统一法》规定,参加承兑人必须在参加承兑后的两个营业日内通知被参加承兑人,不然被参加的损失应由他偿还。

因拒绝付款而退票,并已做成拒绝付款证书的情况下,非票据债务人可以参加支付汇票票款。参加付款者出具书面声明,表示愿意参加付款和被参加付款人的名称,并由公证人证明后,即成为参加付款人。参加付款与参加承兑的作用相同,两者都是为了防止持票人行使追索权,维护出票人、背书人的信誉,而且两者都可指定任意债务人作为被参加人。所不同的是参加付款人无须征得持票人的同意,任何人都可以作为参加付款人,而参加承兑人须经持票人的同意。参加付款是在汇票拒绝付款时为之,而参加承兑则是在汇票拒绝承兑时为之。

参加付款后,参加付款人对于承兑人、被参加付款人及其前手取得持票人的权利,有向其请求偿还权。被参加付款人之后手,因参加付款而免除票据责任。《统一法》和《英美法》均规定:在两人或两人以上竞相参加付款时,能免除最多债务人者有优先权。如:出票人A交付一张汇票给收款人B,后者背书后将汇票转让给C,再由C、D、E、F背书转让至G,由G向付款人H作付款提示,在H拒付时,L、M、N三人同时请求作参加付款,L、M、N分别以H、D、A为被参加付款人。若由L付款,因H无后手,所以不能免除任何人的债务;若M付款,可免除D的后手E、F、G、H的债务,而N付款则因被参加人是出票人,所有背书人都是他的后手,因此由N付款可免除的债务人最多,N有参加优先权。

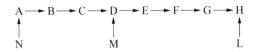

根据《统一法》,参加付款人必须在两个营业日内,将参加付款事实通知被参加付款人,否则须赔偿其损失。

(八) 保证人及其行为

为了便于票据的流通性,增强票据的可接受性,出现了对票据作保证的现象。保证是非票据债务人对于出票、背书、承兑,参加承兑行为所发生的债务予以保证的附属票据行为。保证可作在汇票上,也可作在粘单上。作保证时,保证人须以"保证"(aval/guarantee)字样明确地表示他的意图,注明被保证人并且签字;如果保证时未记载被保证人,那么就以出票人作为被保证人。通常保证人签字后还加上日期。保证形式如下。

(1) Per aval
　　For _____
　Signed by _____
　Dated on _____

(2) We guarantee payment
　Signed by _____
　Dated on _____

此外票据正面除出票人、付款人、承兑人以外的签字,都被认为是一种保证的记载。单纯签字作为略式的保证。

汇票是以第三者作为保证人(guarantor),出票人、背书人、承兑人、参加承兑人,均可作为被保证人(the person guaranteed)。保证人与被保证人所负的责任完全相同,如为承兑人保证时,应负付款之责。如为出票人、背书人保证时,应负担保承兑及担保付款之责。在票据记载合格时,即使被保证人的债务因手续不齐而无效,保证人仍要对票据债务负责。保证人可以只对汇票金额的一部分作保证。保证人付款后,可向承兑人、被保证人及其前手追索。

由于保证人与被保证人同责,票据被保证以后,票据债务的担保人就增加了,尤其当票据由资力雄厚、信誉良好者担保后,更增强了票据的可接受性。

《统一法》允许"保证"票据,但英、美《票据法》没有"保证"。《票据法》有"融通"制度(accommodation)。如果一张汇票载有没有取得对价者作为票据债务人的签字,那么这样的票据就是融通票据,该没有取得对价者就称为融通人(accomodation party)。融通人一旦在汇票上签字,他就要对后手负责,对一切善意持票人都有责任。但是融通人对被融通人却没有责任,因为他没有收过被融通人的对价。"融通"与"保证"一样,是被融通人借他人名义以提高票据信用的做法。因此融通常被用作"筹资""融资"的手段。

(九) 贴现人及其行为

汇票若未到期,收款人有取款的要求,则可通过贴现(discount)行为,提前取得票款。银行在付款时,预先扣除利息,即贴息。因此,一张票据经贴现后所取得的票款是扣除贴息后的净值。

$$净值 = 本金 - 本金 \times 贴现时间 \times 贴现率$$
$$= 本金 \times (1 - 贴现时间 \times 贴现率)$$

例:一商人手持一张金额为 US$3 600 的汇票,提前 120 天向 A 银行贴现,当时市场贴现率为 10%,则该商人能得到票款为

$$US\$3\,480 = 3\,600 \times (1 - 120/360 \times 10\%)$$

当然并不是所有票据都能得到贴现。一张汇票能否贴现,以及能否有优惠的贴现率,既取决于贴现申请人(收款人)和贴现执行人(银行、贴现公司)的关系,又取决于代表汇票身价的出票人和承兑人的资信和汇票的开立依据两方面的因素。

虽然贴现率与利率比较接近,但两者并不相等,而且利率越高、期限越长,两者的差距越大。两者的关系可用下式表示

$$利率 = 贴现率 / (1 - 贴现率 \times 时间),或$$

$$利率 = 贴现息 / 净值 \times 时间$$

贴现时发生的费用(cost of discounting a bill)有承兑费、印花税和贴现息 3 种。

1. 承兑费(Acceptance Commission)

伦敦银行对于远期汇票的承兑费,按承兑期每月1‰算收,最少收2‰,即最少按60天承兑期收费。远期付款交易的承兑费一般由买方负担。但卖方开出远期汇票要求承兑公司承兑后,然后请贴现公司贴进时,承兑费因与买卖交易无关则由卖方负担。

2. 印花税(Stamp Duty)

英国对于3个月的远期国内汇票按2‰、6个月的远期国内汇票按4‰贴印花。外国汇票按国内汇票的一半贴印花。印花税由卖方负担。

3. 贴现息(Discount)

伦敦贴现市场的贴现率是由伦敦贴现市场公会(The London Discount Market Association)决定,按年率计算。汇票出票人和承兑人的信誉好,贴现率就低;反之,贴现率就高。

汇票有时还会有重贴现(re-discount)出现。汇票的贴现人售出他所贴进的汇票,称为重贴现。英国规定汇票重贴现的条件是:汇票上必须带有两个英国头等银行的名号(two first class British bank's name)。一个是汇票的付款人,也就是汇票承兑后的承兑人,必须是英国的银行;另一个是贴现公司,也必须是英国的。因为贴现公司系银行性质,汇票贴进后,贴现公司如果拟出售,即须在汇票上背书,因此汇票上有了第二个英国银行的名号。只有银行承兑汇票才具备重贴现条件,商业承兑汇票不具备重贴现条件。只有中央银行才能做重贴现业务。

由此可知,贴现人即指贴现的执行人,他在资金运用上有较大的灵活性。当商人以未到期票据向他兑换现款时,他能根据出票条款、出票人、承兑人资信以及他们与自己的关系决定贴与不贴。如果贴现,则自行决定贴现率。当贴现人手头资金较紧张时,他又可将贴入的票据再贴现。

通过以上论述,我们可归纳出汇票的当事人有出票人、付款人、承兑人、收款人、持票人、背书人、被背书人、参加承兑人、参加付款人、保证人、贴现人。汇票的行为有出票、交付、承兑、参加承兑、付款、参加付款、贴现、背书、提示、退票、发出退票通知、作出拒绝证书、追索、保证。下面我们以一个例子来做个简短小结。

例如,1989年2月20日,Smith开立了一张金额为US $100 000.00,以Brown为付款人,出票后90天付款的汇票,因为他出售了价值为US $100 000.00的货物给Brown。3月2日,Smith又从Jack那里买进价值相等的货物,所以,他就把这张汇票交给了Jack。Jack持该票于同年3月6日向Brown提示,Brown次日见票承兑。3月10日,Jack持该票向A银行贴现,当时的贴现利率为10% P.A(按360天计算),请按上述给定条件:

(1) 开立一张汇票,并在正反两方面表示其流转过程。

Exchange for US $100 000.00　Feb. 20, 1989

　　90 days after date pay to the order of Smith the sum of US Dollars One Hundred Thousand Only for value received.

　　To: Brown　　　　　　　　　　　　Smith

汇票正面流转过程：

```
Accepted
            Brown
                March. 7th
```

汇票反面流转过程：

```
Pay to the order of Jack
            Smith
                March 2nd
```

(2) 计算到期日、贴现天数及实得金额。

到期日为5月21日(2月份8天＋3月份31天＋4月份30天＋5月份21天＝90天)。

贴现日与到期日的差额即为贴现天数。

贴现天数为72天：(3月份21天＋4月份30天＋5月份21天)。

$$实得金额 = 本金 - (本金 \times 贴现率 \times 贴现天数)$$
$$= 100\,000 - (100\,000 \times 72 \times 10\% \div 360)$$
$$= 98\,000(美元)$$

四、汇票的种类

汇票可以按以下不同的方式分类。

(一) 按付款期限分类，可分为即期汇票、远期汇票

1. 即期汇票(Bills Payable at Sight, on Demand, on Presentation)

汇票上注明即期付款的汇票为即期汇票；汇票上既未注明即期付款，又未明确表示付款日期者也是即期汇票。即期汇票的持票人必须在合理时期内向汇票付款人提示付款，否则，出票人和所有背书人就可解除责任；但如果发生延迟提示的原因，不是由于出票人的过失或疏忽所造成的，或不是出票人所能控制的，则延迟提示是允许的，但这样的原因一旦消失后，就应立即提示。

2. 远期汇票(Time Bill, Usance Draft, Tenor Bill, Term Bill)

汇票上规定到期日为未来某一天，或未来可以推算的某一天，如出票后若干天付款、见票后若干天付款等的汇票。

(二) 按汇票上的主债务人分类，可分为银行汇票、商业汇票

1. 银行汇票(Bank Draft)

出票人为银行而以另一家银行为付款人的汇票称为银行汇票。根据英国习惯，如汇票上的出票人和付款人系属同一机构者，可视为本票。因此银行汇票上的付款人和出票人如属于同一机构者，也可把银行汇票视作银行本票。

2. 商业汇票(Trade Bill)

凡是出票人和付款人是私人、公司或商号者均为商业汇票。即期商业汇票不像银行汇票那样能在市场上自由流转。这是因为出票人和付款人的资信不一定为社会大众所熟悉，出票人开立汇票是否有根据，在汇票表面上也很难断定。如果出票人出票毫无根据，付款人拒绝付款可完全不负法律责任。为使这类汇票能为人们所接受，通常的做法是由银行承兑，将它变成银行承兑汇票(banker's acceptance bill)。

(三) 按有无附属单据分类，可分为跟单汇票和光票

1. 跟单汇票(Documentary Bill)

凡汇票后附随货运单据的称为跟单汇票。跟单汇票一般都为商业汇票。它和光票不同，除了票面上当事人的信用以外，尚有物资保证。跟单汇票的流通转让和是否能取得资金融通，在很大程度上取决于货运单据所代表的物资是否有价值。

2. 光票(Clean Bill)

凡汇票不附带货运单据的，称为光票。这类汇票全凭票面信用在市面上流转而无物资作为后盾。银行汇票多为光票。出票银行应客户的请求开立以其国外联行或代理行为付款人的汇票，一般用于国际资金移动和非贸易的债权、债务结算。

(四) 按当事人居住地不同分类，可分为国际汇票、国内汇票

1. 国际汇票(International Bill of Exchange)

国际汇票指汇票出票人、付款人、收款人的居住地中有两个是在不同的国家，汇票也在两个不同国家之间流通。国际结算中使用的汇票多为国际汇票。

2. 国内汇票(Domestic Bill of Exchange)

国内汇票指汇票出票人、付款人、收款人的居住地都在一个相同的国家，汇票在该国国内流通。

第三节 本 票

一、本票的定义

本票(promissory note)是由出票人签发一定金额，于指定到期日由自己无条件支付给收款人或持票人的票据。

英、美票据法，对本票下了较为严格的定义：

"本票是一人开给另一人的无条件书面承诺，保证见票在特定的，或肯定的某一日期，将一定金额的货币，付给某一特定人，或其指示人，或来人"(Promissory note is an unconditional promise in writing made by one person to another signed by the maker, engaging to pay, on demand or at a fixed or determinable future time, a sum certain in money, to or to the order of, a specified person or to bearer)。

二、本票的必要项目

从上述本票的定义中,我们可推断出本票的必要项目。本票的必要项目(票据 3-2)主要有以下 8 点。

(1) 写明"本票"字样。
(2) 无条件支付承诺。
(3) 收款人。
(4) 出票人签字。
(5) 出票日期的地点(未载明出票地点的,出票人名字旁地点即为出票地点)。
(6) 付款期限(未载明付款期限的,则该汇票应视为见票即付)。
(7) 一定金额。
(8) 付款地点(未载明付款地点,出票地视为付款地)。

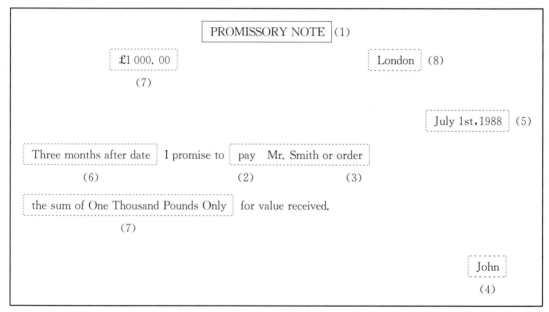

票据 3-2　本票

三、本票与汇票的异同点

无论从本票的定义看,还是从本票的内容看,本票和汇票都相差无几,两者有很多相似之处。例如,两者都是流通证券,都可以自由流通转让,都是以货币表示的,都是无条件的,金额都必须肯定,都是书面的,付款期限都有即期和远期,收款者都可以记名或不记名。所以,汇票的许多规定对本票均可适用。英美票据法对出票、背书、到期日、追索、作成拒绝证书等票据行为的规定,虽然是针对汇票的,但也通用于本票。

不管汇票和本票有多大的相似性,本票还是本票。它之所以有存在的必要,因为它毕竟不同于汇票。本票是无条件的支付承诺;汇票则是无条件的支付命令。本票有出票人和收款人两个当事人;汇票有出票人、收款人和付款人 3 个当事人。远期汇票,尤其是见票后若干天付款的远期汇票必须承兑,一是肯定付款人的责任,二是计算汇票的到期日。本票的支付承诺是无条件的;汇票的承兑是有条件的。本票在任何情况下,出票人都是主债务人;汇票在承兑前,出票人是主债务人,承兑后,承兑人是主债务人,出票人退居为次债务人。本票的付款人超过一人时,可以对本票共同负责,也可以分别负责,视本票具体写法为准;汇票的付款人若为多人,所有付款人在承兑后,必须对汇票共同负责(虽然条件承兑中有一类是并非由全体付款人共同承兑的承兑,但条件承兑并非必须接受的,是否接受取决于有关当事方)。本票只能开立单张;汇票可以开立多份。本票遇到退票时,无须作出拒绝证书;汇票遭到拒付时,若要保留追索权,必须作出拒绝证书。

四、本票的种类

本票从内容划分,可分为一般本票和银行本票;从期限划分,可分为即期本票和远期本票。一般本票的出票人是企业或个人,银行本票的出票人是银行,两者都可做成记名和不记名式。即期不记名银行本票,可视为出纳发出的命令(cashier's order),这类本票只要上柜,则可马上取得现金,它在某种程度上和现钞等同,可以代替现钞作为支付工具。因此,发行来人即期银行本票等于发行钞票,容易助长通货膨胀,不利于一国金融局势的稳定,所以,有些国家对这类本票的签发限制较严。

由于本票的出票人经常不能按照承诺付款,故本票的使用有缩小的趋势,但在某些经济业务往来中,本票的使用还是较为广泛的。例如,在汽车类高档商品的分期购买办法中,有些商人愿意接受本票作为担保。

在现代经济生活中,银行本票被未拥有银行支票(往来存款)账户的顾客所采用。例如,在有些西方国家,由于携带大量现金风险很大,人们往往请银行开立本票,用来购买贵重物品,如楼房、珠宝、车辆等,这种本票是以卖方作为抬头人;有的用来过户,从一个户头转入另一个户头,抬头人就是存户本人;人们还用这种本票支付税款、租金、水电费等。这种银行本票实际上是存款人向银行提取现款的代替品,因此可被进口商用以向出口商直接支付购买货物的价款等有关费用。

本票在国际贸易中的使用,常见于出口信贷。在国际贸易中,利用出口信贷融资进口大型设备时,进口商可开出类似借据的远期分期付款本票,经进口国银行背书后,作为向出口国银行保证偿还贷款本息的书面凭证。这种本票的式样如票据3-3所示。

```
                         PROMISSORY NOTE
____ on __ 1989                        F. F. (amount in figures)
(date and place of issuance)

On (maturity date) We promise to pay against this note, without protest, to the order of (name of
bank) the amount of French Frances (amount in words) in repayment of the credit made under Export
Credit Agreement No. _____.

                                              Name and Signature of
                                                  (The maker)
```

票据3-3 出口信贷项下远期分期付款本票

第四节　支　票

一、支票的定义

支票(cheque,check)是由银行的存款人签发的,要求银行见票即付的汇票。英国和美国的票据法对支票给予下述定义:

"支票是银行存款户,对银行签发的,授权银行对某人或其指示人,或来人,即期支付一定金额的无条件书面支付命令。"

(A cheque is an unconditional order in writing drawn by;banker signed by the drawer, requiring the banker to pay on demand a sum certain in money to or to the order of a specified person or to bearer,and which does not order any act to be do in addition to the payment of money.)

从支票的上述定义中,可以知道支票必须具备如下 8 项主要内容(票据 3-4)。

(1) 写明其为"支票"字样。
(2) 无条件支付命令。
(3) 付款银行名称。
(4) 出票人签字。
(5) 出票日期地点(未载明出票地点的,出票人名字旁地点视为出票地)。
(6) 付款地点(未载明地点的,付款银行所在地视为付款地)。
(7) 一定金额。
(8) 收款人或其指示人。

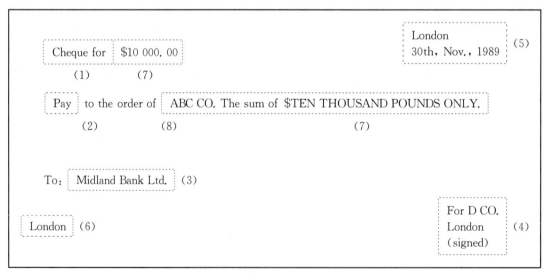

票据 3-4　支票

与本票相同,支票和汇票也有很多相似之处。例如,它们都是无条件支付命令、都是货币表示的、都有一定金额、当事人都有 3 个、都可以背书转让等。因此,有关汇票的出示、背书、付款、追索权、拒绝证书方面的规定,同样适用于支票。

与汇票相比,支票还有其自己的特性,这就是:汇票的付款可以是个人、企业或银行,而支票的付款人必定是银行;汇票的出票人和付款人的关系可以是存户和银行的关系,也可以是对价的关系,支票的出票人和付款人的关系,必须是存户和银行的关系;汇票有远期、即期之分,支票只有即期;远期汇票,尤其是见票后若干天付款的汇票必须承兑,支票没有承兑;汇票可在市场上贴现,支票不存在贴现过程;汇票在承兑前,出票人是主债务人,承兑后,承兑人是主债务人,支票的主债务人始终是出票人;汇票过期遭拒付,不仅对背书人,而且对出票人也失去了追索权,支票过期遭拒付时,持票人仍可向出票人追索。

二、支票的种类

支票可分为记名、不记名、银行、一般、划线、保付支票6种。

(一) 记名支票(Cheque Payable to Order)

它是指支票的收款人一定,即或是某一特定人,或是某一特定人的指示人。它必须由收款人签章方可支取,此类支票可经背书后转让。

(二) 不记名支票(Cheque Payable to Bearer)

它是指空白支票,支票上不记载收款人姓名,只写"付来人"(pay bearer)。取款时,持票人无须在支票背后签章,即可支取。此项支票仅凭交付,即可转让。

(三) 银行支票(Banker's Cheque)

它是指银行即期汇票,是由银行签发并由银行付款的支票,一般是银行代客户办理票汇汇款用。

(四) 保付支票(Certified Cheque)

它是指付款银行在支票上签字,表示在该支票提示时保证付款。保付支票的付款责任在于银行,出票人或背书人免被追索。此类支票在美国广泛使用,其他国家使用较少。

(五) 一般支票(Uncrossed Cheque)

它又称非划线支票、公开支票(open cheque),即在支票票面上没有两道平行的横线。这种支票既可通过银行转账,又可提取现金。

(六) 划线支票(Crossed Cheque)

它是指在支票面上有两道平行的横线,是一种只能通过银行转账、不能提取现金的支票。支票划线的目的在于保障出票人和持票人的利益,在支票遗失或被盗时,出票人或持票人可通过收款银行查明,并追回票款。

划线支票可分为普通划线支票(general crossed cheque)和特别划线支票(special crossed cheque)。

非划线支票、普通划线支票与特别划线支票,三者可以互换,但必须遵循以下原则。

（1）非划线支票添加两道平行横线，可变为普通划线支票。普通划线支票在横线内添加指定银行名称，成为特别划线支票。非划线支票到普通划线支票、普通划线支票到特别划线支票的转变，由于限制了支票的流通范围，不会对出票人和其他当事人带来不利的后果。所以，法律不禁止横线的添加和银行的添加。一张支票经任何支票的出票人、收款人、背书人、持票人加划横线或添加银行名称，它即可成为普通划线或特别划线支票。

（2）特别划线支票在横线内去掉指定银行名称，转变为普通划线支票。普通划线支票去掉划线后，成为非划线支票。由于特别划线支票向普通划线乃至非划线支票的过渡，是放宽了支票的流通范围，所以，一定要经过原来支票出票人的许可。

支票大部分限于国内使用，除旅行支票外，支票一般很少在国际上使用。支票不能作为信贷工具，它只是一种结算工具。由于支票的这种特性，国际贸易一般不通过支票结算。在国内贸易中，支票也很少见。在远期国内贸易中，我们有时会遇到"期票"，这种期票实际上是填迟日期的支票(post-dated cheque)，那个日期实际上应该被视为出票日，对那个日期来说，支票仍是见票即付的即期支票。例如，某些商品交易，约定交货后60天付款。在此条件下，可由买方向卖方开立60天后付款的支票（即把支票开立的日期写为60天以后）。这样，买方60天以后付款的信用，就可以支票方式代替。

三、支票、汇票、本票的异同点

以上对国际结算中的金融单据做了简单的概括，现通过表3-1把汇票、本票与支票的异同点做对比。

表3-1 汇票、本票、支票的异同点

异同	种类	汇票	本票	支票
相同点	性质	属于以支付一定金额为目的的票据，都具备必要的内容，都具有一定的票据行为		
	流通	记名式和指示式的票据，经过背书可以转让，来人式的票据，经过交付即可转让，转让后在市场上流通，成为流通工具		
不同点	用途	结算工具、信贷工具	结算工具、信贷工具	多用于结算工具
	期限	即期、远期	即期、远期	即期
	当事人	出票人、付款人、收款人	出票人、收款人	出票人、付款人（银行）、收款人
	份数	多份（正本与副本）	一份（只有正本）	一份（只有正本）
	承兑	远期汇票尤其是见票后若干天后付款汇票必须承兑		
	贴现	可贴现	可贴现	
	责任	汇票在承兑前，出票人是主债务人。承兑后，承兑人是主债务人。所有承兑人在承兑后须对汇票共同负责	出票人始终是主债务人。本票出票人（即付款人）超过一人时，可以对本票共同负责。也可分别负责	出票人始终是主债务人

续表

异同	种类		汇　票	本　票	支　票
不同点	追索权	在票据有效期内	① 遇拒付若要保留追索权,应作出拒绝证书 ② 持有人对出票人、背书人、承兑人都有追索权	① 无须作出拒绝证书 ② 只对出票人有追索权	① 无须作出拒绝证书 ② 只对出票人有追索权
		票据过期	过期遭拒付,对票据上一切当事人丧失追索权	过期拒付,对票据背书人丧失追索权,对出票人仍可行使追索权(在6年以后,对出票人丧失追索权)	过期拒付,持票人仍可向出票人追索

四、支票的拒付和止付

(一) 支票的拒付

支票的拒付(dishonour of cheque)是指付款行对于不符合付款条件的支票拒付并退票的行为。付款行退票的理由通常有以下12种。

(1) 出票人的签名不符(signature differs)。

(2) 大小写金额不符(words and figures differ)。

(3) 支票未到期(post-dated)。

(4) 存款不足(insufficient fund)。

(5) 奉命止付(orders not to pay)。

(6) 支票开出不符规定(irregularly drawn)。

(7) 金额需大写(amount required in words)。

(8) 大写金额需出票人确认(amount in words requires drawer's confirmation)。

(9) 支票逾期提示或过期支票(out of date or stale cheque)。

(10) 需收款人背书(payee's endorsement required)。

(11) 需与出票人联系(refer to drawer)。

(12) 要项涂改需出票人确认(material alterations to be confirmed by drawer)。

此外,缺付款人名字、托收款项尚未收到等均可构成银行拒付的理由。

(二) 支票的止付

支票的止付(stop payment of cheque)是指出票人向付款行发出书面通知,要求银行停止对某张支票付款的行为。

当持票人遗失支票要求付款银行止付时,该行应告诉持票人立即与出票人联系,由出票人发出书面通知后,止付才能成立。以后该支票如提示时,付款行在支票上注明"奉命止付"(orders not to pay)字样,并退票给提示人。

五、支票的效期

支票作为替代现金的即期支付工具,有效期较短。《日内瓦统一法》规定的支票提示期限是：若出票和付款在同一国家，是自出票日起算 8 天；不在同一国家但在同一洲的是 20 天；不同国家又不同洲的是 70 天。追索的期限是从上述提示期限到期起算 6 个月。

《英国票据法》对支票的效期没有什么特殊规定，与汇票一样，应在合理的时间内做付款提示。

案例 3-2

案情：

某甲开立 100 英镑的支票给乙，授权乙向丙银行取款，乙拿到支票后拖延很久不去取款，恰在此时，丙银行倒闭，甲在丙银行账户里的存款分文无着。乙在未获支票款项的情况下，找到了甲，要甲负责。甲以支票已过期为由拒绝对乙负责。

分析：

甲可以对乙拒绝负责，但理由并不是因为支票过期。支票不同于即期汇票，即期汇票的持票人如不在合理的时间内向付款人提出付款，出票人和所有背书人均得解除责任。但支票的持票人如不在合理时间内提示付款，出票人仍必须对支票负责，除非持票人的延迟提示而使出票人受了损失。在上例中，由于乙的晚提示致使甲受了损失。那么甲就可不对该支票负责，因为乙如果及时去取款，甲就不会受到损失，所以他可对支票不负责任。如果丙银行倒闭清理时，所有债权人尚能分到一定比例的偿付金，那么，甲作为存户债权人应把所分到的偿付金付还给乙，如甲按 30% 的比例分到了偿付金，他应按同样的比例付给乙，而对其余的 70% 可不负责任。

启示：

支票虽为见票即付的银行汇票，但其在票据过期追索权行使方面却与汇票不一样，但即使是这种宽泛的规定也必须符合一定的原则，即在一定程度上保护出票人的正当权益。

本章小结

票据是国际结算的主要工具，它具有流通转让、无因、要式、设权、提示、返还等特征。它的经济作用主要表现在结算、信用、流通三个方面。为了加强票据权利，确保票据付款，促进票据流通，各国大都定有票据法。目前世界上较有影响的票据法有两大法系，即英美法系和统一法系。票据法是规定票据种类、形式和内容的法律规范的总称。票据法对票据的要件、转让、当事人的权利和义务、基本和附属行为、票据义务的解除及票据的遗失等都有详细规定。

狭义的票据仅指金融单据(资金单据)，它由汇票、本票、支票构成。

汇票是票据法中最重要的一种票据，由于它最能反映票据的性质、特征和规律，最能集中地体现票据所具有的信用、支付和融资等各种经济功能，因而它是票据的典型代表。

汇票的当事人有出票人、付款人、承兑人、收款人、持票人、背书人、被背书人、参加承兑人、参加付款人、保证人、贴现人。汇票的行为有出票、交付、承兑、参加承兑、付款、参加付款、贴现、背书、提示、退票、发出退票通知、作出拒绝证书、追索、保证。

本票、支票和汇票都相差无几，三者也有很多相似之处。都属于以支付一定金额为目的的票据，都具备必要的内容，都具有一定的票据行为；其记名式和指示式的票据，经过背书可以转让，其来人式的票据，经过交付即可转让，转让后在市场上流通，成为流通工具。所以，汇票的许多规定对支票、本票均可适用。英、美票据法对出票、背书、到期日、追索、作成拒绝证书等票据行为的规定，虽然是针对汇票的，但也通用于支票、本票。

基本概念

1. 票据：票据有广义和狭义之分。广义的票据是指商业上的权利凭证。狭义的票据则是指以支付金钱为目的的特种证券，是由出票人签名于票据上，无条件地约定由自己或由他人支付一定金额的、可以流通转让的证券。

2. 汇票：汇票是由出票人向另一人签发的，要求即期、定期或在可以确定的将来的时间，向某人或其指定人或来人无条件地支付一定金额的书面命令。

3. 付对价持票人：是指持票者本人或前手持票人因付出对价而取得票据。

4. 正当持票人：是指在汇票流通的合理时间内，在付给对价的情况下，成为一张表面合格、完整、无任何所有权缺陷的汇票的持票人。

5. 承兑人：指在票据的正面签署承诺到期支付票款的付款人。

6. 背书人：指在票据的背面签署，意即将票据上的权利转让给后手的持票人。

7. 承兑：指付款人在票据的正面签署，承诺到期履行支付票款者的票据行为。

8. 背书：是指转让意志的表示。由背书人在汇票背面签署，意即将票据上的权利转让给后手的票据行为。

9. 记名式背书：将票据背书给某一特定人或特定人的指示人的背书。

10. 空白背书：是指背书人只在票据背后签名，而不注明付给某一特定人或特定人的指示人的背书。

11. 限制背书：是指禁止票据继续转让或仅表明票据授权的背书。

12. 贴现：指银行或贴现公司买进未到期票据，从票面金额中扣取贴现日至到期日的利息后，将余额付给持票人的一种业务。

13. 提示：持票人将票据提交付款人要求承兑或付款的行为。

14. 追索权：是指票据遭到拒付，持票人对前手（出票人、承兑人、背书人以及其他债务人）有请求偿还票据金额（原额、利息）及费用（作成退票证书、拒绝证书和其他必要的费用）的权利。

15. 跟单汇票：凡汇票后附随货运单据的称为跟单汇票。

16. 光票：凡汇票不附带货运单据的，称为光票。

17. 本票：本票是一人开给另一人的无条件书面承诺，保证见票在特定的或肯定的某一日期，将一定金额的货币付给某一特定人，或其指示人，或来人。

18. 支票：支票是银行存款户对银行签发的，授权银行对某人或其指示人，或来人，即期支付一定金额的无条件书面支付命令。

复习思考题

1. 何谓狭义的票据？试述票据的性质与作用。
2. 什么是汇票？其必要项目有哪些？
3. 试述汇票的当事人。
4. 什么叫背书？背书的种类有哪些？
5. 什么是承兑？承兑的种类有哪些？
6. 行使追索权的三个条件是什么？
7. 什么是汇票的贴现与重贴现？
8. 什么是划线支票？它的种类有哪些？作用是什么？
9. 试述本票、支票与汇票的异同点。

第四章 汇款结算方式

> 【学习目标】
> - 掌握汇款结算方式的基本定义
> - 熟悉汇款结算方式的基本当事人及其相互间关系
> - 了解汇款结算方式的基本流程
> - 理解不同种类的汇款结算方式之间的区别
> - 熟悉汇款的偿付、退汇等各个环节

第一节　汇款结算方式概述

一、汇款结算方式定义

国际经贸往来产生的债权、债务,必须通过一定的形式加以了结。国际上债权、债务的结算,通常有三种形式:汇款、托收、信用证。前两种结算方式是由买卖一方各自授信,后一种结算方式则是由银行授信。从资金流向和单据传递的方向看,国际结算方式又可分为顺汇法和逆汇法。所谓顺汇法,是指债务人主动将款项支付给债权人,即资金流向与单据传递方向相同,汇款即属此例。所谓逆汇法,是指债权人主动委托第三者(一般是债权人所在地银行),向国外债务人收取款项,资金流向与单据传递方向相反,托收和信用证业务即属此例。

汇款方式是汇出行(remitting bank)应汇款人(remitter)的要求,以一定的方式,把一定的金额,通过其作为付款行(paying bank)的国外联行或代理行,付与收款人(payee,beneficiary)的一种结算方式。

在国际结算中,汇款结算方式是产生最早和使用最简单的结算方式,它是为解决现金结算的困难而发展起来的,是银行利用各种结算工具转移资金,也是不同的国家和地区的客户了结债权、债务关系的一种手段。

二、汇款结算方式的当事人

汇款结算方式一般有4个当事人:汇款人、收款人、汇出行和付款行。当汇款人要求银行把款项汇至另一地,由其自取时,汇款人和收款人是同一人。汇款人就是付款方,收款人即为收款方;受汇款人委托汇出汇款的银行,叫作汇出行;受汇出行委托解付汇款的银行,叫作付款行。

在汇出行和付款行之间没有建立直接的账户往来关系时,还要有其他代理行参与这笔汇款业务，以便代汇出行拨付或偿付资金给付款行，以及代付款行收款入账或索偿收款。当付款行和汇出行在同一家银行开户时，拨付或偿付行和收款式索偿行即为同一家银行。

(1) 汇款人即向银行交出款项，申请汇出款项的人。

(2) 收款人或受益人即接受汇款的人。

(3) 汇出行即接受汇款人的委托，办理汇出汇款(outward remitting)业务的银行。

(4) 付款行即接受汇出行的委托，解付汇款给收款人的银行，是办理汇入汇款(inward remittance)业务的银行，亦称汇入行或解付行。

三、汇款结算方式的业务流程

汇款人申请汇出国外汇款时，首先，须填写并向汇出行递交"汇款申请书"一式两联(一联为申请书，另一联为汇款回执)，汇款申请书上应注明汇款的方式、汇款的日期、收款人的姓名和地址、汇款货币种类与金额、汇款人的姓名和地址、附言、用途等，以及汇款申请人签名盖章。然后，汇出行向汇款人收取汇款金额及手续费、杂费，并按汇款申请书上的委托指示向汇入行发出付款委托书。汇入行接受付款委托书以后，要向收款人发出"汇款通知书"。最后，收款人凭汇款通知书到汇入行取款。汇款业务流程如图4-1所示。

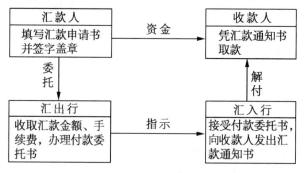

图4-1　汇款业务流程

第二节　汇款结算方式种类

在国际贸易活动中，以汇款方式结算买卖双方债权、债务时，通常有电汇、信汇、票汇3种形式。

(一) 电汇

电汇(telegraphic transfer，简称 L/T)是汇出行应汇款人的申请，用加押电报(tested cable)、电传(telex)或 SWIFT 形式指示汇入行(国外联行或代理行)付款给指定收款人的一种汇款方式。

电汇时，汇出行根据汇款申请书的内容，向汇入行自动拍发加押电报或电传。电报或电传的主要内容包括：① 收款人姓名、地址或开户行名称、地址(电挂也可)；② 货币名称和金额；③ 汇款人的名称和地址(可用电挂)；④ 附言(一般注明用途)；⑤ 头寸拨付的方法；

⑥汇出行的密押(test key)(密押是汇出行和汇入行之间的预先约定在电汇凭证上加押的密码,用以证实电报确为汇出行所发);⑦发电日期及汇款编号。

电汇时,汇款人填写汇款申请书,注明电汇类别,交款付费给汇出行,取得电汇回执。汇出行根据汇款人申请书填写的内容提要,拍发加押电报或电传或以SWIFT形式通知汇入行委托解付。汇入行收到电报、电传后,首先要核对密押,密押无误,要加盖经办人的"押符"图章。SWIFT应使用MT110格式,然后,要注意发电行的名称、地址、发电日期和付款指示是否清楚;收款人姓名和地址是否明确;币别和金额有无不符等,以上内容如无问题,就要将电文输入电脑终端机,打印"汇入汇款通知书",通知收款人收款。在实际业务中,由于银行与客户联系较多,一般以电话通知后,客户应携带证明身份的文件及图章,到指定银行取款。如果汇入货币是付款地货币,汇入行按汇款金额交付收款人;如果第三国货币或汇出地货币,汇入行按当时该种货币的电汇买入价折算成付款地货币,支付给收款人。最后,汇入行将付讫借记通知书(debit advice)寄给汇出行,以使双方债权、债务得以结算。电汇具有交款迅速、安全可靠的优点,但汇款人要承担较高的电汇费用,电汇方式有利于资金的充分利用,多用于急需用款和大额汇款。电汇结算业务程序如图4-2所示。

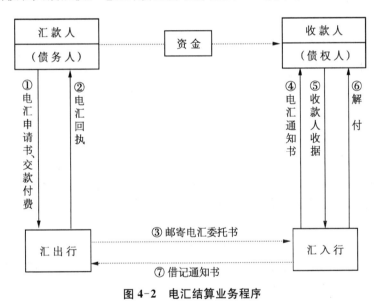

图4-2 电汇结算业务程序

(二)信汇

信汇(mail transfer,简称M/T)是汇出行应汇款人的申请,将信汇委托书或支付委托书邮寄给汇入行,授权汇入行(国外申请或代理行)付款给指定收款人的一种汇款方式。

汇出行向汇入行发出的付款委托称为信汇委托书(mail transfer advice)或支付委托书(payment order)。委托书的内容主要有:①收款人姓名、地址或开户行的名称地址、账号和户名;②币别及金额;③汇款人名称或地点;④汇款人附言;⑤汇入行名称、地址;⑥头寸调拨的方法及起息日;⑦编号、汇出日期;⑧汇出行签字。

信汇委托书一般套打,一式多联,包括正副收条、通知书、传票等。

在处理程序上,信汇与电汇基本相同,所不同的是汇出行不是用电报而是以航邮方式寄信汇委托书或支付委托书给汇入行,委托书上不须加密押,而是加具有权签字人的签字。汇入行凭借汇出行的印鉴以核对签字,准确无误后,即行解付。

信汇具有汇款在途时间长、银行可短期占用资金、汇费低廉的特点。由于信汇方式费时费力,也由于电信发展,目前,许多发达国家早已不再使用和接受信汇。我国银行除对个别国家或除非有特殊要求外,对外也不使用信汇。信汇结算业务程序如图 4-3 所示。

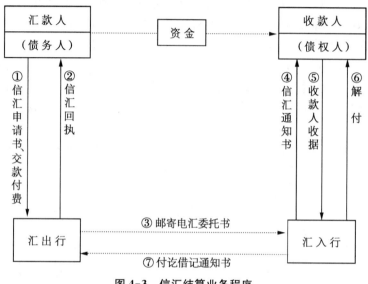

图 4-3　信汇结算业务程序

(三) 票汇

票汇(remittance by banker's demand draft,简称 D/D)是汇出行应汇款人的申请,开出一张有指定解付行的汇票给汇款人,这种以银行即期汇票作为汇款工具的支付方式称为票汇。

使用票汇时,汇款人要在汇出汇款申请书上标明"票汇"字样,交款付费给汇出行,汇出行开立银行即期汇票交给汇款人,由汇款人自行邮寄汇票给收款人或自带汇票到收款地,同时汇出行将票根(advice of drawing)邮寄给汇入行。汇入行收到票根及收款人持票前来兑现时,应检查以下几点:① 票根与汇票上的内容是否相符;② 汇票上的签章与汇出行给汇入行的印鉴是否相符;③ 汇票是否曾涂改或损坏;④ 汇票未经止付;⑤ 在合理时间内提示;⑥ 背书具有连续性、准确性。以上各点无误,即可兑付。票汇结算业务程序如图 4-4 所示。

票汇结算方式有很大的灵活性,只要抬头允许,汇款人可以将汇票带到国外亲自去取款,也可由汇款人将汇票寄给国外收款人取款。票汇中使用的汇票只要国外银行能核对汇票上签字的真实性,即可被买入,不必像信汇、电汇那样,只能从汇入行取款。

票汇与电汇、信汇的不同在于:票汇的汇入行无须通知收款人前来取款,由收款人自行持票上门取款。票汇的收款人可以通过背书的方式转让汇票。此类银行汇票经收款人背书后,可以在市场上流通。如果汇款在到达解付行手中前,已经过多次转让,那么银行利用汇款资金的时间也较长,因此,票汇为银行提供了更多的利润。

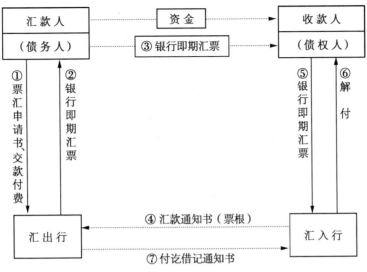

图 4-4 票汇结算业务程序

下面通过表 4-1 将三种不同的汇款方式加以比较。

表 4-1 三种不同汇款方式的利弊

方式	利	弊
T/T	(1) 极为安全,票款通过银行付给指定的收款人,汇款人可充分利用资金,减少利息损失 (2) 快速。电汇方式是所有汇款方式中速度最快的一种	(1) 银行不能占用资金 (2) 汇款人要多付电报费和手续费,故成本较高
M/T	银行可占用客户的资金	(1) 速度较慢 (2) 有可能在邮寄中延误或丢失
D/D	(1) 汇入行不必通知取款 (2) 背书后可流通转让 (3) 汇出行可占用客户资金 (4) 任何一家汇出行代理行都可付汇票 (5) 成本较低	(1) 可能丢失、被窃,但成本较低 (2) 速度最慢

第三节 汇款的偿付与退汇

一、汇款的偿付

汇款的偿付(reimbursement of remittance cover),即汇款头寸的调拨,是指汇出行因汇入行代其解付汇款而予以偿还款项的行为,俗称"拨头寸"。

汇出行如何向汇入行偿还款项,要取决于汇款使用的货币和双方账户的设立情况,具体地分析,有以下两种类型:账户行直接入账型和"碰头行"型。

(一) 账户行直接入账型

汇出行与汇入行之间建立往来账户,可直接通过账户行偿付,即借记往账(nostro account)或贷记来账(vostro account)。

(1) 汇出汇款使用的货币是汇出国的货币,而汇入行在汇出行设有账户。汇出行在委托汇入行解付汇款时,在"信汇委托书"中明确指出:"In cover, we have credited your a/c with us."并以贷记报单通知汇入行。汇入行接到偿付指示,确认汇款头寸已拨入自己账户,即可使用已拨妥的头寸将汇款解付给收款人。如图4-5所示。

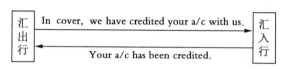

图4-5 直接入账型偿付(汇出国货币)

(2) 汇出汇款使用的货币是汇入地货币,而汇出行在汇入行设有账户时,汇出行可以要求汇入行在解付汇款后,借记汇出行账户。在这种情况下,汇出行在汇款委托中要标明"In cover, please debit our a/c with you"。汇入行按汇款委托指示,解付资金给收款人,并借记汇出行账户。同时向汇出行寄出借记报单(debit advice)。如图4-6所示。

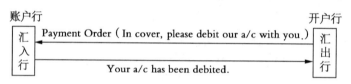

图4-6 直接入账型偿付(汇入地货币)

(二) "碰头行"型

(1) 通过碰头行拨交头寸。汇出汇款使用的货币如为汇出地货币或第三国货币,汇入行与汇出行没有互为账户关系,但是双方有共同的账户行,即"碰头行"(intermediary bank),则通过共同账户行偿付,即汇出行在汇款时,主动通知账户行(代理行)将款项拨付汇入行在该行的账户。汇入行接到汇款委托书和贷记报单,即可将款项付给收款人。如图4-7所示。

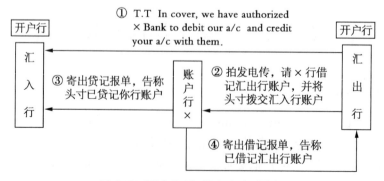

图4-7 通过碰头行拨交头寸型偿付

(2) 通过账户行的共同账户行转账。如果汇入行与汇出行之间没有碰头行，就需要通知它的账户行的碰头行来拨交头寸。如图 4-8 所示。

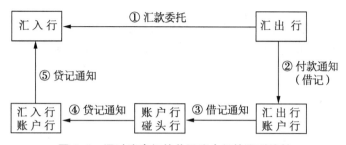

图 4-8　通过账户行的共同账户行转账型偿付

这种拨交头寸的方法通知和传递环节多、时间长、费用高、资金转移效率低，因此应尽量避免采用这种方法偿付。

案例 4-1

📖 **案情：**

中国的甲银行发信汇通知书给纽约的乙银行，受益人是乙银行的客户。由于甲银行和乙银行间没有账户关系，甲银行就电报通知其境外账户行丙银行，将资金调给乙银行。

🔍 **分析：**

这是一起信汇偿付案例。在甲乙双方银行没有互设账户的情况下，一定要涉及第三家银行——账户行。问题是通知账户行的方式值得推敲。甲银行以发电报来调资金，成本太高，失去信汇意义了。因此当汇款银行和解付行之间没有直接账户关系时，可以选择其他方式，而当汇款银行和解付行之间有直接账户关系时，可以使用信汇。

💡 **启示：**

在清算系统日益发达的今天，信汇方式会有市场吗？事实上信汇是不可替代的。尤其是在汇款货币利率比较低的情况下，汇款人不会在乎汇款金额在途中的利息损失。因此，对于那些币种利率较低、汇款金额不大、速度要求不高并有直接账户关系的汇款，可使用信汇方式。

二、汇款的退汇

汇款的退汇是指在汇款解付之前，由汇款人或收款人要求撤销该笔汇款的行为。退汇可以由收款人提出，也可以由汇款人提出。

(一) 电汇和信汇的退汇

当选择电汇或信汇时，若收款人提出退汇，汇入行可用电报或电话或航邮通知汇出行将汇款收回，退给汇款人即可。若是汇款人提出退汇，汇出行在接受汇款人的退汇要求后，应立即用电报、电传或航邮通知汇入行停止解付，撤销汇款。如果汇款已经解付，汇款人则不能要求退回,只能直接向收款人交涉退回。

(二) 票汇的退汇

当选择票汇时,作为汇款人在将汇票交付汇出行后,一般不能止付,但如果遇汇票遗失、被窃等原因可办理挂失止付、退付手续。汇款人要向汇出行出具保证书,保证汇出行因票汇退汇而可能遭受的损失,由汇款人承担,并保证如以后发现汇票时把票缴回汇出行。

(三) 退汇的手续

1. 汇出行退汇手续

(1) 汇款人提出申请,详细说明退汇的缘由,必要时提供保证。
(2) 汇出行审查。
(3) 向汇入行发出要求退回头寸的通知。
(4) 收到汇入行同意退汇的通知和头寸后,即注销,同时将汇款按汇款折算成本币汇款入账。

2. 汇入行退汇手续

(1) 核对退汇通知的印鉴,看汇款是否已付。
(2) 若汇款已付,将收款人签署的汇款收条寄回,表示汇款已经解付。
(3) 若未付,则退回头寸,寄回汇款委托书或汇票。

退汇程序如图 4-9 所示。

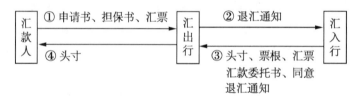

图 4-9 退汇程序

第四节 汇款结算方式在国际贸易中的运用

汇款既可用于贸易结算,又可用于非贸易结算。虽然汇款方式具有简便、灵活、快捷的特点,但它是建立在商业信用基础上,可靠性差。因此,很少用于贸易结算,大多数情况下是用于贸易从属费用结算或非贸易结算。在国际贸易中以汇款方式结算买卖双方债权、债务时,根据货款的交付和货物运送时间的关系可分为预付货款和货到付款两种。

一、预付货款

预付货款(payment in advance)是进口商将货款的一部分或全部支付给出口商,出口商收到货款后再发货的汇款方式。预付货款是从进口方来说的,从出口方来说,就是预收货款,即出口商先收款、后发货的方式。对银行来说,预付货款属汇出汇款业务,预收货款属汇入汇款业务,汇入行在处理汇款时,先结汇给出口商,再由出口商发出货物,所以又称之为"先结后出"。

预付货款是建立在买卖双方签订的贸易合同基础上的,买方应按合同规定汇出款项,同时在汇款附言中说明款项的合约号码;如有要求或条件,也可在附言中写明。汇入行接到预付款后应立即通知卖方收款,并立即解付款项。

预付货款是不利于进口商的。原因有两个:一是进口商未收到货时,已先垫款项,将来如果收不到货或不能按期收到或收到有问题的货物时,将遭受损失或承担风险;二是货物到手前付出货款,资金被他人长时间占用,造成利息损失。

预付货款对出口商是有利的。原因有两个:一是出口商发货前即可收到货款,可以利用他人款项,或者等于得到无息贷款;二是收款后再发货,使发出的货物有担保,降低了发货风险,掌握了货物的主动权。

预付货款的方式常常在两种情况下使用:一是进出口双方关系十分密切,双方互相依赖;二是双方交易的是紧俏商品。在货源有限时,进口商为了保证购到货物、占领市场,不得不答应出口商提出的预付货款条件。在预付货款的方式下,进口商为了降低风险,通常会采取一定的措施,如要求出口商提供银行保函或书面保证、按规定交货及交单等。

二、货到付款

货到付款(payment after arrival of the goods)是出口商先发货,待进口商收到货物后,立即或在一定时间内将货款汇交出口商的一种汇款结算方式。这种方式实际属于赊销(open account transaction)或延期付款(deferred payment)性质。

货到付款方式对出口商是不利的。原因有两个:一是出口商先发出货物,他要承担进口商收货后不履约付款的风险;二是货款往往不能及时收回,出口商的资金被人占用,造成一定的损失。

货到付款方式对进口商是有利的。原因有两个:一是进口商不用承担资金风险,依货付款,货物如不符合要求就可以不付款,在整个交易中处于主动地位;二是进口商如迟付货款,实际上是占用了出口商的资金。

货到付款在国际贸易结算中有两种形式:售定和寄售。

(一) 售定

售定,又称"先出后结",它是我国对港澳地区出口贸易的一种特定的结算方式。作为出口商的我方,在货物装运出口后,将货运单据不通过银行,直接递交进口商。进口商收到货运单据时或其后一定时期内,按售定的价格将货款通过银行汇付我方。这种方式实际上是延付货款,对进口商有利,而出口商不仅资金被搁置,而且还要承担对方收到货却不付款的风险。例如,我国对港澳地区出口某些鲜活商品,会因运输路短、进口商收到单据不及时而影响货物的交接。同时,这类商品在运输途中易发生变化(如死亡、走失、水分挥发等),交货数量和质量难以确定,因此在实务中采用的方法是:出口商先发货,出口单据随同货物直接交给买方,买方收到货物后,按实收的货物数量、规定的价格和期限将货款通过银行汇款交给出口商，即先发货、后结汇。售定方式最初只限于广东、广西和福建。

（二）寄售

寄售，亦称委托交易，是指出口方先将货物运到国外，委托国外商人按照事先规定的条件代为出售的方式。国外商人仅作为出口方在当地的代理人或经纪人，有关价格涨落、售货盈亏等风险均由出口方自负。这种方式对出口方不利，主要是收汇不安全。寄售项目的货款能否收到，取决于代销人的经营能力、作风和资信。同时，选择代、销人不当，或出现事先预料不到的情况，有可能产生钱、货两空的风险。另外，资金周期长、费用高，也是寄售业务的缺点。卖方办理寄售业务主要目的有以下3点。

（1）为新产品在国际市场开拓销路。进口商对新产品经营无把握，要见到现货，经消费者使用，视销售情况方肯订购。

（2）剩余现货、数量过少，或品质过次、价格不稳定、代理人不愿承购。

（3）开辟新市场，发挥广告宣传作用。

委托寄售的出口方，称为委托人；接受委托寄售的国外商人，称为受托人。委托人与受托人之间，通常签有委托寄售协议书。

有关寄售货物的销售价格，可分为以下3种。

（1）最低限价。

（2）无限价，即由受托人自由作价。

（3）出售前，须征得委托人同意的售价。

从上述可知，适用寄售方式的出口商品范围不广，销售价格事先无法确定，因此，虽然寄售货物的装运单据可以由委托人在发货后，通过当地银行代寄受托人所在地银行送交受托人，但目前一般的做法都是自行直接寄给受托人，受托人在货物出售后，将货款汇交受托人。例如，经银行代交单据、代收货款，交单地一般规定受托人出具一份收据即可。不论是否通过银行交单，出口公司发货后，对银行都要交寄售发票副本或出口明细单一份，列明参考价和估计 收汇期限，以便银行掌握和随时联系。银行在收到货款后，批注收汇日期及结汇金额。客户交款时附有清单，银行则应在结汇时，代转送公司。

在我国出口寄售业务中，一般只在代销人的资信确实可靠的前提下，对某些特定商品（如展销品）和新产品，或比较滞销的商品使用。

在我国进口寄售业务中，目前经营外国寄售的商品有烟、酒、饮料、化妆品、药品，以及其他有关旅游用品。经营这些寄售商品，对增加国家外汇收入，支持旅游事业的发展，学习和引进国外包装、装潢、技术、设备等方面，具有一定的作用。对于国内能供应并能满足旅游者要求的商品，则不应办进口寄售。在经营寄售业务时，须与外商签订合同，按销售市场需要进货。商品出售后，将货款汇往外商。

本章小结

国际结算方式可分为顺汇法和逆汇法。所谓顺汇法，是指债务人主动将款项支付给债权人，即资金流向与单据传递方向相同，汇款即属此例。

汇款方式是汇出行应汇款人的要求,以一定的方式,将一定的金额,通过其作为付款行的国外联行或代理行,付与收款人的一种结算方式。汇款方式一般有4个当事人:汇款人、收款人、汇出行和付款行。

在国际贸易活动中,以汇款方式结算买卖双方债权、债务时,通常有电汇、信汇、票汇3种形式。3种方式无论从成本还是从速度角度看,均呈现依次递减的规律。行解付汇款并不是无条件的,而是应立即或在一定时期内,以相等的金额付还付款行。付款行如何取得偿付,取决于使用的货币和账户的开立。

汇出汇款如为汇出地货币,而付款行在汇出行有账户者,汇出行在发出汇款通知书的当天,就应贷记付款行之账,并在汇委托书上作相应说明;汇出汇款如为汇出地货币或第三国货币,付款行在汇出行并无账户者,汇出行和付款行之间如有代理合约或约定者,汇出行应把该汇款的金额(头寸)划交付款行的账户行,并在汇款委托书上做相应说明;汇出汇款如为付款地货币,而汇出行在付款行有账户者,汇出行往往要求付款行在解付汇款后,借记其账户;汇出行和付款行之间并无经常的业务往来,亦不知道付款行的账户关系时,汇出行应先将头寸划交付款行。有时汇出行在委托付款行解付汇款时,要求其在解付后向前者或前者的代理行索汇;双方国家间订有支付协定并设有清算账户者,应按照清算协定的规定,或由汇出行贷记清算账户,或由付款行借记清算账户。

汇款既可用于贸易结算,又可用于非贸易结算。虽然汇款方式具有简便、灵活、快捷的特点,但它是建立在商业信用基础上,可靠性差。因此,很少用于贸易结算,大多数情况下是用于贸易从属费用结算或非贸易结算。在国际贸易中以汇款方式结算买卖双方债权、债务时,根据货款的交付和货物运送时间的关系可分为预付货款和货到付款两种。

基本概念

1. 汇款方式:汇款方式是汇出行应汇款人的要求,以一定的方式,把一定的金额,通过其作为付款行的国外联行或代理行,付与收款人的一种结算方式。

2. 电汇:电汇是汇出行应汇款人的申请,用加押电报、电传或SWIFT形式指示汇入行(国外联行或代理行)付款给指定收款人的一种汇款方式。

3. 信汇:是汇出行应汇款人的申请,将信汇委托书或支付委托书邮寄给汇入行,授权汇入行(国外申请或代理行)付款给指定收款人的一种汇款方式。

4. 票汇:是汇出行应汇款人的申请,开出一张有指定解付行的汇票给汇款人,这种以银行即期汇票作为汇款工具的支付方式称为票汇。

5. 退汇:退汇是指在汇款解付之前,由汇款人或收款人要求撤销该笔汇款的行为。

6. 预付货款:是进口商将货款的一部分或全部支付给出口商,出口商收到货款后再发货的汇款方式。

7. 货到付款:是出口商先发货,待进口商收到货物后,立即或在一定时间内将货款汇交出口商的一种汇款结算方式。

8. 售定:又称"先出后结",是一种延付货款的结算方式。出口商在货物装运出口后,不通过银行,直接将货运单据递交进口商,进口商收到货运单据时或其后一定时期内,按售定的价格,将货款通过银行汇付出口商的一种结算方式。

9. 寄售:亦称委托交易。是指出口方先将货物运到国外,委托国外商人按照事先规定的条件代为出售的方式。

复习思考题

1. 什么是汇款结算方式?汇款方式有哪几个当事人?
2. 为什么说汇款方式属于顺汇?
3. 试用图示表明电汇、信汇、票汇的异同。
4. 汇出汇款时,为什么要加列拨头寸指示,一般的拨头寸指示有几种?
5. 什么是退汇?试用图示说明退汇程序。
6. 试分析货到付款与预付货款对进出口商的影响。

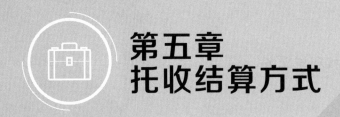

第五章 托收结算方式

> 【学习目标】
> - 明确托收结算方式的基本定义
> - 了解托收结算方式的基本当事人及其相互间的关系
> - 熟悉托收业务流程
> - 熟悉不同种类的托收业务,重点掌握D/P、D/A下不同的交单条件
> - 理解522规则与322规则的区别所在
> - 灵活运用522规则

第一节 托收结算方式概述

一、托收的定义

托收(collection)是债权人(出口商)为向债务人(进口商)收取款项,出具汇票(债权凭证)委托银行代为收款的一种支付方式。从定义中可以看出,银行在托收时,只是出口商的代理人,在贸易上常用的是跟单托收。出口商将作为货权凭证的商业单据与汇票一起通过银行向进口商提示,进口商一般只有在付款之后才能取得货权凭证,使交易当面银货两讫。托收方式的业务流程如图5-1所示。

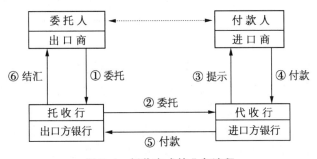

图5-1 托收方式的业务流程

采用托收支付方式时:① 出口商按合同要求发货,备齐单据后即开立汇票,委托一家出口方银行将汇票与单据向进口商提示请求付款;② 托收行接受委托后,再委托一家进口方银行(代收行)代收;③ 代收行向进口商(付款人)交单;④ 进口商付款后,取得单据;⑤ 进口方银行就根据托收行指示汇出货款;⑥ 托收行收款后再付给出口商。托收的业务流程比汇款复杂,多了①—③流程,即交票据或单据的过程,④—⑥流程则与汇款方式基本一样。

二、托收业务有关当事人及其权利与义务

(一) 托收业务的基本当事人

托收方式的基本当事人有以下4个。

(1) 委托人(principal,consignor)。即把单据委托银行代收债款的人。

(2) 托收行或称委托行(entrusting bank,又称寄单行 remitting bank)。它一方面接受委托人的委托,受理代收业务;另一方面又委托其国外联行或代理行,向债务人收款。

(3) 代收行(collecting bank)。它是接受委托行的委托,向债务人收款的银行。如果债务人和代收行不在同一地,代收行尚需委托另一家银行代收,这家银行称为提示行(presenting bank),即由它来向债务人直接提示单据。

(4) 付款人(drawee)。即签订贸易合同的买方、进口商。

在托收业务中,委托人和委托行、委托行和代收行之间的关系都是委托代理关系,代理一方必须严格按照委托一方的指示办理。如果代理一方有不正当的延迟,故意违反指示或超越代理权限等行为,都属于违约,代理一方应承担因此而发生的一切后果。代收行和付款人之间,并不存在直接的契约关系。付款人对代收行并没有必须付款的义务。

此外,在托收业务中如发生拒付,为了照料处理存仓、保险、重新议价、转售或运回等事宜,委托人可指定一个在货运目的港的代理人办理,这个代理人叫作"需要时的代理"(case-of-need)。此种代理人的名称和权限应在托收委托书上列明才有效。

(二) 托收业务当事人的权利与义务

根据《托收统一规则》,托收业务中有关当事人的权利义务如下。

(1) 委托人根据销售合约装运货物,取得装运单据和开立汇票以及其他货运凭证后,应连同出口托收申请书交给委托行,委托行应负责核实收到的单据是否与出口托收申请书上所列者相同,并审查托收指示是否明确可行。委托人在装运货物和缮制装运单据时,应该注意:除非事先征得有关银行同意,否则不能直接把货物运给代收行,亦不能在装运单据上以它为收货人。因为根据《托收统一规则》的规定,代收行不负提货之责,发生货到无人提取的风险由委托人负担。

(2) 委托人在出口托收申请书上可指定代收行,如不指定,委托行可自行选择它认为合适的银行作为代收行。不论由委托人指定或由委托行选择,委托行由于使用其他银行的服务而发生的费用和风险,均由委托人承担。

(3) 委托行应把单据和托收指示寄给代收行。单据在寄送途中的延误和遗失,委托行不负责任。在以后有关托收业务中,任何电文、信件或单据的寄送,以及电信传递过程中的延误、残缺或错误,银行均不负担责任。

(4) 代收行收到单据应与托收指示核对,如单据有遗失,代收行应立即通知委托行;否则就应按单据的原样,根据托收指示向付款人提示。如为即期付款,应立即向付款人提示付款;如为远期付款,应立即向付款人提示承兑。并根据托收指示上的交单条件(D/P 或 D/A) 交付单据。如未表明,代收行应按 D/P 处理。代收行对于汇票上承兑的形式,只负责表面上完整和正确之责,不负签字的正确性,或签字人是否有权限签署之责。汇票承兑以后,代

收行应将承兑的情况以最快的邮件通知委托行(如托收指示上规定电信者从其规定)。在汇票遭到拒绝承兑或拒绝付款时,除非托收指示有明确规定,代收行不负责作成拒绝证书,但应把拒绝承兑或拒绝付款的通知及时寄给委托行,并尽可能把退票的理由告诉对方。如代收行认为情况紧急,可用电报通知,费用由委托人负担。如托收指示上规定作成拒绝证书,则代收行由于办理拒绝证书,或因其他法律程序所付出的费用,应由委托人负担。代收行在发出退票通知的60天内,未收到委托行的指示,可把单据退回委托行。如汇票遭到拒绝承兑或拒绝付款,而委托人已指定了预备付款人(in case of need),代收行应与预备付款人联系,预备付款人具有的权限应在托收指示中明确。

代收行对于跟单托收项下的货物没有任何义务。但为了保护货物,代收行把货物存了仓、保了险或采取了其他行动,则不论托收指示上是否作出这样的要求,银行对货物的状况或疏漏均不负责。一切费用也由委托人负担,但代收行必须把它已采取的行动立即通知委托行。

付款人履行义务时,代收行应注意以下5点。

(1) 所收的货币必须是托收单据上的货币,并应按照托收指示上的规定处理。

(2) 除非托收指示特别授权,不能接受部分付款。如无特别授权,单据应在托收款全部付清后才能交付。

(3) 如托收指示中含有加收利息的指示,但金融单据(汇票、本票等)上无载明利息的条款,代收行可不收利息而交单,除非托收指示上明确表明不能放弃利息。如资金单据上载有利息条款,则应视利息是托收款的构成部分。

(4) 如托收指示中含有一切费用由付款人负担,而付款人拒付费用时,代收行可免收费用,而把应收的费用在收妥的托收款内扣除,除非托收指示中明确不能放弃。

(5) 代收行收妥托收款后,应把收妥的金额、扣除的费用和款项处理的情况,立即通知委托行。

第二节 托收结算方式种类

一、光票托收

凡仅把资金委托银行代为收款的,称作光票托收(clean collection)。这种托收方式广泛使用于非贸易结算,如客户把支票、存折、息票(coupon)、债券(bond)、股票(stock)和银行不能收兑的外币委托银行代收的都是光票托收。在贸易项下,一般用于贸易从属费用的结算,如出口商代进口商垫付的运费、保险费、佣金和杂项费用(sundry expenses)等,或用于零星交易和剩余货款的结算。

二、跟单托收

凡是委托银行代收的凭证不仅有资金单据,而且还须附以代表装运货物的货运单据的这种托收方式称跟单托收(documentary collection)。

开展出口跟单托收结算方式的前提条件是进出口双方在所签合同中订立了采用"托收"结算方式的条款。然后,出口商按合同规定发货装船出运,取得提单和其他商业单据后,即可签发以进口商(受票人)为付款人的汇票,填制托收申请书,明确交单方式等,然后将跟单汇票和托收申请书送交托收行,委托收款,并取得回执。托收行依据托收申请书填制托收委托书,明确收款指示等,随附跟单汇票,邮寄代收行。代收行按照托收委托书的指示,向进口商提示跟单汇票。进口商按规定的交单条件,进行付款赎单,或承兑取单,并于到期日付款。代收行待进口商付清货款后将款项汇交托收行,或在互为代理行的情况下贷记托收行账户并向托收行发去贷记通知书(credit advice)。托收行收到货款或贷记通知书后,将货款贷记出口商(委托人)账户,或汇给其开户行,一笔跟单托收业务至此了结。跟单托收结算业务程序如图5-2所示。

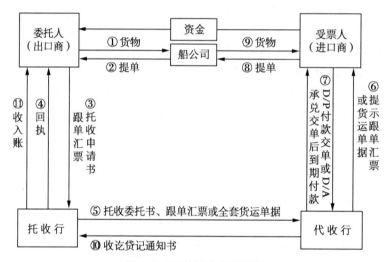

图 5-2 跟单托收业务程序

跟单托收分成付款交单和承兑交单两种。

(一) 付款交单(Documents Against Payment, D/P)

付款交单是指受委托处理代收业务的代收行,必须在付款人(进口商)付清票款以后,才能交付货运单据的一种结算方式。由于交付货运单据在付清货款之后,如果汇票遭到拒付,出口商仍然保有对货物的支配权,故风险较小。

付款交单根据付款期限分,可分为即期付款交单(D/P at sight)和远期付款交单(D/P at ×× day's sight)。

1. 即期付款交单(D/P at Sight)

即期付款交单是由出口商开具即期汇票,通过代收银行向进口商提示,进口商见票即须付款,才能取得货运单据。货款的转移和单据的交付,在同一时间内完成。其程序如图5-3所示。

2. 远期付款交单(D/P at ×× Day's Sight)

远期付款交单是指出口商开具远期汇票,通过代收银行向进口商提示,由进口商见票后,先办承兑手续,于汇票到期时付款后取单。其程序如图5-4所示。

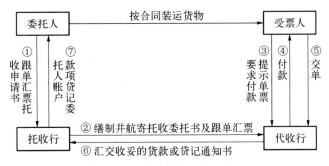

图 5-3 即期付款交单程序

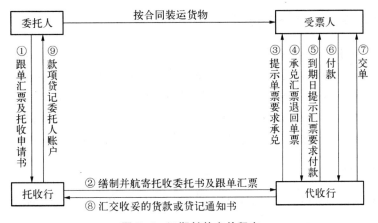

图 5-4 远期付款交单程序

（二）承兑交单（Document Against Acceptance，D/A）

承兑交单是指被委托的代收银行在付款人承兑汇票以后，就将货运单据交付给付款人，而承兑人（付款人）在汇票到期时履行其付款义务的一种方式。在这种方式下，交单的条件只凭付款人对运期汇票进行承兑，而不须付清货款，代收银行即可交付货运单据。承兑具体手续是汇票付款人在银行要求承兑时，只需在汇票上签注到期付款，即可取得货运单据。其程序如图 5-5 所示。

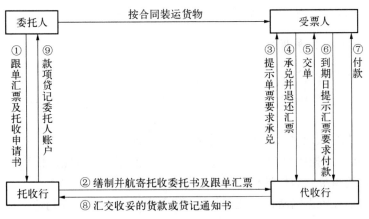

图 5-5 承兑交单程序

承兑交单这种方式对于买方(即付款人)甚为便利,因为承兑交单一定是远期付款,买方承兑后即可提货,往往可以不必自备资金而待转售所得的货款到期时付款。但对出口商很不利,如付款人到期拒付,则货款将全部落空。从理论上讲,出口商可凭付款人承兑的汇票依法起诉,而实际上,在这种情况下,付款人大多已无力偿付,打官司亦收效甚微。

第三节　托收结算方式在国际贸易中的运用

一、托收业务中的资金融通

由于托收方式手续简便、花费较少,进出口商在一定条件下,可向当地银行要求作押汇和融通资金。对进口商来说,托收方式比预付货款、开立信用证等方式进行支付有利得多,可在只需较少的资金,甚至不需资金的情况下进行交易。对出口商来说,则可用以争取买主,争夺市场。所以,近年来,在国际贸易中,采用托收方式收取款项的做法有增多的趋势。在托收结算方式下,银行对进、出口商可以采取以下两种方式融通资金。

(一) 托收出口押汇

出口地银行对出口商的资金融通,可以采取托收出口押汇(loan secured by documentary bills)的方式。

所谓托收出口押汇,是指出口商办理跟单托收时,可以汇票和货运单据作为质押品,向当地托收银行申请贷款;托收行根据出口商的资信、经营作风,可以酌情给一定比例的,甚至全部的票款,扣去利息将净款付给出口商,然后把跟单汇票寄给进口地的代收行,委托其代收票款,待收妥票款后收回货款。这样,托收行提早提供贷款给出口商,就是对出口商的资金融通。

托收出口押汇的特点是:出口地银行托收货款后,即成为出口商的债权人,取得了托收项下跟单汇票的质权(lien);如果托收遭到进口商的拒付,可向出口商索回货款,银行有权据跟单汇票处理货物。尽管如此,还总有一小部分托收业务遭到买方拒付,造成押汇货款无法归还,使托收处于被动局面,所以,许多银行不愿承做这种业务。

(二) 凭信托收据借单提货

委托人或代收行对进口商的资金融通是允许进口商在远期付款交单条件下凭信托收据借单提货(D/P at ××days after sight to issue trust receipt in exchange for documents D/P,T/R)。

这种方式是指在远期付款交单的条件下,委托人或代收行允许进口商在承兑远期汇票后,但在付款前开立信托收据(trust receipt,T/R)交给代收行,凭以借出货运单据先行提货,以便出售,待售得货款后偿还代收行,换回信托收据。

使用这种凭信托收据借货的方式,目的是避免货物先于付款日到达进口港后进口商不能付款赎单,致使货物滞留港口遭受罚款;或进口商以货物到港为借口,在付款前催要单据;

或有些地区的代收行习惯上将远期付款交单按承兑交单处理。

这里需要注意的是,无论是在进口商的要求下出口商同意,还是出口商主动地提出可以"凭信托收据借货"以对进口商融通资金,并在托收委托书上写明"付款交单,凭信托收据借单提货"(D/P,T/R)字样,代收行都可以按照托收委托书的这一指示办理,但为此产生的风险应由出口商承担;而如果出口商和托收行未曾在托收申请书和托收委托书上允许这一融资条件,而是代收行想为其本国进口商提供融资,同意进口商凭信托收据借货的话,则一切后果应由代收行自己负责。

对于进口凭信托收据借单提取的货物,其产权仍属于银行,进口商仅处于代为保管货物的地位,称为受托人或受托管理人(trustee)。其义务是:① 将信托收据项下货物和其他货物分开保管;② 售得的货款应交付银行,或暂代银行保管,但在账目上须与自有资金分别开来;③ 不得把该项下的货物抵押给他人。

代收银行则是信托人(truster)。其权利是:① 可以随时取消信托,收回借出的商品;② 如商品已被出售,可随时向进口商收回货款;③ 如进口商倒闭清理,对该项下的货物或货款有优先债权。

二、光票托收方式的使用

光票托收方式,多用于贸易从属费用的收据,邻近国家间贸易货款的收取也可使用光票托收。因为邻近国家间贸易货款的收取,若用跟单托收方式,易出现货物到达目的地时,托收的货运单据尚未到达的情况,不利于进口商报关、提货、进仓,甚至增加进口商仓储、保管费用。为避免这种情况的发生,邻近国家间贸易货款托收方式常使用光票托收。这种做法下,出口商风险很大,只有在出口商确信进口商能遵守买卖合同、及时付款的情况下才能这样做。如果不具备上述条件,为保证收款安全,应采用跟单托收方式,同时委托代收银行代为照管货物。所以,在贸易货款结算方面,"光票托收"方式的使用只限于部分国家相互信赖的工商企业之间的贸易。

在我国光票托收方式的使用,通常只限于收取出口贷款尾数、索赔款、样品费、佣金、代垫费用,其他贸易从属费用与非贸易项目的收款等。

三、跟单托收方式的使用

跟单托收方式,一般用于进出口贸易款项的收付。使用这种方式,没有银行信用介入。出口商向进口商发货,仅依靠的是进口商信用,即商业信用;如进口商倒闭或无力付款,或货价下跌,或没有申请到外汇,在这些情况下,出口商难以收到货款。虽然跟单托收方式装运货物在先,付款在后,对出口商不利,但比使用先出后结方式,完全脱手给进口商,风险要小。进口商不需开出信用证,节省了银行开证押金和费用,更乐于接受。在当前的国际贸易中,各国出口竞争激烈,外贸公司根据不同国家和地区、不同商品、不同对象,区别情况使用结算方式,对扩大出口贸易有一定的促进作用。

为了减少和消除使用托收方式的风险,出口商事先要调查清楚进口商的资信和作风,按照实际交易掌握授信额度与交单条件。要了解市场情况,进口地贸易管制和外汇管制法令等,以保证及时收取货款的顺利进行。为了保障出口商的经济利益,还应尽可能争取做"到岸价格"(CIF)交易,争取自办保险。因为出口商将货物装船后,在付款人付款前,仍掌握货款,如途中发生损失,以到岸价格成交的,进口商可凭赎单取得的保险单向保险公司索赔。万一出事,进口商拒付不赎单,保险单在出口商手中,可以自办向保险公司的索赔,赔款由出口商直接收下。以离岸价格(FOB)或成本加运费价格(CFR)成交的,当货物出事而进口商拒付时,可能进口商未保险,出口商应收货款将全部落空。即使进口商确已保险,但保险单在进口商手中,出口商极为被动。跟单托收从期限分,有即期和远期;从内容分,有付款交单和承兑交单。一般情况下较多使用即期付款交单,对远期承兑交单应从严掌握。在某些特殊的贸易中,有时往往将付款交单和承兑交单两种方式结合使用。如对进口来料来件,采用承兑交单;远期付款方式,装配成品出口,采用即期付款交单方式。这是以出口成品即期付款交单方式收进的外汇偿付进口来料、来件远期托收项目的货款。

我国跟单出口托收方式的使用,只限于需要推销的滞销商品和新、小商品,以及竞争十分激烈和急于进入市场的商品。在使用时,一般限于付款交单条件,除非确有把握,对于承兑交单条件的托收方式从严掌握。我国进口企业使用托收方式可以节省费用,免于支付国外银行手续费,这种方式称为进口代收。在购买旧船的贸易中,通常使用这种方式。即进口商收到单据,并在船到码头时,即期付款。

案例 5—1

案情:

×月×日,我国甲公司同南美客商乙公司签订合同,由甲公司向乙公司出口货物一批,双方商定采用跟单托收结算方式了结贸易项下的结算。我方的托收行是甲银行,南美代收行是乙银行,具体付款方式是D/P90天。但是到了规定的付款日,对方毫无付款的动静。更有甚者,全部单据已由乙公司承兑汇票后,由当地代收行乙银行放单给乙公司。于是甲公司在甲银行的配合下,聘请了当地较有声望的律师,对代收行乙银行因将D/P远期作为D/A方式承兑放单的责任,向法院提出起诉。当地法院以惯例为依据,主动请求我方撤诉,并改为调解方式解决该案。经过双方多次谈判,该案终以双方互相让步而得以妥善解决。

分析:

《URC 522》首先不主张使用D/P远期付款方式,但是没有把D/P远期从《URC 522》中绝对排除。倘若使用该方式,根据《URC 522》,乙银行必须在乙公司90天付款后,才能将全套单据交付给乙公司。故乙银行在乙公司承兑汇票后即行放单的做法是违背《URC 522》的。

但从南美的习惯做法看,南美客商认为,托收方式既然是种对进口商有利的结算方式,就应体现其优越性。D/P远期的本意是出口商给进口商的资金融通。而现在的情况是,货到南美后,若按D/P远期的做法,进口商既不能提货,又要承担因货压港而产生的滞迟费。若进口商想避免此种情况的发生,则必须提早付款,从而早提货,那么这D/P远期还有什么意义?故南美的做法是:所有的D/P远期均视作D/A对待。在此情况下,乙银行在乙公司承兑后放单给乙公司的做法也就顺理成章了。

> **启示:**
>
> 在处理跟单托收业务时,原则上我们应严格遵守《URC 522》。托收行在其托收指示中应明确表明按《URC 522》办理,这样若遇有当地习惯做法与《URC 522》有抵触时,可按《URC 522》办理。
>
> 当然我们在具体操作时,也应尊重当地的习惯做法。将来凡货运南美地区的托收业务,我们可采用 D/P 即期或 D/A 的付款方式,避免使用 D/P 远期付款方式,以免引起不必要的纠纷。倘若非用 D/P 远期不可,则远期的掌握应该以起运地到目的地的运输所耗费的时间为准。

本章小结

托收是债权人为向债务人收取款项,出具汇票委托银行代为收款的一种支付方式。它是逆汇的结算方式,也是以商业信用为基础的结算方式。托收方式由委托人、托收行、代收行和付款人四方构成。

托收方式可分光票托收与跟单托收两类。凡仅是把资金委托银行代为收款的,称作光票托收。这种托收方式广泛使用于非贸易结算,或用于贸易从属费用的结算,或用于零星交易和剩余货款的结算。

跟单托收是指委托银行代收的凭证不仅有资金单据,而且还需附以代表装运货物的货运单据的托收方式。跟单托收分成付款交单和承兑交单两种。

付款交单是指受委托处理代收业务的代收行,必须在付款人(进口商)付清票款以后,才能交付货运单据的一种方式。由于交付货运单据在付清货款之后,如果汇票遭到拒付,出口商仍然保有对货物的支配权,故风险较小。付款交单根据付款期限分,可分为即期付款交单和远期付款交单。

承兑交单是指被委托的代收银行在付款人承兑汇票以后,就将货运单据交付给付款人,而承兑人(付款人)在汇票到期时履行其付款义务的一种方式。在这种方式下,交单的条件只凭付款人对远期汇票进行承兑,而不需付清货款,代收银行即可交付货运单据。承兑交单这种方式对于买方(即付款人)甚为便利,因为承兑交单一定是远期付款,买方承兑后即可提货,往往可以不必自备资金而待转售所得的货款到期时付款。但对出口商很不利,如付款人到期拒付,则货款将全部落空。

由于托收方式手续简便,花费较少,进出口商在一定条件下,可向当地银行要求作押汇和融通资金。对进口商来说,托收方式比预付货款、开立信用证等方式进行支付有利得多,可在只需较少的资金,甚至不需资金的情况下进行交易。对出口商来说,则可用以争取买主,争夺市场。

为了减少和消除使用托收方式的风险,出口商事先要调查清楚进口商的资信和作风,按照实际交易掌握授信额度与交单条件。要了解市场情况、进口地贸易管制和外汇管制法令等,以保证及时收取货款的顺利进行。跟单托收从期限分,有即期和远期;从内容分,有付款交单和承兑交单。一般情况下较多使用即期付款交单,对远期承兑交单应从严掌握。在某些特殊的贸易中,有时往往将付款交单和承兑交单两种方式结合使用。

基本概念

1. 托收:是债权人(出口商)为向债务人(进口商)收取款项,出具汇票(债权凭证)委托银行代为收款的一种支付方式。

2. 光票托收:凡仅是把资金委托银行代为收款的,称作光票托收。

3. 跟单托收:凡是委托银行代收的凭证不仅有资金单据,而且还需附以代表装运货物的货运单据的这种托收方式称跟单托收。

4. 付款交单:指受委托处理代收业务的代收行,必须在付款人(进口商)付清票款以后,才能交付货运单据的一种结算方式。

5. 即期付款交单:指由出口商开具即期汇票,通过代收银行向进口商提示,进口商见票即须付款,才能取得货运单据的一种结算方式。

6. 远期付款交单:指出口商开具远期汇票,通过代收银行向进口商提示,由进口商见票后,先办承兑手续,于汇票到期时付款后取单的一种结算方式。

7. 承兑交单:指被委托的代收银行在付款人承兑汇票以后,就将货运单据交付给付款人,而承兑人(付款人)在汇票到期时履行其付款义务的一种结算方式。

复习思考题

1. 何为托收结算方式?其当事人有哪几个?
2. 托收方式分为哪几种?简述其内容。
3. 跟单托收的交单条件有哪几类?简述其内容。
4. 请结合图示说明跟单托收的业务程序。
5. 跟单托收业务的有关当事人应注意哪几个问题?
6. 简述托收结算方式在国际贸易中的具体运用。

第六章
跟单信用证结算方式

【学习目标】
- 理解跟单信用证的基本定义
- 重点掌握跟单信用证的性质、特点
- 了解信用证的作用
- 熟悉跟单信用证业务的一般流程
- 明确跟单信用证项下主要当事人的法律关系
- 了解各种不同的信用证类别及其区别
- 熟练运用跟单信用证统一惯例《UCP 600》

第一节 跟单信用证概述

一、跟单信用证的定义

跟单信用证统一惯例(《UCP 600》)在其第二条定义中明确规定:信用证意指一项不可撤销的安排,无论其名称或描述如何,该项安排构成开证行对相符交单予以承付的确定承诺。因此,跟单信用证实为一种银行在一定条件下承担第一性付款责任的书面承诺。它是进口方银行(开证行)根据进口商(申请人)的申请和要求,向出口商(受益人)开立,凭规定的单据,在一定期限内支付一定金额的书面保证文件。

最早的信用证出现于12世纪的欧洲。当时各国教皇、王公和其他统治者在派其使臣出外执行任务时,为了方便起见,由其本人出证签署公开通知书,承诺如任何一人愿意对其使臣垫款,他将无条件地偿还。这张通知书类似于我们现在的旅行信用证,它是最早的信用证。以后信用证运用到了商业上,在形式上不仅有公开信用证,也出现了所谓特指信用证(special letter of credit),即有出证者要求其在外地的代表人或同业,对其派出的人垫款。但这样的信用证都是不附带货运单据的光票信用证,而且并不一定有销售合约作基础,信用证的流转也不与货物的流转结合。跟单信用证是在定期航线开辟,海上保险发展和提单、保险单相继成为可转让凭证以后出现的。18世纪后期,英国法院就有了国际贸易。20世纪后期,跟单信用证已广泛用于国际贸易。第一次世界大战以后,跟单信用证已成为国际贸易支付的主要方式。

二、跟单信用证的特点

从信用证的定义来看,跟单信用证有3个特点。

(一)信用证是由开证银行承担第一性付款责任的书面文件

信用证方式是一种银行信用。就买卖合约而言,承担付款责任的应是买方进口商,而使用信用证以后,开证银行以自己的信用作出付款保证,即代进口商承担付款责任。开证银行提供的是信用,而非资金。信用证是一种银行保证文件,开证银行负责第一性的付款责任,它不同于一般担保业务中保证人只负第二性的责任,即是在被担保不付款的情况下才代为付款。信用证的开证银行是第一付款人,出口商凭信用证出运货物后,就能取得银行的付款,无须关心进口商是否履行其应付的付款责任。因此开证银行的资历和信用是出口商出运货物是否能如期取回货物的主要因素。

(二)开证银行履行付款责任是有限度和条件的

开证行对出口商负责付款并不是没有限度和条件,它只是在一定期限和一定金额范围内履行责任,超过了规定的期限和金额概不负责。另外,出口商也不是无条件地取得货款,他必须履行信用证所规定的一切条款。测试出口商是否履行信用证上条款的主要依据是他所提示的单据是否和信用证条款相符,单据和单据之间是否一致。

(三)信用证是一项独立的、自足性的文件

信用证一经开出以后,就成了一个独立的文件,即有相关当事人都必须根据信用证的条款办事,而不问其他和信用证有关文件的执行情况如何。信用证与贸易合同之间的关系彼此独立。虽然信用证开立的基础是销售合约,但信用证下当事人只受信用证条款的约束,而不受销售合约条款的约束。例如,销售合约是以买卖货物为对象,卖方应向买方负责货物的品质和规格;但在信用证流转过程中,有关的当事人只问单据是否符合信用证条款,而不问货物是否符合合约条款,只要单据和信用证条款相符,开证行不得以任何借口来推卸责任。关于这一点,《UCP 600》的总则中,有以下两项很重要的规定。

其一,就其性质而言,信用证是独立于其所基于的销售合同或其他合同以外的交易。即使信用证中含有对此类合同的任何援引,银行也与该合同毫不相关或不受其约束。因而,银行依信用证所承担的付款、承兑汇票或议付及/或履行信用证项下的任何义务的责任,不受申请人由于他与开证行或收益人之间的关系而提出的索赔或抗辩的约束。

受益人在任何情况下,不得利用银行之间或申请人与开证行之间存在的合同关系。

其二,在信用证业务中,各有关当事人处理的是单据,而不是与单据有关的货物、服务及/或其他行为。

因此,开证银行只对信用证负责,只凭信用证所规定的而又完全符合条款的单据付款。信用证业务是一种单据买卖,银行只凭单据,对货物真假好坏不负责任;对货物是否已装船,是否中途损失,是否到达目的港不负责任;对单据的真假,单据在邮递过程中的遗失也不负责任。

三、跟单信用证的作用

信用证结算方式是一种以银行信用为基础的结算方式,由银行居间对买卖双方授信,并保证进出口双方的货款或单据的交换不致落空,从而有利于国际贸易的发展。跟单信用证

的作用概括起来有两点：其一是保证作用,其二是资金融通作用。这些作用可从跟单信用证对进口商、出口商、开证行、出口地银行的作用中分别体现出来。

(一) 对进口商的作用

(1) 如果进口商的资信良好,所进口的货物有一定的销售市场,则他在开证时可只交部分押金或担保品,单据到达后赎单付清差额,可以避免资金大量积压。

(2) 可以通过信用证条款控制出口商装货期限,在某种程度上能保证装船的货物的数量和质量,使所收到的货物在一定程度上能符合合约的规定。

(3) 可以在付款后肯定地取得代表货物的单据。

(4) 开证行履行付款义务后,如果进口商筹措资金仍有困难,则可以凭信托收据,要求开证行先交付单据,在出售货物后再交付货款。

(二) 对出口商的作用

(1) 只要将符合信用证条款的货运单据交到出口地与他有来往的银行,即能完全地取得货款,加速资金周转。

(2) 在装船前,他如需要资金周转,可持证向其往来银行叙作打包放款(packing credit)或其他装船前贷款(preshipment credit)。由于出口贷款的利率远比其他工商贷款利率低,出口商实际上享受到低利率贷款。

(3) 在进口国的进口管制和外汇管理的情况下,可不受影响地装货收款。因为在实行贸易外汇管制的国家里,开证银行开出信用证都必须经贸易、外汇机构的批准,所以出口商取得信用证,就可避免进口国家禁止进口或限制外汇转移所产生的风险。

(4) 可避免钱货两空的危险。万一开证银行因为各种原因不能付款,出口商虽在货款上受到严重的损失但由于尚掌握着代表货物的单据,亦可减少损失。

(三) 对开证银行的作用

(1) 开证行代进口商开立的信用证所贷出的是信用,而不是资金。银行开立信用证不必占用资金,反而能得到开证手续费的收入。

(2) 由于开证行贷出的信用不是无条件的,开证是先要求进口商提供一定数目的押金,当他履行付款后,还有出口商交来的货运单据作保证,从而减轻了垫款风险。

(四) 对出口地银行的作用

只要议付的是单单一致、单证一致的单据,它肯定能向开证行或其指定的代付行取得垫付的货款,并且能获得一笔数目可观的结算手续费。

使用信用证方式的好处很多,但这一方式并不是绝对完善的。它的缺陷主要表现在它的风险上。例如在信用证结算方式下,进口商可能遭到出口商不交货,或以坏货、假货、假单据进行诈骗的风险;开证行可能遭到进口商倒闭或无理挑剔拒收单据的风险;出口地银行同样可能遭到开证行倒闭或无理拒付的风险。但不管怎么说,使用信用证结算方式是利大于弊,因而成为国际结算中的一种主要方式。

四、跟单信用证的内容

跟单信用证格式花样繁多,内容千变万化。目前国际商会对信用证拟订了 4 种标准格式,即即期付款信用证、远期付款信用证、承兑信用证、议付信用证,但对开证行并无约束力,有的银行仍按照其过去的习惯和惯用的格式开立信用证。现在总的趋势是,国际性的大银行的开证格式逐渐参照和接近国际商会拟订的"开立标准信用证格式"(附式 6-1)。它包括以下 5 个项目。

(一) 基本条款

(1) 信用证形式(form of credit)。信用证形式即指信用证的性质。每张信用证都必须明确标明其性质,是可撤销的,还是不可撤销的。

(2) 信用证号码(L/C number)。

(3) 开证日期(date of issue)。

(4) 受益人和申请人(beneficiary and applicant)。

(5) 信用证金额(L/C amount)信用证金额是开证行负责的最高金额。信用证金额一般以 "for the amount of; up to an aggregate amount of; for the amount not exceeding",或其他类似的词句表示。

(6) 信用证有效期(terms of validity 或 expiry date)。信用证有效期是指受益人能够利用信用证的最迟期限。但这个最迟期限是指受益人向出口地银行提示单据最迟的日期,还是指开证行收到单据的最后日期,要根据信用证上的具体规定和上下文的文义而定。如属前者,出口地银行只要在信用证有效日之前议付单据,即算符合信用证条款,而单据最后是否到达开证行,或单据到达开证行时是否已过有效期,出口地银行可不负责。这一类信用证上常把有效期规定为"to be valid for negotiation (exporter's locality) on or before _____ ; to be valid for pressntation of documents in (exporter's locality) on or before, to expire on _____ in (exporter's locality)"等。如属后者,则只有开证行在有效期内收到单据后才承担责任。这样,出口地银行虽在有效期内收到单据,但如果单据在邮递中途遗失,或在有效期后到达,开证行即可不履行付款义务。这类信用证常常规定为"This credit expires on at this office, the documents must reach us for payment on or before",但是有的信用证上对什么地方到期并不很明确,除非根据信用证上下文能确定,否则应要求开证行予以澄清。

(7) 开证行名称及签字(opening bank's name and singnature)。

(8) 开证行负责条款(engagement/undertaking clause)。在信用证中,开证行明确表示其负责付款的保证文句有"本行保证凡符合本证条款所开立及议付的汇票在本行提示时,本行将对汇票出票人、背书人或正当持有人履行付款义务"。(We hereby engage with drawers and/of bonafide holders that drafts drawn and negotiated in conformity with the terms of this credit will be duly honored on presentation.)

(二) 单据条款

单据条款里分别列示对汇票及单据的要求。

附式 6-1　信用证

Issuing Bank Limited International Division
23, High Street London S.W. 25

Original　　　　Telephone　Telex　Telegrams
　　　　　　　　Date 13.4.1978

IRREVOCABLE DOCUMENTARY CREDIT	Credit number	
	of issuing bank 16358	of advising bank 8536

Advising bank:
BANK "X",
35 Kings Road North,
Hong Kong

Applicant:
Joan's Boutique,
14 Charlotte Street,
London W.C. 36

Beneficiary:
The Eastern Trading Company,
29 London Road,
Hong Kong

Amount: HK$10,000 (Hong Kong Dollars Ten)
(thousand ....)

Expiry Date: 31 May 1978
at the counters of: advising bank

Dear Sir(s),

We hereby issue in your favour this documentary credit which is available by acceptance of your draft at 90 days sight
drawn on　Bank "X", 35 Kings Road North, Hong Kong....... accompanied by the following documents:

SIGNED INVOICE in three copies certifying that the goods are in accordance with Joan's Boutique Order Number 35 dated 14.2.1978.

AIR CONSIGNMENT NOTE evidencing goods despatched to Joan's Boutique, 14 Charlotte Street, London W.C. 36 marked "Freight Paid"

PACKING LIST IN TRIPLICATE

We are informed that insurance is being arranged by our principals.

covering Ladies Dresses
C and F Heathrow Airport, London

Each draft accompanying documents must state: "Drawn under credit No. 16358 of Issuing Bank Ltd. and No. 8536 of Bank "X", Hong Kong (advising bank)"

Despatch/Shipment from HONG KONG
to Heathrow Airport, London

Partial shipments: not permitted
Transhipments: not permitted

Special conditions: Documents must be presented for acceptance within seven days from the date of the Air Consignment Note but in any event within the credit validity.

We hereby engage that drafts drawn in conformity with the terms of this credit will be duly accepted on presentation and duly honoured at maturity.

Yours faithfully
Issuing Bank Limited International Division
23, High Street London S.W. 25

Countersigned

Advising bank's notification

We hereby advise this credit without any engagement on our part

Bank "X" Hongkong,
(Signed)

24.4.1978

Place, date, name and signature of the advising bank.

1. 对汇票的要求

信用证上如规定出口商应提示汇票,则应列明付款期限(tenor)、付款人姓名(drawee)、出票人(drawer)、汇票金额(amount),汇票金额通常写明按发票金额的一定百分比开立(for ×％ of invoice value),最后还应有出票条款(drawn under clause)。常见的出票条款有"Drawn under L/C No.＿＿ of ＿＿＿＿ Bank"。

2. 对货运单据的要求

对货运单据的要求视价格条件、进口地习惯和进口商的具体要求而定。一般对下述单据的具体内容、份数作具体规定:

商业发票	Commercial Invoice
海关发票	Customs Invoice
领事发票	Consular Invoice
海运提单	Bill of Lading
航空运单	Airway Bill
联合运输单据	Combined Transport Document
货运收据	Cargo Receipt
邮包收据	Parcel Post Receipt
保险单	Insurance Policy
保险证明书	Insurance Certificate
保险声明书(投保单)	Insurance Declaration
装箱单	Packing List
重量单	Weight Memo
产地证	Certificate of Origin
各种检验证明书	Inspection Certificate
其他单据	Other Documents

(三) 商品条款

商品条款是指信用证上应规定对货物的具体要求,通常的项目有:

商品名称	Name of Commodity
规格	Specification
数量	Quantity
单价	Unit Price
价格条件	Price Terms
包装	Packing
唛头	Shipping Mark

(四) 装运条款

装运条款是对货物装运的要求,一般有以下 6 点。

(1) 装运港或接货地(port of loading/shipment,place of taking charge)。

(2) 卸货港或目的港(port of discharge or destination)。
(3) 装运期(latest date for shipment)。
(4) 是否允许分批装运(partial shipment allowed or not allowed)。
(5) 是否允许转运(transhipment allowed or not allowed)。
(6) 运输方式(mode of transportation)。运输方式是指海、陆、空或邮包运输、集装箱运输、托盘运输。

(五) 其他条款

1. 开证行对通知行的指示(instructions to advising bank)

这一指示包括是否要通知行加具保兑后通知。在通知受益人时是否原件照传，还是另行缮打通知。

2. 开证行对议付行或付款行指示(instructions to negotiating or paying bank)

其中包括以下3点。
(1) 议付金额背批条款(endorsement clause)。
(2) 寄单方法(method of despatching documents)。
(3) 索汇方式(method of reimbursement)。

3. 特别条款(additional clauses/special conditions)

由于一些特殊的原因，有些信用证会有些额外的要求。例如，波斯湾地区开来的信用证通常有抵制以色列船舶黑名单条款。有些信用证则载有限制议付条款。

第二节 跟单信用证的种类

通常根据信用证的性质、期限、是否保兑、能否转让，以及证与证之间的关系，对信用证作出不同的分类。

一、不可撤销信用证和可撤销信用证

(一) 不可撤销信用证(Irrevocable Credit)

"如果开证行对受益人作出有约束力的承诺；在受益人提交单据时付款或对所有根据信用证条款开立的汇票作出承付，则这种信用证为不可撤销信用证。这种信用证一旦通知受益人，未经受益人或其他当事人的同意不得修改。已开立信用证并通知受益人的银行，无论受益人是否同意，并无必要同意申请人关于改证的要求"(见 The Law of Banker's Commercial Credits)。换句话说，不可撤销信用证是信用证一经开出并经受益人接受后，开证行便承担了按照信用证上所规定的条件履行付款义务的凭证，在信用证有效期内，除非得到信用证有关当事人的同意，开证行不能撤销或修改信用证。开证行的责任是第一性的。不可撤销信用证均载有下述条款或与之相当的条款："我们承担在此类汇票提示时兑付之责,若汇票按

本信用证条款开立并提示。"不可撤销信用证的作用是：由开证行代替买方作为承担"购买"装运单据的人，只要卖方向银行提交的货物物权凭证是合格的，即是信用证所规定的，则上述保证责任就是绝对的，银行必须接受单据而不论买卖双方间关于销售合同的执行有何争议。

（二）可撤销信用证（Revocable Credit）

可撤销信用证是开证行在开出信用证后，有权随时取消该证而不必征求有关当事人同意的信用证。可撤销信用证之所以如此命名，是因为它对受益人的通知中声明银行保留修改及取消权。在此信用证项下，无论卖方或信用证项下汇票的购买人，应知道该信用证可在任何时候取消。正因为如此，可撤销信用证的使用远非不可撤销信用证那样普遍。购买此类信用证下开立汇票的人，应视作已知悉关于该信用证下所有条款。曾有一项判例：如果信用证是可撤销的，开证行可在任何愿意的时候将其取消，而无通知受益人或任何其他人的法律义务。因此，信任该信用证而装运货物的出口商会发现由于信用证在其不知情的情况下已被撤销而陷入困境，这类信用证的商业价值因而大大降低。银行虽有将其撤销信用证的意向作出通知的惯例，但这只是一种礼貌行为，如果银行由于疏忽或其他原因未作通知，银行不承担任何法律责任。但如果取消通知是通过付款行或议付行作出的，并不影响该银行在接到通知前作出的任何付款或议付。

先前的《UCP 500》第8条第(a)款对可撤销信用证的定义是："可撤销信用证可以由开证行随时修改或取消，而不需事先通知受益人。"

由于可撤销信用证对受益人毫无保障，因此受益人不仅在货物装运前要冒信用证被修改或撤销的风险，即使在议付之后，还要冒这样的风险。因为很可能单据经议付寄达开证行时，开证行可宣称信用证已撤销而拒付。所以，这类信用证实际上只是一张开证行告诉受益人和议付行如何寄单收款的通知而已，毫无保证的作用。它在性质上与跟单托收并无多大差异，任何出口地银行都不愿议付这样的单据。为了杜绝可撤销信用证对相关方带来的不利，《UCP 600》取消了可撤销信用证的做法，在《UCP 600》第3条中明确规定："信用证是不可撤销的，即使未如此表明。"

二、保兑信用证和不保兑信用证

（一）保兑信用证（Confirmed Credit）

信用证的保兑与不保兑是根据信用证有无第三者参加负责来区分的，一家银行所开的信用证，经由另一家银行加以保证兑付者称为保兑信用证，未经另一家银行保兑者称为不保兑信用证。另一家银行的保证在银行业务上称为保兑（confirmation），这家银行称为保兑行。

当受益人对信用证的开证行偿付能力不够信任，或对进口国家政治上有顾虑时，要求通知行或第三家银行加具"保兑"。

一般说来，银行开出信用证是不愿意其他银行加保兑的，只有在开证银行自感其资信情况与开证金额不相称时，才要求其他银行加保兑，以免受益人拒收或出口地银行拒绝议付。有时买卖双方合约规定来证应由出口地银行加保兑；或双方银行代理合约上规定双方开证超过一定额度，应由第三者银行加保；或进出口国家所签订的支付协定上规定，信用证应由各自的国家银行加保。

一张不可撤销信用证经由另一家银行加具保兑后,保兑行也承担了该信用证的付款责任。对受益人来说,获得了两家银行的付款保证,《UCP 600》第8条第(b)款中有这样的规定:"保兑行自对信用证加具保兑之时起即不可撤销地承担承付或议付的责任。"

对受益人来说,保兑行和开证行承担同样的责任,他可以要求其中任何一个银行履行付款责任。但他首先要服从信用证条款的规定,如信用证规定以保兑行为付款人时,他应该先要求保兑行付款;如以开证行为付款人,则应先向该付款人提示,只有在该付款人不付时,然后再分别要求保兑行和开证行履行付款责任。但是,如保兑行是出口地银行,而信用证上规定的付款行在第三国,根据美国汉诺制造商银行的解释,保兑银行应首先承担付款责任。另外,如果保兑行承担付款责任,单据必须在信用证有效期内向保兑行交单。

案例 6-1

案情:

甲国出口商出口一批货物到乙国,进、出口双方约定以信用证方式结算。于是乙国进口商委托其银行(乙银行)开立了一张不可撤销议付信用证,该证由丁银行保兑。在甲出口商根据信用证的规定完成了一切之后,他全套单据在规定的信用证有效期内,向丁银行提示,丁银行认为单据与信证条款相符,并对单据进行了议付。事后乙银行收单后经审核认为单据不合格而拒受。丁银行因此而蒙受了巨大的损失。

分析:

根据《UCP 600》第8条的规定,保兑行已经接受单据,保兑行因此没有追索权。如果开证行因为不符点而拒收单据,那些不符点是被保兑行忽略的,这样的后果应由保兑行负责,保兑行不能反过来让出票人/善意持票人负责它在审核单据上的错误。本例中作为保兑行的丁银行因未发觉单据的不符点而错误地议付,它就丧失了对受益人(甲出口商)的追索权。同时,由于开证行的付款依据是单单、单证一致,所以,丁银行也无从获得偿付,最终损失的只能是丁银行自己。

启示:

(1) 不可撤销保兑信用证对受益人来说有着双重付款的保证,无论是开证行还是保兑行都对受益人承担了第一性付款的责任。

(2) 信用证项下的付款必须严格按照统一惯例进行,必须以单单、单证一致作为付款的唯一依据。

(二) 对"不可撤销"与"保兑"及"可撤销"与"不保兑"的理解

在"不可撤销信用证"与"保兑信用证"及"可撤销信用证"与"不保兑信用证"间一度存在某种程度的混淆。这主要是因为以前有的英国银行自认为本身资金雄厚,开证十分可靠,必然保证兑付,所以不论对自己开立的不可撤销信用证,或经由它"保兑"的信用证,都称为保兑信用证。现在这两组名词间的混淆已经得到澄清。凡开证行自己开立的,承担第一性付款责任的信用证称为不可撤销信用证。如果开证行使用中介行,开证行可以要求其加保兑,也可以仅要求通知不可撤销信用证。在前一种情况下,中介行承担了对受益人的直接责任,信用证从而成为保兑的不可撤销信用证。否则,信用证虽为不可撤销的,但却是未加保兑的。在保兑的不可撤销信用证情况下,受益人拥有两家银行对之承担合同责任。即保兑的不可撤销的信用证意味着该信用证不但有开证行不可撤销的付款保证,而且有保兑行的兑付保证。所以这种有双重保证的信用证对出口商最为有利。可撤销信用证不可加保兑,因为从理论上说,开证行要另一银行对信用证负责,首先自己应对信用证负责。所以事实上不存在加保兑的可撤销信用证。归纳起来讲,信用证的"不可撤销"是指开证行对信用证的付款责任,"保兑"则是指开证行以外的银行对信用证的付款责任。

三、即期付款信用证、远期信用证、议付信用证

根据统一惯例,开证行对不同类型的不可撤销信用证所负的责任来分,可分为即期付款信用证、远期信用证、议付信用证。

(一) 即期付款信用证

根据开证行对即期付款信用证所负责任来看,即期付款信用证具有以下 2 个特点。

(1) 即期付款信用证可以是开证行自己付款,也可以由其他银行付款。如属前者,开证行应履行即期付款的承诺;如属后者,开证行应保证该款的照付。

(2) 即期付款信用证可以要求受益人提供汇票,也可以不要求提供汇票。

即期付款信用证,按照付款行和到期地点的不同,又有如下的区分。

(1) 即期付款信用证的开证行以其本身为付款行,而且把信用证的到期日规定为在开证地收到全套单据后,才能付款。这样的信用证,在出口地被其他银行议付的可能性很少,即使被议付了,开证行亦不赋予该议付行以一般议付行所能享受的权利。我们称这种议付为局外议付。这种信用证对受益人是很不利的。因为:① 凭这样的信用证要在出口地融通资金的可能性很少;② 如果受益人直接交单或委托银行交单,要做到信用证下所有单据在开证地到期日前到达开证行,所以单据在邮寄过程中遗失或延误的风险,将由受益人承担。

(2) 即期付款信用证的开证行以其本身为付款行,但把信用证的到期日规定在出口地,并规定由出口地其所指定的银行,或任何其他银行议付。则这种信用证比前一种对受益人有利。经出口地银行议付后,即可向开证行或按照证上规定的方式取得偿付,单据是否如期到达或延迟到达,议付行不负责任。

(3) 即期付款信用证以进口地以外的其他第三国银行为付款行,以该第三国的货币为支付货币,但规定在出口地到期,可由出口地银行议付。例如,澳大利亚银行开出的英镑信用证,一般都以其伦敦分行或代理行为付款行,同时规定单据寄递的方式为:一套寄伦敦的付款行,另一套寄澳大利亚的开证行。伦敦的付款行凭一套单据付款,议付行也不负单据到达的责任。

(4) 即期付款信用证以出口地银行为付款行,在出口地到期。开证行开立这样的信用证,一般都以出口地的货币为支付货币,在付款行开有账户,付款行付款后即借记开证行账。这种方式在出口地无议付程序,受益人不承担任何利息。这样的信用证对受益人是最有利的。

综上所述,在即期付款信用证情况下,出口地银行既可以是付款行,也可以是议付行。

付款行的地位和议付行的地位是不同的,主要表现在下面 4 个方面。

(1) 开证行和付款行的关系必然是委托人和代理人的关系;而开证行和议付行的关系,既可以是委托人和代理人的关系,也可以是毫无契约关系的两个独立的当事人。

(2) 开证行一般在付款行开有账户,或根据代理合约事先把抵补头寸划来,付款行在付款以后能立即取得偿付,无须以自己的资金垫付。万一付款行在付款时以自己的资金垫付,因此而发生的利息和费用可向开证行算收,而议付行的议付行为完全是自己垫付资金,因此而发生的费用应向受益人算收。

(3) 付款行的验单付款是终局性的,在一般情况下,不能向受益人行使追索权利;而议付行的审单议付是信用证流转过程中的一个环节,开证行倒闭或拒付,议付行可向受益人行使追索权利。

(4) 付款一般是用出口地的当地货币,而议付一般使用出口地以外的货币(当然,例外的情况很多)。

(二) 远期信用证

远期信用证是受益人提示单据后,开证行和保兑行并不立即付款,而是按照信用证上或汇票上规定的日期,或是自己履行付款义务,或是保证付款人到期履行义务的信用凭证。远期信用证有以下 2 种。

1. 承兑信用证

承兑信用证一般都要求受益人提示汇票,根据汇票付款人的不同,可分为银行承兑信用证(banker's acceptance credit)、商业承兑信用证(trade acceptance credit)。

银行承兑信用证规定以银行为汇票上的付款人,由它来承兑汇票和履行到期付款的义务。银行承兑信用证是进口商根据成交合约中出口商接受远期支付而向进口地银行申请开立的,它也是开证行对进口商授信的一种方式。银行承兑信用证的交单条件一般都是 D/A,付款行在汇票上承兑后,就能取得单据。在银行承兑信用证下,出口商取得资金的方式有以下 3 种。

(1) 等银行承兑汇票到期后,回收资金。

(2) 要求出口地银行议付,议付行在出口商交单时,按出口地市场利率,扣除到期利息后,把净值付给出口商。

(3) 在付款行承兑后,要求付款行贴现,或在付款地的贴现市场办理贴现,以取得资金周转。

银行承兑信用证下开证行的资信比即期信用证下开证行的资信更为重要。因为银行承兑汇票后,单据与汇票分离,由承兑的银行处理,不论贴现与否,出口商赖以回收货款的依据就是这张银行承兑的光票。假若开证行到期不履行付款义务,出口商就有钱货两空的危险。

由于金融市场上贴现率一般比银行的放款利率低,进口商往往想利用银行承兑汇票以取得优惠贴现率,所以在签订即期付款的成交合约后,要求开证行开立的不是即期付款信用证而是银行承兑信用证。证上规定"所有贴现息和费用由申请人负担"。这样,出口商仍能像即期付款信用证那样通过议付取得全部货款,而出口地银行应扣除的利息或在贴现市场上付出的贴现息则向进口商算收。这是进口商通过贴现手段取得资金融通的方法,出口商在取得资金方面虽然没有什么损失,但是他仍将冒汇票拒付时被追索的风险。

商业承兑信用证规定受益人应开立以开证申请人为汇票付款人的远期汇票,由开证申请人承担汇票承兑和到期付款的义务,而开证行则保证其如期承兑和付款。这类信用证似不合乎开证行负第一性付款责任的原则,但伦敦的东方汇兑银行和东南亚、中近东一带银行都有这样的做法。它的结算过程和银行承兑信用证大同小异,议付行审单无误后,将汇票和单据寄开证行,由开证行将汇票向开证申请人提示承兑(至于交单条件,则依信用证的规定),并把承兑日期和到期日通知议付行。承兑的汇票是由开证行保管还是由开证行寄回给受益人,可由受益人决定。由于商业承兑汇票不一定具备贴现条件,即使能够贴现,贴现率亦较高,受益人一般都宁愿在到期日收款。

2. 迟期付款信用证(Deferred Payment Credit)

这类信用证一般不规定受益人一定要开立汇票,而仅规定受益人交单后若干天付款,或货物装船后若干天付款(通常以提单日期作为装船日期)。它不像承兑信用证那样,有汇票承兑的过程。这类信用证下的单据,如出口地银行愿意即期议付,那完全是议付银行对出口商的一种贷款行为。

(三) 议付信用证

议付信用证有以下4个特点。
(1) 要求受益人开立汇票。
(2) 汇票的付款人一般为开证申请人或开证行以外的其他人。
(3) 汇票可以是即期的,也可以是远期的。
(4) 信用证指定议付行同意由出口地任何银行议付(即公开议付),如出口地银行不愿议付,开证行负责付款;如由开证行付款,开证行对出票人或善意持票人无追索权。

这类信用证一般都使用进口地货币或第三国货币。如为第三国货币,开证行规定议付行议付后,可向另一个由开证行指定的偿付行(reimbursing bank)取得偿付。在索取偿付时,议付行无须向偿付行提供单证相符的证明。如偿付行不对议付行进行偿付,开证行应负责偿付,并赔偿议付行未能于第一次提示即取得偿付而承担的利息损失。

有的议付信用证上要求受益人提供的汇票虽为远期的,但证上索偿条款却规定议付行于议付后可立即向偿付行取得偿付。这类信用证应仍视同为即期信用证,汇票上的期限乃系开证行与开证申请人之间的约定。

一般信用证,除非有特别规定,以开证金额作为受益人能使用的最高额度,不论一次装运或分批装运,其累计金额超过此额度后,开证行即不负责任。

四、可转让信用证与不可转让信用证

(一) 可转让信用证

可转让信用证(transferable credit)是指开证行授权可使用信用证的银行(通知行)在受益人的要求下,可将信用证的全部或一部分转让给一个或数个第三者,即第二受益人(Second beneficiary)的信用证。第二受益人也称受让人(Transferee)。信用证经转让后,即由第二受益人办理交货,但原证的受益人,即第一受益人,仍需负责买卖合同上卖方的责任。

(二) 不可转让信用证

不可转让信用证(non-transferable credit)是指受益人不能将信用证的权利转让给他人的信用证。

所有信用证,凡未明确表明为可转让者,都为不可转让信用证。凡信用证上明确表明为可转让者,属转让信用证。如信用证出现"可分割(divisible)""可分离(fractionable)""可过户(assignable)""可转移(transmissible)"等字样时,并不意味"可转让"含义。一旦使用这些词语,可以不予理会。

信用证并非流通工具,它不能像汇票或支票那样通过背书后可以转让。就开证行来说,信用证能否转让对它的影响不大,它只凭符合信用证条款的单据付款,而无须过问由谁提示单据。但对进口商来说,成交的货物是由原签约的出口商还是由其他人装运,有很大的差别。进口商对签约的出口商比较了解,坚持成交的货物应由他发货、装运和交单是有非常充足理由的。但是为了便于对外贸易的进行,信用证有时又非转让不可,一般说来大致有以下2种情况。

(1) 进口商委托中间商采购商品,中间商转向出口地的供货人订购由供货人直接装运。为了保持商业秘密,中间商不愿进口商直接开证给供货人,因为这样做不仅泄漏了他的贸易关系,而且也暴露了他的实际利润。如果进口商把信用证开给他,由他再向银行申请转开,则既增加费用,又必须垫付押金。因此,他要求进口商开给他的信用证上加上转让条款,在收到信用证后,他只要付出少量转让费后即可转让给实际供货人。

(2) 大公司接受了国外大宗订货,打算由其分散在各口岸的分号或联号来分头交货。在成交时,要求进口商开立可转让信用证,以便分配在各口岸出运。

可转让信用证须由第一受益人填具转让书(letter of transfer),支付转让费。在第一受益人的要求下,可受理该证的银行(议付行、付款行、保兑行)可以重新缮打信用证。在转让证内,转让行可将总金额、单价、装运期、有效期减少或缩短,保险加保比例可以增加,也可以第一受益人代替原证的开证申请人。除此之外,转让证内容必须与原证条款相同,不能变动,转让行对转让证所负的责任与原证相同,不因转让了信用证而有所改变。第二受益人在货物装船出口后,应按转让证条款规定开发汇票制作单据,连同转让书交受理行(即转证行)。转证行应照汇票金额议付,将票款付给第二受益人,同时通知第一受益人,按照原证开发汇票、发票,以调换第二受益人交来的汇票、发票,并将两张汇票之间的差额付给第一受益人,此即第一受益人所赚得的利润。议付行或付款行议付后,将第一受益人开具的汇票、发票及第二受益人提供的其他单据,一并寄交开证行向其索汇。如第一受益人在被迫通知替换发票而未照办时,付款行或议付行有权把所收到的单据,包括第二受益人的发票,寄送开证行而不再对第一受益人负责。

可转让信用证只限转让一次。第二受益人不得作再次转让。"信用证不禁止分批装运,可转让信用证得分别按数部分办理转让(总和不得超过信用证金额),该转让的总和将被认为只构成信用证的一次转让(《UCP 600》第 54 条第(h)款)。"

除非信用证另有特殊规定外,可转让信用证的第一受益人可将该信用证转让给本国或另一国的第二受益人,第一受益人有权要求在承受信用证转让的第二受益人所在地以及在原信用证规定的有效期限内,对第二受益人付款或议付。

不可撤销可转让信用证项下的修改必须经第一受益人和第二受益人都同意后才能成立。

在我国,以总公司为受益人的信用证,一般下达给口岸分公司装船交单。这也是转让,但其性质与国际上通行的转让不同,这是在同一受益人内部委办任务。如信用证未列明为可转让,仍用总公司的名义制单开立汇票,如为可转让信用证,可用口岸公司名义交单议付。

五、对开信用证与对背信用证

(一) 对开信用证

对开信用证(reciprocal credit)是用于两批不同的商品的换货或易货。一国的出口商向另一国的进口商输出商品,同时又向他购进另一笔货物,这样可把一张出口信用证和一张进口信用证挂起钩来,使其相互联系,互为条件,这种做法称为对开信用证。对开信用证的性质是一张信用证的受益人(出口商)和开证申请人(进口商),同时又是第二张信用证(回头证)的开证申请人和受益人。第一张信用证的通知行往往(虽然并不绝对如此)是第二张信用证的开证行。第一证和回头证通常金额相等或大体相等。两证可同时互开,也可分别先后开立。如果出口信用证先开,进口信用证上一般加列如下的条款以表示两者之间的联系:

"This is a reciprocal Credit against ＿＿ Credit No.＿＿＿ Favouring ＿＿ Covering ＿＿＿."使用对开信用证的目的在于以出口保证进口,或以进口保证出口。这两张信用证如何生效是对开信用证中最重要的问题,对开信用证生效的方法有以下两种。

(1) 进出口信用证同时生效。如进口信用证先开,暂不生效,须等对方开来出口信用证,经受益人接受并通知对方银行后,进口信用证才生效。

(2) 进出口信用证分别生效。如进口信用证先开,可先生效,但证上规定对方受益人交单和要求议付时应附保函,保证在议付若干天内按合约规定开出出口信用证。这需要出口双方有一定的信任,才能使用分别生效的方式。对开信用证一般用于易货贸易、来料加工和补偿贸易等。

(二) 对背信用证

对背信用证(back to back credit)是种从属信用证,这种信用证是受益人把开证行开给他的信用证用作支持其往来银行开给其供货商的另一信用证(从属信用证)。一笔交易经中间商成交,但进口商在信用证上不愿加列可转让条款时,往往使用对背信用证。中间商收到进口商开来的信用证后,要求该证的原通知行或其往来银行,以原证为根据,另开一张内容近似的新证给供货商。这一另开的信用证称为对背信用证。

对背信用证与可转让信用证十分相似,但在性质上两者又有很大的不同。

对背信用证是以另一张信用证(即原证)为基础、以原受益人为开证人,由原通知行或其他银行为开证行向另一受益人开出的新信用证。新证开立时,原证仍有效,由开立对背信用证的银行受益人保管,但是对背信用证的开证行与新受益人完全是一笔新的单独的业务关系,由对背信用证开证行对新受益人负责付款。新受益人可能根本不知道是对背信用证,信用证表面也不注明是对背信用证,只有中间的一环,即原受益人以及新开证银行了解这一事实。原证开证银行、原进口商和新受益人则可能都不了解,并不管此对背开证,原证开证银行和原进口商与新证毫无关系,新受益人与原证也不发生关系。也就是说,对背信用证有两个独立的开证行分别对各自的受益人负责。相反,可转让信用证的转让虽然也是受益人主动要求受理行办理转让,但必须首先由开证行在信用证内明确其可转让性质,而且由原开证行而不是办理转让手续的银行对新受理人(第二受益人)负责付款。即,可转让信用证项下只有一个开证行,该开证行对第一和第二受益人负责。归纳起来,两者的区别如下。

(1) 可转让信用证是一笔信用证业务的延伸,该信用证的开证行只有一个,且对第一和第二受益人负责;而对背信用证虽以另一张信用证为基础,但它仍是一笔独立的信用证业务,它有两个独立的开证行,分别对各自的受益人负责。

(2) 可转让信用证转让出去的内容受《UCP 600》第 38 条的约束,而对背信用证并无这样的约束。

(3) 可转让信用证只有一次交单(如果是一次装运),第一受益人只有调换汇票和发票的权利,而对背信用证下有两笔独立的交单和议付。

可转让信用证必须明确表明可转让后,银行才能转让;而对背信用证则在任何情况下,只要银行同意,都可以一证为基础,开出另一张信用证。

六、循环信用证与非循环信用证

循环信用证(revolving credit)和非循环信用证(nonrevolving credit)是根据信用证金额能使用的次数来分的。

一般信用证,除非有特别规定,以开证金额作为受益人能使用的最高额度。不论一次装运或分批装运,其累计金额超过此额度后,开证行即不负责任。有时进出口商签订的合同,往往需要在较长时期内分批完成,进口商为了节省开证手续和押金,要求开立循环信用证。它的特点是信用证的金额被出口商全部或部分使用后,能恢复到原金额且循环多次使用,直到信用证达到规定的次数、时间或金额为止。

循环信用证可按时间和金额循环方式的不同分为两类。

(一) 时间循环信用证

这是指按信用证能够使用的时间来循环(revolving around time)的信用证。此信用证上规定受益人每隔多少时间(如每隔一个月或每隔一季度)可循环使用信用证上规定的金额。例如,开证金额为￥15 000.00,规定每个月内支用的金额不能超过此额度,可循环使用的时间为 6 个月。每月月初信用证即自动恢复至原金额,但总额不超过￥15 000.00。其未用的金额能够至下一次累积使用的,称为累积循环信用证(cumulative revolving credit);不能够至下次累积使用的,称为非累积循环信用证(non-cumulative revolving credit)。

(二) 金额循环信用证

这是指按信用证能够使用的金额来循环(revolving around value)的信用证。此信用证被支用后,能自动恢复到原金额;或经开证行通知后,可恢复到原金额;或交单后若干天内如未接到中止通知,可恢复到原金额。

循环信用证因需长期使用,议付行议付后应特别注意做好信用证的背批。

七、预支信用证

预支信用证(anticipatory credit)是特殊种类的信用证。这是一类允许出口商在装货交单前可以支取全部或部分货款的信用证。其目的是通过预付来帮助卖方支付货款,以取得他所需要的货物。在这种情况下,由申请开证的进口商要求开证行在信用证上加列条款,授权出口地的通知行或保兑行在交单以前,向出口商预先自行垫付全部或部分金额的款项,等出口商交单议付时,出口地银行再从议付金额中扣还预先垫款本息,将金额付给出口商。倘若出口商届时不能装货、交单,出口地银行可向开证行提出还款要求,开证行保证立即偿还出口地银行的垫款本息,然后向开证申请人索要此款。开证行在信用证上加列的上述条款,通常是用红字打成,以资醒目,故此种信用证又称"红条款信用证"(red clause credit)。红条款信用证比较多地在向澳大利亚、新西兰及南非购买羊毛交易时使用。

第三节 信用证的流转程序

一笔信用证业务从发生到终结大体上要经过六个主要环节:进口商申请开证、进口方银行开证、出口方银行通知信用证、出口方银行议付信用证、进口方银行偿付或付款、进口商赎单提货。

一、进口商申请开证(Application for Credit)

进口商在与出口商签订买卖合约后,应根据合约条款,在合约规定的期限内,向银行申请开立信用证。开证银行一般是进口商往来行或对其资信比较了解的银行,它应和出口地的银行有一定的代理或往来关系。

申请开证时,进口商应填写一份开证申请书(application to open a documentary credit)。开证申请书内容包括以下 2 个部分。

第一部分是要求开证行在开立的信用证中所必须包括的基本内容,亦是开证行开证的主要依据。这些内容如下。

(1) 受益人(即卖方,出口商)的名称地址。
(2) 信用证的货币金额以及有无增减幅度。
(3) 信用证的类型与种类,即是否为可撤销和不可撤销等。
(4) 汇票的期限及付款人。
(5) 货物简要名称、数量、单价、包装,以及数量有无伸缩。
(6) 价格条件(CIF、CFR 或 FOB,其中有关运费、保险费及佣金等如何规定)。
(7) 所需单据种类名称、份数,以及该由谁制发,做谁抬头。
(8) 货物装卸地点。
(9) 运输方式(陆运、海运、空运或联运)。
(10) 可否转运、可否分批。
(11) 最迟装货期。
(12) 信用证有效期、到期地点,以及交单期限。

（13）信用证用何种方式通知、递送。

第二部分是进口商对开证行的声明或保证。进口商应承担的责任大致可归纳为以下4点。

（1）进口商承认开证行在进口商付款赎单以前，对信用证下的单据及他所缴纳的押金、押品拥有抵押权（pledge）或留置权（under lien of）。必要时开证行可任意处理以抵偿开证行在信用证下所作的付款，如有不足之数，仍由进口商负责。

（2）进口商承认开证行及其代理行有权接受"表面上合格的单据"（documents appear on their face to be in order）。银行对单据的有效性（validity）、完整性（regularity）和正确性（correctness）概不负责，银行亦不因为接受伪造或有虚假陈述的单据而影响其取得偿付（reimbursement）的权利。

（3）进口商保证在单据到达后，或银行承兑的汇票到期前，如期备款赎单。在单据到达前，如开证行认为有必要追加押金时，进口商有义务同意开证行的要求。进口商同意付清开证行及其代理行所收的一切手续费（commission）和其他费用（other expenses）。

（4）在信用证业务中，所有单据、信函、文件和电信在传递过程中的遗失（loss）、受损（damage）或延迟（delay），若非由于银行直接的疏忽或失职（negligence or default），银行概不负责。

上述对申请人责任的规定，主要是为了保障银行的利益和分清开证行与开证申请人的责任。目前，我们国内银行开证时，在申请书内规定：进口公司在单证表面相符的条件下，要负责对外付款或承兑，并在接到信用证规定的全套单据日起 7 个工作日内，通知银行办理对外付款或承兑。如因单证不符拒绝付款或承兑时，则应在 3 个工作日内，将全套单据如数退回银行，并注明拒付理由。

银行在收到进口商送来的申请书时，应对申请书进行审核。审核内容是注意所填各类项是否完备无误，有无遗漏矛盾的地方。例如，在 FOB 的价格条件下，应注意运费、保险费由买方负担，并注意申请人有无取得总保单（open policy），以及信用证内有无要求发货人应于发货时发出装船通知（shipment advice），以使申请人及时投保。又如货物数量与单价是否有误，两者相乘是否与信用证的总金额相符。申请书内所填的商品名称与规格应力求简单明了，对单据的要求也应合理。

银行开出信用证，是银行对进口商的一种授信行为，是资金融通的一种方式。因此，银行为了保障自身的资金安全，都要采取一定的措施。这些措施包括：对客户资信的调查，以及要求客户于开证时提供一定的担保品或开证金额若干比例的押金（margin）。是否要缴纳押金或押品，其数额为多少，应视进口商的资信和他和开证行的往来关系而定。国外银行对于经常有往来的客户，一般采取授信额度方式。银行在决定额度时，首先要审查客户的资信、经营能力及作风、财务状况、商品市况趋势，以此决定授信额度的多少、时间的长短；如开证超过额度，则收取押金。

我国银行对于开证常根据客户的不同情况，收取人民币保证金或其他担保。

开证申请书是开证行和申请人之间的契约行为。开证行以收取手续费和对信用证下单据的抵押权为对价而承担了第一性的付款义务。

但开证行在开立信用证时，如有下述情况不负责任。

（1）为执行开证申请人的指示，银行代开证申请人利用另一银行的服务，其一切风险由开证申请人承担。

(2) 银行所发出的指示如未被执行,即使本执行指示的另一银行为前者主动选定者,银行不予负责。

(3) 开证申请人应对由于外国法律和惯例加于银行的一切义务和责任,负损失赔偿之责。

二、进口方银行开立信用证(Issuance of Credit)

开证行开立信用证时,必须严格按照开证申请书的要求开立,否则可能构成违约行为。信用证的受证人(addressee)有2种:一种以出口商为受证人,可以由申请人或开证行直接寄给受证人(这种方式实际上很少采用,因为出口商无法知道进口商或开证行寄来的信用证是真是假,仍然需要出口地的银行鉴定后才能接受),也可以由开证行委托其出口地的代理行把信用证转递(transmit)给出口商。另一种是以开证行在出口地的代理行为受证人,采用这种方式,只能由开证行通过其代理行通知(advise,notify)出口商。如果出口地银行把原证转递给出口商,它就是转递行(transmitting bank)。如根据进口地来证内容另行缮打通知者,它就是通知行(advising bank)。在算收手续费时两者有所区别:转递费按件算收,通知费按开证金额根据规定的费率算收。

开证方法有信开证、全电开证和简电开证3种,根据开证申请人的要求选择。

凡由开证行或申请人把信用证直接通知出口商者,只能用航邮把正本寄送给出口商(信开证)而经出口地银行通知者,除航邮外,尚可用电报或电传(telex)通知,并在电文上加上密押作为通知证实电文之用。

如系全电开证,应将信用证的全部内容列明。根据《UCP 600》相关条款的规定,通知行收到电开信用证(全电)后,应即作为有效的信用文件,开证行不必再把该信用证正本寄给通知行,除非在电文中说明"详细内容后告"(Details to Follow),或说明通知行必须收到其航邮正本时方能生效。在这种情况下,开证行必须通过该通知行把信用证正本送交受益人。

如系简电开证,则需将信用证的要点以简要电文经过通知行转达受益人,其所起的作用仅是告知受益人买方已按合同开出信用证,请受益人备货发运。受益人收到此项简电后不能凭以向议付行要求议付单据。

在开立信用证时,应明确3个关系。即信用证与合同的关系,开证行与开证申请人的关系,以及单据与货物的关系。信用证虽然以合同内容为依据,但信用证在开立以后即成为一个独立的保证支付承诺,凡是合同内需要在信用证上明确的条款,都应当在信用证上明确列明,而不能使用"参阅合同××条款"等字样;即使信用证中包含有关合约的任何援引,银行也与该合约无关,并不受其约束。信用证内容及条款务求完备、具体、明确。

开立信用证时,申请人应交开证费,期限由开证日起算,全部费用在开证时收取。在国外,银行之间有约定,并有统一的收费率表,但并不排斥按情况加以增减。除开证手续费外,还有邮电费等,一般系按实计收。修改费由申请人负担。我国银行的做法是,开证时,收1‰—1.5‰的人民币开证费;结汇时,收2‰结汇手续费;修改费每笔收人民币10元。并一次收取外币通知费 US$10.00,以备付国外通知行向我收取的通知费。上述费用,一般均于开证时收取。

信用证开出后,有时由于出口商、进口商、银行方面的原因,信用证还得修改。信用证修改的原因,大多数出于受益人(出口商)的要求。常见的是信用证与合约不符,或者某些条款受益人认为无法办到,有的由于政治、经济上的原因,不能按照来证条款的规定办理。出于进口商方面要求的,一般来说,主要是由于进口地或国际上某种情况的变化必须修改方能进口。

在不可撤销信用证情况下,任何一方对信用证的修改都必须经过各当事人的同意,特别是受益人的同意,方能生效。当修改项目不止一项时,则必须全部项目接受,否则必须全部项目退回,不能只接受其中一项而拒绝其他各项。至于修改的途径与做法,则不论修改出自何方,一律都要求按照信用证原来的寄递途径。例如由出口方提出时,应请进口方转向开证银行申请修改,再由开证行转通知行通知受益人。如果是由进口方提出修改,则也应进口方向开证行申请,然后也经开证行通过通知行通知受益人。

案例 6-2

案情:

某日,上海大众食品公司出口黑龙江大豆 5 000 吨至朝鲜,双方约定采用信用证方式结算。于是,朝鲜客商要求朝鲜外贸银行开出不可撤销信用证一份,该不可撤销信用证的受益人为上海大众食品公司,开证申请人为朝鲜客商,开证行为朝鲜外贸银行,议付行则为上海大同银行。信用证的有效期为 2004 年 5 月 30 日,货物的装运期为 2004 年 5 月 15 日。

2004 年 4 月,朝鲜客商通过朝鲜外贸银行发来修改电一份,要求货物分两批分别于 5 月 15 日、30 日出运,信用证的有效期展延至 6 月 15 日。上海大同银行在第一时间将信用证修改通知了受益人。

5 月 30 日,上海大众食品公司将 5 000 吨黑龙江大豆装船出运,在备齐了所有信用证所要求的单据后,于 6 月 3 日向上海大同银行要求议付。上海大同银行审单后拒绝对其付款。

分析:

这是一起典型的信用证修改案例。本例中信用证的修改通知了受益人,而受益人没有明确表明接受或拒绝,在此情况下,若其按旧证内容办理,我们认为他拒绝了修改,若按新证内容办理,我们则认为他接受了修改。本例的情形显然是上海大众食品公司接受了信用证的修改。由于该信用证的修改项目有三项:分批装运、装运期、有效期。既然上海大众食品公司接受了信用证的修改,它就必须全盘接受,而不能接受部分、拒绝部分。因此,上海大众食品公司接受装运期和有效期而拒绝分批装运的做法不符合规定,议付行的拒付完全正确。

启示:

在不可撤销信用证情况下,任何方对信用证的修改,都必须经过各当事人的同意,特别是受益人的同意,方能生效。当修改项目不止一项时,则必须全部项目接受,否则必须全部项目退回,不能只接受其中一项,而拒绝其他各项。

三、出口方银行通知信用证(Advice of Credit)

当出口方收到开证行开来的信用证时,应首先由出口方银行鉴定信用证的真实性,审核信用证条款。审证的目的在于决定来证能否接受和是否需要修改,一张信用证能否接受,或是否修改,主要取决于以下4个条件。

(1) 证内有无政治上对我歧视,或我国不能接受的条款,开证行资信是否可靠。

(2) 对安全、迅速收汇是否有影响。

(3) 对同我国签有贸易、支付协定的国家的来证,其内容是否与协定的精神有矛盾。

(4) 证内所要求的各项条件和对单据的要求等是否与销售合同一致,以及我们在实际执行中有无困难。

一张信用证往往包括很多方面的内容。银行在审证时,主要对以下9个方面进行审核。

(1) 审核开证行。主要审核开证行的政治态度和资信情况。

(2) 审核有关受益人规定。注意受益人名称、地址是否相符。

(3) 审核信用证种类。是否可撤销、可转让、可循环、可保兑。

(4) 审核装运货物与金额是否相符。

(5) 审核单据的要求。对证内要求交付的各种单据的种类和份数是否能做到。

(6) 审核装运期与有效期。注意信用证规定的是最早装货期还是最迟装运期,在规定最迟装运期的情况下,如果来证的装运期太近无法按时备货装运,应及时要求客商展期。如果有效期的到期地点注明在国外,应要求对方改为在国内有效。

(7) 审核运输和保险条款。对于运输条款,应审核装运港、目的港、是否允许分运和转运,以及选港费、港口拥挤费由谁负担。保险条款应注意由谁投保、投保的险别、保险金额幅度、赔付地点、使用的货币等问题。

(8) 审核信用证的责任条款。查看一下有无开证行保证付款的声明。应删除开证行为减轻其应负的责任而附加的各种"保留"或"限制"条款。

(9) 审核其他条款。严格审核"特别条款",留意是否有歧视条款和不能办到的特殊要求。

信用证审核的结论通常有3种情况:一是属于可以接受的;二是属于经过修改后可以接受的;三是不能接受的。

如系可以接受的,则通知行根据信用证的要求,把信用证的内容通知或转递给出口商。能享受信用证所赋予的权益,并凭以发货装运,以及交单取款的人称为受益人(beneficiary)。他一般就是销售合约的卖方或出口商。信用证通知受益人后,如受益人对开证行的资信不了解,或认为它的资信、经营作风不佳,可以要求开证行另找一家受益人所满意的银行加具保兑(to add confirmation)。保兑行通常是出口地的通知行,或另一家信誉卓著的银行,它对受益人承担与开证行同样的责任。有的信用证的开证行主动要求通知行加保兑,则通知行就兼具保兑行的身份。

出口商收到并接受通知行通知的信用证后,应立即备货刷唛、订仓、办理检验和报关手续,并在信用证规定的装运期限内,和按照信用证规定的装运方式,把货物装上运输工具,并缮制和取得信用证所规定的装运单据,连同签发的汇票和信用证正本、修改通知书送交。

(1) 信用证规定的议付行或付款行。

(2) 保兑信用证的保兑行。

（3）任何愿意议付信用证下单据的银行。

以上3种规定，应视信用证的规定和出口商与出口地银行的往来情况而定。

四、出口方银行议付信用证(Negotiation of Credit)

出口方银行收到出口商交来的单据，必须进行仔细的审核，然后决定是否议付。银行必须合理谨慎地审核一切单据，以确定其表面上是否与信用证条款相符。各种单据如表面上有互不一致的地方，即作为单据表面不符合信用证条款论。

审核单据不是指确定所有单据在一切方面都与信用证规定相符，而只是确定在表面上单据与信用证规定相符，银行对下述情况不负责任。

（1）银行对任何单据的形式、完整性、正确性、真实性或法律效力，以及对单据中所载或所附加的一般或特殊条文概不负责。

（2）银行对单据上有关货物的叙述、数量、重量、品质、状况、包装、交付、价值或货物的存在与否概不负责。

（3）银行对货物发运人、承运人、保险人或其他任何人的可靠性，他们已采取的行动或没有采取的行为、清偿能力、作风和资信情况概不负责。

此外，所谓单证相符包括"单内相符、单单相符、单证相符"三方面的意义。首先是单据在表面上应与信用证规定相符，即信用证上所规定的，都应在有关单据上得到反映，而单据上说明的情况和事实不能与信用证规定的相抵触。其次，单据和单据之间应该一致。例如，重量单上声明货50件而提单上表明为60件，明显不符。保险单日期在提单日期以后，均作为单证不符。另外，在信用证上未作规定者，单据的缮制和提示遵循国际上公认的准则和统一惯例的规定。例如信用证对提单签发后应在几天内交单未作规定者，一般应掌握在21天，货物数量前有"大约"的幅度时，出运的数量如超过信用证上规定的数量的10%时，亦应作为单证不符。

审核单据是一项非常复杂细致的工作，《UCP 600》对单据的掌握和名词的解释作了一些规定，我们将在以后有关章节中，作进一步的叙述。

议付行审核单据，如认为单证相符，即可议付(negotiate)。信用证下议付行议付单据包含两重意义：通过议付，汇票以及所有单据的所有权转让于议付行，议付行则以其自有资金按照票面金额扣除各项费用后，垫付给受益人。所以议付实际上是银行的购票行为(purchase of bills)，亦是银行对受益人融通资金的一种方式。在有汇票的情况下，银行成为汇票的正当持票人，或付对价持票人，银行议付单据后，应在信用证背面批注议付日期和议付金额，然后根据信用证的要求，将全套单据一次或分批寄出，并根据信用证规定的办法，向开证行、付款行或偿付行以航邮或电报索汇。

议付行如发现单证不符，可采取下述措施。

（1）将单据退给受益人修改。

（2）接受受益人的保函(indemnity)并议付。

（3）接受受益人往来银行的保函后议付。

（4）发电开证行要求授权付款。

（5）按托收办理。

（6）如单证只是轻微不符，而根据以往经验无拒付危险时，可照样议付，但需向开证行说明。

（7）单据退回受益人，由其通过其他银行处理。

在单据方面一般常见的不符处有下述 26 种。

(1) 信用证过期(credit expired)。

(2) 装运过期(late shipment)。

(3) 提单不洁净(claused bill of lading)。

(4) 不在装运单据发出后规定的期限内交单(presentation after permitted time from date of issuance of shipping documents)。

(5) 短装(short shipment)。

(6) 超支(credit amount excessed)。

(7) 保险不足额(under insured)。

(8) 发票上对货物的描述与信用证不同(description of goods on invoice differs from that of the credit)。

(9) 唛头和号数在单据之间不同(marks and numbers differ between documents)。

(10) 货装舱面(goods shipped on deck)。

(11) 提单、保险凭证或汇票背书不正确(bills of Lading, insurance documents, bill of exchange not endorsed correctly)。

(12) 缺少信用证要求的单据(absence of documents called for under the credit)。

(13) 提示的保险凭证次于信用证所要求的级别(insurance document of lower order presented than required by the credit)。

(14) 单据之间重量不一致(weight differ between documents)。

(15) 提单的类别不能接受(class of bill of lading not acceptable, e. g. charter party, house bills)。

(16) 保险单上的货币不是信用证所规定的(insurance cover experssed in currency other than that of credt)。

(17) 提示的单据上缺少必要的签字(absence signatures, where required, on documents presented)。

(18) 汇票付款人有误(bills of exchange drawn on the wrong party)。

(19) 汇票上的付款日期不肯定(bills of exchange drawn payable on an indeterminable date)。

(20) 投保险别少于信用证所规定的(insurance risks covered less than those specified in the credit)。

(21) 信用证是 CFR 或 CIF 价格条件,但装运单据上无"运费付讫"批注(absence of "freight paid" statement on bills of lading where the credit covers a CFR or CIF shipment)。

(22) 启运港和目的港与信用证规定不符(shipment made between ports other than those stated in the credit)。

(23) 保险单日期迟于装运单日期(insurance dated later than the date on the document of movement)。

(24) 无"已装船"的证明(no evidence of goods actually "shipped on board")。

(25) 发票金额和汇票金额不一致(the amounts shown in the invoice and bill of exchanged fer)。

(26) 单单不符(documents inconsistent with each other)。

经审单,若单证相符,出口方银行根据信用证上规定的偿付条款,向有关方索汇。信用证下偿付条款通常有以下 4 种。

(1) 单到付款。议付行向开证行寄单、索汇,开证行审单无误后才付款,亦即开证行见单付款。一般的偿付条款措辞如下。

Upon receipt of the documents in compliance with credit terms, we shall credit your account with us/remit the proceeds to the bank named by you.

(2) 向偿付行索汇。有些信用证指定了第三家银行代为偿付,这家银行即为偿付行。偿付行一般设在开证货币的发行国。信用证议付后,议付行在向开证行寄单的同时,可向偿付行索汇。偿付条款一般表述为:

In reimbursement of your negotiation under this credit, please draw on our account with the ××× bank (Reimbursing bank).

(3) 主动借记。开证行(或其保兑行)在议付银行开有账户,信用证规定议付后可立即借记其账户。这种偿付条款称为"主动借记"。在我国的出口信用证中,以人民币及美元为开证货币的信用证,可能有这种偿付办法。它的措辞一般为:

Please debit our RMB account with your H.O., Beijing under advice to us.

这种信用证议付当日即可从开证行账户中取得款项,对出口方银行极有利。

(4) 授权借记。开证行在议付行处开有账户,议付行只有在开证行收到正确单据并授权其借记时,即开证行将"请借记通知书"(贷记报单)寄至议付行,议付行才能借记开证行之账。授权借记的偿付条款如下:

Upon receipt of the shipping documents in compliance with the terms of L/C, we shall authorize Bank of China H.O. Beijing to debit our account with them.

出口方银行必须正确理解索汇指示,掌握偿付条款,谙熟账户关系,并且尽可能以最快捷的方法取得偿付。我国银行在这方面也确实创设了不少新的索汇方法,如以电代邮、联邦快邮等。

五、进口方银行接受单据(Documents taken up by issuing bank)

开证行收到单据后,如认为单据表面与信用证条款不符,开证行必须以单据为唯一根据,决定是否向议付行提出未按信用证条款议付的异议。开证行收到表面上不符合信用证条款的单据,如需提出异议,一定要根据单据作出决定,不能为进口商的意见所左右,这是处理信用证业务的一个重要原则。开证行提出异议时,可以拒绝单据(refusal of documents)不付款,或保留付款(payment under reserve),或凭保函付款(payment against indemnity)。在第一种情况下,开证行必须用电报或其他快捷方法通知议付行,并应说明理由。同时,应向议付行申明单据由其暂代保存听候处理,或说明已将单据退回议付行(documents are being held at the disposal of the negotiating bank or being returned thereto)。在第二种情况下,开证行只需在电报中说明保留付款的理由(这样的做法,国外有些议付行不愿接受,它们认为开证行的付款是终结性的,不能有任何保留)。第三种情况一般适用于议付行并不直接向开证行寄单索汇,而是通过议付行的联行或代理行提示单据,开证行发现单证不符,提示行为了早日取得偿付,代表议付行出具保函收款,但这并不排斥议付行自己出立保函向开证行收款。美国银行目前对单证不符的议付,有的要向议付行加收 10—50 美元的手续费以补偿其处理这种单据产生的额外费用。

开证行应在合理时间内审核单据和决定是否提出异议。如果开证行并未在合理时间提出异议,应作为默认单据相符。但是,目前国际银行界对"合理时间"已达成一个特定的可普遍接受的概念,《UCP 600》对"合理时间"的解释为收到单据后的 5 个工作日。

如议付行向开证行提出了单据中的不符点,或告诉开证行为此已凭担保或做保留议付,开证行并不因此而免除其在审核单据方面应尽的义务。因为受益人向议付行所提供的担保,完全是受益人和议付行之间的契约行为,不能延伸作为对开证行的保护。

六、进口商赎单提货(Take Delivery of Goods Against Documents Retired)

证行接受单据后,应立即通知进口商备款赎单。进口商如同意接受单据,应将货款及应付手续费付给开证行。这时,开证行和进口商之间由于开立信用证而形成的契约关系就此终止。如果进口商接受单据但无力赎单,一般可要求开证行同意凭其出立的信托收据(trust receipt)先取得单据凭以提货。所谓信托收据,是立据人(即进口商)承认收到了质押权属于开证行的单据,同意以受托人(trustee)身份提取、储藏和出售有关货物,并保证出售货物所得价款全部无条件地交与开证行。如进口商发现单证不符,亦可拒绝赎单,这时开证行就有可能遭受资金损失。因为在一般情况下,开证行的审单是终局性的,它在收到时如认为单证相符,以后发现有不符(如已过合理时间)很难向议付行进行追索。进口商付款赎单后,即可凭装运单据提货,如发现货物数量、品质、规格等与合约不符,不能向银行提出赔偿要求,只能向责任方,即出口商、轮船公司或保险公司索赔,因为银行只管单据,不管货物。至此,信用证业务流转程序可用图 6-1 表示。

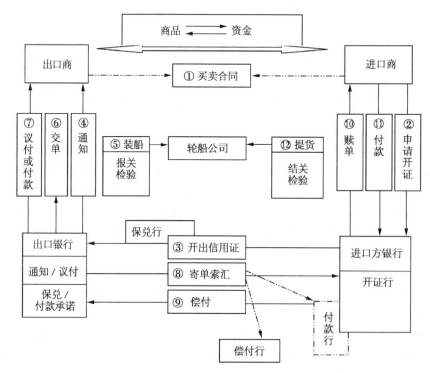

图 6-1 信用证业务流程

第四节　信用证项下主要当事人的法律关系

一、信用证项下主要当事人的权利与义务

每一张信用证至少牵涉3个基本当事人：开证申请人、开证行、受益人。但是为了适应国际贸易的发展需要，在其运转过程中，根据不同情况，又产生了各种派生当事人，如通知行、议付行、付款行和偿付行。当然，不一定每张信用证都牵涉这些当事人，因为通常有的银行处在不同的流转阶段发挥数个不同的职能。例如通知行有时既是保兑行又是议付行，开证行或保兑行本身就是付款行等。这些当事人因为信用证联结着的复杂的关系，构成了他们之间的权利和义务，即信用证下当事人的法律关系。

（一）开证申请人

开证申请人是向银行申请开立信用证的人。开证人一般是进口人（或中间商）。有时开证人又是汇票的付款人。如果买方为开证人，按照合同和信用证的规定，分别有以下的权利和义务。

（1）按照合同的规定，及时向有关银行申请开立与合同规定的内容相一致的信用证。根据贸易合同规定，开证人开出的信用证如与合同有不符之处，在接到受益人的修改通知时，有义务对信用证进行必要的修改。但是，如果受益人提出的修改意见不符合合同的有关规定，开证人没有必须修改的义务。

（2）根据信用证的规定，开证人在接到银行的赎单通知时，应及时到银行履行承兑手续或付款赎单。

（3）开证人在赎单前有权检验单据。如发现单证不符，有权退单拒付。当开证行错误地收下与信用证的规定不符的单据时，开证人也有权拒绝赎单，于信用证期满时收回押金，同时，也可以照样付款赎单。但是，如因开证行接受不符单据而使开证人遭受损失时，开证人可要求开证行赔偿因此而造成的损失；当开证行错误地将符合信用证规定的单据当作不符合规定的单据退单拒付时，开证人有权对开证行提出责问并要求赔偿损失。

（4）开证人在履行了付款义务后，当货物到达目的港时，有权在适当的地点对货物进行检验。如发现货物的品质或数量与信用证的规定不符，而且属于受益人的责任范围时，有权退货或索赔。退货后没有义务将货物重新装船运回给受益人，但可以接受发货人的委托，代发货人装运或处理货物，有关费用和风险由发货人（即委托人）负担。如果开证人在检验货物时发现品质或数量不符合规定，而且又属于运输部门或保险公司的责任范围，在这种情况下，开证人不能将货物退回给受益人，也无权向受益人提出索赔，只应凭保险单和有关检验证书向保险公司或检验机构提出索赔。

（二）受益人

受益人是信用证金额的合法享受人，也就是汇票的出票人。他通常是进出口交易中的

出口商、卖方。受益人的权利、义务如下。

（1）受益人收到信用证时，如发现有与合同不符或不可接受的条款，有权要求开证申请人修改。如果对方不予修改，或修改后与合同不符，足以造成不能接受的情况下，受益人有权在通知开证人后单方面撤销合同，拒绝接受信用证，并提出索赔。

（2）受益人收到信用证或信用证修改通知书后，应在信用证规定的交货期内将货物装上船，并且通知收货人。受益人应严格按照信用证的规定，正确缮制出各种装船单据，并取得有关凭证，在信用证规定的有效期内按时向议付行提示交单。

（3）开证行开出的信用证，如果其中有些条款与销售合同不符而又被受益人接受，并已利用了信用证的部分金额时，这张信用证便视为已被受益人默认，受益人再不能以信用证与合同不符为理由向开证人提出修改或拒不交货。

（4）受益人有凭正确单据取得货款的权利。如遇开证行中途提出片面撤销信用证（除非信用证是可撤销的），受益人有权拒绝接受这种要求，仍可继续装船，备单和交单。如单证相符，开证行不得拒付。如果受益人提交的单据与信用证不符，有权利在有效期内更改单据。

（5）受益人在装船前，如果进口人破产或开证人和开证行一起倒闭，有权将已备妥但尚未装船的货物停止装运。如果货物已装船并在航行中，即使单据已交给开证人，受益人仍有权要求承运人中途停运，即行使停运权（stoppage in transit）。受益人扣留货物后（包括货物装运后的停运后），有权将货物另行出售（resell）。但在另行出售前必须通知进口商要求付款，如进口商在合理时间内未作答复，也没有按原约付款时，受益人才能出售货物。但是，如果货物是易腐品，受益人可不必等候进口商的答复而另行出售。

（6）开证行倒闭后，如果受益人已利用的信用证的货款遭到议付行的追索时，受益人仍有权把单据直接交给开证人要求付款；即使开证人在开证时已把押金预交给倒闭的开证行，并遭受了损失，受益人的这种权利并不受影响。如果开证行倒闭或无理拒付，而受益人已交单而未取得货款，受益人有权要求开证人付款，也可以对开证行提出诉讼。在开证行倒闭时，如果信用证还未被利用，受益人有权要求开证人另行在其他银行重开一张信用证。如果信用证是保兑的，在开证行倒闭时，受益人有权要求保兑行付款。但应在信用证到期日前并向保兑行提示单据。

（三）开证行

开证行一般是进口方的银行，是应开证申请人的要求开立信用证的银行。作为信用证的发出者，他是各当事人的"中心"人物，以信用证为轴心，开证行与各当事人联结着错综复杂的多边关系。开证行的权利和义务如下。

（1）开证行与开证申请人双方的权利和义务是通过开证申请书的内容确定的。因此，开证行接受了开证人的开证申请后，即承担了开证责任和由此而引起的风险，并有权向开证人收取手续费和押金。如果开证行在开证时未收或未收足押金，以后市场情况或开证人的资信发生变化时，开证行有权随时要求开证申请人补交押金，一直到百分之百交足为止。但开证行收取开证人的押金后，不能将押金抵付开证人的其他债务而不开出信用证。

（2）如果开证行没有按照开证申请书的内容开证，亦未经开证人确认，开证人有权拒绝赎单。倘使开证行已经对议付行或代付行单证相符的单据付了款，开证人仍可行使拒绝赎单之权,开证行亦不得向受益人追回货款。

(3) 开证行享有对受益人的错误单据(或对议付行或代付行所收下的错误单据)行使拒付的权利。开证行在亲自见到并检验了单据、对外付了款后,不能对受益人或议付行或代付行行使追索权,更不能因开证人拒绝赎单或以汇票的付款人是开证人为理由改变付款责任或要求退款。因为在一般情况下,开证行的验单是终局性的。但这也不是绝对的,在某些特殊情况下,即当付款足以构成"误付"时,则为例外。所谓"误付",一般是指付错金额、单据未经签署或份数不足等等,而不是单据上的微小不符。在议付行对开证行使用电报索偿方式时,单据到达开证行后如发现与信用证的要求不符,开证行有权追回已付的款项。

(4) 开证行在开出信用证后,不能以开证人无付款能力、未交付押金或手续费、有欺诈行为、骗取开证行开证等作借口,表示对信用证不再负责。

(5) 开证行由于本身的错误而不得不向开证人或受益人赔偿损失时,赔偿的范围只限于跟单汇票或发票的面额加利息和费用,不再负其他责任。

(6) 开证行对邮递过程中遗失、延误的单据不负任何责任。

(四) 通知行(或转递行)

通知行是将开证行开立的、以该行为收件人的信用证或开证电报的内容,另以自己的通知书格式照录全文而通知受益人的银行。转递行是将开证行开立的以受益人为收件人的信用证原件照转给受益人的银行。通知行(或转递行)的权利和义务如下。

(1) 把开证行开来的信用证通知或转递给信用证上指定的受益人。

(2) 证明信用证签章的真实性。

(3) 通知行或转递行无义务对受益人进行议付或代付货款。

(4) 通知行或转递行在履行了通知或转递责任后,有权向开证行收取通知或转递手续费。

(5) 如果通知行接受了担任保兑行的委托后,他便承担了兼任通知行或保兑行的职责,同时也产生了其职责所引起的权利和义务。

(五) 议付行

议付行是根据信用证开证行的公开邀请或特别邀请,并根据受益人的要求,按照信用证的规定对单据进行审核,核实相符后向受益人垫款,并向信用证规定的付款行或偿付行索回所垫付的款项的银行。从开证行的角度来看,议付行只是单纯的执票人或单据持有人。议付行的权利和义务如下。

(1) 在信用证有效期内接受受益人提交的单据并付款。

(2) 议付行如发现受益人交来的单据与信用证的要求不符,有权拒绝议付。

(3) 如果开证行在受益人交单议付前已经倒闭,议付行有权拒绝议付受益人交来的汇票和单据。

(4) 不论开证行因何种原因对议付行拒付,或开证行在议付行议付了汇票和单据后倒闭,议付行均有权向受益人追回货款。

(六) 付款行

付款行是代替开证行履行付款责任的人,它一般是开证行的分支机构或与开证行有业务往来的银行。付款行的权利和义务如下。

(1) 付款行只是代开证行付款,在法律上无必须承担对受益人付款的责任。但是,如果它与开证行签订了代付合同,那么在正常情况下,它应该对受益人所提交的与信用证的要求完全相符的汇票和单据付款。否则,它应对开证行承担违反合约的责任。

(2) 付款行的验单是终局性的,对受益人来说,在这一点上它和开证行的责任完全一样。因此,付款行一旦检验了单据并付了款后,再无权向受益人行使追索权。即使对受益人误付了与信用证的要求不符的单据,并在遭到开证行的拒付的情况下,一般也不能向受益人追索。当付款行对受益人不能行使追索权时,对议付行也同样不能追索。

(3) 付款行有权根据代理合约或代付约定向开证行取得偿付,并收取因为代付而发生的一切费用。

(4) 如果信用证条款含混,付款行有权予以公平地、合理地解释,它的解释对开证行有约束力。

(七) 偿付行

偿付行是开证行为了议付行索汇方便而指定的偿付机构,一般产生于信用证上所使用的货币是进出口两国货币以外的第三国货币时。偿付行不是付款行,它仅是开证行的出纳机构,它不接受单据,不审核单据,与受益人毫无关系。偿付行在收到议付行的索偿要求时,无权要求议付行证明单证相符。

(八) 保兑行

保兑行就是接受开证行的委托要求,对开证行开出的信用证的付款责任以本行的名义实行保付的银行。保兑行的权利和义务如下。

(1) 保兑行承担了保兑责任后,他就是这个信用证的第一付款人,必须对受益人独立负责。

(2) 无论是开证行倒闭,或是保兑行付款后发现单证不符,都无权对受益人拒付或追回票款。

(3) 无论开证行发生什么变化,保兑行均不能片面撤销其保兑责任。

(4) 保兑行在验单时如果发现单证不符有权拒付。

保兑行对受益人不能行使追索权时,对议付行也同样无权追索。

二、信用证项下主要当事人的法律关系

在信用证当事人之间的关系中,开证行作为信用证的开具的,起到各当事人的"中枢"作用。围绕信用证,所涉及的当事人建立起一种多边关系。

(1) 申请人与受益人的关系,通常都以书面形式订立的买卖合同而成立。申请人应根据买卖合同的付款条件,到银行申请开立信用证。

(2) 申请人与开证行的关系,由开证申请书所确定。开证行的开证是以开证申请人所付出一定代价为前提,因此,开证行在接受了申请人的开证申请书后,便承担了在一定条件下必须向受益人付款的责任。

(3) 开证行与受益人的关系,体现在信用证上。当开证行开立信用证通知受益人,并在

证内作了交单的付款承诺后,开证行对受益人就承担了付款的义务;受益人既有履行信用证规定的义务,也有交单收款的权利。

(4) 开证行与通知行的关系,是一种委托代理关系。通知行的代理责任只限于通知信用证和证明它的表面真实性,无议付或代付的义务;如通知行接受或愿意充当议付行,即从议付时开始,才以议付行的身份与开证行打交道。

(5) 通知行与受益人的关系。通知行应合理谨慎地检验信用证的表面真实性,迅速正确地将信用证通知给受益人;如果由于通知行的疏忽造成延误而使受益人遭受损失,受益人可借助合适的民法要求通知行承担责任。

(6) 开证行与代付行的关系。代付行是开证行的付款代理人,代付关系是根据两家银行的代理合同所确定的。

(7) 开证行与议付行的关系。在指定议付和自由议付的情况下两者都是委托代理关系,议付行之所以有权向开证行凭正确单据要求偿付,是因为接受了信用证上开证行负责文句中对议付行的邀请。

(8) 开证行与保兑行的关系,根据代理合同的规定而确定。在没有事先议妥的情况下,保兑行可不理会开证行的加保请求,但保兑行一经允诺,对受益人来说,保兑行与开证行一样,两者都处在同责同权的地位。

(9) 保兑行与受益人的关系。一旦保兑行对信用证加具保兑,它将对受益人承担一项独立的义务。在此,保兑行一方面是作为开证行的代理人,另一方面他又以当事人的身份对受益人负责。如果所交单据与信用证条款一致,它必须承认并支付该信用证规定的金额,并没有追索权。

(10) 议付行与受益人的关系。议付行对受益人享有追索权,如果开证行拒付汇票,或开证行倒闭,议付行有权向受益人要求偿还付款。

本章小结

信用证结算方式是一种以银行信用为基础的结算方式,由银行居间对买卖双方授信,从而有利于国际贸易的发展。跟单信用证的作用概括起来有两点:其一是保证作用,其二是资金融通作用。

信用证是由开证行承担第一性付款责任的书面文件,但开证行履行付款责任是有限度和条件的。信用证同时又是一项独立的、自主性的文件。就其性质而言。信用证是独立于其所基于的销售合同或其他合同以外的交易。即使信用证中含有对此类合同的任何援引,银行也与该合同毫不相关或不受其约束;在信用证业务中,各有关当事人处理的是单据,而不是与单据有关的货物,服务及/或其他行为。

一笔信用证业务从发生到终结大体上要进口商申请开证、进口方银行开证、出口方银行通知信用证、出口方银行议付信用证、进口方银行偿付或付款以及进口商赎单提货这六个主要环节。

信用证就其性质、用途、期限、流通方式以及转让和反复使用的可能性等特点,可分为可撤销与不可撤销信用证;保兑与不保兑信用证;循环与非循环信用证;对背与对开信用证;即期付款、远期、议付信用证;可转让与不可转让信用证;预支信用证。

每一张信用证至少牵涉三个基本当事人:开证申请人,开证行,受益人。但在其运转过程中,根据不同情况,又派生出了其他当事人,如通知行、议付行、付款行和偿付行。在信用证当事人之间的关系中,开证行作为信用证的开具者起到各当事人的"中枢"作用。围绕着信用证,所涉及的当事人建立起一种多边关系。

信用证结算方式仍然是当今国际结算的主要方式之一。

基本概念

1. 跟单信用证:是一种银行在一定条件下承担第一性付款责任的书面承诺。它是进口方银行(开证行)根据进口商(申请人)的申请和要求,向出口商(受益人)开立,凭规定的单据,在一定期限内,支付一定金额的书面保证文件。

2. 不可撤销信用证:指信用证一经开出并经受益人接受后,开证行便承担了按照信用证上所规定的条件履行付款义务的凭证。在信用证有效期内,除非得到信用证有关当事人的同意,开证行不能撤销或修改信用证。

3. 可撤销信用证:指信用证在议付前,可未经受益人同意随意修改或撤销的信用证。

4. 保兑信用证:指一家银行所开的信用证,经由另一家银行加以保证兑付者称为保兑信用证。

5. 可转让信用证:指开证行授权可使用信用证的银行(通知行)在受益人的要求下,可将信用证的全部或一部分转让给一个或数个第三者,即第二受益人的信用证。

6. 循环信用证:指信用证的金额被全部或部分使用后,能恢复到原金额,循环多次使用,直到信用证达到规定的次数、时间或金额为止的信用证。

7. 预支信用证:是一种特殊种类的信用证。是一类允许出口商在装货交单前可以支取全部或部分货款的信用证。

8. 开证申请人:指向银行申请开立信用证的人。

9. 受益人:指信用证金额的合法享受人,也就是汇票的出票人。他通常是进出口交易中的出口商、卖方。

10. 开证行:一般是进口方的银行,是应开证申请人的要求开立信用证的银行。

11. 议付行:是根据信用证开证行的公开邀请或特别邀请,并根据受益人的要求,按照信用证的规定对单据进行审核,核实相符后向受益人垫款,并向信用证规定的付款行或偿付行索回所垫付的款项的银行。

复习思考题

1. 如何理解信用证是由银行承担第一性付款责任的书面文件?开证行付款责任是否是无限的?

2. 试说明买卖合同、货物、单据与信用证之间的关系。

3. 简述信用证业务流转程序。
4. 简述信用证项下各主要当事人的法律关系。
5. 简述对背信用证与可转让信用证的不同点。
6. 预支信用证一般在何种情况下使用?

第七章
银行保函结算方式

📖 【学习目标】
- 掌握银行保函的基本概念
- 了解银行保函适用的国际惯例
- 掌握银行保函的内容和各当事人之间的关系
- 掌握银行保函的业务处理
- 了解银行保函的种类
- 掌握银行保函和跟单信用证的异同

第一节　银行保函概述

一、银行保函的基本概念

银行保函(bank's letter of guarantee，bank guarantee，简称 L/G)又称银行保证书，是指银行作为担保人，应申请人的请求向受益人开立的书面担保文件，保证在申请人未能按双方合同约定履行其责任或义务时，由担保行代其履行一定金额、一定期限范围内的经济赔偿责任。银行保函的本质是以促使申请人履行合同，使交易顺利进行为目的的银行信用。银行保函的基本作用，主要体现在既能保证基础合同项下的货物交易和价款支付，又能保证在违约情况发生时受益人可以得到补偿。依据保函的基本作用，人们既可以用它来充当商务支付手段，又可以将它作为补偿保证工具。在银行担保类业务中，银行保函是最为重要的业务之一。

银行保函的产生源于国际经济贸易往来的增强。随着经济全球化的加快和世界各国交流的日益深入，各国之间的商品、劳务、技术和资金等资源的流动和配置越来越频繁，跨境交易涉及金额巨大，所涉及交易期限较长，交易的内涵和交易方式也日趋多样化。但是在国际经济往来中，由于交易双方往往分处于不同的国家或地区，因此交易伴随着风险性和复杂性；且合同的履行往往取决于交易双方的信誉，交易即使达成也面临较大的履约难度。在这种情况下，交易当事人常常要求第三方作为担保人，以其自身信用和资金实力对合同责任和义务的履行及其他有关事项提供额外的保证，这就产生了对跨国担保业务的需求，保函是其中一种比较普遍的形式。出具保函的第三方，即担保人可以是工商企业、个人、保险公司、银行或其他金融机构，其中由商业银行出具的保函即为银行保函。商业银行凭借其雄厚的资金实力和较高的信誉，成为跨国担保业务的积极参与者。任何一种商务交易中，若一方当事人对另一方的履约能力不信任时，都可以使用银行保函，银行保函因其可靠的信用和灵活、方便的特征得到广泛的应用,成为一种新的国际结算方式。

实务中的银行保函,按照与基础合同的关系以及担保行付款责任的不同,可以分为以下两大类:一类是从属性保函(accessory L/G),或称有条件保函(conditional L/G);另一类是独立性保函(independent L/G),或称无条件保函(unconditional L/G)。最初产生的银行保函是从属性保函,且各国国内的银行保函一般都是从属性保函。这类保函的银行信用是备用性的、第二性的,第一性责任在于申请人,担保行的偿付责任从属于或依附于申请人在基础合同中规定的责任和义务,且随着基础合同的变化而发生变化,因此基础合同与保函是一种主从关系。如果申请人正常履行了合同或被解除了合同项下的义务,则银行也随之被免除了偿付责任,且可赚取担保费。申请人如果违约,受益人应根据保函的规定,先凭基础合同要求申请人承担责任;如果申请人不能承担责任,由担保行向受益人进行赔偿。在从属保函项下,一方面,担保行可以援引申请人的任何抗辩而拒绝付款,因而不利于受益人;另一方面,申请人是否违约往往要根据基础合同的规定以及合同的实际履行情况来进行判断,这往往使得担保行被迫卷入买卖双方的贸易纠纷而进退两难,因而对担保行不利。可见,在从属性保函项下,受益人向担保行索赔并不容易。

从属性保函的上述缺陷限制了其进一步发展和应用。第二次世界大战后独立性保函更加适应国际贸易发展的需要,独立性保函的使用逐渐取代了传统的从属性保函,成为国际担保的主流和趋势。与从属性保函相比,独立性保函最显著的不同之处在于独立性保函根据基础合同开立,但一经开立后其本身的效力并不依附于基础合同。独立性保函一旦开具即独立于基础合同之外,它的付款责任只与保函自身条款以及受益人的索赔要求密切相关,而与基础合同的履行并不必然相关。也就是说,在独立性保函项下,担保行的付款责任是第一性的,即便申请人履行了合同,但只要满足保函规定的偿付条件,担保行就应偿还受益人的合理索赔,因此也称见索即付银行保函。反之,即便申请人没有履行合同,如果受益人提出的索赔要求不符合保函规定的条件,担保行也不会进行偿付。因此,这种类型的银行保函与基础合同是独立的、平行的关系,基础合同与银行保函之间不存在主从关系。

与从属性保函相比,独立性保函有两个方面的优势:一是它避免担保行卷入复杂的合同纠纷,从而损害自身的利益和声誉;二是使受益人的权益更容易实现、更安全有保障,从而避免保函申请人提出不可抗力、无法履行合同等各种原因来对抗索赔请求。但同时应该注意,如果受益人被证实确实存在欺诈行为,担保行可以拒绝赔付。

世界各国对银行保函的认同和接受经历了相当长的一段时间,银行保函真正作为国际贸易中一种有效的担保手段始于20世纪六七十年代,此后银行保函逐渐成为一种被广泛接受的信用工具。但是由于各国对银行保函的立法各不相同,保函纠纷时有发生,在一定程度上阻碍了银行保函业务的顺利开展。因此,迫切需要制定统一的国际担保规则来规范银行保函的运用。正是在这样的背景下,国际商会(ICC)组织专家先后制定了多个与银行保函有关的国际规则。目前,有较大影响的相关银行保函国际惯例主要包括:1978年《合同担保统一规则》(国际商会第325号出版物,简称《URCG325》),它更强调保护申请人的利益,因而不被担保行和受益人所接受;1982年《并立合约保函的标准格式》(国际商会第406号出版物,简称《URCG406》);1992年《见索即付保函统一规则》(国际商会第458号出版物,简称《URDG458》),在实际业务中,注明按照《URDG458》开立的保函并不是很多,因为它缺少一些关于具体操作流程的规定;1993年《合同保函统一规则》(国际商会第524号出版物,简称《URCB524》),它规定受益人在索赔时,必须提供对方违约事实的证明;1998年《国际备用信用证惯例》(国际商会第 590 号出版物,简称《IP98》);2010年《见索即付保函统一规则》(国际商会第 758 号出版物,简称《URDG758》),其中《URDG758》是最新应用的规则,在对《URDG458》进行修改后,《URDG758》坚持保函的独立性原则,突出单据化特征,进一步强调表面相符。国际商会这些担保规范的颁布,不仅为国际担保交易提供了有益的银行保函规则和示范条款,而且构建了一个相对比较完整的规范银行保函的法律体系,从而促进了银行保函的发展及其制度的统一。

二、银行保函的当事人

银行保函业务涉及的主要当事人有申请人(委托人)、担保行和受益人三方。在实际业务中,银行保函还可能涉及通知行(转递行)、保兑行、反担保行以及转开行。

(一) 申请人(Applicant)

申请人,也称委托人(Principal),是申请开立保函的当事人。申请人往往根据合同要求或为提高自己的资信而向银行提出申请,要求银行向受益人开立保函,以银行信用代替或补充其商业信用。申请人的主要责任是严格履行合同中所规定的自己的责任和义务,负担本保函项下的一切费用以及利息;避免因不履行合同,而发生保函项下的索赔;一旦发生索赔,在担保行依据保函规定向受益人赔偿后,申请人应立即偿还担保行的垫付款;在担保行认为必要时,可预支部分或全部担保保证金,或要求申请人提供抵押物或反担保以减少风险。不同种类的银行保函项下,保函的申请人也各不相同,例如在投标保函项下,申请人为投标人;在租赁保函项下,申请人为承租人。

(二) 受益人(Beneficiary)

受益人是指保函项下担保权利的享受者,即接受保函并有权根据保函规定的条款,通过提交索款通知或其他单据向担保行提出索赔的一方。受益人的主要责任和权利是履行合同有关义务;申请人未能履行合同规定的义务或者受益人具备了保函规定的索赔条件时,有权向担保行提出索赔;索赔时应按照保函规定提交符合要求的索赔证明或有关单据。不同种类的银行保函项下,保函的受益人也各不相同,例如在投标保函项下,受益人为招标人;在租赁保函项下,受益人为出租人。

(三) 担保行(Guarantor Bank)

担保行是指接受申请人的委托向受益人开立保函的银行。在保函有效期内,担保行应承担本保函项下的或有负债,在保函有效期满或受益人返还保函正本之前不得解除。担保行的责任是督促申请人履行合同中规定的义务;在收到索赔书和保函中规定的文件,认为这些文件符合保函条件时,应立即支付保函中规定的经济赔偿金额。在出具保函前,担保行应当对担保内容、申请人的资信、履约能力和经营作风进行全面审查,以决定是否出具保函;有权拒绝开立其认为无法承担义务的保函;有权根据保函条件要求申请人提供反担保;有权根据支付金额和风险责任向申请人收取手续费。向受益人付款后,担保行有权向申请人或反担保人索赔。如若申请人不能立即偿还担保行支付的款项,担保行有权处置申请人提交的保证金、抵押物；如果申请人以财产抵押给担保行，担保行应该尤其注意抵押财产的合法性，以及是否在保险公司投保。

(四) 通知行 (Advising Bank)

通知行又称转递行 (Transmitting Bank)，是指接受担保行委托，将保函通知或转交给受益人的银行。一般是位于受益人所在地并与担保行有业务往来的银行，可以减少银行保函业务中的风险。通知行或转递行的责任是：负责审查保函的表面真实性（如检查担保行的密押和印鉴是否真实等），并按照担保行的指示，及时通知或转递表面真实的保函给受益人；若因某种原因不能通知或转递给受益人，应及时通知担保行，以便担保行采取其他相应措施。通知或转递保函后，通知行有权向担保行、申请人或受益人收取相关费用。通知行不承担保函项下的支付，不对保函内容的正确性与真实性负责，也不对保函在邮寄过程中出现的遗失、受损、延迟负责。

(五) 保兑行 (Confirming Bank)

保兑行又称第二担保行，是指根据担保行的要求在保函上加具保兑的银行。通常如果担保行在信誉、资金实力方面较差或所在国外汇紧缺、政治和经济局势不安时，受益人可通过两种方式来保障自己的利益：一是要求由大型国际银行对原保函加具保兑，二是要求本国银行另发行保函。在第一种方式下，接受担保行的要求对保函加具保兑的银行就称为保兑行。保兑行通常为受益人所在地信誉较好的银行。一旦担保行无力按保函规定履行赔付时，保兑行应代其履行赔付义务。保兑行付款后，有权凭担保函及担保行要求其加具保兑的书面指示向担保行索赔。保兑行和担保行共同承担对受益人的连带债务，因此受益人可获得双重担保。当受益人选择第二种方式时，就形成了转开保函，出现反担保行和转开行这两方当事人。

(六) 反担保行 (Counter Guarantor) 和转开行 (Reissuing Bank)

跨国交易中的合同双方当事人通常位于不同的国家或地区，由于对他国或地区的银行不了解与不信任或者由于某些国家或地区在法律上的特殊规定，有些受益人通常只接受本国银行开具的保函。但是申请人直接向受益人所在地的银行申请开立保函，通常是不可能的。因此申请人必须要求本国银行委托其受益人所在地的往来银行向受益人出具保函以保证交易可正常进行，同时作出承诺，如若受托行遭到索赔将立即予以偿付。在这种情况下，处于申请人所在地并接受申请人委托而向受益人所在地银行发出开立保函委托指示的银行就称为反担保行，也称为指示行 (Instructing Bank)，反担保行通常与申请人有经济业务上的往来。转开保函后，受托行则成为新的担保行，也可称为转开行。转开保函可使受益人的境外担保转变为国内担保，如若发生纠纷时受益人可在国内进行索赔。这不仅可以加快索赔进度，还可以使其适用于国内的法律来进行仲裁。在转开保函发生赔付时，受益人可凭转开行开具的保函向其索偿；在对受益人进行赔付之后，转开行可凭反担保协议向反担保行索偿，而反担保行则可向申请人索赔。

三、银行保函的内容

保函的内容即保函的书面条件，它反映了保函当事人在保函项下所承担的责任和义务，且不同的条款强调了担保行在每一项担保类别下面临的不同风险程度的付款承诺。由于不同国家在法律规范以及惯例方面存在差异，以及特定的客户和交易的要求事项也各不相同，因此各类型的保函并无统一格式。但开立保函的原则是一致的，不管是何种类型的保函，其开立应遵循交易合同的规定，必须完整、严谨、公正和明确地体现保函的内容，但要避免过多的细节。银行保函的基本内容主要包括以下8个方面。

（一）保函当事人的名称和地址

保函中明确申请人、受益人、担保行和通知行的完整名称和详细地址十分重要，不仅可以保证保函的完整性和真实性，而且有助于明确各方当事人的权利和义务，便于处理纠纷。其中，受益人的名称和地址是否正确，关系到通知行或转开行是否能及时通知或转开保函；而担保行的名称和地址则涉及法律适用性的问题。

（二）基础合同的主要内容

基础合同是保函的标的物，保函的开立是为了担保申请人履行其在基础合同项下的义务，并且申请人的义务因不同的交易类型而异，因此为了明确担保行的责任范围以及判断双方是否存在违约行为，保函应对交易合同有所体现，包括合同的主要内容、合同或标书的编号、交易货物的名称和数量、工程项目的名称、签约日期、签约双方和有无修改等。

（三）保函的编号、开立日期和种类

保函编号的目的是便于银行的内部管理。通常情况下，保函的开立日期通常即为保函的生效日期，但也可能会晚于开立日期。标明保函开立日期将有助于明确担保行的责任。对于不同性质和用途的保函，必须注明其种类，如付款保函、投标保函。

（四）保函的担保金额和货币名称

保函的担保金额并非确定金额，而是银行担保责任的最高限度，也是受益人的最高索赔金额，因此银行的保函金额必须明确。保函金额可以用具体的金额来表示，也可以用交易合同金额的百分比来表示，金额大小根据保函种类不同而异，大小写要一致、完整，一般还应写明货币名称。如若受益人的保函金额随申请人已履约情况按照比例减少，在保函中需加以说明。

（五）保函的担保期限

保函需规定担保期限，保函的担保期限可看作保函的有效期限，即从保函的生效日期到失效日期。保函的生效日期既可以通过某一特定日期来规定，也可以通过某一生效事件来规定；失效日期亦是如此。如果保函中同时规定了到期日和失效事件，在实际业务中则通常视日期较早者为真正的失效日期。保函的失效日期是受益人提交索赔要求的最后期限，仅在保函有效期内，担保行才对保函负责；保函失效日期以后，担保行的担保责任随之解除，担保行可要求受益人退还并注销保函。因此受益人必须在规定的期限内向担保行提出索赔，否则担保行可以拒绝履行赔付义务。同时，保函期限也是担保行向申请人计收担保费用的依据之一，但保函期限不代表担保行的实际付款日期。保函中明确规定担保期限对担保行

和申请人双方均是有利的。

(六) 保函的担保责任

保函的担保责任涉及银行保函的核心,因此必须明确、详细地予以规定,如在受益人证明申请人违约、提出索赔时,担保行有责任向受益人支付款项,并有权向申请人或反担保行索赔。另外,对于履约条件和交易环境的各种变化的预测,都应在责任条款中加以明确。

(七) 保函的索赔条件和方式

索赔条件即判断申请人违约的条件,是银行保函的主体内容,一般是指受益人在什么条件下可以向担保行索赔,需要提交哪些符合保函规定的单据和文件(如质量鉴定书、检验证书等)来证明申请人违约;申请人对此无法出示反对证据时,即可认定索赔条件成立。另外,担保行的调查意见或者申请人的违约证明也可作为判断是否违约的条件,但最终是否会被采纳,需要视具体情况而决定。担保行应该尤其注意索赔条件的单据化,来防止受益人的恶意索赔,维护自身声誉。索偿方式是指受益人向担保行提出索偿的方式(如电索或信索)和路径(无论是否通过通知行)等。

(八) 保函适用的国际惯例和仲裁条款

这是为了描述该保函适用的国际惯例是《见索即付保函统一规则》,或《合约保函统一规则》。保函还需规定适用于哪一个国家的法律法规或仲裁机构以便处理保函项下的争议,一般情况下保函适用于开立保函的担保行所在地的法律。

除此之外,保函中还可能涉及鉴定条款、自动延展条款、担保责任不变条款、责任连带条款、不可转让条款、修改条款、撤销条款等内容。

附式 7-1 列示了银行保函。

附式 7-1 银 行 保 函

PERFORMANCE GUARANTEE

Guarantee No.: _____

Contract Name: _____
To: _____ (hereinafter called "BUYER")

Whereas _____ (hereinafter called "SELLER") has implemented the contract according to _____, No. _____: (hereinafter called "CONTRACT"): _____.

And whereas you require the SELLER to submit a bank guarantee for the amount specified in the CONTRACT to you through an approved bank, and we agree to issue this irrevocable bank guarantee for the SELLER:

The maximum guarantee amount of this guarantee is RMB (in words) _____ (in figures) _____.

During the guarantee period of this guarantee, after receiving the signature of the BUYER's legal representative or its authorized agent and the written claim notice with official seal, we will pay the claim to the BUYER up to the maximum guaranteed amount of this payment and irrevocablly not with standing any contestation or protest.

We relinquish our right to require you to claim the above amount from the SELLER first and then against the bank.

续表

> We also agree that when the contract conditions, services or contract documents between you and the SELLER are changed or supplemented, the liability of our bank to undertake this guarantee shall not be changed after it is filled or modified, and there is no need to inform us of the above changes, supplements or modifications. The rights under this guarantee are not transferable.
>
> The guarantee period of this guarantee is from _____ to the date when all goods are accepted, but at the latest _____. Any claim for security shall be submitted to the bank before the expiration of the validity period.
>
> This guarantee is governed by the laws of the People's Republic of China.
>
> Guarantor (seal): _____
> Legal representative or authorized agent (word or seal): _____
> Address: _____
> Postal Code: _____
> Tel: _____
> Fax: _____
> Date of issue: _____
>
> (After this guarantee is invalid, please return the original to us for cancellation)

第二节　银行保函的业务流程

银行保函的业务流程一般包括以下几个环节：申请人申请开立保函、担保行审查后开出保函、当事人在必要时进行保函的修改、受益人凭保函索赔、担保行对申请人或反担保人追索、注销保函。

一、申请人申请开立保函

申请人和受益人签订基础合同，约定双方的权利和义务。申请人根据业务需要，请求银行为其出具保函。一般情况下，申请人应经过以下3个程序：书面填写并提交《开立保函申请书》或与担保行签订委托担保协议；提交一定数额的保证金或其他形式的反担保；根据银行的要求，提供保函相关的业务文件和背景资料（如合同副本、标书、有关部门的批文、财产抵押书等）。申请人应该注意提前申请，以预留出银行审查和处理的时间。

开立保函申请书与信用证项下的开证申请书一样，是申请人与担保行之间代表了一定的权责关系的书面契约，也是银行开立保函的法律依据，因此申请人应该认真对待，准确填写。保函申请书的格式一般是由担保行提供的，通常包括以下内容：申请人的名称、地址、电话号码、电传机、业务联系人；申请人的开户行、账号等；受益人的名称、地址；基础合约的合同名称、标号或签约日期等；保函的种类；保函金额和币种；保函有效期等；保函的开立方式；保函的签发手段；申请人希望选用的转交、转开行或加保的国外银行名称及地址；申请人对担保行的承诺，保证担保行对受益人赔偿后，向担保行进行偿付并注明偿付的具体办法；担保行和申请人各自的权利和义务，以及担保行可能的免责事项；申请人希望采用的保函格式；申请人的签字并加盖有效公章；申请书附件的名称及件数等。

银行在收到申请人提交的开立保函申请书以及相关文件后,要对其进行严格的审查,以决定是否受理该申请。

附式 7-2 为开立保函申请书。

附式 7-2　开立保函申请书

APPLICATION FOR ISSUING LETTEROF GUARANTEE

_____ of China Construction Bank Co., Ltd

　　Our company is required by _____ (relevant contract/document No. _____). We hereby apply to your bank for a letter of guarantee ("Letter of Guarantee" or "Stand-By Letter of Credit" for your choice) (hereinafter called "GUARANTEE") issued by your bank.

1. Basic information of our company
   (1) Name: _____
   (2) Address and contact number: _____
   (3) Name of legal representative (person in charge): _____
   (4) Business license number _____
   (5) Basic account opening bank and account number
2. Content of application for guarantee
   (1) Name of beneficiary: _____
   　　Address: _____
   　　Tel: _____
   (2) Type of guarantee: _____
   (3) Guarantee currency and amount (in words): RMB _____
   (4) Guarantee: _____
   (5) Guarantee period: _____
   (6) Applicable law of guarantee: _____
   (7) Teletrasmission credit or mail credit: _____
   (8) Others: _____
3. Notice/delivery of guarantee
   The GUARANTEE will be notified/delivered to the beneficiary in the _____ way as follows:
   (1) Your choice of advising bank;
   (2) To be advised by the following banks: _____
   (3) Delivered directly by your bank to the beneficiary;
   (4) Directly delivered by our company to the beneficiary;
   (5) Other ways _____
4. Transfer of guarantee
   □Does not apply.
   □Please entrust a bank to open it by yourself;
   □The export is transferred from the following banks: _____
5. We agree with your bank to issue the text of L/G in the following form _____:
   Welcome to read
   (1) Follow the text format of your bank, and you can modify it according to the situation.
   (2) Follow the text format provided by our company, but you can modify it according to the situation.
   (3) Follow the text format provided by our company or the beneficiary.
6. Counter guarantee to be provided: _____
7. Accessory materials _____
   (1) Contract
   (2) Form of guarantee
   (3) Others:

续表

> 8. Our company undertakes as follows:
> （1）We will provide relevant materials and information in strict accordance with your bank's requirements, and ensure that the contents stated in this application and the materials and information provided are true, complete, legal and effective.
> （2）Your bank has full discretion to accept our application.
> （3）In case of any inconsistency between the L/G agreement signed by your bank and our company and the contents of this application, the agreement on issuing guarantee shall prevail.
> （4）For the re-issued guarantee, we agree that your bank will issue a counter guarantee to the transferring bank or enter into other agreements or legal arrangements with it. Its form and content, as well as any modification and supplement made by your bank, do not need to be confirmed by our company and your bank does not need to inform us. We unconditionally and irrevocably acknowledge and accept any representation, guarantee or promise made by your bank to the transferring bank.
> （5）Our company agrees to take full responsibility for all losses and legal liabilities incurred by your bank due to issuing or transferring the L/G.
>
> Seal of applicant (official seal):
> Legal representative (person in charge)
> Or authorized agent's signature: _____
> _____ Year _____ Month _____ day

二、担保行审查

签发保函意味着担保行承担了或有负债，将面临偿付的可能。因此，为了保护自身利益，在接到保函申请之后，开立保函之前，担保行往往会对申请人的保函申请书或委托担保协议、保函格式、资信状况、财务状况、经营管理能力或履约能力、抵押物和反担保项、项目可行性及收益性、保函有效期的长短等内容进行严格详细地审查。在此审查基础上，担保行有权决定是否接受申请。

担保行对申请人进行资信调查有助于确认申请人的资产和收入是否合法可靠以及确认申请人履行基础合约项下义务的能力，以便于对未来可能出现的风险进行正确的估计，防患于未然。银行保函一旦开具，则意味着将由担保行对受益人进行赔付；虽然保函项下，赔付发生后，申请人将偿还担保行的垫付款。但是在实际操作中，申请人往往由于资金问题而无法偿还担保行向受益人赔付的款项。因此，要求申请人提供财产抵押和反担保是比较常见的防范措施，也是银行出具保函的基础和前提，从而可保障担保行自身利益不受损害。申请人也可将自己或他人的财产抵押给担保行，此时担保行应对抵押财产进行审查，尤其注意抵押财产（包括动产或不动产）的所有权是否合法、是否在保险公司投保、可转让性以及实际价值等。反担保是以具有经济清偿能力的第三方作为反担保人，向担保行保证，在履行对受益人的担保责任后，如果不能从申请人处获得相应的赔偿，则由反担保人将向担保行进行赔偿。出具反担保的主体必须是具备反担保资格，拥有足够资金的其他银行、非银行金融机构或者具有经济偿还能力和担保能力的经济主体。反担保必须是不可撤销的，其责任条款也应与银行出具保函的责任条款一致，有效期应略长于保函有效期。担保行也应该注意保函格式中是否存在明显对某一方当事人不利或明显偏袒某一方的条款，如有上述情况，应该及时与当事人取得联系。

案例 7-1

案情：

A 银行作为担保行，于 2008 年 6 月为甲公司 300 万美金借款出具银行保函，受益人为 B 银行，期限为 12 个月，利率为 11%。由于甲公司出现重大投资失误，导致公司财务入不敷出，处境艰难，最终在还款期满后未能依约归还 B 银行贷款。

2010 年 5 月，B 银行向当地人民法院起诉甲公司和 A 银行，同时提交了 A 银行出具的银行保函，要求归还贷款本金及利息。当地人民法院依法作出如下裁定：

（1）甲公司在 2010 年 7 月 30 日之前将其债权 150 万美金收回用于偿还 B 银行。余款在 2010 年 12 月底还清。

（2）若甲公司不能履行，则由担保行 A 银行承担代偿责任。

至 2010 年 7 月底，甲公司只归还了 90 万美金，仍欠本金 210 万美金及利息未归还。鉴于此，当地人民法院执行庭多次上门要求 A 银行履行担保责任，否则将查封 A 银行资产。

A 银行与反担保单位取得联系。但经调查，该笔保函的反担保单位乙酒店，实际上为一空壳酒店，并无承担反担保责任的能力。

最终，A 银行为维护自身声誉，将情况悉数汇报给上级银行。经上级行批准后 A 银行于 2011 年 8 月 31 日垫付 B 银行本金 210 万美金及利息。

分析：

本案例中，A 银行开出的借款保函对于 B 银行收回款项提供一种担保，最终甲公司归还不了借款后由 A 银行偿付，B 银行如愿收回款项。

担保行 A 银行未对申请人和反担保人的资信、财务状况、项目的可行性和有效性进行详细审查，盲目出具银行保函。因此，导致申请人违约后，反担保行无力承担赔偿责任；担保行承担担保责任后，也无法从申请人处获得赔偿，造成较大损失。

启示：

（1）保函业务是银行担保业务中比较重要的组成部分，银行在开立保函时应该本着十分谨慎的态度。在开立保函之前，银行必须仔细审查申请人和反担保人的资信状况，避免可能出现的信用风险。

（2）在保函开立后，担保行应及时对申请人和反担保人进行监督，一旦出现信用问题，应采取积极措施避免和减少损失。

三、担保行开立保函

担保行在审核申请人提供的有关资料及其资信状况后，会通知申请人，并按照申请人的要求开立保函。保函的正式文本需要经过基本当事人的认可之后，担保行签署生效，并按照规定的收费标准向申请人收取担保费。

在实际业务中,银行开立保函的方式有直开和转开两种。直开保函也称直接保函,是指担保行根据合同一方当事人的要求,直接向合同的另一方出具的以其为受益人的保函,并凭此向该受益人承担担保责任的一种方式,中间不经过其他当事人环节,这是开立保函中最基本、最简单的一种方式。就从保函的交付方式来看,直开保函又可分为担保行出具保函后将其直接寄交或者由申请人自行带交受益人(直交),或者转请给受益人所在地的其他银行代为转交给受益人(转交)这两种方式(见图7-1、图7-2)。直开法中,受益人发现申请人违约时,可向担保行申请索赔;担保行赔付后,可向申请人或反担保行索赔;如果由反担保行赔付,那么反担保行向申请人索赔,申请人进行赔付。

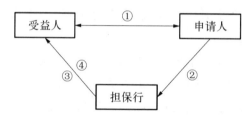

注:① 受益人和申请人签订基础合同。② 申请人向担保行申请开立保函。③ 担保行向受益人直接开出保函。④ 担保行将保函正本直接寄交或带交给受益人。

图 7-1 "直交"保函的开立

图 7-2 "转交"保函的开立

在直开保函中,由于涉及当事人较少,因此手续比较简便,但受益人接到保函后,往往无法辨别其真伪,因此自身权利无法得到完全保障;即便发生申请人违约的情况,受益人在要求国外担保行进行赔偿时也面临很多现实的困难。而通过通知行开立保函,因为有了受益人本地的通知行,受益人虽然比较容易辨别保函真伪,但通知行在保函项下不承担任何责任,因此仍面临索赔不便的难题。直开保函的这些特点,导致它的使用范围狭窄,因此在实际业务操作中很少使用。

转开保函也称间接保函,是指申请人所在地的往来银行,应其客户的要求,按照合同的有关规定以及受益人所在国的习惯做法和法律规定,以提供反担保的方式委托受益人所在地的银行(即转开行)出具保函,由转开行向受益人承担担保责任的一种方式,参见图7-3。在转开保函下,与受益人构成担保合同关系的是受益人所在地的担保行(即转开行),受益人只能向担保行提出索赔;反担保行(即指示行)只是与转开行构成委托担保关系。指示行(反担保行)转开保函最大的特点是,它是由受益人的当地银行开出的,解决了受益人对国外担保行不了解和不信任的问题,保函的真伪比较容易辨别,索赔也较方便。因此,这种方式开立的保函项下,受益人的权利最能得到保障,也是在国际贸易实务中,使用较为普遍的一种方式。

图 7-3 "转开"保函的开立

四、保函的修改

银行保函应注明有效期,在有效期内可以修改。申请人和受益人应首先对修改内容取得一致意见,然后应当由申请人向担保行提出书面修改申请,任何一方私自对保函条款进行的修改均视为无效。申请书中应当列明原保函的编号、开立日期、金额、有权签字人的签字和公章、申请修改的详细条款以及因修改而产生的责任条款,并应附上受益人要求或同意修改的意向声明,以供担保行参考。担保行审查申请人的修改要求、内容和风险等级之后,如若同意,方可向受益人发出修改函电。因修改保函而产生的相应费用,由担保行按规定收取。

需要注意,在实际业务操作中,交易条件的变化导致保函修改的情况很多,原因也很复杂,如因交易或工程项目所需的机械设备价格变动导致保函金额的增减,以及因交易或项目的延期而导致保函有效期的延长等。

附式 7-3 列示了修改保函申请书。

附式 7-3 修改保函申请书

Application For Amendment Of Letter Of Guarantee
No.: _____ No 003 2011

To: _____ of Bank of China Limited

Now, due to business needs, our company, in accordance with □the No.200×××× credit line agreement/□ general agreement on credit business signed by our company and Chongqing ×××× sub-branch of Bank of China Limited as well as its "Annex 6: for issuing L/G/Stand-By L/C" and the NO. 200×××× L/G/Application for Stand-By L/C/□L/G/contract of Stand-By L/C signed by CSSBC, we apply to your bank for amendment of the No. LGC 5900×××××× Stand-By L/C or Stand-By L/C issued by your bank. The rights and obligations aring from this shall be handled in accordance with the agreement and its annex/contract.

Article 1 Amendment of the L/G/Stand-By L/C

The contents of the L/G/Stand-By L/C are as follows:
Extend the validity period of the L/G/Stand-By L/C are to: August 31st, 2011. If the L/G/Stand-By L/C is opened by another bank, please amend the validity period of counter guarantee according to the provisions of the L/G/Stand-By L/C.

> ☐ The guarantee will expire and be changed from February 15th, 2011 to August 31st, 2011.
> ☐ Others: the expiry date of counter guarantee is September 15th, 2011.
>
> Article 2 increase of margin
>
> Our company will adopt the following _____ to deliver the increased margin under this business to your bank in the following ways:
> 1. From the date of acceptance of this application approved by your bank within _____ banking days, pay by _____.
> 2. Your bank is authorized to directly deduct from our account (No _____).
> 3. Other ways: _____
>
> The amount of supplementary deposit is (currency) _____ (in words) _____, (in letters) _____.
>
> Article 3 expenses
> Our company will pay your bank on time the relevant expenses arising from the business under this application, and the basis for calculating and collecting the expense, standards and methods shall be implemented in accordance with relevant regulations of your bank.

五、保函的索赔

如果申请人未能履行基础合同义务，则受益人可以在保函有效期内或失效事件前凭保函中规定的索赔单据或有关证明文件向担保行提出书面索赔。同时担保行应将保函索赔条款作为依据，以此严格审查索赔要求是否成立，在从属性保函项下还应进行事实调查以确定是否承担保函项下的责任。在确认索赔单据及相关证明文件与保函索赔条款规定相一致时，及时向受益人支付不超过保函金额的赔偿款项以履行保函责任；如果担保行决定拒绝索赔要求，则应以电信方式或者其他方式将决定以及拒绝的理由通知给受益人，并应保存保函项下的所有单据。受益人收到拒付通知后，在保函有效期内仍可再次提出索赔，但需更正所提交的不符合要求的单据。

担保行对外付款后，可以立即行使自己的权利向申请人或反担保行索赔，要求其偿还所支付的款项。在直开保函中，担保行可将索赔单据及有关文件交给申请人；在转开保函中，担保行在向受益人付款后，应当及时将受益人提交的单据和文件，以及出具的已收到合格索赔要求的书面声明文件转交反担保行，不得有延误。若反担保行审核担保行所出具的书面申明和受益人提供的索赔单据或文件发现不相符之处，可以表示拒付，将单据或文件做留存处理，并将此情况通知担保行；若审核无误，反担保行应当立即予以赔偿，并从申请人处取得相应的赔偿金额。

六、保函的注销

保函失效一般是指保函到期或担保行已支付保函项下全部款项。在保函到期的情况下，注销保函应满足2个条件：一是要求受益人在合同完成后立即退回保函正本；二是受益人应签署文件，明确放弃保函项下的所有权利。在此之后，担保行将不再对任何可能发生的索赔承担责任，保函也随之被注销。此外，保函项下担保余额的全部支付也意味着保函运作程序的结束,担保行可据此办理注销手续。

未加保兑的转开保函的业务流程如图 7-4 所示。

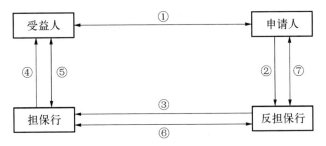

注:① 受益人和申请人签订基础合同。② 申请人向担保银行申请开立保函。③ 担保行经审核后开立保函,委托指示给其在受益人所在地的往来银行,并向其提供反担保。④ 担保行向受益人出具保函。⑤ 受益人发现申请人违反合同时,应当向担保行要求赔偿,担保行应当赔偿。⑥ 担保行赔偿后,向反担保行索赔,反担保行偿付。⑦ 反担保行赔付后,应当向申请人索赔,由申请人赔付。

图 7-4　未加保兑的转开保函的业务流程

第三节　银行保函种类

银行保函作为一种世界多数国家所采用的信用担保工具,它不仅适用于商品的交易,而且广泛应用于各个领域和实际业务。保函的分类方式有很多种,根据保函业务性质、适用范围、当事人的不同,保函大体可以分为 4 类:出口类保函,进口类保函,对销贸易类保函和其他保函。

一、出口类保函

出口类保函是指出口方(如商品或劳务的提供者、工程项目的承包商等)作为申请人,为满足出口的需要向银行申请开立的,以进口方为受益人的保函。常见的出口类保函有投标保函、履约保函、预付款保函、保留金保函以及质量保函和维修保函等。

(一) 投标保函(Tender Guarantee, Tender Bond)

投标保函又称投标担保书,是指在国际招标业务中,应投标人(申请人)的请求,担保行向招标人(受益人)出具的一定金额的书面保证文件,保证投标人在开标前不撤标、不擅自改标,并且在中标后根据招标文件的规定及投标人在报价中的承诺,保证与招标人签订合同并在招标人规定的时间内提交履约保函到招标单位,违约时将由担保行进行赔付。投标保函通常被认为是投标人参与国际招标业务时需要满足的条件之一。

投标保函的金额视具体招标要求而定,一般为投标报价的 2%—5%。有时为了防止标底暴露,投标人往往要求担保行开出金额略高于指定比例的保函。投标保函的有效期是指开立保函之日到开标日期后的一段时间,再加上 3—15 天的索偿期。投标人如果中标,保函有效期自动延长至投标人与招标人签订合同并提交履约保函之日为止。在开标日以后,若中标人违约,如撤回投标、无正当理由不与招标人签约或未在招标人指定的日期内提交履约保函等，担保行将按照保函规定的金额赔付招标人以弥补其损失。

附式 7-4 列示了投标保函。

附式 7-4 投 标 保 函

TENDER GUARANTEE

TO: Beneficiary
　Name
　Address
　Country

Guarantee No._____
Invitors _____
Tenderer
(our clients) _____
regarding _____

We understand from our clients that they have to furnish a tender guarantee in your favour.
This being premised, we, _____ Vienna, upon request of our clients herewith issue this guarantee and undertake irrevocably to transfer to you within _____ bank working days as from receipt of your first written demand, stating that our clients have not fulfilled their obligations under the tender conditions, without examination of the underlying legal relationship and waiving all objections arising therefrom, amounts up to a total sum of

altogether, to an account to be indicated by you.

Our guarantee will expire automatically

— as soon as we have received back the present instrument,

— however, on _____ at the latest, even if the present instrument is not returned to us, unless your claims by letter(sent by registered mail or by courier service), if any, have reached us on or before that date.
Any assignment, pledge or other disposition in favour of a third party of the right to draw under this present guarantee is subject to our prior express approval.
Any charges arising in connection with this guarantee in your country are to be borne by you.
This guarantee is governed by and shall be construed in accordance with the laws and regulations of the Republic of Austria. Place of performance is Vienna, Austria.

（二）履约保函（Performance Guarantee, Performance Bond）

履约保函是指担保行应供货方、出口方或劳务承包商（申请人）的请求，向买方、进口方或业主（受益人）出具的一种书面保证文件，保证申请人忠实履行其所签署的商品或劳务合同项下的责任与义务，按时交货或完成合同工程并保证质量。如若申请人未按合同约定履行有关义务，未及时交付货物，工程质量和进度不达标时，受益人则有权向担保行进行保函项下的索赔。在国际招标业务中，招标人通常要求中标人签订合同后，必须在规定时间内提交一份履约保函，以保证中标人会遵守合同规定。

履约保函项下,保函金额占基础合同总金额的比例要视基础交易性质而定。在国际贸易中,出口履约保函金额通常为合同金额的5%—10%;如果是工程承包履约保函,则通常为合同金额的10%—25%。履约保函的有效期取决于交货日期或工期,一般合同生效日即为保函生效日。有时为了保护自身的利益,出口方也可以规定保函只有在收到进口方出具的合格信用证后方可生效。一般情况下,履约保函在交付或施工完成时即失效。若基础合同规定有质量保证期或工程维修期,则保函有效期可以延长到质量保证期或者工程维修期满,再加上3—15天的索偿期。

(三) 预付款保函(Advance Payment Guarantee)

预付款保函也称为还款保函(repayment guarantee)或退还预付金保函(refundment guarantee for the advance payment),若涉及买卖合同则还可以称为定金保函(down payment guarantee),是指供货方、出口方、承包商(申请人)委托担保行向买方、进口方、业主(受益人)出具的一种银行担保,受益人应支付一定金额的款项作为预付款项。保证如若合约未能履行或申请人未按照要求使用预付款的情况发生时,由担保行负责退还相当于预付款金额的款项或与未履约部分相应比例的预付款款项。

若涉及大额交易,买方或业主往往需要在合同签订后的一定期限内,向卖方或承包商预付一笔相当于合同价款一定比例的款项(通常为10%—25%),便于卖方或承包商进行物资或材料的购买,以做开工的准备。如果卖方或承包商违约,或者未按照规定使用预付款,那么买方或业主的这一预付款将遭受损失。在这种情况下,预付款保函将保证卖方或承包商收到预付款后一定履约,否则将由担保行退还预付款给买方或业主,以保证其利益不受损失。预付款保函的金额一般不超过卖方或承包商收到的预付款金额。

预付款保函一般在申请人收到受益人支付的足额预付款时才生效,以避免受益人未支付预付款却可凭预付款保函提出索赔的情况,从而保护了申请人的利益。保函的失效日期一般为交货之日或完工之日,再加上3—15天的索偿期。在交付或施工结束时,预付款将全部转化为申请人的营业收入,这时预付款保函将自动失效。担保行的赔付责任视申请人的违约情况而定,如果申请人只是部分违约,担保行将赔偿未履约部分相应比例的预付款给受益人;如果申请人全部违约,担保行将退还全部预付款(有时还包括利息)给受益人。

附式7-5列示了预付款保函。

附式7-5 预付款保函

ADVANCE PAYMENT GUARANTEE

Guarantee No._____

To:_____

Whereas _____ (hereinafter called "APPLICANT") on _____ Year _____ Month _____ Day has signed the contract No _____ of _____ (hereinafter called "CONTRACT") and in view of the CONTRACT, you will pay the APPLICANT a sum of _____ advance payment (hereinafter referred to as the "ADVANCE PAYMENT").The applicant shall provide you with an irrevocable and unconditional ADVANCE PAYMENT guarantee equal to the ADVANCE PAYMENT.

We (hereinafter called "GUARANTOR") _____, legal registered address: _____, are entrusted by the APPLICANT to make the following irrevocable guarantee for the APPLICANT to perform

续表

> the obligations stipulated in the above CONTRACT:
>
> When the GUARANTOR receives your written claim notice for recovering part or all of the above amount of ADVANCE PAYMENT, no proof or evidence will be required required and will pay you unconditionally and irrevocably within 7 banking days.
>
> The total amount shall not exceed RMB _____ and waives any right of objection and recourse against you.
>
> The GUARANTOR hereby confirms and agrees that the liability of the GUARANTOR subject to this guarantee is continuous, and no modification or alteration, rescission, termination or invalidity of this contract shall impair or affect our liability to be bound by this guarantee.
>
> This guarantee is from effective from _____ until _____ unless you terminate or release this guarantee in advance.
>
> The GUARANTOR hereby confirms and agrees that the validity of this guarantee shall be extended only upon receipt of your request before the above expiry date. The GUARANTOR will unconditionally and irrevocably extend the validity of this guarantee according to your written request.
>
> All rights and obligations under this guarantee shall be governed and restricted by the laws of the People's Republic of China.
> Bank address: _____ Guarantee bank: _____
> 　　　　　　　　　　　　　　　　　　　Legal representative or authorized agent:
>
> Postcode: _____
> Tel: _____
> Contact person: _____ (signature or seal):
> 　　　Fax: _____ Issue date: _____ Year _____ Month _____ Day

(四) 维修保函(Maintenance guarantee)和质量保函(Quality Guarantee)

就性质和作用而言,维修保函和质量保函实际上是同一类型的保函,都是担保行就合同标的物的质量出具的担保文件。担保申请人均为卖方或承包商,受益人均为买方或业主,两者的差异体现在适用范围的不同。在劳务承包工程合同中,应项目承包商的要求,担保行向业主出具的,以保证工程质量符合合同规定的保函叫作维修保函。工程竣工后一定时期内,如若工程质量出现问题或不符合合同规定时,承包商负责维修并支付相应的维修费用,否则由担保行按照保函金额进行赔付。维修保函是对工程项目质量的担保,通常使用在工程建设合同中;而在供货合同中,特别是机械设备、军工产品、飞机船舶等,为保证货物质量达到标准,买方要求卖方提供银行担保时通常使用质量保函,保证若货物质量不符合合同规定,卖方应该及时进行维修、更换或补偿损失,否则将由担保行按照保函金额赔付给买方,以弥补其损失。

维修保函和质量保函的金额通常为合同金额的5%—10%,有效期取决于合同规定的维修期或质量保证期,一般从工程竣工之日或交货完成之日开始,验收合格之日终止,再加3—

15天的索偿期。保函失效后,买方或业主应将保函退还担保行注销。

(五) 保留金保函(Retention Money Guarantee)

所谓的"保留金"规定是指,在一些大型机电产品和成套设备的工程建设和出口合同中,往往规定合约价款中一定比例(通常为5%—10%)的金额将由业主或买方在每期进度款的支付中予以扣留,只有在项目完成一段时间(通常是项目维护期结束)或卖方提供的整套设备安装运行良好,且生产的产品符合合同要求后才能支付给承包商或卖方;若发现存在质量问题或与合同约定不符,则交易双方则进行洽商减价,减价的部分从保留金中抵扣。

若保留金所涉金额较大,承包商或者卖方可以要求业主或者买方提前支付保留金,以减少资金积压,规避资金风险。例如,在工程承包中,根据合同约定,工程价款的支付通常与工程进度的发展成比例。但工程竣工后,业主不会立即支付剩余价款,而是保留一部分作为保留金,直到工程调试完成或工程保修期内未发现质量问题时,才向承包商支付。如果承包商想在工程竣工时拿到全额工程款,可以委托担保行向业主出具保留金保函,以保证在调试或质保期内出现品质问题时,担保行负责退还保留金。因此,保留金保函可以理解为担保行为承包商或者卖方提前收回保留金而开具的归还担保证书。保函金额通常就是保留金的金额,保函有效期是合同规定的项目维护期满,再加上3—15天的索偿期。

二、进口类保函

进口类保函是指担保行应进口方(商品或劳务的购买者、工程项目的业主)的申请开立的,以出口方为受益人的保函,主要是为满足进口货物和技术的需要,常见的进口类保函有付款保函、租赁保函、提货保函等。

(一) 付款保函(Payment Guarantee)

付款保函是担保行应进口方的要求对买方合同项下的付款责任向出口方所作的担保。它是由买方或业主向担保行申请开立的,向卖方或承包商出具的,保证支付货物款或合同工程进度款的一种担保文件;如果买方或业主未能支付合同款项,则由担保行代为支付。付款保函不是一般的违约赔偿金支付承诺,而是对合同价款的支付保证,从而解决进出口双方互不信任的问题,保证交易顺利进行,这是付款保函与其他信用担保的不同之处。付款保函不仅适用于货物交易,也可适用于技术交易,用来保证技术交易中买方在收到与合同相符的技术资料后,履行付款责任的担保。

付款保函包括即期付款保函(sight payment guarantee)和远期付款保函(usance payment guarantee)。付款保函一般自签发之日起生效。付款保函的有效期为合同规定的付款期限,再加上半个月。付款保函的金额通常为基础合同的价款金额。如若申请人已缴纳一定比例的定金,则保函金额应为扣除定金后的未付金额。付款保函金额将随着申请人付款额的增加而按比例减少,直至申请人付清全部款项为止。有时为了防止受益人遭受不合理的索赔风险,可以要求受益人出具有效的履约保函作为付款保函生效的条件。

(二) 延期付款保函(Deferred Payment Guarantee)

延期付款保函是担保行对延期付款或远期付款的合同价款以及利息作出的担保,属于广义的付款保函。延期付款保函项下,由买方或业主方向担保行提出申请,申请向卖方或承包商出具保证在卖方完成交货义务或在承包商基本完成其工程项目的若干时日后,买方或业主将按照合同中所承诺的延付进度表中所示到期时间分期分批向卖方或承包商支付本金及利息的付款承诺。如果买方不履行付款义务,则由担保行代为付款。延期付款保函更利于买方统筹安排资金,不会使远期货款结算变得过于琐碎。

当不能集中交货或者买方无力一次支付全部货款时,通常采用延期付款保函,这也是第三世界国家进口大型机械设备时常采用的付款方式,在等引进的设备安装投产之后,用投产后产生的收益来分期支付货款。延期付款保函的金额为预付款之外的剩余货款金额,保函的有效期为约定的付清最后一期货款及利息的日期,再加上半个月。

(三) 租赁保函(Leasing Guarantee)

租赁保函是指当采用租赁方式从事进口机械设备、仪器、运输工具等经济活动时,承租人根据租赁协议的约定,为保证承租人在履行合同过程中按时支付租金,委托担保行向出租人出具的付款保证文件。当承租人不能按时支付租金时,出租人可以凭租赁保函要求担保行代支付逾期租金和利息。从根本上讲,租赁保函依然是一种支付担保,属于广义的付款保函。有时担保行并不单独出具保函,而是采取在租赁合同中加签的形式予以担保,因此租赁保函并没有固定格式。

一般情况下,租赁保函的生效日为租赁协议的生效日,但在实际操作中,为防止发生不合理索赔,进而保护承租人的利益,生效日应尽量为租赁资产的交付日或验收合格日。保函的到期日通常为最后一笔租金的付清日期,再加上半个月。租赁保函的最高限额为每期租金总额,但应根据承租人或担保人的每期付款额而自动扣减。

(四) 提货保函(Shipping Guarantee)

在近洋贸易中,货物有时先于单据到达目的港的情况时有发生。如果进口商没有收到正本提单或提单在邮寄中丢失,并想要及时提货,以降低码头仓储成本和避免货物变质,或者为了赶上货物最畅销的季节,尽快出售获得利润,进口商可以向担保行申请开立以船运公司为受益人的提货保函,并要求船运公司允许进口商不凭提单正本进行提货。担保行保证赔偿船运公司因此而发生的一切费用和风险。并且保证一旦收到卖方寄来的正本提单或找到丢失的提单,将及时交给船运公司来替换保函并予以注销。一般来说,银行开立提货保函的风险较大,因此有必要确认买方交付的货物的价值和数量是否属于相应信用证项下的货物。

附式 7-6 列示了提货保函。

附式 7-6 提 货 保 函
SHIPPING GUARANTEE

Shipping Co.	Number of Credit	L/G No.
	Number of B/L	
Shipper	Vessel Name	
	Arrival Date	
	Voyage No.	

续表

Invoice Value		Port of Loading
		Port of Discharge
Nos. & Marks	Packages	Description of Goods

In consideration of your granting us delivery of the above mentioned cargo which we declare has been shipped to our consignment, but Bills of Lading which have not been received, we hereby engage to deliver you the said Bills of Lading as soon as we receive them and we further guarantee to indemnify yourselves and/or the owners of the said vessel against any claims that may be made by other parties on account of the aforesaid cargo, and to pay to you on demand any freight or other charges that may be due here or that may have remained unpaid at the port of shipment in respect to the above-mentioned goods.

In the event of the Bills of Lading for the cargo herein mentioned being hypothecated to any other bank, company, firm or person, we further guarantee to hold you harmless from all consequences whatsover arising therefrom and furthermore undertake to inform you immediately in the event of the Bills of Lading being so hypothecated.

Yours faithfully

Party claiming right of delivery

We hereby guarantee to surrender to you the corresponding Bills of Lading, Kindly be advised that this guarantee shall automatically null and void upon your acknowledging null receipt of the corresponding Bills of Lading which are to be endorsed and presented to you by bank for the only purpose of the redemption of this letter of guarantee.

Authorized Sign

Bank.

三、对销贸易类保函

对销贸易也称对等贸易，是以商品或劳务（包括产权和技术等无形资产）作为偿付贷款手段的一种贸易方式，它把进口和出口结合起来，组成整体交易。对销贸易类保函可分为补偿贸易保函、来料加工保函及来件装配保函等。

（一）补偿贸易保函（Compensation Guarantee）

补偿贸易保函是指担保行在补偿贸易合同项下，应设备或技术进口方的申请，向设备或技术的供应方所作出的一种担保承诺，旨在保证进口方在引进与合同相符的设备后一定时期内，按照合同的要求有义务以其生产的产品返销给供应方或其指定的第三方，来补偿所进口设备和技术的价款及利息。若进口方拒绝或未能履行上述义务，又不能偿付进口设备或技术的价款以及利息，则由担保行负责赔付给设备或技术的供应方。保函有效期即为合同规定进口方偿付设备或技术款项的日期，再加上半个月。

(二)来料加工保函(Processing Guarantee)及来件装配保函(Assembly Guarantee)

来料加工保函和来件装配保函在性质上是一致的,两者的差别体现在使用范围的不同。在来料加工或来件装配业务中,担保行应进料或者进件方要求,向供料或供件方提供担保,向其保证如进料或进件方收到与合同相符的原料或元件后,应按照合同所规定的规格、款式、质量等进行加工或装配;若未能以该原料或元件进行加工或装配,或未能按合同规定将成品交付供料或供件方或其指定的第三方,又不能以现汇的方式偿付来料或来件价款及利息,便由担保行负责赔付给供料方或供件方,这种保函方式即为来料加工保函及来件装配保函。保函有效期即为合同规定进料或进件方以成品偿付来料或来件款项的日期,再加上半个月。

四、其他保函

其他保函通常存在于非贸易性质的国际经济往来中,是担保行应债务人的申请,向债权人开具的各种保函。常见的其他保函有借款保函、账户透支保函、保释金保函和海关免税保函等。

(一)借款保函(Loan Guarantee)

借款保函,是指借款人委托担保行向贷款人出具的保证借款人按照合同约定偿还借款并支付利息的银行保函。借款保函项下,若借款人因某种原因(如破产、资金周转困难等)无力或拒绝偿还债务的情况发生时,担保行应按约定向贷款人偿还本息。保函还应规定随着借款人的每次还本付息,或随着担保行的每次赔付,保函金额自动予以扣减。扣减金额为零时,保函失效,贷款人应将保函退还,供其注销。

借款保函一般自开立之日起(或与借款协议同一日)生效,至规定的贷款本息清偿之日失效,再加上半个月。保函金额为贷款本息加上各种银行手续费用。

(二)账户透支保函(Overdrawn Guarantee)

账户透支保函是指根据申请人的要求,由银行对另一家银行给予的透支所负偿还责任的担保。透支保函实际上是借款保函的一种特殊形式。例如,承包商为了使工程所在国银行在一定时间内、一定金额内提供透支便利,进行资金的融通,往往要求国内银行向工程所在国银行出具保函,为其透支提供担保。在该保函项下,申请人无力或者拒绝偿还透支本息的,由担保行代为偿还。

账户透支保函的有效期一般从签署透支协议之日起生效,有效期至透支便利结束的日期,再加上半个月。账户透支保函的最高限额应为透支合约规定的最高透支额及其利息之和。

(三)保释金保函(Rail Guarantee)

保释金保函是指在海事纠纷合同中,由责任人(一般是船方或运输公司)委托担保行向有关债权人出具的,目的在保释责任人抵押物品的一种保函。如载运货物的船只或者其他运输工具发生碰撞事故或因承运方的责任致使货物短缺残损等使货主遭受损失,在确定赔付责任和赔偿金额前,被当地法院扣留,由于解决纠纷的诉讼旷日持久,被扣押的船舶往往长期无法运营,给船方带来巨大损失。为了减少损失,这种情况下,责任人通常要求银行出具一份保函,由担保行向当地法院保证申请人一定会依照法院判决进行赔付,当地法院在收到这种替代抵押的保函后,将以此作为保释金,被扣押的船舶或者其他运输工具将得到放行。如果责任人以后不依照法院的判决赔偿货主损失,则由担保行代替赔偿。

保释金保函的金额一般由当地法院裁定,一般为赔偿金额的某一比例;保函有效期通常为法院判决日期以后的若干天。

(四) 海关免税保函(Duty-Free Guarantee)

海关免税保函又称海关保函、关税保付保函,是指担保行应承包商的请求向工程所在国的海关出具的保证在该国的工程完工后,临时进入该国的施工机械一定会被撤回的担保文件。海关免税保函通常用于施工承包业务,例如,在对外承包工程中,承包商通常要将施工设备运到工程所在国。一般来说,这些设备和材料进入他国海关时必须缴纳关税,已缴纳的关税将在撤出时退还给承包商。为了避免垫付税款,减少资金占用,节省烦琐的缴税和退税手续,承包商通常要求银行向工程所在国海关出具保函。根据该保函,担保行保证承包商将在项目完工后撤出所有设施。担保行出具保函后,承包商可免除关税的缴纳。如果承包商在工程所在国转售施工设备,根据保函规定则将由银行补缴税款。

海关免税保函的金额就是要缴纳的关税金额,保函有效期为合同规定的设备撤离日期,再加上半个月。海关免税保函除用于施工承包业务外,偶尔也用于企事业单位在海外举办各种展销、展览、博览会时将展品运入该国的情况。

第四节　银行保函与跟单信用证的比较

一、银行保函和跟单信用证的相同点

(一) 两者都是由担保行作出承诺

银行保函和跟单信用证都是以银行信用代替或补充商业信用,可以避免或减少损失以及风险。

(二) 两者都具有独立性

银行保函和跟单信用证都来源于申请人和受益人之间的基础合同,但独立于该合同。此外,银行保函和跟单信用证也独立于申请人和银行之间的合同约束。换言之,银行不能以申请人不履行对自己的义务为由拒绝赔偿受益人。

(三) 银行对单据的审核责任都仅限于表面相符

在银行保函和跟单信用证条款下,银行对单据的真实性和法律效力并不负责任,只负责审核受益人提交的单据表面是否相符。此外,银行对单据在交付过程中的延误或丢失也不必承担任何责任。

二、银行保函和跟单信用证的不同点

(一) 两者应用范围及用途不同

银行保函的适用范围远远大于普通跟单信用证。跟单信用证通常用于商品买卖合同中,是一种常见的国际贸易结算手段。银行保函的适用范围不仅限于商品买卖合同,还可用于其他经济活动中,如借贷、租赁、工程承包等。银行保函不仅可以作为保证支付的手段,也可以作为履行合同项下其他责任和义务的担保手段。因此可以说,银行保函可以用来作为保证任何一种经济活动的某一参与方履行其不同的责任和义务的担保手段。

(二) 银行的付款责任不同

信用证是开证行的付款承诺,银行承担第一位的付款责任,开证行支付的款项为货物价款。而银行保函的不同之处在于,担保行的付款责任可能是第一性的,也可能是第二性的,这取决于保函本身的承诺和条款。此外,信用证一旦开出,只要单据合格,开证行必须予以支付;但是,保函一旦开出,支付行为不一定会发生。如果申请人履行义务,没有违约,则受益人不需要出示单据,担保行也不需要付款。

(三) 银行付款的对价情况不同

信用证下的付款是有对价的;而保函项下的付款有的有对价,有的没有对价。信用证下的付款是有相对应货物或服务的对流来作为对价的。但保函项下的付款方式则有所不同:付款类保函下的付款有对价的,如提供货物、租赁机械设备等;但在信用类保函下的付款往往具有赔偿或退款的性质,其前提是申请人违反合同,因此担保行在保函项下的付款根本不存在对价。

(四) 银行付款需要提交的单据和途径不同

信用证中规定的单据通常是全套货运单据,包括装运单据、发票、保险单和其他与货物买卖有关的单据等,且大多数单据交给指定银行,然后由其转递给开证行。而保函项下提出索赔时需要提交受益人签发的单据和文件等,如书面索赔和书面声明,且直接交到担保行。

本章小结

银行保函是指商业银行作为担保人,应申请人的请求向受益人开立的书面凭证,保证在申请人未能按双方协议履行其责任或义务时,担保行代其履行一定金额、一定期限范围内的经济赔偿责任。银行保函有从属性和独立性之分,目前占重要地位的是独立性保函。银行保函主要涉及申请人、担保行、受益人、通知行(转递行)和保兑行等当事人。

银行保函的基本内容主要包括:各保函当事人的名称和地址;基础合同的主要内容;保函的编号、开立日期和种类;保函的金额和货币名称;保函的担保期限;保函的担保责任;保函的索偿条件和方式以及适用规则和仲裁条款等。

银行保函的业务处理主要包括以下各个步骤：申请人申请开立保函，担保行审查，担保行开立保函，保函的修改，保函的索赔和保函的注销。

根据保函业务性质、适用范围、当事人的不同，保函大体可以分为4类：出口类保函，进口类保函，对销贸易类保函和其他保函。出口类保函是指出口方作为申请人，为满足出口的需要向银行申请开立的保函。进口类保函是指担保行应进口方的申请开立的，以出口方为受益人的保函。对销贸易类保函可分为补偿贸易保函、来料加工保函及来件装配保函。其他保函主要是指借款保函、透支保函、保释金保函和海关免税保函。

银行保函和跟单信用证都是以银行信用代替或补充商业信用，具有独立性、单据审核的表面性等相同点。但是它们在应用范围及用途、付款的责任、银行付款的对价情况以及银行付款需要提交的单据和途径等方面存在着不同。

基本概念

1. 银行保函：又称银行保证书，是指商业银行作为担保人，应申请人的请求向受益人开立的书面凭证，保证在申请人未能按双方协议履行其责任或义务时，担保行代其履行一定金额、一定期限范围内的经济赔偿责任。

2. 从属性保函：担保行的偿付责任从属于或依附于申请人在基础合同中规定的责任和义务，且随着基础合同的变化而发生变化。

3. 独立性保函：担保人承担第一性的偿付责任的保函，独立性保函的付款责任只与保函自身条款以及受益人的索赔要求密切相关，而与基础合同的履行并不必然相关。

4. 直开保函：指担保行根据合同一方当事人的要求，向合同的另一方出具的以其为受益人的保函，并凭此直接向该受益人承担担保责任的保函。

5. 转开保函：指申请人所在地的担保行，应其客户的要求，按照合同的有关规定以及受益人所在国的习惯做法和法律要求，以提供反担保的方式委托受益人所在地的银行（即转开行）出具保函，由转开行向受益人承担担保责任的保函。

6. 投标保函：指在国际招标中，应投标人（申请人）的请求，担保行向招标人出具的书面保证文件，保证投标人在开标前不撤标、不擅自改标，并且在中标后根据招标文件的规定及投标人在报价中的承诺，保证与招标人签订合同并在招标人规定的时间内提交履约保函到招标单位。

7. 履约保函：指应供货方、出口方或劳务承包商的请求，由担保行向买方、进口方或业主（受益人）出具的一种担保文件，保证申请人忠实履行其所签署的商品或劳务合同项下的责任与义务，按时交货或完成合同工程并保证质量。

8. 预付款保函：指供货方、出口方、承包商委托银行向买方、进口方、业主出具的一种银行担保，进口方应支付一定金额的款项作为预付款项。保证如若合约未能履行的情况发生，由担保行负责退还相当于预付款金额的款项或与未履约部分相应比例的预付款款项。

9. 维修保函和质量保函：指担保行应卖方或承包商的请求出具给买方或业主，以担保合同标的物的质量符合合同规定的保函。

10. 付款保函：指担保行应进口方的要求对买方合同项下的付款责任向出口方所作的

担保。

11. 租赁保函：指当采用租赁方式从事进口机械设备、仪器、运输工具等经济活动时，承租人根据租赁协议的约定，为保证承租人在履行合同过程中按时支付租金，委托担保行向出租人出具的付款保证文件。

12. 提货保函：指进口商向担保行申请开立的以船运公司为受益人的，并要求船运公司允许进口商不凭提单正本进行提货的银行保函。

13. 补偿贸易保函：指担保行在补偿贸易合同项下，应设备或技术进口方的申请，向设备或技术的供应方所作出的一种担保承诺，旨在保证进口方在引进后一定时期内，按照合同的要求有义务以其制成品或制成品出口货款，来补偿所进口设备和技术的价款及利息的银行保函。

14. 来料加工保函：指在来料加工或来件装配业务中，担保行应进料或者进件方要求，向供料或供件方提供担保，向其保证如进料或进件方收到与合同相符的原料或元件后，应按照合同所规定的规格、款式、质量等进行加工或装配的银行保函。

15. 借款保函：指借款人委托银行向贷款人出具的保证借款人按照合同约定偿还借款并支付利息的银行保函。

复习思考题

1. 银行保函产生和发展的背景是什么？
2. 独立性保函对受益人的保障如何体现？
3. 银行保函主要当事人之间的权利义务关系是什么？
4. 银行开立保函的方式有哪两种？
5. 银行保函的业务处理中，担保行审查的主要内容是什么？
6. 银行保函和跟单信用证相比，有哪些不同点？

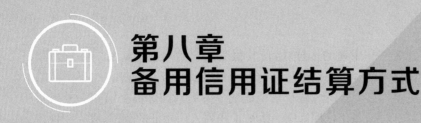

第八章
备用信用证结算方式

> 【学习目标】
> - 了解备用信用证产生的基本概念和特点
> - 熟悉备用信用证的基本内容和业务处理
> - 了解备用信用证的种类
> - 掌握备用信用证和跟单信用证的异同
> - 掌握备用信用证和银行保函的异同

第一节 备用信用证概述

一、备用信用证的基本概念和特点

(一) 备用信用证的基本概念

备用信用证(standby letter of credit,简称 Standby L/C),又称担保信用证(guarantee L/C)、商业票据信用证(commercial paper L/C),是指开证行根据申请人的请求向受益人开立的旨在保证申请人履行合同义务的凭证。开证行保证当申请人未能履行合同义务或因开证申请人在履行合同中存在违约而造成损失时,受益人只要凭备用信用证的规定向开证行提交单据,例如汇票、申请人未履约声明或者证明文件等,则由开证行向受益人支付一定金额作为偿付。如果开证申请人如实履行合同义务,则受益人就无权要求开证行进行赔付,备用信用证便失去作用。

备用信用证最早产生于19世纪晚期,是美国银行开发的一种金融工具。1879年,《美国联邦银行法》禁止联邦注册银行和各州银行为客户提供担保或保证书,只允许作为准金融机构的担保公司从事担保业务。商业银行作为担保人而提供担保的行为,将被视为是越权而无效的行为。然而,银行业务中对金融担保的需要是客观存在的。为了拓展担保类业务和同外国银行竞争,达到为客户提供保函服务的目的,美国银行采取了一种变通的做法,创立了备用信用证这种特殊形式的支付承诺,从而回避美国银行法的限制,成为保函业务的一种合法替代形式。除美国之外,日本的立法也禁止银行从事担保业务,因此备用信用证在日本也使用广泛。

由于美国银行在开立备用信用证时非常谨慎,并且备用信用证只在申请人无力偿还债务或不履行基础合约时才起支援和补充作用;当申请人履行基础合同时,备用信用证则不起作用,因此备用信用证的主要功能在于担保,往往是一种备而不用的单据,这就是"备用"的由来。备用信用证本身的灵活性和用途的多样性，使其很受客户的欢迎。随着国际贸易和国际金融的发展，不仅在美国和日本，备用信用证在欧洲、中东也得到广泛应用，约有一半的备用信用证是在美国以外使用。自 1983 年《跟单信用证统一惯例》(国际商会第 400 号出版物，以下简称《UCP400》)颁布以来，备用信用证第一次被正式列入信用证的范围，成为一种重要的国际担保工具；1998 年，国际商会制订了《国际备用证惯例》(国际商会第 590 号出版物，简称《ISP98》)，《ISP98》中有关备用信用证的适用范围、种类、性质、受益人的提示、开证行的义务和银行间的偿付等不完善的事项都进行了解释、修改和规定，为全球范围内备用信用证的标准化提供了一套权威的国际统一惯例，有利于减少使用备用信用证带来的纠纷；2007 年《跟单信用证统一惯例》(国际商会第 600 号出版物，以下简称《UCP600》)，《UCP600》明文规定该规则适用于备用信用证，且进一步明确了有关偿付的规则；在《UCP600》推出后，国际商会银行技术与惯例委员会对 1996 年生效的《跟单信用证项下银行间偿付统一规则》(以下简称《URR525》)重新修订，并于 2008 年推出《URR725》规则，《URR725》规则与《UCP600》并行，有关备用信用证的偿付问题，均能类比适用于这两个规则。近年来，随着备用信用证被广泛地使用在国际结算领域，备用信用证的业务量已经超过了商业信用证，其与商业信用证在功能上的差异也日益突出。

(二) 备用信用证的特点

备用信用证代表了开证行对受益人的责任，它具有以下 4 个特点。

(1) 不可撤销性。不可撤销性是指除非备用信用证中另有规定，或经双方当事人同意，开证行不得修改或撤销其在该备用信用证下的义务。在实际执行中，只要受益人按备用信用证规定提供有关单据，开证行将进行货款的支付。

(2) 独立性。备用信用证作为一种自足文件而独立存在，主要体现在开证行义务的履行不取决于开证行从申请人那里获得偿付的权利和能力；也体现在，基础交易和信用证交易之间的相互独立，即开证行无需介入偿付协议或基础交易，或开证行的付款义务也不能援引偿付协议或基础交易项下的理由进行抗辩，除非受益人被最终证实进行了信用证诈骗。

(3) 跟单性。在备用信用证项下，当开证行被要求付款时，开证行的付款义务主要取决于单据的提示，以及对有关付款要求的单据的表面审查，并确定这些单据是否与备用信用证的要求相符。备用信用证中的单据包括汇票、权利文件、索偿书、发票以及声明申请人违约的证明文件等。单据的形式可以是纸面形式，也可以是电子形式。

(4) 强制约束性。备用信用证一经开立或修改后即具有强制约束力，这种约束力体现在无论申请人是否授权开立、开证行是否收取了费用，备用信用证对开证行都有强制性。

二、备用信用证的基本内容和业务处理

(一) 备用信用证的基本内容

备用信用证的内容与跟单信用证大体相似，但对单据的要求比跟单信用证简单。备用信用证的基本要素主要包括以下 8 个部分。

(1) 备用信用证的完整编号和开证日期。

(2) 各方当事人的名称和详细地址，备用信用证中的当事人一般涉及申请人、开证人、

受益人三方当事人,根据实际情况还有可能涉及通知行和保兑行等当事人。

(3) 基础合同(进出口双方的贸易合同)签订的日期、编号以及主要内容。

(4) 备用信用证担保的责任、币种和金额。

(5) 备用信用证的性质,即备用信用证的类型,如投标备用信用证或履约备用信用证等。

(6) 备用信用证的有效期,包括备用信用证的生效日期和失效日期。

(7) 受益人在索赔时需要提供的单据和提示方式。

(8) 备用信用证的适用法律和国际惯例,即在备用信用证项下发生争议时,应当由哪个仲裁机构及其适用法律进行仲裁。

附式 8-1 是备用信用证的样式。

附式 8-1 备用信用证
STANDY LETTEROF CREDIT

CHASE MANHATTAN BANK
IREVOCABLE LETTER OF CREDIT
123 Wall Street
New York, N.Y.
January 22.20××
10005

STAND-BY LETTER OF CREDIT

  We hereby establish an irrevocable letter of credit in your favor for account of ABC Co., 21st East 34th Street New York, N Y. and thereby undertake to honour drafts at sight on us not exceeding in the aggregate Us s 100,000.00(U. s Dollar one hundred thousand dollars)each such draft to be accompanied by your written statement that drawing represents sum owed to you through failure of ABC Co., 21st East 34th Street New York, N Y, to make payment in connection with your bid Invitation No. 123××.

  This credit is valid until March 5, 20×× and drafts dawn here under if accompanied by document as specified above will be honoured if presented to us at our office on or before that date.

  Except as otherwise expressly stated herein, this credit is subject to the "Uniform Customs and Practice for Commercial Documentary Credits(20×× Revision), International Chamber of Commerce, Publication No. 500."

Your faithfully,

Chase Manhattan Bank

Authorized counter signature Anthorized counter signature

(二) 备用信用证的业务处理

备用信用证一般按照以下程序进行运作(见图 8-1)。

(1) 受益人和申请人签订基础合同。

(2) 申请人根据基础合同的规定,向开证行申请开立备用信用证;开证行审核申请人提交的开证申请书,来决定是否开证;开证行同意开证后,申请人支付开证费用,并要提供担保;开证行根据申请书的指示开证,并承诺代替向受益人付款。

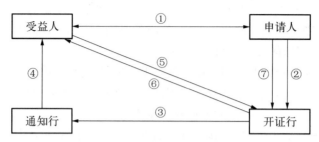

图 8-1 备用信用证业务流程

(3) 开证行开出备用信用证后,委托受益人所在地的通知行通知或转交备用信用证;通知行有义务检验备用信用证的真实性。开证行或者申请人也可以直接寄交信用证给受益人。

(4) 通知行向受益人通知备用信用证;受益人也可以要求对信用证加具保兑;受益人获得信用证后,即可履行合约规定。

(5) 若申请人未能履行基础合同义务,受益人将提交索偿申明或单据向开证行或保兑行索赔(若申请人按承诺履行了合同义务,备用信用证自动失效)。

(6) 开证行审单无误后向受益人作出偿付。

(7) 开证行向申请人要求赔偿;申请人向开证行归还代偿付款项。

案例 8-1

案情:

中国某省份甲公司紧缺某大型机械设备,该设备在国内不易购买。甲公司负责人决定在国际网站发布询盘,询盘内容涉及产品价格和规格等方面的具体要求。询盘发布之后,陆续有几家国外公司前来接洽。在对几家供应商公司进行对比之后,甲公司认为国外乙公司报价有优势,且因乙公司承诺给予终身免费维修的优厚条件,甲公司感受到了乙公司合作的诚意,双方达成合作意向,并签订了合同。

随即甲公司向中国 A 银行申请开具金额为 300 万美元的远期备用信用证,受益人为国外乙公司。甲公司向 A 银行提交了双方签约的基础合同和以及国外 B 银行出具的备用信用证的格式样本,并缴付了全额保证金。

A 银行国际业务处经办员在审核申请资料时,首先确认基础合同系申请人与受益人共同签署,但却发现备用信用证的申请人和受益人以及责任条款均存在可疑点:① 甲公司提交的称作是国外 B 银行的备用信用证格式样本中,申请人和受益人分别是乙公司和国外 B 银行,而非基础合同的签约方甲公司和乙公司;② 备用信用证的责任条款是开证行保证乙公司向丙银行归还贷款,而不是保证甲公司付款。

于是,A 银行将此情况告知甲公司,并提供了正确的备用信用证格式给甲公司做参考。甲公司尝试与乙公司就此进行沟通,但乙公司表示拒绝此格式,并坚持要求按原格式开立备用信用证,且必须开给 B 银行,否则将解除买卖合同。

A 银行通过调查受益人资信情况,获悉乙公司曾有利用备用信用证诈骗买方定金的前科。同时,A银行向国外B银行发出查询,确认该备用信用证是否系B银行开出。A银行国际业务处收到B银行回复,称该银行从未开出过此备用信用证。

A银行立即将以上情况通知甲公司。甲公司随即拒绝与乙公司合作,因此避免了损失。

分析：

该案件属于进口备用信用证受益人诈骗案件。受益人利用了境外申请人对备用信用证不熟悉的弱势,要求申请人以非常规条件开立备用信用证,因为买方银行的谨慎审核,才避免了损失。该类诈骗案件具有以下特点。

(1) 诈骗者为通常以提供紧缺货物或可提供其他优惠条件来诱惑买方企业向银行申请开立备用信用证。

(2) 备用信用证的付款期通常以远期一年为限,是基于买卖双方所签订合同的。

(3) 一般情况下,诈骗者会提供所谓的备用信用证标准格式,并要求买方指示银行按其开立,且在信用证中还特别规定受益人由其指定。

(4) 诈骗分子以诈骗巨额款项为目的,所以备用信用证的金额一般较大。

启示：

随着国外金融机构担保融资业务的不断发展,备用信用证已成为一个重要的信用工具,但它也不是绝对安全可靠的,犯罪分子利用备用信用证进行诈骗的案件层出不穷。为防范风险,避免资金损失,因此在开展外汇担保融资业务时,当事人必须提高警惕,注意以下几点：

第一,对买方银行来说必须严格按照有关规定进行操作,认真地核查备用信用证的格式样本,主要审查备用信用证中,申请人和受益人是否与基础合同的当事人双方一致；备用信用证的责任条款是否清晰明确。对于备用信用证的可疑之处,买方银行应该尽早向境外开证行取证落实。

第二,进口企业应尽可能通过进出口商品交易会、实地考察等正规渠道来接触和了解国外客户,对于不明资信情况或资信不良的客户,应谨慎处理与其交易,切忌因麻痹大意而陷入国外客户的圈套。

第二节　备用信用证的种类

20世纪80年代至90年代初,备用信用证主要为债务人的合同责任提供担保,只要债权人认为基础合同对债务人的约束不够,即可要求债务人向银行申请开具以其为受益人的备用信用证,用来保证自身利益不受损失。如果受益人的损失是由于申请人的违约造成的,开证行应按照备用信用证的规定赔偿受益人,也就是违约付款。随着业务的发展,备用信用证已然涉及国内外市场的进出口贸易、工程承包、招投标、国际资金融通、保险与再保险等众多领域的金融和非金融交易,备用信用证的种类也逐渐增多,在实践中,根据其在基础交易中的用途不同,备用信用证通常被分为以下几种。

履约备用信用证(performance standby L/C)。开证行对履约责任而非付款责任(非金钱支付)的担保,包括赔偿申请人在基础交易中不履约造成的损失。在信用证有效期内,如果申请人不履行合约,开证行将根据受益人提交的符合备用信用证要求的单据(如违约声明、索款要求书等),代申请人赔偿保函中规定的金额。

20世纪70年代,以中东产油国为中心,在政府主导下大规模开采事业不断推进,政府为了得到参与开发的发达国家企业的履约担保,要求其提供备用信用证,备用信用证得到大量发行。以此为契机,以美国为中心的少数国家使用的备用信用证在世界范围内得到扩散。

反担保备用信用证(counter standby L/C)。又称为对开备用信用证,用于对其受益人开出的另一单独备用信用证或其他承诺进行担保。通过反担保备用信用证,开证行支持受益人开立另外的备用信用证或其他承诺书。

例如,海外分公司或者海外法人想要在当地发行跟单信用证,但不能满足银行所要求的担保条件时,则由本国的交易银行向当地银行发行备用信用证,作为确保跟单信用证发行的担保。在此类备用信用证中,经常发生两种信用证挂钩使用的情况,具有同一银行在备用信用证中作为受益人,而在另一信用证中承担开证行责任的特点。

融资备用信用证(financial standby l/C)。开证行保证申请人付款(包括偿还借款)义务履行的担保文件。融资备用信用证广泛用于国际信贷融资安排,以此来促成作为基础交易的借贷合同项下的融资。境外投资企业可要求本国银行开立一张以融资银行为受益人的融资备用信用证,并凭以作为不可撤销的、独立性的偿还借款的支持承诺,向该银行申请提供账户透支便利。如果备用信用证并未发生实际付款,则开证行仅以自身的信用支持了交易的进行;一旦备用信用证项下的付款发生,申请人的还款将因融资备用信用证的使用而得到了延缓。在这种情况下,融资备用信用证即具有了一定程度的等现金性质。

直接付款备用信用证(direct payment standby L/C)。开证行对申请人付款义务的担保,主要是对到期并不涉及违约时的本息支付,特别是与融资备用证相关的基础付款义务的到期付款。直接付款备用信用证主要用于担保企业发行债券或订立债务契约时的到期支付本息义务。

与其他类型的备用信用证相比,直接付款备用信用证最大的特点在于,其他类型的备用信用证往往是在基础合同未履行或者发生违约时,开证行才会支付;而直接付款备用信用证是为当事人到期履行支付而开立的,它已经突破了备用信用证备而不用的传统担保性质。

预付款保证备用信用证(advance payment standby L/C)。开证行对申请人收到受益人预付款后应承担的责任和义务进行担保。预付款备用信用证常用于进出口贸易中进口商向出口商支付的预付款,以及国际工程承包项目中业主向承包商支付的合同总价10%—25%的工程预付款。如申请人不履约,将由开证行退还给受益人预付款。

投标备用信用证(tender bond standby l/C)。开证行对申请人中标后履行合同的责任和义务进行的担保。如果投标人未能履行合同,开证行应按照备用信用证的规定向受益人支付赔偿金。投标备用信用证的金额一般为投标报价的1%—5%。

保险备用信用证(insurance standby l/C)。开证行对申请人的保险或再保险义务进行的担保。

商业备用信用证(commercial standby L/C)。是指开证行应申请人的请求,对受益人开立的承诺某些义务的担保。如在开证申请人未按时履约或未按时偿还货款的情况下,开证行负责偿还货款或承担有关责任。

从商业备用信用证保证申请人履行付款义务这一点来看,可以说是与跟单信用证功能最为相似的一种备用信用证。跟单信用证具有很多优点,但是也因为程序的缓慢、高额的开证费用以及存在欺诈的可能性等缺点,一直受到争议。特别是由于跟单信用证的开具需要一系列复杂的单据和文件,因此往往耗费大量的时间和费用在审查文件真伪上。并且,跟单信用证文件审查上的高瑕疵发生率和由此引发的纷争频繁发生,成为国际贸易中减少跟单信用证使用的主要原因。

相反,在国际贸易往来中使用商业备用信用证的话,只要求提交开证人未支付的支付要求书以及汇票,或者能够判断基础合同未履行的其他文件,在文件审查上避免了不必要的拖延,而且可以节省文件审查费用之类的银行手续费。如果开证人正常履行支付,则用不到备用信用证,开证行也不会介入彼此的交易,因此并无必要履行跟单信用证这样复杂的程序,交易的便利程度也使开证行更倾向于选择备用信用证。在实际贸易活动中,跟单信用证的使用呈逐步减少的趋势,商业备用信用证正在发挥重要的替代功能。

第三节 备用信用证和跟单信用证的比较

一、备用信用证和跟单信用证的相同点

备用信用证是在跟单信用证的基础上发展而来的,国际商会《跟单信用证统一惯例》(即《UCP400》)将跟单信用证和备用信用证统称为信用证,并给出了统一的定义。由此可见,备用信用证与跟单信用证两者的基本性质相同,其相同点主要表现在以下 4 个方面。

(一) 两者形式相似

备用信用证和跟单信用证的当事人一般包括开证申请人、开证行、通知行和受益人。信用证的内容都应当明确表明其是可撤销的或不可撤销的;都应当载明索赔金额和有效期;标明受益人要求索赔时需要提供的单据或文件以及提示方式等。

(二) 两者都是开证行承担第一性的付款责任

在备用信用证和跟单信用证下,当受益人所提供的书面声明或其他证据符合信用证规定的条件时,开证行必须承担赔付责任。

(三) 两者都是独立的

备用信用证和跟单信用证都是以销售合同或其他合同为依据而开立的。然而,一旦开立,它将脱离基本合同,成为开证行对受益人的独立义务。

(四) 两者都是凭单据交易

备用信用证和跟单信用证都是凭单据进行业务处理,开证行只负责核对单据的表面一

致性,不需要对单据的实质真实性和有效性进行确认或担保,也不需要了解受益人与申请人之间的争议和纠纷。

二、备用信用证和跟单信用证的不同点

虽然备用信用证和跟单信用证都受国际商会《跟单信用证统一惯例》的约束,且两者均是进行交易结算常用到的支付方式,但两者之间仍存在一些差异,主要表现在以下4个方面。

(一) 两者遵循的惯例不同

目前,国际上普遍采用的有关跟单信用证的惯例是国际商会制订的《跟单信用证统一惯例》(《UCP600》)。而备用信用证优先适用于《国际备用信用证惯例》(《ISP98》),同时当《ISP98》条款未涉及或不适用的情况下,可以依据《UCP600》的原则来解释和处理相关条款。

(二) 两者要求受益人提交的单据不同

跟单信用证要求受益人提交装运单据、商业发票、保险单、检验单据等作为付款依据。在备用信用证中,开证行要求受益人提出索赔时,应出具证明申请人违约的声明或证明文件、索赔通知书和其他相关单据或文件。

(三) 两者使用范围不同

跟单信用证主要用于进出口贸易的结算过程,使用范围相对狭窄。备用信用证可以涉及任何需要银行担保的业务领域,它不仅可用于运输工具、大型机械和成套设备的分期付款、延期付款和租金支付,还可作为国际信贷、国际招标、国际融资、加工装配、补偿贸易和技术贸易的履约保证。

(四) 两者作用不同

开立跟单信用证的目的是使开证行向受益人承担第一性的付款责任,开证行是主债务人。只要受益人按照信用证的规定提交单据,银行就应该承担付款责任。跟单信用证在开出后一般都会使用。而备用信用证是一种担保工具,是开证行对申请人履行偿付义务的支持。若申请人未能履行合同,则银行应当负责赔偿受益人的经济损失;若申请人按照合同约定履行了相关义务,则受益人不需要向开证行提交违约声明。因此,备用信用证通常是一种备而不用的单据。

第四节 备用信用证和银行保函的比较

一、备用信用证和银行保函的相同点

作为重要的国际结算和担保形式,备用信用证和银行保函在国际金融、国际租赁和国际贸易及经济合作中的应用十分广泛。两者都以在双方缺少信任的前提下,为完成交易和履行合同而产生,以此避免因交易欺诈而遭受损失。事实上,备用信用证和银行保函并没有本

质区别。备用信用证与银行保函的相同点如下。

（一）两者定义和法律当事人相同

备用信用证和银行保函虽然在定义的具体表述上有所不同，但它们都属于银行信用，都是由银行应某项交易合同项下的当事人（申请人）的请求或指示，向交易的另一方（受益人）开立的信用凭证，承诺对提交的在表面上符合其条款规定的书面索赔声明或其他单据予以付款。备用信用证与银行保函的法律当事人一般包括申请人、开证行或担保行和受益人。

（二）两者性质相同

国际经贸实践中的银行保函大多是见索即付保函，它吸收了信用证的特点，越来越向信用证靠近，使见索即付保函与备用信用证在性质上日趋相同。备用信用证与银行保函都是跟单交易，担保银行或开证行对受益人的索赔要求是基于保函或备用信用证中的条款和规定的单据，一般不涉及申请人和受益人的合同纠纷，即只凭单付款。

（三）两者用途相同

备用信用证和银行保函都是银行根据申请人的要求，一旦申请人未按照合同履行责任时，受益人可以凭规定的单据得到银行的赔付。也就是说，两者都是通过提供银行信用来弥补或代替商业信用的不足，以确保债务的履行。

二、备用信用证和银行保函的不同点

备用信用证和银行保函存在如下不同点。

（一）与基础合同的关系不同

银行保函在性质上有从属性保函和独立性保函之分。备用信用证并无从属性与独立性之分，它具有信用证的"独立性、自足性、纯粹单据交易"的特点，开证行只根据信用证条款与条件来决定是否偿付，而与基础合同无关。

（二）两者兑付方式不同

备用信用证的兑付方式通常是即期付款、延期付款、议付、承兑这四种方式中的一种，备用信用证还可指定议付行、付款行等，受益人可在当地交单议付或取得付款；而银行保函的兑付方式只能是付款，银行保函往往只有担保行，受益人索赔必须向担保行提交单据。

（三）两者单据要求不同

备用信用证一般要求受益人在索赔时，提交即期汇票和证明申请人违约的书面文件；而银行保函不要求受益人索赔时提交汇票。

（四）两者赔偿金额的表达方式不同

备用信用证的赔偿金额必须是明确的；而银行保函的赔偿金额既可以是具体的数字，也可以是基础合同金额的某一比例。

（五）两者适用的法律规范和国际惯例不同

备用信用证适用于《跟单信用证统一惯例》(《UCP600》)或《国际备用证惯例》(《ISP98》)，而银行保函一般受制于担保行所在地的法律。由于各国对保函的法律规范是各不相同的，到目前为止，尚未有一个可被各当事人广泛认可的保函国际惯例，一般参照《合同担保统一规则》(《URCG325》)或《见索即付保函统一规则》(《URDG758》)。

（六）两者融资作用不同

备用信用证的融资用途很广泛：申请人可以将其作为担保取得贷款；受益人以备用信用证作为抵押可获得打包贷款。并且，银行可以没有申请人而自行开立备用信用证，供受益人在需要时获得款项。而银行保函一般不具有融资功能，而且不能在没有申请人的情况下由银行自行开立。

本章小结

备用信用证是指开证行根据申请人的请求向受益人开立的旨在保证申请人履行合同义务的凭证。开证行保证当申请人未能履行合同义务或因开证申请人在履行合同中存在违约而造成损失时，受益人只要凭备用信用证的规定向开证行提交单据，则由开证行向受益人支付一定金额作为偿付。

备用信用证具有不可撤销性、独立性、跟单性和强制约束性。

根据在基础交易中的不同作用，备用信用证被分为履约备用信用证、反担保备用信用证、融资备用信用证、直接付款备用信用证、预付款保证备用信用证、投标/招标备用信用证、保险备用信用证、商业备用信用证等。

备用信用证和跟单信用证统称为信用证，两者在形式、开证行所承担的付款义务、独立性和单据化等方面存在着相同点。但是，两者遵循的惯例、要求受益人提交的单据、使用范围、开立目的和使用情况等方面存在不同点。

备用信用证和银行保函作为重要的国际结算和担保形式，两者在定义和法律当事人、性质和作用等方面并无本质区别。但是，两者在与基础合同的关系、兑付方式、单据要求、赔偿金额的表达方式、适用的法律规范和国际惯例、融资作用等方面存在不同点。

基本概念

1. 备用信用证：指开证行根据申请人的请求向受益人开立的旨在保证申请人履行合同义务的凭证，开证行保证当申请人未能履行合同义务或因开证申请人在履行合同中存在违约而造成损失时，受益人只要凭备用信用证的规定向开证行开具单据，例如申请人未履约声明或者证明文件等，则由开证行向受益人支付一定金额作为偿付。

2. 履约备用信用证：指开证行支持一项除金钱支付以外的履约义务，包括赔偿申请人在基础交易中不履约造成的损失。

3. 预付款备用信用证：开证行对申请人收到受益人预付款后应承担的责任和义务进行担保。如申请人不履约，将由开证行退还给受益人预付款和利息。

4. 投标备用信用证：指开证行对申请人中标后履行合同的责任和义务进行的担保。如果投标人未能履行合同，开证行应按照备用信用证的规定向受益人支付赔偿金。

5. 商业备用信用证：指开证行应申请人的请求，对受益人开立的承诺某些义务的担保。如在开证申请人未按时履约或未按时偿还货款的情况下，开证行负责偿还货款或承担有关责任。

复习思考题

1. 备用信用证产生的背景是什么？
2. 备用信用证有何特点？
3. 备用信用证有哪些种类？
4. 备用信用证和跟单信用证相比，有什么不同点？
5. 备用信用证和银行保函相比，有什么不同点？

第九章 国际保理结算方式

> 【学习目标】
> - 了解国际保理产生的背景与国内外发展的状况
> - 掌握国际保理的概念与服务内容
> - 熟悉国际保理的常见类型及一般业务流程
> - 理解国际保理对促进当今国际贸易发展的重要作用

第一节 国际保理结算方式概述

一、国际保理的产生

国际保理业务源于19世纪60年代的美国。保理商最初是指出口商在进口国所雇用的代理商——自16世纪美国成为英国的殖民地后,欧洲国家对美国的消费性商品出口持续增长,但由于通信技术和运输条件的限制以及对美国市场和客户的资信情况不了解,出口商往往雇用代理商以受托人的身份,通过寄售的方式销售货物,这些商务代理就被称为保理商。这个时期的保理商所提供的服务着重在于直接促进出口商的货物在进口国销售。随着能力的增强、业务的发展,这些保理商还开始对出口商寄售商品的货款提供预付款融资服务,前提是保理商可以在货物售出后扣除融资利息、费用和佣金。19世纪末,运输和通信技术得到了长足发展,欧洲国家对美国的市场情况也大大熟悉了,从而使得开拓和维护客户不再完全依赖于保理商。但是,资金融通、风险规避和账户管理及账款催收始终是出口商最关注也最需要解决的问题。因此,保理商向出口商提供的综合性服务里所包含的资金融通和坏账担保的服务比过去更为受到出口商的关注。相应地,保理商已从最早的负责销售的商业代理发展成为接受买方应收账款的债权受让人,保理业务由此进入了新的发展阶段。在第二次世界大战后,世界市场尤其是有形货物贸易逐渐形成了买方市场,许多出口商为了发掘客户和争取订单,把单纯的价格竞争和质量竞争扩展到包括能给买方提供便捷性付款方式等方面的综合竞争中。而在交易中处于更强势的进口商往往要求赊账购货,这种付款方式给出口商带来很大的风险。因此,出口商迫切想把赊销带来收款不着的风险转移出去,作为一种能够解决出口商的应收账款催收、融资、坏账担保等问题的国际保理业务,深受出口商的欢迎。在这种商务大背景下,国际保理业务的发展进入了一个高速扩张的发展阶段。

二、国际保理的概念

国际保理业务全称国际保付代理业务,顾名思义,"保理"业务是指保证付款和代理收款的业务。这项业务是指在国际商务活动中，在国际商务合同的履约过程中，应该收取款项的一方向应该支付款项的另一方，把商务合同中所产生的应收账款转给保理商（提供保理服务的金融机构），由保理商向应收账款方提供包括买方资信情况调查、应收账款账户管理、信用风险担保、资金融通、应收账款催收等一系列服务的综合金融方式。保理业务是商务活动特别是贸易合同中规定了以托收、赊账方式结算货款时，卖方为了强化应收账款管理、增强流动性而采用的一种委托第三者（保理商）管理应收账款的做法。

在《柯林斯英汉双解大辞典》里，保理（factoring）一词是"代理经营"的意思，在《牛津简明词典》中，保理的定义是：从他人手中以比较低的价格买下属于该人的债权并负责收回债款从而获得盈利的行为。《布莱克法律词典》将保理做了如下定义：以贴现价格将企业的应收账款卖给保理商，为了获得约定的贴现利益购买应收账款并承担一定的损失风险。国际统一私法协会《国际保理公约》对保理的定义如下：所谓保理，是指卖方（供应商或出口商）与保理商之间存在的一种契约关系。根据该契约，卖方将其现在或将来的基于其与买方（债务人）订立的货物销售合同或服务合同所产生的应收账款转让给保理商，由保理商为卖方提供下列服务中的至少2项。

（一）贸易融资

保理商可以根据卖方的资金需求，收到转让的应收账款后，立刻对卖方提供融资，协助卖方解决流动资金短缺问题。

（二）销售分户账管理

保理商可以根据卖方的要求，定期向卖方提供应收账款的回收情况、逾期账款情况、账龄分析等，发送各类对账单，协助卖方进行销售管理。

（三）应收账款的催收

保理商有专业人士从事追收，他们会根据应收账款逾期的时间采取有理、有力、有节的手段，协助卖方安全回收账款。

（四）信用风险控制与坏账担保

保理商可以根据卖方的需求为买方核定信用额度，对于卖方在信用额度内发货所产生的应收账款，保理商提供100%的坏账担保。

在美国，"保理"一词强调保理商必须同时能够给客户提供上述的4种服务，如果不能向客户提供应付账款方的信用风险担保服务，那么这种业务只能被称为"应收账款融资"（accounts receivable financing）。在英国，虽然保理商并不被硬性要求必须同时提供上述的这四种服务，但强调保理商的服务必须包含预付款融资服务，否则不能称之为保理业务。

国际保理商联合会颁布的《国际保理业务惯例规则》认为：国际保理业务是一项集贸易融资、结算、代办会计处理、资信调查、账务管理和风险担保等于一体的综合性金融服务业务。

综上所述，与传统结算方式相比，保理业务的优势主要在于它能给应收账款方提供综合性的金融服务业务。只是根据各国的具体国情，有的金融机构若不能提供包含了上述四个方面服务的业务，则不能称之为保理商。不管怎样，国际保理业务都是指保理商与应收账款方(国际贸易活动中即出口商)通过签署协议所做的一种安排,据此协议,保理商为应收账款方提供如下服务:针对应付账款方(国际贸易活动中即进口商)的资信调查、针对应收账款提供100%的坏账担保、代收及催收应收账款等管理、应收账款的融资活动。

三、国际保理的服务项目

在国际保理业务中,保理商根据协议的规定和安排,可以为客户(在国际贸易中即为出口商)灵活提供下列服务项目。

(一) 账款催收

几乎所有的贸易公司在签订了合同并发运了出口货物之后,在等待账款回收到账的时候都会为一个难题而忐忑:那就是如何在不损害与进口商客户彼此之间的良好关系的情况下安全及时足额地收回货款。造成这一难题的原因除了彼此间的语言隔阂,还包括商业程序、法律制度和操作惯例的不同等。而且出口商向进口商催收账款往往收不到良好的效果。这些问题和困难,在保理商提供的账款催收服务中可以得到妥善解决。保理公司有专业收账专家和法律顾问,建立有广泛的海外代理网络和收款渠道,拥有完整有效的账款催收和追债程序,知道什么时候怎样有效地去向什么人催收和追讨账款,保理商比出口商自己去进行账款催收要得心应手。所以,账款催收是保理商能为出口商提供的深受欢迎的服务项目之一,它不仅能成功地替出口商收回账款,而且节省了出口商的人力和资金成本,并较好地维护了出口商与进口商之间的贸易合作关系。

(二) 贸易融资

应出口商的要求,保理商可以向出口商预付约定比例的货款。这部分货款实际上就是保理商支付给作为应收账款转让方的出口商的贴现款。这种贴现服务实现了出口商发掘新客户、维护老客户、拓展和深耕市场的目的,也是出口商功能十分看重的保理商的主要服务项目。

保理所带来的贸易融资具有如下特点。

1. 融资比例较高

依照国际惯例,国际保理业务为出口商所做的融资金额一般能占到保理发票金额的80%,在客户资信情况良好、收款有保证的情况下,这一融资金额比例甚至可以高达90%以上。这么高的融资比例保障了出口商等于是即期收回了绝大部分货款。

2. 融资额度灵活

每一笔贸易合同的融资额度可以根据出口商的需要灵活提供,资金供应与商品销售同步增长,能够实现较好地与出口商的实际贸易融资需求相匹配。

3. 融资条件低,手续简便

在保理业务发展成熟、征信体系发达的美国、欧洲等地区,保理商基本上都直接采用第三方征信公司的报告和数据,评估客户风险的成本低而且信息可靠。所以保理商通常都是愿意给出口商叙作保理业务的。在保理业务下,进口商的付款作为保理融资的第一还款来源,进口保理商的担保付款作为第二还款来源。那么,保理商也可以放松对出口商的资信度要求,保理商给予出口商的授信额度可以不需要出口商提供抵押或担保。出口商只需要将代表应收账款的发票及债权转让书交给保理商,就可以在交单后的很短时间内收到融资款。保理业务中单据的提交、融资的申请及核准、包括融资资金的到账,在成熟的保理业务中都实现了在线化处理,非常便捷迅速。

4. 无追索权的融资

早在 2014 年,中国银监会发布的《商业银行保理业务管理暂行办法》中就规定了"以应收账款为质押的贷款,不属于保理业务的范围"。所以,保理业务是保理商尤其是充当保理商的银行给予出口商的一种无追索权的融资服务。保理商所提供的贸易融资通常是没有追索权,出口商可以将转让给保理商的应收账款视为正常的销售收入,在资产负债表上,此时出口商的应收账款减少、现金增加,资产负债率降低,反映公司清偿能力的主要参数之一的流动比率改善,从而优化了出口商公司的财务指标。在未实行货物贸易外汇管理制度改革之前(即 2012 年 8 月之前),保理商向出口商提供无追索权的融资服务的,保理商可以在向出口商提供融资款项并按规定为出口商办理融资款项的结汇或入账手续之后,以融资金额为准向出口商出具出口收汇核销单,使出口商可以提前办理收汇核销和出口退税,而不必一定要等到进口商完全付款完毕。

5. 固定利率外币融资

这项服务可以减少融资的利率风险和汇率风险。

6. 融资期限较短

保理融资属于短期融资,一般能够给出口商带来融资期限不超过半年的融资服务,较好地解决了经营消费品信用销售的出口商的融资需求。

(三) 账户管理

银行等金融机构作为保理商向客户提供保理业务中的账户管理服务,具体做法是保理商对所有受让应收账款的付款人(买方)均建立明细账本,记录它的付款时间、金额等情况。在国际贸易中,货物发运后,客户(卖方)开立好发票,并将此发票交给保理商委托其进行销售账户的管理。发票中说明进口商应向保理商支付货款,发票到期时保理商向买方收取账款,并将收好的账款存入客户的账户。保理公司有完备的账户管理制度和先进的办公设备,有能力为出口业务设立销售账户分账,并能够进行诸如记账、催收、清算、计息收费、打印账单等工作,定期或不定期地向出口商提供关于应收账款的回收情况、逾期账款情况、信用额度比阿华情况、往来账户对账单等各种财务和统计报表。由于保理商负责收取货款、寄送账单和查询催收等工作,出口商还可以从这些工作中解放出来而节省下大量的邮电费、电话费等管理费用和成本。

(四) 资信调查与坏账担保

保理商自行或者在第三方提供信息等服务之后,对买方的信用风险进行评估,然后给予卖方坏账担保的信用承诺,当买卖双方的交易不存在贸易欺诈以及不是因为卖方自身原因却又出现了买方不能及时付款的情况,保理商就必须向买方予以先行核准赔付。这种服务就是保理商给卖方提供的资信调查与坏账担保的服务,其中的坏账担保服务类似于信用保险。

保理业务使出口商能够充分及时地掌握自己的贸易客户的资信变化状况,采取必要的防范措施去控制切合实际的信用销售限额,从而能够避免或减少收汇风险。特别是对于中小企业来说,当客户数量增多、地区分布越来越广泛时,保理商能提供的资信调查和坏账担保服务是非常可贵的。在这里,信用额度是一个风险额度的概念,反映的是针对出口商的供货,进口方所能承受的最大支付能力。这一额度可以是单笔额度,也可以是循环额度。对于出口商在已核准信用额度内的发货所产生的应收账款,保理商须提供100%的坏账担保,即如果因进口商的资信原因如破产、倒闭,或无力支付货款等发生拒付,由保理商承担付款责任。当然,如果是由于贸易纠纷导致进口方拒付,那么按照国际保理联合会(FCI)的规定,保理商核准的信用额度将被取消,即保理商无需承担坏账担保的责任。

四、国际保理的收费

保理商提供保理服务,主要从以下4个方面收取服务费用。

(一)进出口保理商的服务佣金

佣金多少一般取决于交易性质、年销售量、买方资信、发票平均金额、应收账款金额、收款期长短等。出口保理商的佣金大约为发票金额的0.1%—0.4%,进口保理商的佣金大约为发票金额的0.4%—1%。总佣金大约为发票金额的0.5%—3.5%(无追索权高于有追索权)。通常保理商还会按月或季度或年度收取一个最低服务费(无追索权高于有追索权),以保证即使客户年销售额过低,也能有一个基本的保理服务收入。

(二)融资利息

由于保理商向出口商提供了融资服务,所以保理商向出口商的收费里包括了融资利息。利息一般采取预先扣除的方式,在对出口商提供融资时就予以扣除。而融资利率根据实际预支金额的大小,参照当时市场利率水平而定,通常要比银行利率高出1.0—3.5个百分点。

(三)单据处理费

每单收取一个固定的费用,比如5美元或10美元,发票金额越大,收取的费用越低。

(四)资信调查费

资信调查费有时包括在服务佣金中一并收取,但也可以被单独收取。有的保理商以固定金额收取,对每次出口商申请的信用额度无论是否批准和批准多少,都收取一定金额的资信调查费,比如一次资信调查收取50美元或100美元。也有的保理商按照0.5%—1%的比例收取。保理业务中的各项费用由出口商支付,出口商会通过提高货价转嫁一部分成本给进口商。

尽管表面来看,保理的服务费用较高,但综合考虑保理业务的综合性服务能够各自给出口商和进口商都带来利益,这种收费也是合理和可接受的。

五、国际保理的作用

在当今世界货物贸易多属于买方市场的情况下,国际保理业务的发展迅猛而广泛。因为,在这样的市场情况下,出口商往往不得不接受进口方延迟付款甚至是赊购的付款条件,这种付款条件对卖方风险大,会影响到卖方的生存与发展。国际保理业务为卖方提供了集融资、担保、结算甚至财务管理于一身的综合服务,既能够使卖方敢于更放心地接受买方赊购的付款条件、维持了买方市场的运转而有利于买方,也能够促成卖方与更多的新老客户包括潜在客户达成贸易交易。

(一)对出口商的作用

1. 扩大出口业务

通过叙作国际保理业务,出口商能够更放心大胆地去接受新老客户谋求赊购付款的交易,这样也就增强了出口商开拓市场和维护客户的竞争力,也使得出口商能在国际市场的激烈竞争增加营业额。出口额扩大了,出口商的平均业务成本也降低了,增加了出口商的利润。

2. 降低经营成本

用好保理商的服务,将信用管理、账款催收、账务管理等工作交给保理商去做,出口商就可以节省原本放在这些方面的人力、物力、资金方面的高额投入。节省下来的这部分投入足以弥补办理保理业务的成本,从而整体上降低经营成本。

3. 规避收汇风险

保理商提供的坏账担保服务能够转移买方的信用风险。特别是固定利率下的外汇融资基本上做到了规避利率和汇率变动的风险。

4. 改善财务状况

无追索权的保理融资能够使出口商提前确认和实现销售收入,增加现金资产,降低企业的资产负债比率,改善企业的财务状况,进一步提升企业融资的能力和对外形象。

5. 简化结算手续

相对于企业分别去办理出口信用保险、银行抵押性融资、海外客户资信调查、应收账款账户分户账管理等业务外包活动,国际保理业务能给出口商提供的综合一揽子服务是手续简便、性价比更高的。即使相对于信用证结算方式来说,接受了买方赊购交易条件和保理商服务的出口商也是可以避免催证、审证、改证等烦琐的手续,避免了因单证不符遭到拒付所带来的麻烦的。

案例 9-1

案情:

我国台湾地区的美利达工业股份有限公司是世界知名自行车制造商之一。公司成立于1972年,产品出口遍布亚欧各国。由于自行车行业的技术发展已经比较成熟,业内的竞争非常激烈,客户的赊账需求不得不满足。赊账销售最让公司担心的就是客户的坏账。公司曾使用信用保险来解除坏账之忧。然而在发生坏账时,公司仍然要承担至少20%的货款损失,而且办理的手续不比开信用证简便多少。后来,公司接触了FCI成员公司Chailease金融公司,开始了解并使用保理服务。保理服务提供的客户资信资料以及全套的账务管理服务使该公司节约了不少人力。最重要的是,保理的费用比信用保险低多了。该公司的经理表示,如此一来,他们就可以从容面对竞争,放心开发新的客户了。

分析:

采用赊账销售,对出口商而言,是风险极大的。赊销是一种信用销售,即使进口商资信良好、运营正常、严格履约,出口商的应收账款也要在发货之后的一段时期才能收回来,这种信用销售的方式是进口商占用了出口商的资金,若出口商在经过贸易磋商的讨价还价之后仍然不得不接受合同中赊账销售的支付条件,说明合同中涉及的交易商品是属于买方市场性质的商品,出口商需要以有利于买方的支付条件作为让步以达成进出口交易。赊销交易下,进口商通常采用发货后汇款或以付款交单、承兑交单托收的传统结算方式。但若是只限于接受这两种结算方式而不考虑为自己提早收妥货款的融资安排,出口商就会面临虽然不断收获客户订单却资金流动性紧张的窘境,风险会被累积和放大,正常的经营活动也会难以为继。想要开发新客户、维系老客户、开拓新市场、深耕成熟市场,若商品属于买方市场性质,出口商就既要考虑给予优质客户赊销的支付条件,又要努力寻求一切能让自己以更低成本、更高效率的融资方式。

长期以来,许多出口商选择出口信用保险来解决上述的窘境。然而出口信用保险相对于保理业务而言,有许多不足之处。首先,出口信用保险一般要求出口商将全部出口贸易合同的销售进行投保(即无论是哪一家进口商、哪一个进口国以及采用哪种付款方式都要投保),而保理业务中出口商可以根据风险情况有选择性地进行货物出口的保理,也可以酌情选择只采用保理四项服务中的一项或若干项。这种选择服务的主动权使出口商可以更好地降低规避风险的成本。其次,出口信用保险业务的费用较高,在国际上,最高保险费可达全部出口金额的4%,比保理服务佣金高得多。再次,出口信用保险中,进口商的信用风险一般由保险公司和出口商共同分担,保险公司一般只承保并赔偿信用额度内70%—90%的坏账,而且索赔手续烦琐、耗时,一般赔付期为货款到期日后120—150天。而在保理业务中,只要坏账没有超过保理公司核准给出口商的信用额度,保理商都会承担这些坏账的赔付。而且出口商向保理商索赔的手续简单、便捷,特别是按照国际保理业务的惯例,出口商获得保理公司的赔付,一般不会超过应收账款到期日之后的90天。这三点已经彰显出了国际保理业务要比出口信用保险更有效地维护了出口商在赊销交易中的利益。最重要的是,出口商利用保理服务,除了能够实现买方信用风险的有效转移,还能够获得信用保险所不能够提供的诸如融资、账户管理、账款催收等其他服务,并且正如本案中出口公司的经理所言,这些服务项目也是出口商极为需要的、对出口商的业务发展极为有利的。

💡 **启示:**

当前,国际货物市场已普遍形成买方市场条件。特别是一些生产技术相对成熟稳定的货物更是如此。发达国家的许多进出口商都不再青睐于使用信用证作为结算方式。中国台湾地区在20世纪70年代末期完成了工业化,众多出口导向型的台湾企业在进军和开拓欧美市场的过程中也接受了进口商所坚持的赊销支付条件。所以,从20世纪80年代开始,台湾地区出口贸易中使用信用证作为国际贸易结算方式的比重大为降低,取代信用证的恰恰是欧美国家已经成熟发展起来的国际保理业务。

在那些生产技术相对成熟、供应方众多、供应商报价差别不大的货物贸易中,接受进口商的更苛刻的支付条件对出口企业来说已然成了一个获取订单的隐形前提。因而,许多出口商纷纷转而通过向进口商提供优越的支付条件来提升自身的竞争能力。在其他条件相当的情况下,谁提供的支付条件更优惠,比如愿意提供赊销结算便利,谁就能占有出口先机。即使像本案中的台湾美利达工业股份有限公司那样的行业知名企业,也同样面临这样一种竞争压力及竞争手段的选择。而保理服务能解除出口商提供了信用销售给进口商之后的多种担忧,十分有助于出口商提升出口竞争能力,所以,出口商值得且应该研究透彻保理服务的利弊,用好保理业务开拓国际市场。

国际保理所提供的一揽子综合服务特别能满足新建或成长中的中小企业、小微企业开拓市场、发掘和维护客户的需要,可以说,国际保理业务解决了这些企业在促进交易达成、合同正常履行方面的难点和痛点问题。近年来,我国的中小企业尤其是小微企业不仅数量快速迅猛增长,这些企业对扩大社会就业、推动经济发展、维护社会稳定发挥了不可替代的作用。尽管这些年来日益宽松的发展环境促进了中小微企业的长足发展,但是这些企业发展过程中尤其面临着开拓国际市场的综合能力不足的问题,这些问题突出体现在:这些企业难以持续地获取对海外客户全方位资信调查的可靠信息、难以在给予海外客户有竞争力的付款条件之后保障自己资金的流动性良好和销售账户的安全性。

由于中小企业自身存在经营规模小、财务制度不规范、生产成本高、利润薄、技术水平差、抗风险能力弱等问题,目前,大多数有融资需求的中小企业从商业银行贷款问题依旧比较困难,中小企业的信贷获得率和频次不是很高,信贷条件不符合的企业居多,融资难和融资贵的问题突出。而中小企业的融资需求依旧旺盛。规模以下的小企业90%没有与金融机构发生任何借贷关系。在工商银行2014年的年报中,其509万户的对公企业客户中仅有14万户有融资余额,可见多数中小企业仅仅为其提供存款,而无法获得贷款,其他商业银行的客户情况也大同小异。

而现在的国际经济环境又使得为了开拓市场、发掘和维护客户,中小企业往往要接受海外买家的赊购条件或非信用证结算方式。保理融资,由于其手续简便、办理快捷、量体裁衣,十分适合中小微企业灵活多变而又迫切的融资需求;也由于保理融资的条件宽松、不需抵押和担保,能有效调查到海外买方的资信而对卖方的资信等级标准要求不是很高,接触了中小微企业在获取传统融资中的障碍;再加上保理业务中无追索权的融资能迅速地改善中小微企业的销售账户财务状况,并进而增强中小微企业生存发展壮大的能力让其可以提高自己的融资能力、提升自己的企业形象;所以,保理业务提供的融资服务深受中小微企业的欢迎。实际上,保理业务中的融资服务不仅有效地解决了中小微企业长期以来的融资瓶颈和货款安全收回的问题,还因其所提供的融资服务不需要企业放弃任何的所有权而让获得融资的中小微企业的经营管理不受到融资的影响,有利于中小微企业保持决策和运转的独立性。

除了上述的融资安全和便利的服务之外,保理商能提供的其他服务还可弥补中小微企业的诸多先天不足。中小微企业对海外市场的信用管理常常限于自身的实力不足而无法开展或难以运作,为了争取客户和交易达成,中小微企业又往往仓促交易,面临着如此之大的市场风险和信用风险,应收账款一旦难以及时收回就会坏账率高企,直接威胁到中小微企业的进一步生存和更好的发展。保理商的资信调查、账款催收、坏账担保等服务都可以使中小微企业免受上述的融资难、资信调查难、催收账款难等困境,让中小微企业能更放心安心地集中精力开拓国际市场、扩大销售和维护客户关系。

所以,在中国,了解和熟悉保理业务的企业和金融机构越来越多,开展保理业务合作的企业和金融机构也越来越多。

案例 9-2

案情:

德益世 2018 年 1 月向中国一家贸易公司(以下简称 A 公司)提供了 3 000 万美元的保理业务授信额度。这家公司专门出口在涂料、胶黏剂、X 光胶片和炼油厂中广泛使用的化学品。A 公司的总部位于中国上海,主要将上述化学品出口到美国、欧洲和南美洲。A 公司根据德益世为其核准的信贷额度,给海外进口这类化学品的采购商提供了赊销的结算方式,公司旨在以赊销的结算方式来增加更多海外订单,并努力争取到获得更大区域范围的众多客户的新订单和长期订单。有了这些稳定的订单,可以让 A 公司进一步巩固其在国内该类化工产品出口企业的领先地位。

实际上于设备过时、环保标准提高和维护费用昂贵,美国和欧洲的生产企业已经逐渐退出这类化学品的生产商、供货商行列,但很多工业产品的制造工序仍然需要使用到该类化学品,而拥有新型环保设备并且能够大规模生产的中国供应商正成为该类化学品生产行业的主角。获得德益世高额保理信贷额度授信支持的 A 公司运营多年,在行业内掌握着丰富的供应商资源,已经成为该行业的重点出口企业,但同时 A 公司也迫切需要加速应收账款的资金回流以满足业务增长需求,A 公司还需要获得稳定可靠的海外大量进口订单。A 公司的国内供应商大都为国有企业,强势地要求 A 公司要在订货后向供应商结清货款才发货;同时,A 公司的海外客户,特别是来自美国和欧洲地区的客户都习惯于使用赊账来进行该类化学品的贸易交易。A 公司自己也深入了解到世界市场上其他国家的出口商也普遍接受了该产品在买方市场下的常见支付条件是赊销。相较而言,A公司的老客户包括公司的一些潜在客户提出的发货后90天左右付款的结算条件已经不算苛刻了。但是订单虽多却凸显出现金流动性紧张的现状让A公司管理层压力巨大。

A公司难以考虑接受银行提出的托收项下做出口押汇,因为这种出口押汇解决不了它资金紧张,需要得到没有贸易纠纷之下的无追索权的融资款快速到账的困难。A公司地处上海,德益世公司作为世界上知名的国际保理公司,在了解了A公司的情况之后,为其量身定制了60—120天账期的赊销应收账款和保理融资服务,以补充A公司的资金流动性。德益世公司还向A公司提供了极具灵活性的产品以满足A公司以美元结算的需求。若A公司有进一步的财务管理的需求,德益世公司也可以利用自身资源帮助A公司管理其做多海外客户的应收账款账户,从而能显著提高A公司的财务效率。

分析:

A公司有开拓海外市场的能力和实力,但是自己的出口商品已经是买方市场,这个市场已经普遍接受赊销作为常见的支付条件和结算方式。为了维系和稳定海外市场的老客户,特别是争取到更多的海外市场的新客户从而以更多的订单去继续巩固自己在国内出口商中的优势竞争地位,A公司也必须接受海外进口商提出的赊销的支付条件。

A公司是一家贸易公司,它的海外订单也必须依赖国内生产企业的持续稳定供货,恰恰在向供货商付款方面A公司也是处于不利地位的要付款才能拿货。因此,A公司的生存与发展其实面临着资金流动性紧张的大困难,要解决这一瓶颈性的困难,唯有使用国际保理服务。在提供国际保理服务的保理商中,德益世公司给A公司提供了量身定制的方案,所以双方订立了长期合作的保理协议。此案例充分体现了国际保理服务能带给买方市场下的出口企业很大的益处。

启示:

国际保理业务的开展在中国已经30多年了,目前中国能够提供国际保理服务的银行或保理公司已经为数不少。但是国内企业里,尤其是内陆地区的中小企业对保理业务的了解和熟悉程度还比较欠缺,一方面,银行以及保理公司应热情主动地面对中小企业宣传并提供保理服务,另一方面,中小企业也应该积极认真地去了解、接纳和尝试保理服务,充分利用好保理服务以促进企业开拓海外市场、保障企业的收款收汇安全。国内的银行或保理公司也应该提高自己的业务水平,否则自己不能提供有针对性的优质保理服务给国内企业,就会让国外的保理商把保理生意拿走了。

(二) 对进口商的作用

1. 降低收货风险

保理服务时的进口商赊购成为可能,进口商可以等到货物收到后再付款,对其而言是风险最小的国际结算方式。

2. 增强支付能力

远期付款和延期付款能使进口商用进口货物售卖出去后所收回的货款来完成对出口商的货款支付,这对于任何一个进口商来说都是很有诱惑力的付款方式。远期付款也能让进口商没有了融资的压力,可以空出来更多的信用额度满足其他支付下的融资需求。进口商不需要叙作信用证结算方式,省下信用证结算方式下的保证金。保理业务带来的这些好处都是可以让进口商利润空间增加,帮助其扩大经营规模的。

3. 改善财务状况

同样由于远期付款,没有了融资负担,进口商的资产负债情况也不会受到不利影响,财务状况良好,发展潜力增加。

4. 降低进口成本

尽管进口商会承担部分甚至全部出口商叙作保理业务转嫁出来的价格提高的成本,但是由于进口商获得了远期付款或延期付款的有利付款方式,实际上是可以抵消它多付出的价格成本的。

5. 简化结算手续

由于出口商采用赊销或承兑交单的托收结算方式,避免了进口商使用信用证结算方式下申请开证和处理单证的烦琐手续。

案例 9-3

案情:

德国的 Playshoes 股份有限公司成立于 1998 年,它以高品质的时装收藏品和认证产品而闻名,也是德国著名的婴幼儿产品批发商,公司从世界各地采购进口鞋、雨衣、泳衣、配件和玩具等产品。该公司采购的产品主要由德国服装和玩具设计师设计和改进,而把产品的生产外包给在这些产品领域具有生产规模优势的国家和地区参加,其中中国内地和香港地区的供应商是公司重点联系的供应商。该公司采购的产品主要面向德国和其他西欧国家的网上商店、邮购公司和行业的零售商进行销售。

外包生产过程中,Playshoes 公司一直采取的是对海外供货商以汇款方式提前支付 50% 的订单金额和 30—60 天的远期付款信用证去支付剩余货款的结算方式。Playshoes 公司一直希望能从亚洲供应商这里获得更灵活的付款条件,在 2009 年 Playshoes 股份有限公司与德国最大保理公司之一的 Eurofactor AG 公司签订了保理协议。为了优化营运资本状态,Playshoes 公司打算与亚洲供应商洽谈,争取获得赊销条件,他们提出的具体付款方式通常是供应商为所有发票金额开立未作任何预付款的 120 天期限账户。

因为 Playshoes 公司具有较好的信誉,Eurofactor AG 公司愿意授予公司以信用保险政策支撑的较大信用额度。在 Playshoes 公司与亚洲主要供应商洽谈之后,有两个中国的大型制造商表现出对双保理出口模式的兴趣。Eurofactor AG 随后联系了有经验的 FCI 保理公司，即香港的新加坡发展银行和北京的中信银行，并向他们介绍了供应商基本信息和交易信息等内容。

基于 100％的信用风险防范和 Eurofactor AG 对出口保理公司的认可，Playshoes 公司将到期全额支付供应商的发票金额，出口保理商将提前支付 95％的发票金额给出口商，当发票寄到保理公司时合同生效。从 2012 年开始采用这样的支付条件和结算方式之后，无论 Playshoes 公司还是向其供货出口的中国大型制造商都是满意的。这种结算方式是一个对所有参与者均有利的多赢方案：进口商 playshoes 取得自己所需要的支付条款并可以将部分成本转嫁给他的买家客户；中国内地和香港地区的两家制造商作为出口商，则获得了应收帐款的及时融资。与此同时，新加坡发展银行与北京的中信银行也在保理业务中获得了收益。而 Eurofactor AG 后来又收到 Playshoes 公司把来自中国和马来西亚的新供应商纳入采用保理业务进行国际结算的请求，不断拓展了自己的融资服务客户名单。

分析：

Playshoes 公司之所以积极寻求保理服务，是因为保理业务为进口商提供了极好的无担保延期付款条件，同时还能解除贸易伙伴出口商的收款担忧——本案例中，Playshoes 公司长期稳定联系的中国供货商就接受了赊销付款，这也帮助了 Playshoes 公司继续稳定地从它所信任的供货质量有保证的中国供货商这里扩大相关商品的进口量。对于出口商来说，可以把保理费用加入出口货物的货价中，而只要提交了发票给保理公司就可以得到高达 95％的应收账款的提前收取，是一种手续简便且收汇风险大幅度降低的结算方式。从进口商 Playshoes 公司的角度来看，它拥有诸多渠道向德国及其他西欧国家的零售终端售货，可以顺利地把保理服务的费用成本适当地转嫁给作为它下家的零售商，而且在与出口商签订交易合同时就能确定交货价格，能掌握一个明确的进口成本，无需再负担信用证手续费等其他附加费用，也是很好的一种结算方式。

启示：

上述案例告诉我们，尽管保理服务是面向出口商提供的，实际上对进口商也是极为有利的，是一种双赢的结算方式。因而，在交易中，进口商也应积极主动地去争取保理结算方式的运用，进而争取到对自己有利的信用销售方式。

第二节　国际保理的业务运作

一、国际保理的类型

国际保理业务按照不同的标准可以划分出不同的类型。

(一)单保理和双保理

根据保理经营机制的不同,保理业务可以分为单保理和双保理。

单保理是指只涉及进口商或出口商任何一方保理业务的国际保理,通常适用于进出口商双方中有一方没有保理商的情况,一般是在进口国所在地有保理商,而在出口国所在地没有保理商。在单保理模式下,有时候也存在两个保理商,即进口保理商和出口保理商。虽然办理过程也是由两个保理商合作完成的,但是进口保理商只承担有限的保理服务项目,协助处理发生的贸易纠纷,而出口保理商也只是负责去进行业务监督、转账和融资。这种模式虽然类似于双保理机制,但仍然是与规范的保理业务操作有差异的,因为他在一定程度上限制了进口保理商的服务功能。而严格的单保理业务多为只有一个保理商的情况。

根据保理商在进口国还是在出口国,单保理模式还可以细分为直接进口保理模式和直接出口保理模式。在直接进口保理模式下,通常是出口商会直接与进口保理商签订保理协议,由其收取账款和提供坏账担保。这种直接进口保理模式操作简单,费用较低。但由于出口商与进口保理商分出不同的国家,如果语言沟通不畅通不熟练,出口商的融资需求就难以得到完全的满足。在直接出口保理模式下,出口商与出口保理商签订保理协议,由其收取账款和提供坏账担保。这种保理模式也简单直接,出口商与出口保理商都统在一国,在语言沟通、法律运用和商业习惯方面都没有障碍,出口商很容易获得便利的融资服务。但是出口保理商还是会面临着比较大的风险,这不仅是因为在了解进口商资信方面会存在困难,也因为出口商会面临两国债权转让方面遇到的法律冲突,以及进口国可能会出现的外汇管制。

双保理是涉及进出口双方保理商的业务模式。在这种模式下,出口商和出口保理商签署保理协议,将其对进口商的应收账款转让给出口保理商,再由出口保理商与进口保理商签订协议,向进口保理商转让有关的应收账款,委托进口保理商与进商联系收款,同时由进口保理商提供坏账担保、账款催收和销售额度核定等。

双保理模式是目前世界上最流行也最受欢迎的保理模式。因为双保理业务提供给出口商的服务包含了对进口商的资信调查、应收账款的催收、销售账户的管理和资金融通等服务。而且,双保理模式下,出口商只需要和位于本国的出口保理商商洽,就能获得上述的一揽子综合服务。总的来说,在全球范围内,随着国际保理业务的发展和保理商业务水平的提高,双保理模式已经逐渐取代了服务不够完备的单保理模式。

(二)到期保理和融资保理

保理业务按是否提供融资来划分,可分为到期保理和融资保理。

在到期保理业务中,保理公司根据出口商通常给予进口商的付款期限计算出平均到期日,也就是平均预计收款日,并于平均到期日将应收账款的收购价款付给出口商。在融资保理业务中,保理商一收到代表应收账款的销售发票,就必须立刻以预付款的方式提供无追索权的融资款给出口商。当然,保理商一般立刻付款的金额不超过发票总金额的80%,剩余的20%金额会在货款收妥后再去清算。有时候也把融资保理成为预支保理。由于融资是保理业务的核心服务项目,所以融资保理已经被视为标准保理。

(三) 有追索权保理和无追索权保理

有追索权保理就是指出口商将应收账款转让给保理商并获得保理商的融资后，如果进口商拒绝付款，保理商有权向出口商要求偿还预付的款项。也就是说保理商原先对出口商的融资款是可以追索回来的。在有追索权的保理业务中，保理商所提供的服务不包括为出口商核定进口商的信用额度、为出口商提供坏账担保，它仅仅提供有可能被追回的融资款。如果作为债务人的进口商因清偿能力不足而形成呆账坏账，保理商就会去向出口商追索融资款。

无追索权保理是指出口商将应收账款转让给保理商并获得保理商的融资款后，即使进口商在应收账款的到期日拒绝付款，保理商也不能要求出口商把原先收到的融资款退回给保理商。在无追索权的保理业务中，保理商独自承担进口商拒付的风险。在无追索权的保理业务中，保理商为出口商提供进口商的资信调查服务从而核准出合适的信用额度并进行有效管理。因此，对于未超过已经得到保理商核准的信用额度的应收账款的融资性款项，保理商是没有追索权的。值得注意的是，保理业务中的无追索权是有相对性的。所谓无追索权的相对性是指保理商对出口商的融资性预付款项的无追索权是有条件的，这个条件就是进口商的拒付是因为自身的资信状况出了问题而不是贸易出现了纠纷。如果进口商的拒付是因为出口商所交付的货物存在质量问题以及其他出口商未能按照买卖双方的销售货物合同履行自身义务的问题，那么，作为债务人的进口商此时是可以基于基础合同提出抗辩的。此时，保理商也有权撤销它与出口商签订的保理合同，追索回已经给予出口商的融资款——这是国际保理业务得以顺利发展的根本准则。还需强调的是，保理商通常只为已经核准的、提供了坏账担保的应收账款提供无追索权的融资。

(四) 公开保理和隐蔽保理

保理业务根据是否把应收账款转让给保理商去办理的事实告知进口商，可以分为公开保理和隐蔽保理。公开保理就是当出口商将应收账款的债权转让给保理商并委托保理商去向进口商收取应收账款之后，以书面形式将保理商参与账款催收等情况通知进口商，要求进口商将货款付给保理商。而隐蔽保理是指出口商因为不愿意让进口商了解自己的流动资金不足，所以不把自己将应收账款交给保理商去催收和融资的情况告知给进口商。出口商在隐蔽保理业务的模式下，虽然把单据出售给了保理商，但是仍然由自己向进口商收款，然后再将货款转交给保理商。在隐蔽型保理业务中，保理商除了提供发票贴现融资服务外，其他的保理服务项目如资信调查、坏账担保、账务管理等通常不予提供。其实，随着人们对保理业务的了解和熟悉程度加深，出口商的顾虑事实上已经没有必要。当今越来越多的出口企业都意识到可以把自己的非核心业务外包出去以加快自身的发展壮大，出口企业都乐意充分利用好保理商所能提供的综合一揽子服务，而不仅仅只是看中保理业务中能解决日常资金周转的融资服务，所以，公开保理业务已经成为了主流。

(五) 完全保理和部分保理

根据保理商提供的保理业务的服务内容，可以分为完全保理和部分保理。完全保理是指保理商提供贸易融资、销售分户账管理、应收账款的催收、信用风险的控制以及坏账担保服务的保理。部分保理是指保理商仅仅向出口商提供上述服务中的部分服务的保理业务。

(六) 逐笔转让型保理和一揽子转让型保理

保理业务根据应收账款转让形式的不同,可以分为逐笔转让型保理和一揽子转让型保理。逐笔转让型保理是指在签订了一定期限的保理协议的有效期内出口商可以自己选择对哪一个进口商的哪一笔具体的贸易合同项下的应收账款办理转让。而一揽子转让型保理则是指出口商与保理商在保理协议中明确规定,在保理协议的有效期内,对某特定债务人的所有应收账款均须转让给保理商,在这段时期,出口商不再就具体应收账款签署任何证明转让的文件,但一部分称为不合格应收账款的销售则排除在外。这种不合格的应收账款,包括出口商对自己卖方的返售、物权不发生转移的销售或用于个人消费的销售等。

二、国际保理业务中的当事人及其权利与义务关系

在国际保理业务当中,有如下主要当事人:出口商、进口商、出口保理商和进口保理商。

出口商是指提供货物或劳务,并出具发票,向保理商委托其办理应收账款催收等保理业务的当事人。进口商是指对提供货物或劳务所产生的应收账款负有付款责任的当事人。出口保理商是指接受出口商的委托,为出口商叙作保理业务的当事人,其接受了出口商应收账款的让渡。进口保理商是指按照相互保理协议的规定,接受了出口保理商让渡了应收账款债权,最终对出口商的应收账款有支付义务的当事人。

(一) 出口商与进口商之间存在着货物或服务合同关系

国际保理业务是在出口商与进口商之间签订了货物买卖或服务提供的基础合同之后,为了促成进出口双方的基础合同顺利履行而引进的一种综合一揽子金融服务业务。保理业务开展的前提就是买卖双方的基础合同的存在。《国际保理惯例规则》明确规定,保理业务为出口商提供的应收账款的催收和融资服务是服务于进出口双方以信用证、付款交单托收及其他现金交易的基础合同所产生的应收账款的债权、债务清偿的。这些债权、债务关系是国际保理业务存在的基础。叙作了国际保理业务的出口商,应认真履行基础合同中要求他去做的义务,特别是保证不存在基于合同的贸易纠纷,否则,出口商必须承担进口商拒付的所有风险和损失。在相关法律规定债权转让必须通知或经债务人同意方可生效的情况下,即在公开保理业务中,出口商还有义务通知进口商应收账款的转让事实;否则,进口商不负有对保理商的付款责任。如果进口商和出口商的寄出合同明确禁止出口商使用保理业务,那么出口商也不能转让应收账款给出口保理商。

(二) 出口商与出口保理商之间存在着出口保理协议关系

出口保理协议是国际保理业务中的主要合同。出口商为获得协议中所约定的各项保理服务,应履行的主要义务有:将出口保理协议中所涉及的合格的应收账款转让给出口保理商,承诺他所卖给出口保理商的每一项债权都是能够有效得到进口商的清偿而不会招致任何抗辩或反索要求的债权。在进口商基于贸易纠纷拒付应收账款时,出口商必须接受出口保理商的追索回购债权。出口保理商必须及时披露与转让应收账款相关的信息,向保理商支付约定的费用和贴现利息等。出口保理商的义务则在于:按保理协议的规定,及时地去

做进口商资信情况的调查、给予出口商核准的安全的信用销售额度的建议、给予出口商应收账款融资、坏账担保甚至包括提供给出口商销售账户分户账管理的服务；出口保理商还应负责或积极解决出口商与进口商之间在账款催收方面的纠纷，并在规定的期限内行使追索权。

（三）出口保理商与进口保理商之间存在着相互保理协议关系

双保理机制中，出口保理商与进口保理商签订了相互保理协议，委托进口保理商负责债款催收并提供坏账担保。双方的关系具有债权转让人与受让人间的法律关系，即出口保理商将从出口商手中购买的应收账款再转让给进口保理商，从而进口保理商取代了出口保理商债权人的地位。在保理业务中，进出口保理商主要依据国际保理业务惯例的有关规定来确定所享有的权利和应承担的义务。保理商之间协议的主要目的也是确认共同遵守国际保理业务惯例。

（四）进口商与进口保理商之间存在着事实上的债权、债务关系

在国际保理业务中，尽管进口商与进口保理商之间是没有合同关系的，但是由于进口保理商最终是要去向进口商催收回他从出口商/出口保理商处购入的应收账款，所以，进口保理商与进口商之间是存在着事实上非常明确的债权、债务关系的。只要出口商与进口商孩子间的基础合同未明确规定该合同项下所产生的应收账款禁止转让，进口保理商就可以合法有效地获得应收账款，而不用再去事先征得进口商的同意。当进口商逾期却未付款或足额付款时，进口保理商享有催收权；经催告，进口商仍无理拒付的，进口保理商不仅对相关货物享有留置权、停运权以及出口商可依法享有的其他权利，而且有权遵循法律途径追收债权。当然，作为债权转让的结果之一，进口商依据贸易合同也可以行使自己对出口商主张的抗辩事由。

三、国际保理业务流程

（一）单保理的业务流程

单保理业务的流程如图 9-1 所示，通常包括以下 7 个步骤。

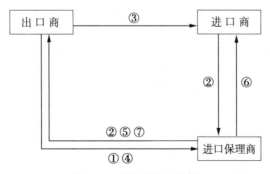

图 9-1 单保理业务流程

（1）出口商与一个或几个进口商经过谈判，决定采用保理结算方式以后，出口商即向进口国的保理商提出申请，保理商必须在收到申请后的 14 天内决定是否同意接受并通知给出

口商,然后双方签订保理协议,并提交需要确定信用额度的进口商名单。

(2) 进口国的保理商对进口商进行资信调查,确定信用额度,并通知给进口商。

(3) 出口商在信用额度内发货,并将发票和运输单据直接寄给进口商,或通过进口保理商转交给进口商。

(4) 将发票副本寄给保理商。

(5) 出口商如要融资,则保理商在收到发票副本后即以预付款的方式向出口商支付不超过发票金额80%的无追索的融资。保理商负责应收账款的管理及催收,并提供百分之百的风险担保。

(6) 到期后,进口商将货款付给保理商。

(7) 保理商扣除有关费用及贴息后净剩余的20%的发票金额转入出口商的银行账户。

(二) 双保理的业务流程

双保理业务的流程如图9-2所示,通常包括以下10个步骤。

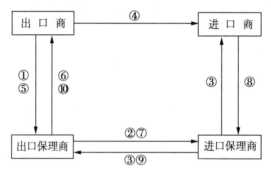

图9-2 双保理业务流程

(1) 当买卖双方经过谈判决定采用保理作为结算方式后,出口商和出口保理商签订保理协议,并将需确定信用额度的进口商的名称、地址告知出口保理商。

(2) 出口保理商将对所有情况立即通知给进口保理商。

(3) 进口保理商对进口商进行资信调查,并核定其信用额度,通过出口保理商通知出口商。

(4) 出口商与进口商签合同,并在信用额度内发货,将发票和运输单据寄给进口商(也可交给出口保理商,由出口保理商直接寄给进口商或通过进口保理商交给进口商)。

(5) 出口商将发票副本送交出口保理商。

(6) 出口商如需融资,出口保理商在收到发票副本后立即以预付款方式向出口商支付不超过发票金额80%的无追索权的融资。

(7) 出口保理商将发票副本转给进口保理商由进口保理商向进口商催收。

(8) 在付款到期日,进口商将全部货款付给进口保理商。

(9) 进口保理商将款项拨付给出口保理商。

(10) 出口保理商扣除有关费用及贴息后,将剩余的20%货款付给出口商。在这个过程中,出口商只需同本国的保理商接触,进口商也只同进口保理商打交道,非常方便,不存在语言、社会习惯等方面的障碍。

第三节　国际保理结算方式在国际贸易中的运用

一、国际保理在海外的运用状况

保理业务在国外的发展有着较长的历史。本质上,保理业务是一种委托人把自己的应收账款作为债权转让给有能力给予他资金融通及其他综合服务的专业公司及人士的商务活动,能提供这些综合服务的公司及人士就是广义上的保理商,他们通过购买他人债权而获利。保理的最初出现可以追溯到数千年前的古巴比伦时代。现代意义上的国际保理业务则起源于欧洲与北美间的国际商务代理活动。但是,通信和交通的发展还不足以使跨越大洋大洲的不同国家的商人在进行进出口贸易活动时能够对对方的资信情况有足够和即时的充分了解,当时的出口商无论是制造商还是贸易商,都愿意通过雇佣商务代理来安全地完成货物的出口交易。所以当时的商务代理的主要职责就是以受托人的名义销售货物和收取货款。到了19世纪末期,运输和通信的飞速发展使销售商没有从前那么需要代理商去完成推销活动了,出口国的销售商甚至可以比较放心地把货物直接发运给进口国的买主。此时,商务代理商的职能逐渐转换为提供贸易融资和坏账担保服务给出口国的销售商,这也就是现代国际保理业务的两大核心业务。在这种商务代理提供给出口国的销售商的服务中,销售商追求直接与进口国的买方建立货物买卖的直接关系,同时也追求自己的货物在出口发运之后能够尽快且便捷甚至没有追索权地得到应收账款的融资和最后所有应收账款的顺利收回。于是,国际保理的功能和本质都突出地体现在:以应收账款作为债权的转让,在债券的有偿转让中促进出口商与进口商更顺畅地达成进出口贸易合同并更大程度地保障双方去履行合同(尤其是履行合同的支付条款)。

其实,从历史脉络来看,当商务代理商演变为保付代理商,意味着保理商给出口国的销售商提供的服务更多的已经不再是贸易活动跨越国界的延续,而是为贸易活动的顺利促成和完成提供了包括融资、坏账担保、资信调查乃至销售账户管理等非贸易活动的服务。所以,在当下贸易活动受到贸易保护主义的干扰以及全球经济形势较为低迷发展的时代背景里,国际保理业务的综合一揽子服务日益受到广大出口商的欢迎。保理业务市场在扩大,保理融资的货物范围不断扩大,不仅是货物贸易所涉及的林林总总的商品出口的应收账款都可以成为保理商承购销售发票、受让债权的对象,甚至包括服务业所产生的应收账款也成为保理业务的服务范围。而且,公开的、无追索权的预支双保理模式已经成为了各国保理商开展保理业务的主流模式。

北美和欧洲是现代保理业务的发源地,也一直是国际保理业务的主要市场。以1889年第一家现代意义上的保理公司——澳尔伯·多梅利克公司(Oelbermann & Dommeridh Commpany)在美国纽约成立为标志,现代保理业务在全球的发展已有130多年的历史;以国际保理商联合会1968年在荷兰阿姆斯特丹成立为标志,保理业在全球的普及已有50多个年头。目前,350多个国际保理商联合会的会员单位在全球90多个国家开展的国内和跨境保理业务量占到了全世界保理交易量的近80%。

作为目前全球最大和最具影响力的国际保理组织,国际保理商联合会采用开放式组织形式,允许一个国家有多家保理公司加入成为其会员,其会员提供的国际保理业务量占到全球业务总量的一半以上。国际保理商联合会的联合会法律委员会起草并在2002年7月颁布的国际保理通则已经成为世界广泛认同的国际保理法律框架,这个通则是国际保理商之间的行为标准,世界上90%以上的国际保理贸易额均受此通则约束,国际保理商联合会法律委员会还提供持续的帮助去解答成员的法律疑问。国际保理商联合会通过多种方式去帮助它的成员在国际贸易中取得金融服务的优势。

国际保理商联合会可以看作是全球一流保理公司之间的一个国际网络,它通过现代的和有效的交流系统促使它的会员单位在低成本下开展业务,国际保理商联合会致力于维持恒久服务质量的标准程序。同时,国际保理商联合会为它的会员单位提供数量繁多的培训项目包去不断进一步地提高其会员单位地保理业务服务水平。

国际保理业务不仅在高度工业化的国家继续成熟发展,而且保理业务也已经在许多发展中国家广泛推广。在许多亚非拉国家,保理行业增速惊人,这些地区的很多金融机构不断地加入保理行业,相似的增长同样出现在中欧地区和中东地区。今天几乎所有的行业都能在国际保理业务中得到好处,不管是纺织服装、电子产品等传统的高出口额的行业,还是在一些小众产品的出口行业乃至实在租赁服务业,保理业务都已越来越多地被应用。

当然,要想成为国际保理商联合会的会员单位不是没有门槛的,申请加入者不可能是提交了一份入会申请就可以自动通过。国际保理商联合会要求申请入会者必须符合严格的注册标准,这套标准意味着申请加入国际保理商联合会的银行或保理公司已经建立起了能提供品质服务的信誉。

特别值得关注的是,国际保理商联合会开发启用了供各会员公司使用的EDI通信系统EDIFACTORING,实现了成员间的电子数据交换,使各成员间的信息传递完全通过计算机网络进行,大大提高了业务处理速度,也使得保理业务比一般的结算品种更加便捷、准确和高效。

根据国际保理商联合会2020年的发布数据,非洲在2019年的保留业务量同比2018年增长10%,突破了240亿欧元;美洲的保理业务量增幅达到3.5%,就数值而言则增长了74亿欧元,其中,拉美及加勒比亚区表现出8.9%的业务增长率(见表9-1)。东北亚区保理业务量占到全球保理业务总量的23%,为6 830亿欧元,其中,日韩两个发达国家2019年的保理业务量与2018年基本持平,中国内地和香港地区则因为中美贸易摩擦和香港地区充满挑战的政治环境在2019年的保理业务量总额上相较2018年有所减少。南亚和东南亚地区的保理业务量基本保持平稳,但是新加坡在2019年保理业务量出现了高达10%的下滑幅度,这也反映出转口贸易发达的新加坡也受到了中美贸易摩擦强烈的负面冲击。中东欧和东南欧也是当今国际保理业务高增速发展的地区,波兰、匈牙利、爱沙尼亚、捷克等国的增幅都比较高。中东地区的保理业务量占国际保理商联合会统计总量的0.3%,会员数量占比3%,表现抢眼的是保理业务量增幅高达17%的阿联酋。欧盟保理市场表现出的高集中度保持不变。在2019年,欧盟前5大保理国家的保理业务量之和占到整个欧盟市场的73.6%。这5个国家分别为:法国(占18.3%)、英国(占17.3%)、德国(占14.5%)、意大利(占13.8%)、西班牙(占9.7%)。

表 9-1　各地区 2018 年及 2019 年保理业务情况　　　　（单位：百万欧元）

地　区	2018 年保理业务总额	2019 年保理业务总额	保理业务总额变动率(%)	2019 年各地区所占份额(%)
非洲	22 174	24 562	10.8	0.84
亚太地区	695 562	687 594	−1.1	23.57
欧洲	1 829 142	1 976 239	8.0	67.75
中东地区	8 840	9 937	12.4	0.34
北美洲	90 101	86 742	−3.7	2.97
南美洲	121 248	132 031	8.9	4.53
总额	2 767 067	2 917 105	5.4	100.00

虽然全球保理业务在有的国家出现了下降,但值得乐观的是,保理已成为全球范围内发展最快的供应链金融业务,在促进世界各国的信用贸易、满足中小企业融资、服务实体经济方面发挥着越来越重要的作用。

二、国际保理在我国的运用状况

与国外早在 19 世纪下半叶就出现的国际保理业务相比,我国的国际保理业务起步较晚。中国银行是国内开展国际结算业务的资深银行,它作为我国首家开办国际保理业务的银行,中国银行与德国贴现和贷款公司在 1987 年 10 月签署了国际保理总协议,也宣告了中国大陆正式有了国际保理业务。5 年之后的 1992 年 2 月,中国银行才加入了国际保理商联合会,当时中国银行北京分行与国际保理商联合会会员——美国鹰狮保理公司签署了保理协议,这是中国银行作为保理商与国际保理公司第一次签署协议。中国银行已经与美国、德国、英国、法国、挪威、比利时、意大利、丹麦、澳大利亚、中国香港、中国台湾、南非、土耳其、奥地利、泰国、新加坡、马来西亚、日本、韩国、匈牙利、以色列、希腊、西班牙、波兰、爱尔兰 25 个国家和地区的 50 余家保理公司签署了国际保理协议,业务遍及五大洲。国内的其他商业银行如交通银行、光大银行、中信实业银行、民生银行、工商银行、建设银行、招商银行、农业银行、上海浦东发展也在 20 世纪 90 年代就加入了国际保理商联合会,较早加入国际保理商联合会、叙作国际保理业务的非银行有东方国际保理中心(现北京博升通管理咨询公司),这家公司作为我国首家专门从事保理及信用风险管理咨询服务的企业,是在 1995 年就被国际保理商联合会接纳成为其正式会员的。

回顾 20 世纪 90 年代的我国国际保理业务,必须承认当时我国的国际保理业务发展缓慢,特别是 2002 年 3 月,南京爱立信公司突然做出惊人之举,凑足巨资提前还清工商银行南京市分行、交通银行 19.9 亿元贷款,转而再向花旗银行上海分行贷回同样数额的巨款,成为了花旗的优质客户。一个重要的原因,就是中资银行无法向南京爱立信公司提供无追索权的保理业务。但是随着我国金融业的改革和国内银行及商业保理公司对保理业务知识及作用的逐步了解,我国的保理业务总额已由 2000 年的 2.12 亿欧元上升到 2019 年的 4 035 亿欧元,20 年扩大了 1 900 倍,是世界上保理业务总量及增幅最迅猛的国家(见图 9-3)。特别是从发展机遇来看,当前我国金融行业的改革开放近继续呈现良好势头,"一带一路"促进了我国对外经贸的快速增长,走出去步伐加快,为外贸企业提供融资、坏账担保、催收账款和应收账户管理服务的保理行业也相应地继续处于快速发展时期。当然,我国保理业务尤其是国际保理业务的服务提供者仍然存在着重融资轻管理的心态,特别是保理业务项下的应收账款在保理商进行了融资贴现后再融资渠道较窄。所以,我国国际保理服务机构的成长之路仍然需要格外关注。

图 9-3　2015—2019 年中国保理业务总额

资料来源：FCI 官网。

我国的保理业务总量增速虽然快,但是在保理业务总量占 GDP 比重这项指标上看,我国与发达国家还有着差距。因此,从外部差距来看,我国的保理业务发展空间还是很大的。而根据国家统计局的有关数据整理,2013—2019 年,我国规模以上工业企业应收票据及应收账款总额逐渐增多,截至 2019 年年底,我国规模以上工业企业应收票据及应收账款 17.4 万亿元,较 2018 年年末增长 4.5%。如果还要算上非工业企业以及中小微企业的应收票据和应收账款总额,这些数值更加巨大。这也从内部说明我国的保理业务还可以依托于庞大的应收账款业务而得到长足的发展(见表 9-2)。

表 9-2　近年来中、英、法、德、意、西的总保理量占该国 GDP 比重对比

（单位：百万欧元）

中　国	2015 年	2016 年	2017 年	2018 年	2019 年
总保理量	352 879	301 635	405 537	411 573	403 504
比　例	2.87%	2.43%	2.92%	2.51%	2.51%
英　国	2015 年	2016 年	2017 年	2018 年	2019 年
总保理量	376 571	326 878	324 260	320 193	328 966
比　例	11.57%	10.97%	10.78%	9.48%	10.39%
法　国	2015 年	2016 年	2017 年	2018 年	2019 年
总保理量	248 193	268 160	290 803	320 409	349 714
比　例	9.16%	9.81%	9.93%	9.74%	11.50%

续表

德 国	2015年	2016年	2017年	2018年	2019年
总保理量	209 001	216 878	232 431	244 300	275 491
比 例	5.59%	5.66%	5.62%	5.24%	6.40%
意大利	2015年	2016年	2017年	2018年	2019年
总保理量	190 488	208 642	228 421	247 430	263 364
比 例	9.33%	10.06%	10.32%	10.05%	11.75%
西班牙	2015年	2016年	2017年	2018年	2019年
总保理量	115 220	130 656	146 292	166 391	185 559
比 例	8.67%	9.59%	9.88%	9.93%	11.88%

资料来源：表中各国年度的总保理量数据来自国际保理商联合会官网,年度的GDP数据来自快易理财,按当年度的欧元与美元平均汇率进行了换算。

对比中外发展国际保理业务的轨迹来看,我们发现中国是银行最先开展国际保理业务,在保理业务已经得到企业的熟悉之后,商业保理公司才开始在政策的放宽和鼓励之下开始进入国际保理行业。而这个发展轨迹在国外往往是相反的。而我国由于银行从事国际保理业务的时间更长,且银行的资金实力雄厚,所以在国际保理商联合会的年度会员评比中,我国的银行赢得过国际保理组织进口保理商进步奖、国际保理营销奖、出口保理商成长奖等多项冠军,还有银行出口保理服务质量名列全球第二。这些业绩大大激发了银行保理业从业者的信心。我国保理从业人员的素质和服务的水平都还可以再上新台阶。

三、加快发展我国保理业务的对策分析

(一) 加大宣传力度,普及国际保理知识

我国的保理业务从无到有,从小规模的、不完善的保理服务发展成为现在保理业务量稳居全球之首,成为全球最大保理市场。在保理发展速度方面,中国市场堪称展示了全球最有活力的大型经济体的强劲实力。但是,与开展保理业务多年的发达国家相比,我国的企业尤其是中西部地区的中小微企业仍然对于国际保理业务的了解不够到位,导致他们实则非常需要利用国际保理业务来开拓国际市场和维护客户关系,又还是拘泥于老旧心态而倾向于采用传统的信用证结算方式来完成货款的收取。当今时代,跨境电子商务活动已经成为全球主要的商务活动形式,中小微企业不仅可以充分利用跨境电商平台来寻找和发掘客户,也更迫切需要能够放心大胆又安心省力地用好集资信调查、催收账款、贷款融资、账户管理于一身的国际保理业务。相较于我国的国内保理业务近年来一度随着P2P的金融融资业务超高速发展,其实更应具有安全性的国际保理业务发展速度并不算迅猛;从保理业务总量占一国GDP比重这一指标的数值来看,我国的保理业务尤其是国际保理业务的拓展还有很大的空间。

当前我国企业尤其是中西部地区的中小微企业对于国际保理业务的服务内容和保理业务的功能及实质的认识还很不够,导致了本来属于最应该去申请国际保理业务的这类企业却不愿或不能积极主动地去申请使用国际保理的服务。对此,我国那些从事国际保理业务

多年,也较早加入国际保理商联合会的大型银行有义务通过各种途径和利用各种机会向全社会尤其是向企业广泛宣讲积极的保理营销理念,将国际保理业务纳入银行的整体营销战略之中,加大对目标客户的市场宣传和营销力度。当然,在我国已经于 2012 年开展了商业保理业务之后,非银行的保理公司也可以和银行一样,通过开办企业培训、网上推介、上门讲解、实施尝试期优惠费率等手段,使客户熟知国际结算中用好保理业务是有助于企业发展壮大的,让客户能够把握好保理业务的优势,了解掌握保理操作,更加主动地选择利用保理服务。

在这方面,由中国服务贸易协会商业保理专业委员会主办,北京中金济国咨询有限公司承办的"全国保理业务水平考试(NFCC)培训"系列课程,自 2015 年开办至 2020 年 4 月,已成功举办 43 期培训(包括 9 期 NFCC 专业级培训),共计近 3 000 人次参与、2 600 余人获得证书,得到行业的一致认可。当全国的国际保理知识在大规模大范围的宣传活动中深得人心时,我国的国际保理业务也自然相应地得到质和量的双重提升。

(二) 重视法规建设,加快推进我国保理业务的相关立法

保理业务是以应收账款的转让为前提和核心的,那么,应收账款作为债权、债务的载体,它的债权人和债务人在转让过程中的身份如何界定和转换、在保理商提供围绕应收账款的催收、融资、管理的过程中怎样做是符合规范和法律的,就应该有一整套统一的业务标准与做法乃至商务惯例和法律规范。早在 1988 年,国际统一私法协会就已在加拿大渥太华订立了《国际保理公约》,《国际保理通则》也在 2013 年修订再版并得到各国的认可,这些国际上通行的关于保理业务的公约和通则对各国保理商开展保理业务有宏观上的指导意义。

叙作国际保理业务的核心是债权转让,围绕债权转让的相关立法也就成了重中之重。国际保理的相关公约和惯例都对于保理商取得的以应收账款为载体的债权是否得到充分的保护给出了肯定性的答案,商事比较发达的国家在保理相关的立法中也注意到了其特殊性,在开展保理业务较早的发达国家,如美国,在司法实践中积累了处理保理业务纠纷的经验;如英国,还在过往判例中给予过保理商在债权转让时取得排他性的优先债权。可以说,这些国家的法律规定通过法律和判例,的确给予了保理商在叙作保理业务、受让取得应收账款的债权时充分的权益保障。而我国当前开展保理业务的主要依据仍然只是《合同法》中权利让与的有关条款,这一笼统规定对于保理商在向债务人追偿债权时的充分保障仍显不足。各国的保理法律对我国都有借鉴意义,我们可以学习英国法中关于转让通知的规定,学习美国建立中央登记系统的做法,建立商业保理登记公示系统,学习美国对于商业保理各方面都进行了非常详尽的规定,为商业保理提供了法律基础,学习法国在新制度建立方面有所创新。

我国认可国际保理商联合会的《国际保理惯例规则》和《国际保理仲裁规则》,并且也已签署了国际统一私法协会颁布的《国际保理公约》。我国的保理商无论是银行还是商业保理公司,都应该深入研究和吃透这些公约、通则和惯例。当然,国际公约、规则惯例并不能直接和最有效地监督我国的国际保理业务实践;因此,结合国际先进立法和我国现有的法律架构,构建一套与国际保理业务相顺应的国内法律体系,就非常具有现实意义和紧迫性。重视保理业务的相关法规建设,才能让我国快速发展的保理业务合规发展、安全发展、高质量发展。

(三) 加大支持力度,加快保理业务的发展步伐

国际保理商联合会资料显示,目前国际保理商联合会在中国有 50 余家会员单位,占全球会员总数的12%左右,中国市场业务量约占全球保理市场总额的15%,而在2000年上述比例分别仅为1%、0.03%。可以说,中国保理业务的发展在某种程度上反映了中国实体经济运行情况,也反映出中国的企业与保理商都越来越接受国际上已大行其道的赊销贸易的结算方式。2019年大中华区的保理业总量总计超过4 945亿欧元,占到亚太地区保理业务总量(6 830亿欧元)的72.32%。与全球其他大洲的保理业务总量相比,亚太地区的保理业务总量仅次于欧洲地区(2019年达19 840亿欧元,占全球的68%,增幅超过8%),远高于美洲、非洲和澳大利亚地区。但值得注意的是,由于受到2018年中美贸易摩擦的负面影响,中美之间的贸易量都有所下降,相应地,2019年中国内地的保理业务总量下降了2%,香港地区下降了10%;当然这个冲击是双向的,北美洲2019年的保理业务总量不足870亿欧元,降幅接近4%。2019年,在保理业务总量增幅上,居于增幅榜前列的国家有阿根廷(增幅+34%)、智利(+26%)、匈牙利(+23%)、波兰(+17%)和秘鲁(+15%),而我国的邻国印度在2019年保理业务量的增幅也有12%。从这些数据的比较中,我们可以发现,各国的国际贸易结算方式中,叙作保理业务越来越受欢迎。中国作为世界贸易的大国,在打造自己世界贸易强国地位的进程中,尤其要加快保理业务的发展步伐,政府及有关金融管理部门应在政策与资金方面给予保理业务发展以必要的扶持。比如,鼓励国内各商业银行包括商业保理公司加入国际保理商联合会,并加强与世界知名保理商的交流与合作,学习和借鉴它们先进的管理技术和经验,随时掌握国际保理业务发展的最新动态。通过"请进来、走出去"的办法,加强综合及专业人才的引进和培养,造就一支高素质的专业技术队伍,提高我国保理业务的整体水平。

结合我国跨境电子商务在世界处于领先地位的优势,加大保理业务流程的电子化建设投入,特别是完善资信调查评估、信用管理的软件硬件建设,提升保理全过程的电子化水平,做到从申请到收账的完全网络电子化,充分体现保理业务的便捷优势。在银行内部,应考虑设立专门的保理业务部门,增强保理业务的独立性,让银行从事保理业务的人员有更高的专业素养,让其在不断扩展的保理业务创新性服务中得到经验和技能的积累,以使我国的银行在承接国际保理业务时更有竞争力。同时,由于我国的商业保理业务已经广泛开展,所以我国也要积极培育和发展银行以外的专业保理公司,壮大保理商队伍,推动我国国际保理业务的快速健康发展。

银行及保理公司作为企业要发展,保理行业也要发展。商业保理行业必须建立统一的行业标准。保理专业委员会可以与商务部商贸标准管理部门协调,争取每年出台若干项保理行业规范、行业标准,引领保理行业健康发展。

(四)重视研究保理业务,维系良好的银企关系

我们一再强调,保理业务是保理商提供给应收账款方的一揽子综合性金融服务,它的这一特性决定了保理商要重视保理业务的非融资功能,绝不能简单粗暴地认为保理业务就是给客户提供短期融资服务。否则就会使保理业务沦为类流贷业务,同时由于没有能够给到客户真正需要的销售账户分户账管理、坏账担保等具体而有针对性的个体化服务,就会很难得到客户的真正信任、认可和接受。如果保理商不重视保理业务的综合研究和个体差异化服务,是很难实现客户与保理商在双赢的基础上有长期稳定的合作的。

在2002年,交通银行南京分行曾经因为僵化而守旧的做法而痛失爱立信这样一个优质客户,当时风波事件的原因就是交通银行南京分行不能满足爱立信公司提出的给予其"无追索权的应收账款转让"业务,这项业务实际上是国际保理业务中的一个核心服务。2002年是中国加入世界贸易组织的第二个年头,也是中资银行与借入世后更好的环境奋力抢夺最能带来利润的优质客户的外资银行进行直接遭遇战的第一年。交通银行尽管早在20世纪90年代就已成为国际保理商联合会的会员单位,但是对于国际保理业务中客户究竟为什么需要和看重保理业务可以说理解不到位,并且缺乏创新务实的精神,以至于在交通银行南京分行明明知道爱立信作为优质客户,自己作为大银行也是可以做到完全可以控制住应收账款回收方面的系统性风险的,仍然因为拒绝给予客户提出"无追索权的应收账款转让"服务而失去了与南京爱立信的银企关系——当时的南京爱立信提前偿还了中资银行19.9亿元的贷款,转身就与花旗银行上海分行及渣打银行上海分行签订了贷款协议。这起风波事件在业界专家看来,中资银行痛失优质客户,不仅在于中资银行不够魄力和决心去提供保理业务,也在于当时的中国金融行业的整体大环境的确不足以让中资银行在开办"无追索权的应收账款转让"业务时具有放心去做的底气——由于丧失对融资方的追索权,需要对资金风险进行控制和分散,一般涉及银行与保险合作,当时的中资银行、保险公司既无业务准入,也无合作经验。

与2002年中资大行都对保理业务的业务内涵没有足够深入的研究和把握相比,如今已成为拥有国际保理商联合会会员席位最多的中国,不论是银行还是其他商业金融机构,都已经在多年的业务实操中提高了自己对保理业务内涵和本质的认识。外资企业一直都强调为其提供服务的银行不仅要能提供其所需要的集中式服务,而且还要银行的服务能跟上企业业务创新的步伐。入世20年来,中资银行已经充分领教了外资银行带来的挑战,也深刻领悟了必须创新理念提升服务主动适应变化的企业融资、资信调查、风险控制、坏账担保等需求,只有这样,才能争取和维系好高端客户、优质客户,巩固自己与需要国际保理服务的企业之间的良好银企关系。良好的银企关系也能使银行提供国际保理服务的品质和口碑得到广泛传播,进一步让银行获得更多的客户,有利于银行的发展。

我国银行等金融机构应该摒弃传统的倾向于以利差来追求利润的狭隘发展思路,对于国际保理业务要有创新的发展理念和思路,不能简单采用与其他业务同样的操作方法,从而掩盖保理的实质,体现不出保理的优势。比如保理业务本身就更能有效地服务于中小微企业开拓国际市场,而中小企业总是更需要有无追索权的融资,这时候国内的保理商尤其是叙作保理业务的中资银行的就必须打破商业银行发放贷款的要求,不再去要求中小微企业在获取融资服务时还要进行财产抵押或担保要求,真正需要保理商去落实和做好的恰恰是充分发挥保理业务自身的资信管理优势。也只有在保理业务的持续大量开展过程中,我国的保理商才能不断提高保理业务对客户的吸引力。

(五)银行和商业保理公司应加强相互合作

保理业务是一项集营运资金融资、信用风险防护、应收账款簿记管理及催收为一体的综合性金融服务。对于接受保理服务的出口企业来说,融资和坏账担保是其所迫切需要的核心服务,而对于保理商而言,风险防范与应收账款账户管理是保理业务的重中之重。因为只有做好了风险防范和应收账款账户管理工作,才能建立完整可靠的企业资信情况管理系统,加强对进出口企业的资信管理;完善业务流程。商业银行以及商业保理公司都要树立风险意识,建立和完善科学的信用管理制度和方法,并通过银行之间的合作与信息共享,重视保理合同条款的研究,特别是风险防范方面的条款研究,以做到防患于未然。借鉴欧美地区保理商的做法，加强商业银行与保险公司的合作，通过与买方信用保险品种的结合或对保理业务的再保险，实现保理风险的有效转移与共担。

由于保理业务是不限于银行所开展的，而且我国及世界许多保理业务蓬勃发展的国家也早已在银行商业保理公司之间开展了差异化竞争与互补性合作，因此，我国的银行和商业保理公司也应该在国际保理业务的开展方面加强相互合作，目的是为我国在国际保理业务市场上称为话语权更强的国家。实际上，目前几乎不存在不要融资的国际保理业务，这与国内企业外源性融资渠道的路径安排也是相适应的。而我国的商业保理公司在融资服务的提供方面并不擅长和有优势，特别是商业保理公司在融资服务领域面临着融资租赁公司、小额贷款公司、第三方支付公司、信用担保公司等竞争对手的强力"狙击"。所以，商业保理公司应避开与银行、融资租赁公司、小额贷款公司、第三方支付公司、信用担保公司等对手的正面竞争，发挥自身优势，强化保理的其他服务功能，如销售分户账管理、客户资信调查与评估、应收账款管理与催收、信用风险担保等，与银行形成差异化竞争与互补性合作关系，"走在银行前面，但又依托银行"。而我国的银行尤其是国资大银行往往资金充裕，一般能够轻松向客户提供融资保理，但对于国内银行来说，它又拥有太多的金融产品及盈利点，保理只是其贸易融资业务中的一项，而贸易融资也仅是银行产品中的一部分而已，因此银行难以集中人力专攻保理业务。甚至不少银行将应收账款质押与保理业务混同；在应收账款质押领域，银行也集中在一批大型、优质的客户身上，比如公用事业类公司。而实际上，最需要保理和应收款质押的中小企业，往往享受不到银行保理业务带来的好处。还由于目前很多银行的精力只能集中在大行业、大项目上，且银行的风控优势也表现在传统类项目上，而商业保理公司可以集中力量专攻一个或数个领域的保理项目，引进国内外更加适合的风控机制。因此，银行的短板和局限就给商业保理公司提供了市场机会和用武之地。随着金融改革的日渐深入、大众对应收账款资产的日益重视，国际贸易和其他商务活动中越来越多的交易倾向于采用客户说坚持的赊账交易结算方式，商业保理公司与银行的合作是双赢的自然趋势。那些早一步对此进行探讨和布局，各自练好自己擅长领域的内功的银行和商业保理公司，无疑会获得保理业务突破性发展的先发优势。

案例9-4

案情：

我国某出口商欲出口电视机到美国，并向某出口保理商申请100万美元信用额度。出口保理商在调查评估进口商资信的基础上批准了20万美元的信用额度。出口商在此基础上与美国进口商签订了23万美元的出口合同。发货后出口商向出口保理商申请融资。出口保理商按照惯例给予了信用额度80%的融资，向出口商预付了16万美元。应收账款的到期日却遭到进口商拒付，理由是货物质量有问题，但实际上进口商没有对货物质量进行检验，仅仅是基于该批货物与以前所购货物为同一型号，而前批货物有质量问题，所以此批货物也有质量问题的逻辑就宣称此批货物存在质量问题。于是，进口保理商以贸易纠纷为由，要求免除自己应该承担的坏账担保责任。出口商则认为进口商的拒付理由不成立，并进一步了解到进口商拒付的实际理由是美国进口商的下家，真正购买此批货物的土耳其进口商破产了,而货物被银行控制,美国进口商无法收回货款。因此,出口商要求美国进口商提供质检证,然而美国进口商一直未予提供。90天赔付期过后,进口保理商仍未能付款。出口商委托进口保理商在美国起诉进口商。但进口保理商态度十分消极,最后以我国这家出口商败诉而告终,败诉原因也仅仅是凭借美国进口商的一家之辞,认为此案存在贸易纠纷,进口保理商可以免除担保责任。

分析:

这是一起典型的贸易纠纷导致保理商免除坏账担保责任的保理案例。焦点就在于引发贸易纠纷的货物质量问题是否存在,进出口双方各执一词。进口商认为货物质量有问题的理由实际上是逻辑上不能自洽的、过于牵强,而出口商要求其提供货物质检证,进口商也无法提供。此时,出口商要求进口保理商协助解决纠纷,但进口保理商却一直态度消极。出现这种情况的根本原因是香港进口商已经很明确自己从下家处已无法收回货款,从而面临损失的风险。为了避免自己受损,进口商自然不会配合出口商解决贸易纠纷,对出口商提出的提供质检证的要求自然也就置之不理。而进口保理商则指望按照《国际保理业务惯例规则》的规定,以进出口商在货物品质方面存在贸易纠纷为抗辩理由,去解除自己的担保付款责任。

其实,根据国际保理惯例的规定,进口保理商有义务尽力协助解决纠纷,包括提出法律诉讼。但本案中,进口保理商作为出口商的代理在诉讼过程中,态度却十分消极,也不想打赢官司,原因很简单,若是打赢了官司,出口商还有剩余未收齐的应收账款(但要限于授信额度20万美元)要由自己承担付款责任,连同之前出口保理商已经向出口商融资预付款的16万元也要由进口保理商向出口保理商划拨资金。因此,本案中进口保理商反而倾向于指望进口商提出的货物质量存在问题得到判决的支持,从而不用去承担向出口商"保证付款"的责任。

当然,在此案例中,是典型的公开预付的双保理业务,在未发生美国进口商拒付事件之前,出口商已经从出口保理商处到账了16万美元的应收账款融资款。本来出口保理商为出口商提供了买方资信调查与坏账担保服务,因而提供的融资应该属于无追索权融资。但是,出口商现在因为败诉而被认定为货物质量存在问题,此笔交易出现了贸易纠纷,出口商的坏账担保责任也就得以解除,出口保理商有权将对出口商的融资款项16万美元从出口商的账户中划走,该笔贸易业务应收账款打水漂的风险还是由出口商自己承担。

启示:

根据保理协议的规定,出口商将应收账款出售给保理商时,必须将不合格账款排除在外,否则保理商将保留追索的权利。保理商只承担信用风险,对于因为货物质量、数量、交货期不符等违约行为而导致的进口商拒付或少付的商业风险,以及对于进口国家发生动乱、实行外汇管制等产生的国家风险,保理商不予承担。

国家风险一般较少发生,保理业务的主要风险就是出现贸易纠纷。因此,对于贸易纠纷的风险,有关当事人应事先加以防范。对于出口商而言,为了防止进口商假借贸易纠纷理由拒付从而免除保理商的付款责任,在贸易合同中应就贸易纠纷的解决方法与进口商事先达成一致意见,比如确定一家双方都愿意接受的商检机构在日后出现质量纠纷时对货物进行检验,以检验结果作为判定纠纷是否存在的依据。对于提供无追索权融资的出口保理商而言,有必要通过合同、发票、提单等文件单据去了解和掌握交易背景的真实情况,也有必要在与出口商签订的保理协议中就发生贸易纠纷后的追索权重新获得问题加以明确规定,以防承担贸易纠纷产生的进口商正当拒付的风险。另外,进口保理商的选择也非常重要。进口保理商是坏账担保人,能否勇于承担坏账担保的责任,关键在于其资信状况和经营理念如何。本案中的进口保理商显然关注自己的利益胜过关注自己的信誉,资信状况欠佳,经营理念里并不注重为客户提供有价值的服务。进口保理商与出口保理商的合作讲求长期共赢,因而在实务中,出口保理商无论是切实为出口商着想,还是为自己的利益考虑,对进口保理商都应作出慎重的选择。

四、国际保理与传统结算方式的比较

国际保理是在出口商使用了赊销、承兑交单托收为支付方式的国际贸易中,由保理商向出口商提供的一种集合了融资、结算、财务管理、信用担保等服务于一体的综合性的贸易支付和结算方式,可以说它是信用销售日益广泛的国际贸易环境中深受中小微企业欢迎的一种新型结算方式。

赊销对出口商来说是风险最大的,而托收中的承兑交单对出口商的收款保障程度也较薄弱,国际保理业务可以对采用了上述基本支付方式的出口企业提供有针对性的具体方案,视出口企业的侧重要求而提供个性化的服务。国际保理业务没有改变进出口贸易合同仍然是建立在商业信用基础之上去实施的性质,但是它提供的不仅仅是催收账款这样简单的结算收款功能。保理商更强调以自身所能提供的融资、买方资信调查和坏账担保的服务来吸引出口商,而有实力的保理商更能凭借自身的专业人才给中小微出口企业提供销售分户账管理的服务。正是由于服务功能的多样化,国际保理已经发展成为更适用于买方市场条件下、进口商和出口商都愿意广泛接受的货款结算方式。当然,也是由于服务项目更加齐全,国际保理的成本并不低,但现在进口商也愿意接受明明白白的成本算出来的报价,只要出口商将保理成本打入货物报价的比例不是很离谱,进口商也是不会去反对和阻止出口商使用国际保理服务的。

与D/P相比,国际保理的优势主要在于融资功能。对于出口商而言,D/P远期条件下,仍会遇到资金周转的困难,而即使出口商所在地的托收行愿意叙作出口押汇,但银行所提出的押汇条件通常比较苛刻,特别是这种押汇是占用出口上信用额度的,也保留对出口商押汇所得到的垫付款的追索权,所以出口商并不是有很高的积极性去叙作出口押汇业务。对于进口商而言,D/P交单的支付条件和结算方式,无论远期付款交单还是即期付款交单,实际上都没有真正利用到出口商信任自己所带来的信用销售便利,也就是进口商并没有得到利

用出口商资金去进行货物售卖从而优化现金流的好处，假如进口商需要融资，就还得通过信托收据借单、提货担保等方式向代收行的银行申请融资，同样也是占用其信用额度和承担银行融资款被追索回的风险的。与之形成鲜明对比的是，国际保理对出口商的融资虽然没有做到应收账款的100％融资，但是高达80％—90％的融资款一经保理商提供给出口商，就是无追索权的，出口商办理融资的条件宽松，手续简便，无后顾之忧。特别是这种融资不占用出口商在银行的信用额度，既能够解决出口商资金周转的问题，也继续增强了出口商的信用销售能力，能让出口商更敢于去拓展新客户、发掘新市场。D/P结算方式这种传统的结算方式仍是一种典型的以商业信用为基础的结算方式，出口商仍然面临发货后由于进口商拒付而导致的货物存仓保险、滞港、转卖、重新运回等成本费用损失的风险。而有了国际保理的服务，保理商提供的买方信用风险担保可有条件地免除出口商的此类风险，使得出口商不需要去考虑远期D/P这种既没有办法让自己有充分的风险担保、又对进口商没有太大吸引力的支付方式，出口商可以更放心地采用D/A结算方式，在国际贸易的实务中，D/A是比远期D/P更不容易出贸易纠纷的结算方式，也是符合国际商会的《托收统一规则》的指导精神的。

与汇款结算方式相比较，国际保理的服务是综合性的一揽子服务，它能够基本解决进口商采用预付货款或出口商采用货到付款方式下双方资金利用不平衡的难题。国际保理的业务一般提供的是不超过180天的短期贸易融资，它适合于消费品的国际贸易。在过去，老客户在与出口商建立了稳定的贸易合作关系之后，往往要求出口商不再使用银行服务介入比较多的信用证结算方式，甚至进口商也不想选择托收作为结算方式，为的就是能省下来支付给银行的服务费用。在此种情况下，能提供连续小额订单的进口商往往施加压力给出口商，要求出口商接收汇款作为结算方式。但是汇款方式特别是货到付款的汇款对出口商来说是收款风险很大的，也是出口商难以接受的。为了不失去订单和维护好与老客户的良好贸易合作关系，特别是当出口商的客户是少数确定的进口商，而且国际贸易交易中进出口合同涉及的是生产周期短、发货迅速、质量标准化程度高的消费品时，出口商会非常乐意接受国际保理商的综合服务。实际上，这也是国际保理业务在国际贸易金额中所占比重不断提高的一个重要原因。

信用证结算方式在传统结算方式中，因其以银行信用替代了进口商的商业信用而被认为是对出口商较为有利的结算方式，信用证结算方式在发展中国家仍然广泛使用，特别是不可撤销的公开议付保兑信用证通常被出口商认为是能让自己收款非常安全的一种结算方式。但是不要忘了，信用证是一份自足性的独立于进出口合同的银行付款的书面承诺文件，要得到银行的付款就要做到所交的单据与信用证条款严格相符，而这并不是一件容易做到的事情。甚至于在信用证里，有的进口商加入让出口商难以完成的软条款、涉嫌欺诈，遇到这种情况的信用证及进口商，出口商实际上已经失去了收款的主动权，也谈不上保障收款的及时和安全性。同时，国际贸易实务中使用信用证作为支付结算方式，也确实存在着大量的因为不符点而产生争议与纠纷的事情，这种情况降低了信用证的担保功能。而国际保理业务中，保理商承担100％的买方信用风险，一旦因买方拒付发生坏账，只要没有贸易纠纷，通常在90天的赔付期内，保理商就要无条件对出口商做出付款，程序也相当简便。当然，保理商在贸易纠纷下是免责的，但在国际贸易实务中，保理业务中出现贸易纠纷的情况比较少见；而且如果事先防范措施到位，出现了贸易纠纷也比较容易解决。至于融资服务，信用证下的打包贷款、银行承兑汇票贴现、出口押汇成本并不低，而且都占用出口商的信用额度，手续办理复杂,与国际保理相比,信用证的融资服务在周全性和便捷性方面都更逊色,没有优势。对于进口商而言,相比于信用证,保理更是一种有利的结算方式:进口商可以获得延期付款的便利,没有融资问题;无需申请开证,免交开证抵押金及其他证下费用,并免除了相关的烦琐手续;单到即可提货,不误销售时机;保持良好财务状况和对外形象等。因此,在发达国家,既因为它们拥有更多的优质保理商,也因为它们早已习惯了采用信用销售开展国际贸易活动,信用证作为结算方式逐渐式微,取而代之的正是蓬勃发展的国际保理服务。

总而言之,国际保理是国际结算业务不断创新与发展的产物,是顺应市场需求而出现的一种新型结算方式,因为较好的市场适应性,所以必然充满生命力。

本章小结

保理的全称为"保付代理",意思是保证付款和代理收款业务。随着保理商实力的提升,保理业务中通常还包括了保理商向出口商提供应收账款分户账的财务管理、出口商应收账款坏账担保、为出口商提供贸易融资及为出口商调查进口商的资信情况这些服务内容。当然,出口商可以根据自己的需求而只使用保理商诸多服务中的某一项或某几项,所以,保理商在向出口商提供保理服务时也需要制定针对性的具体方案才能在保理商的竞争中脱颖而出。

总的来说,保理业务是指保理商与出口商之间的一种协议安排。据此协议,保理商通过收购应收账款向出口商提供包括进口商资信调查、100%的坏账担保、应收账款的代收或管理以及贸易融资的一揽子综合性金融服务项目。保理业务的核心内容是通过贴现以发票表示的应收账款向出口商提供时间长度一般在180天以内的贸易融资。出口商在发运货物并向保理商转让了债权之后,通常可以获得发票金额80%或更高比例的融资,这大大加快了出口商的资金周转,提高了出口商的利润率水平,更重要的是保理业务使出口商能更及时有效地实现了安全收汇。

保理业务的出现和迅速发展揭示出在买方市场的国际贸易大环境中,出口商十分关心和迫切希望寻求到一种新型的结算方式——一种能帮助出口企业实现资金快速周转、应收账款真正收汇到账、同时还不占用出口企业的授信额度的结算方式。在保理业务中,只要保理商做了尽职尽责的进口商资信调查并给予出口商合理的赊销额度建议,叙作了保理业务的出口商也敢于更放心地与更多元化市场的更多类型的客户进行贸易磋商以达成贸易交易。在保理业务中,进口商不用再像使用信用证那样向开证行交纳开证保证金,不占用其授信额度,从而降低了进口成本;而且保理商向出口商担保付款的前提是出口商严格履行进出口货物买卖合同,这一前提保证了出口商会竭力严格履行合同以确保与进口商之间不存在贸易纠纷而获得保理商的担保付款。从这两个方面来看,保理业务也是有利于进口商的。

当然,保理商提供的综合性服务项目越多,所收取的保理费用就越高。出口商也会相应地把叙作保理业务的费用作为成本转移给出口商承担(或部分承担)。但无论如何,提供了一揽子综合服务的国际保理业务对出口商,尤其是新建或成长中的中小微企业而言具有积极的作用。同时,国际保理业务的存在和发展,又使有利于买方的市场能够继续维持,使买方能够继续从中受益。因此,国际保理业务的市场还有很大的发展空间和很强的增长势头。

国际保理业务按照不同的标准可以划分成不同的类型。比如，根据应收账款的转让形式不同分为逐笔转让型保理和一揽子转让型保理，根据是否将应收账款的转让事实通知进口商分为公开保理和隐蔽保理，根据涉及的当事人不同分为双保理模式和单保理模式，根据购买应收账款的对价支付的时间不同分为到期保理和预支保理，根据保理商提供融资后是否对出口商有追索权分为有追索权保理和无追索权保理。国际贸易实务中，任何一笔保理业务都是上述不同种类保理做法的组合，组合的不同，形成了各式各样的保理品种，产生了不同的保理运作方式。关于保理的业务流程，本章介绍的是服务项目较全的公开预支无追索权双保理模式，这也是世界市场上保理业务的主流模式。

保理业务在国外的发展有着较长的历史。最初的保理业务还只是国际商务代理活动，而当出口国政府发现了保理业务能够提高本国出口商在国际市场上的竞争能力、帮助本国出口贸易市场的开拓时，国际保理业务在世界各大洲的许多国家都进入了快速增长的阶段。目前全球最大和最具影响力的国际保理组织——国际保理商联合会（FCI）为保理业务的推广普及和发展做了大量的工作。我国的国际保理业务发展起步时间较晚，但经过了三十余年的发展，我国的国际保理业务已经广为出口企业所接受，随着我国保理业务从业人员的素质大幅度提高，我国银行及其他金融机构提供的保理服务项目越来越多、越来越有竞争力。

基本概念

1. 国际保理：指保理商与出口商之间的一种协议安排。据此协议，保理商通过收购发票形式的应收账款向出口商提供包括进口商资信调查、100%的坏账担保、应收账款的代收或管理以及贸易融资的一揽子综合性金融服务项目。

2. 公开保理：是指当出口商将应收账款出售给保理商后，由保理商出面向进口商收款，同时出口商以书面形式将保理商的参与情况通知进口商，要求进口商将货款付给保理商。

3. 隐蔽保理：是指出口商因为不愿让进口商了解其因缺乏流动资金而需要转让应收账款等原因，在把应收账款出售给保理商以后，仍然由自己向进口商收款，然后再转交给保理商，而不将使用保理业务的事实告知进口商。

4. 双保理模式：涉及进出口双方保理商的保理业务模式。在这种模式下，出口商和出口保理商签订保理协议，将其在国外的应收账款转让给出口保理商，而由出口保理商与进口保理商签订代理协议，向进口保理商再转让有关的应收账款，并且委托进口保理商直接与进口商联系收款。

5. 单保理模式：只涉及一方保理商的保理模式。通常适用于进出口双方中一方没有保理商的情况，一般是在进口国所在地有保理商，而在出口国所在地没有保理商。

6. 到期保理：是指出口商将应收账款出售给保理商后，保理商并不立即向出口商支付现款，而是同意在票据到期时向出口商支付货款金额。

7. 预支保理：又称为标准保理。是指出口商将应收账款出售给保理商以后，保理商立即对其支付信用额度一定比例的现款，等到期收款后，再支付货款余额。

8. 有追索权保理：是指出口商将应收账款转让给保理商，并获得保理融资后，如果进口商因资信不佳拒绝付款,保理商有权向出口商要求偿还预付的款项,即保理商具有对出口商的追索权。

9. 无追索权保理:是指出口商将应收账款转让给保理商,并获得融资后,如果进口商因资信不佳到期拒绝付款,保理商不能要求出口商归还其垫付的款项,保理商独自承担进口商拒付的风险,即保理商对出口商无追索权。

复习思考题

1. 什么是国际保理?简述其适用于怎样的市场条件和进出口业务。
2. 简述国际保理结算方式对出口商、进口商、保理商的基本作用。
3. 国际保理有哪些基本类型?
4. 试以图示的方式描述国际保理结算方式的一般业务流程。
5. 与传统结算方式相比较,国际保理的优势在哪里?
6. 如何加快发展我国的国际保理业务?

第十章 福费廷结算方式

【学习目标】

- 了解福费廷业务产生的背景、发展的现状以及我国福费廷业务发展与国际的差距和存在的主要问题
- 理解把握福费廷的概念、特点、作用,能够区别福费廷业务与一般贴现业务
- 熟悉福费廷的运作模式及流程,特别是信用证下福费廷业务的一般做法,了解福费廷业务的成本问题
- 掌握福费廷与传统结算方式的区别,其中重点掌握福费廷与国际保理的异同

第一节 福费廷结算方式概述

一、福费廷的含义与特点

(一)福费廷的含义

福费廷(forfaiting)业务是指福费廷商无追索权地买断出口商从进口商那里收到的信用证及非信用证项下产生的汇票、本票等票据,在买断这些票据的同时福费廷商还以贴现票据的形式给予出口商融资服务。通常,福费廷商买断并贴现的票据是由进口商所在地的银行担保的远期汇票和本票,并且这些票据所涉及的总金额较大,时间跨度比较长。福费廷业务也被称包买票据业务。

目前银行界对福费廷的定义是,使用信用证进行结算的贸易商,出口商在收到了进口商所在地的银行(通常就是开证行)对信用证项下的远期汇票的承兑后,将汇票无追索权地卖断给福费廷商,并自负利息和手续费给福费廷商,通过票据买断卖断的福费廷业务,出口商同时也就把贸易交易所产生的应收账款到期得不到偿付的风险转嫁给了福费廷商。福费廷商则会将买断的汇票持有到期或继续转卖,等待从开证行/承兑行/保兑行收回汇票金额的行为。简言之,银行通常把福费廷业务视作是寄单行对经开证行承兑的跟单汇票进行无追索权的买断,在这一过程中以贴现利息和手续费的收取作为福费廷业务的收入。

Forfaiting 一词来源于法文 a forfait,意为"放弃权利",后来 Forfaiting 被用于国际贸易中作为一种融资工具和方式。在福费廷业务中的这种"放弃权利"有两方面体现:一方面,是出口商卖断票据,放弃了它原本拥有的票据所代表的应收账款的一切权益;另一方面,福费廷商买断票据,也必须放弃它已经贴现融资给出口商的应收账款的追索权——只要出口商所出售的票据是清洁合格有效的,福费廷商就得承担票据到期之后被进口商拒付的风险(除非双方另有规定)。这种无追索权的融资性质,意味着福费廷商叙作福费廷业务,不仅提供给出口商一种贸易融资工具,也把出口商的贸易风险转移到福费廷商身上,即出口商与福费廷商签订了福费廷业务协议后,就可以将与收款相关的所有风险全部转嫁给福费廷商承担。这些风险包括:商业风险,即由于进口商破产、担保行倒闭,无力偿付应收账款所代表的债务而导致票据被拒付的风险;政治风险,也可称为国家风险,即由于进口商、担保行所在国发生战争、叛乱等政治因素而导致拒付或迟付,从而使福费廷商形成资金损失的风险;政策风险,即由于进口商所在国有关商业票据和保函的法律规定及进口国有关进口货物及对外付汇的相关政策发生变化引致的风险;资金转移风险,即由于进口商所在国或其他官方机构,特别是实行外汇管制的国家,无力或不愿用所约定的货币支付,从而形成拒付或迟付的风险;汇率风险,即收汇后,在外汇兑换过程中由于汇率变动而使出口商损失的风险;利率风险,即当使用浮动利率融资时,利率上升致使出口商实际还款数额增加的风险等。

国际福费廷协会(IFA)也对福费廷给出了定义。国际福费廷协会(IFA)将福费廷定义为"一种对应收账款进行无追索权贴现的国际供应链融资(supply chain financing)"。IFA认为福费廷适用范围非常广,既可以应用于与贸易相关的融资,也可以是纯金融应收账款。它通常提供的是3—5年中期应收账款融资,但也可以灵活缩短与延长,最短可达6个月,最长可至10年。

从上述福费廷业务的含义中,我们也可以看到,用包买票据商来作为福费廷商的别称也是妥当的。

(二) 福费廷业务的特点

福费廷业务具有如下特点。

(1) 采用福费廷业务进行融资的业务有真实的贸易基础,既可以是商品贸易也可以是服务贸易;在绝大多数的情况下,福费廷业务买断卖断的票据的开立都是基于真实的贸易背景的。

(2) 福费廷业务项下的出口商通常接受的进口商付款条件是远期付款或中长期的分期付款,这些付款期限比较长,一般从6个月以上甚至长达10年以上。所以,福费廷业务是一种较好的为资本性商品交易提供较长时间融资的工具。

(3) 应收账款的载体为票据,可以是出口商出具的汇票,也可以是进口商出具的本票。

(4) 福费廷商买断的票据通常需要进口商所在的银行做好担保。除非进口商本身是政府机构或信誉卓越的大型跨国公司,否则叙作福费廷业务的票据必须要得到能使福费廷商认可和接受的银行的无条件的、不可撤销的担保。

(5) 福费廷业务是无追索权地买断票据并给予出口商融资,如票据遭到拒付,福费廷商是必须放弃对已经融资给予出口商款项的追索权的(出口商欺诈、进口商所在地法院收到禁付令的情况例外)。

(6) 福费廷业务通常提供的融资利率是固定利率。

(7) 福费廷商买断的票据所涉及的金额比较大,所以福费廷业务由于属批发性融资工具,融资金额一般较大,从数十万美元到数亿美元都有。当然,近年来在发展中国家,在风险的承受能力不高和资金比较短缺的情况下,也有一些小额交易叙作福费廷融资业务,但是包买商会收取比较高的费用。

(8) 出口商所承担的融资成本较高,因为福费廷商除了收取贴现息,通常还收取选择费、承担费等多种费用。

(9) 福费廷业务下的包买票据,其计价货币为美元、欧元、英镑、日元等主要流通货币。

(10) 存在福费廷业务的二级市场，福费廷商可根据自己的需要，将包买的票据在二级市场上流通转让，把风险转嫁给二级交易商，以此来增加自己的资金流动性。

二、福费廷与一般贴现的区别

从业务的实质来看，福费廷业务就是代表了应收账款的远期票据在福费廷商卖断后，对出口商进行贴现融资。但是，在具体的业务流程上来看，福费廷与一般的票据贴现业务还是存在着如下区别的。

（一）追索权方面

一般意义的票据贴现业务有追索权，而福费廷业务项下的贴现没有追索权。也就是说，一般票据贴现业务下，在票据遭拒付时，持票之人是可以对票据上的所有背书人及出票人行使追索权的，行使追索权之后持票人可重新收回贴现款项；因此，在一般的票据贴现业务下，票据的最初出票人在贴现了票据取得融通资金之后，一直到票据的付款人结清票据中的款项前都不能确保自己的拒付风险被完全转嫁走了。而福费廷业务中的福费廷商在买断票据之后，其所提供给卖断票据的出口商的融资款是终局性即不可以追偿的，当福费廷商在遭受进口商拒付后，是不能向出票人行使追索权的。一句话，票据通过背书转让给提供贴现的持票人，获得的是票据未到期却能回流现金的融资款，但是票据拒付的风险还在；福费廷业务则是福费廷商既通过贴现给予了出口商融资，还承接了出口商票据被拒付的风险。

（二）票据期限方面

一般贴现，票据的付款期限通常在一年以内，属于短期融资范畴；而福费廷业务中，用于贴现的票据通常是基于大宗商品尤其是资本性商品的交易的跨度时间较长的票据。在大型延期付款交易背景下，进口商会根据分期付款期的时间进度开立出来付款期限首尾相连、涵盖整个付款时间的成套票据，然后福费廷商一次性包买买断成套票据，并在每张票据到期时逐笔收回票款。因为所有票据的到期时间跨度很长，全部票款的收回通常需要几年时间，这意味着对于买断了代表所有应收账款的成套票据的福费廷商来说提供给了出口商中长期的无追索权的融资。

（三）票据金额方面

一般贴现，在票据金额方面没有什么特别的规定。而福费廷融资属于批发性融资业务，其成本核算的起点通常至少为数十万美元，一般适合于 100 万美元以上的大中型贸易合同。因为福费廷商包买票据的成本比较大，如果包买的票据金额过小，福费廷商叙作包买票据的利润优势不明显，而且也因为包买票据的金额大，福费廷业务往往不是一家包买商去做，而是主要的包买商会邀请其他包买商共同参与票据的包买，以此来分散风险、摊薄成本。

（四）出票背景方面

一般贴现业务中，只要是银行承兑汇票，就算是没有贸易背景也是可以去做贴现融资的；而福费廷业务中，只有基于真实贸易背景开立出的票据才能得到福费廷商买断票据、取得融资款。真实的贸易现在不限于商品贸易，服务贸易也是可以叙作福费廷业务的。过去，票据贴现业务多用于国内的经济活动,福费廷业务一般用于真实国际贸易的融资。当然,经济全球化使得技术进步、业务拓展,所以现在一般贴现也能用于国际贸易,福费廷业务也可以用于国内贸易。

(五) 业务程序方面

一般贴现业务,手续比福费廷业务简单得多,贴现时只需提交需贴现的票据,扣除了贴现息之后就可以获得融资。而福费廷业务中,因为福费廷商是买断了票据,承担了票据到期有可能被拒付的风险,因此为了防范风险,福费廷商除了要求出口商提供贴现的票据,通常还会要求出口商提交贸易合同证明文件、履约证明文件、进口商所在国银行对票据的担保文件、出口商的债权转让文件,如果净出口国有一方是外汇限制国家或者交易的标的是受进出口管制的,还会要求提交外贸外汇的许可文件。在福费廷业务的包买协议中,会详细约定出口商所要提交的文件单据,在福费廷商确定了接受这些文件和单据后,出口商才可以得到融资。可见,福费廷业务项下的贴现融资程序,条件要求较为严格,业务程序较为复杂。

(六) 业务风险方面

由于福费廷贴现本身是买断了还未到期的票据,如果票据到期了作为债务人的进口商却不能付款,那么福费廷商要自己承担拒付的风险,所以福费廷业务项下的贴现融资具有风险担保性质,再加上福费廷商提供的贴现利率是长期固定的,所以福费廷业务的贴现比一般贴现的风险要高许多。

(七) 融资成本方面

高风险高收益,这是一条基本的风险收益定律。福费廷融资成本高于一般贴现融资成本。具体体现在:① 贴现率较高——福费廷业务的贴现率由基本利率与风险率两部分组成,福费廷业务包买票据的贴现率本身高于一般贴现率。② 其他费用的收取——福费廷业务中,福费廷商可以是一家,也可以是多家,那么这些福费廷商会根据自己在业务不同阶段的成本与风险承担状况去收取选择费、承担费等。而这些费用在一般贴现业务中是不存在的。所以,福费廷业务项下,出口商获得融资的成本也比一般贴现的成本要高。

(八) 融资后再交易方面

在一般票据的贴现业务下,贴现行会持有票据到期后从进口商或进口地银行收款;如果是国内票据贴现,可以按照规定向中国人民银行办理再贴现。福费廷业务项下,一级包买商可以在二级市场将票据转让给二级包买商。

(九) 适用法律方面

国内票据贴现主要适用于我国的《票据法》以及其他结算的规章,福费廷业务依据的是国际上通用的管理准则,例如英国1882年《票据法》及《联合国国际汇票和本票公约》。

三、福费廷的业务成本

如前所述,福费廷的业务成本总的来说由两部分组成:贴现息与业务费用。业务费用通常包括选择期费用、承担期费用、宽限期费用等。办理福费廷业务时,因办理业务基础或种类的不同,申请人通常还需支付如手续费、邮电费、违约费等其他费用;同时对于远期信用证的进口商银行已承兑的汇票进行包买时,叙作福费廷业务的银行还会收取审单费、承兑行费用等。

(一) 贴现息(Discount Interest)

福费廷融资的贴现息按照事先确定的固定利率收取。贴现率的高低是由进口国的综合风险、出口商所需融资期限的长短、融资金额的大小、进口商方面担保银行的信用评级和融资货币的筹资成本等因素而决定。贴现率是包买商报价的最主要部分。贴现率由两部分组成:基本利率与风险收益率(margin)。基本利率反映的是包买商从市场上筹集相应货币资金去买断代表了出口商应收账款的票据的成本,一般为报价时或签约福费廷业务合同时的相关货币(必须对应相同期限)在伦敦金融市场上的同业拆放利率(LIBOR)。风险收益率反映的是包买商承担的风险及期望的收益,其主要取决于对买方国家风险、担保银行信用评级、融资期限、融资金额、融资货币、交易货物等相关因素分析后的综合风险评估,一般为0.5%—1%。

包买商在计算贴现利息时,一般有两种方法,即直接贴现法(straight discount)和复利贴现法(discount to yield)两种。

按直接贴现法计算的直接贴现净值,不使用复利,不考虑资金的时间价值,适用于办理贴现时间较短的福费廷业务。直接贴现净额计算公式:

$$NV=FV\times[1-R\times D/N]$$

其中:NV(net value)为贴现净值,FV(face value)为申请办理福费廷业务的贴现票据的面值金额,R(rate)为年直接贴现率,D(days)为贴现天数,N 为计息基础(英镑和港元是365 天,其他货币是360 天)。

按复利贴现法计算出贴现利益,还可以细分为简单复利贴现法、年复利贴现法和半年复利贴现法。

简单复利贴现法适用于中长期福费廷业务,具体计算公式为:

$$NV=FV\times[1+R\times D/360)]$$

其中:R 为简单复利贴现率,D 为贴现付款日与票据到期日之间的实际天数(含宽限期)。

年复利贴现法的计算通常需要把应收账款付款期限分成若干以 360 天或 365 天(英联邦国家和日本)计算的年数,加上最后一个剩余的不足 1 年的期限来计算,所以它适用于中长期福费廷业务。具体计算公式为:

$$NV=FV/[(1+R\times 365/360)]N\times[(1+R\times D/360)]$$

其中:R 为年复利贴现率,D 为后一个剩余不足 1 年的期限天数(含宽限期),N 为按 365 天计算的整年数。

半年复利贴现法的计算通常需把应收账款期限分成若干个半年期,每半年交替地分别以 183 天和 182 天计算,加上最后一个不足半年的期限(一个由最后一个半年期期尾到票据

到期日的剩余天数组成的尾数)来进行计算,也是适用于中长期福费廷业务。具体计算公式为:

$$NV = FV/[(1+R\times 183/360)]^{N_1} \times [(1+R\times 182/360)]^{N_2} \times [(1+R\times D/360)]$$

其中:R 为半年复利贴现率,N_1 为 183 天为一期的期间个数,N_2 为 182 天为一期的期间个数,D 为后一个剩余不足半年的期限天数(含宽限期)。

不同贴现利息计算方法导致申请人付出的福费廷成本不一样,申请人在与福费廷包买商进行融资议价时,需要对每种计算方法的结算结果进行仔细比较之后,争取选择对自己有利的贴现利息计算方法。

贴现天数除了从实际贴现日到票据到期日计算的实际贴现天数外,通常还要加收几天的宽限期(days of grace)。宽限期是包买商预估的到期日至实际收款日的天数,由于宽限期的利息加在贴现息内一并向出口商收取,因而对于出口商而言又称多收期。

(二) 承诺期费用(Commitment Fee)

当福费廷协议签订并生效时,若包买商不能即时叙作贴现,也要求包买商承诺在某一定的时间内必须贴现,这段时间是包买商的承诺期。换言之,承诺期也可以理解为自签订福费廷协议之日起到福费廷融资款发放日的时间。包买商收取承诺期费用是因为签署了福费廷协议后就需要去安排融资款项的资金头寸,如果申请人因种种原因未能如期办理福费廷业务,会给福费廷包买商带来资金损失。承诺期费用的收取是对福费廷包买商在承诺期内备付资金的机会成本补偿。在包买协议中包买商通常会确定一个最后贴现日,过了此日期,包买商不再承担融资贴现的义务,该日期一般不会超过签约日后 6 个月,即承诺期通常最长不超过 6 个月。承诺期费率一般用年率来表示,通常在 0.5%—2%,承诺期不固定,但一般不超过 180 天。承诺期费用一般每月收取一次,如果承诺期少于一个月,也可同贴现息一并收取。

承诺期费用的计算公式为:

承诺期费用=票面金额×承担费率×(协议签署日至福费廷融资款发放日之间的天数/360)

(三) 选择费(Option Fee)

选择费是针对选择期收取的费用。选择期是指从包买商提出报价到与出口商签订包买协议之间的天数。在此期间,出口商可以根据包买商的报价确定对进口商的延期付款或赊销的销售价格,与进口商进行谈判。根据与进口商的谈判结果来决定是否接受包买商的福费廷业务报价,如果同意接受包买商的报价,即可与包买商签订福费廷协议。从向出口商报价到获得出口商接受报价,包买商在这段时间承担了利率或汇率变动的风险,因此要收取一定的费用作为风险补偿,该费用即为选择费。选择期最长不超过 1 个月,一般只有几天,48 小时内通常免收选择费。

(四) 宽限期费用(Grace Day Fee)

由于存在时差、银行办事的效率差异等情况,从出口商处买断应收账款的票据的包买商,其实际收妥所有票款的时间往往会比票据到期日要晚几天。因此,为了避免承担和转嫁这段延迟收足票款的利息损失,包买商都会向出口商多收取几天的宽限期利息。通常会多收3天,但对一些高风险和低效率的国家和地区,包买商也会按5—10天的宽限期去收取利息。

(五) 罚金(Penalty)

如果出口商未能正常交货或者因为某些原因无法向包买商按期提交约定的单据,包买商就要向出口商收取罚金以弥补包买商为准备福费廷业务而发生的各项费用。

四、福费廷业务的利弊分析

福费廷作为结构性的中长期贸易融资工具,它的诞生和发展历程充分体现出它不可替代的独特优势,加上福费廷业务的技术和市场机制在不断创新,因此福费廷业务在全球一直是持续增长的。福费廷业务对国际贸易的当事人各方有着不同的作用。当然,对于任何一方当事人来说,也需要清醒地认识到福费廷业务的利与弊。

(一) 对出口商的利弊分析

1. 对出口商的有利之处

(1) 消除风险,控制成本。出口商通过卖断票据给福费廷商,直接把应收账款可能到期被继续延付或拒付的风险转嫁给了福费廷商。福费廷业务有效地消除了出口商所承担的利率变动风险、汇率波动风险和资金转移风险。包买商叙作福费廷业务的报价使出口商可以预先知道融资费用和成本,使出口商将融资成本纳入销售价格,从而有效地控制交易的成本收益,锁定与不同进口商达成的交易合同的利润率。

(2) 有利的贸易融资。福费廷业务是包买商对代表了全部应收账款的全套票据的票面金额进行融资,也就是说出口商可获得通常为100%的合同价款融资。包买商在提供融资时主要考虑的是担保人的资信状况和进口商所在国的政治风险,融资款不占用出口商的授信额度,不影响企业在银行开展其他融资业务。

(3) 增加竞争优势。有了福费廷融资的帮助和支持,出口商可以放心大胆地向进口商提供销售信用,同意进口商采取赊购、承兑交单托收、远期信用证等支付条件,从而能有利于争夺新客户、维护老客户,也使得出口商在于进口商的商务谈判中居于更主动和有利的地位。福费廷的担保功能,也使出口商有能力进入原本风险相对较高的国家和地区市场,从而增加贸易机会。

(4) 美化财务状况。包买商叙作福费廷业务,是给予了出口商无追索权的融资款——出口商得以把应收账款变成现金资产,提前实现了销售收入的现金回流,增强了出口商的清偿能力。在出口商的财务报表上,资产负债率等主要财务指标得到美化,改善了出口商的财务状况,为出口商更便捷地开展多种商务活动提供了更多的可能性。

(5) 简化程序、加速交易。福费廷业务项下的融资单据制作、提交等比在信用证项下单据的处理要求更为简单,手续办理也更为简便,特别是不需要出口商做出额外的担保抵押。这些业务上的便利之处减缓甚至免除了出口商在账务管理和账款催收方面的成本负担,节省了出口商整体的运营管理费用。出口商是非常需要和高度欢迎福费廷业务这种可以量体裁衣式地根据每笔交易的具体情况给出融资方案的结构性融资服务的。

（6）保守秘密。在福费廷业务项下，包买商给出口商提供融资时不需要像商业贷款那样进行公开操作、不需要办理公开登记等手续，从而可以较好地保守客户的商业秘密，保护出口商的利益。

2. 对出口商的不利之处

（1）出口商叙作福费廷业务不仅要支付贴现利息，还要付出承担期费用等多种费用，融资成本较高，出口商接受包买商的福费廷报价时必须考虑好成本的控制和转嫁问题。

（2）涉及国际贸易的福费廷业务，通常是在远期信用证项下，包买商融资贴现后买断出口商出具的票据，但因为这些票据必须得到进口商所在国的有资质的担保行的担保，而通常担保行就是信用证的开证行——变相地等于是要求进口商在申请开立信用证的时候只能在出口商同意的若干家银行中去做选择。这种限制对于进口商来说如果难以接受，往往会阻碍进出口贸易合同的达成。

（3）出口商必须确保债权凭证的有效性和担保的有效性，为了确保债权凭证和担保的有效性，出口商必须要熟悉进口商所在国关于票据和银行保付方面的法规，竭力做到自己向福费廷包买商提交的是清洁有效的票据。否则，包买商仍保留有对出口商的追索权。

（二）对进口商的利弊分析

1. 对进口商的有利之处

（1）进口商可以通过福费廷业务获得贸易项下推迟付款时间的便利，获得中长期100％的融资。

（2）当叙作福费廷业务的包买商所在国的融资利率低于进口商所在的国家时，进口商等于是享受到了其他国家更低的融资利率，从而减少了它的融资成本。

（3）福费廷业务能让进口商预先固定融资成本及费用，有助于它长期稳定发展主营业务。

（4）福费廷业务项下的进口商在履行进出口合同时所需要提供的文件比较简单。

2. 对进口商的不利之处

（1）福费廷业务的贴现率较高和费用较多的成本，出口商必然转嫁到进口商身上。

（2）福费廷业务需要出口商卖断给包买商的票据必须得到进口商所在地银行的保付或担保，这就要长期占用进口商在银行的授信额度。

（3）福费廷业务的包买商所接受的从出口商买断的票据是独立于基础交易合同的，具有独立的和绝对的付款责任，进口商及担保人不能以任何关于货物或服务的贸易纠纷为由拖延或拒绝付款，这意味着进口商存在着货物买卖（服务提供）的风险。

（三）对包买商的利弊分析

1. 对包买商的有利之处

（1）福费廷业务现在较受作为包买商的银行的欢迎，能叙作福费廷业务本身证明了银行的实力，同时在中国市场还处于扩张和上升期的福费廷业务能带动银行其他业务的发展，增强银行对客户的吸引力。

（2）对银行来说，只要出口商是优质客户且进口国的政治风险小，银行叙作福费廷业务的风险就比较小,而且还可以获得较高的包买收益。

(3) 包买商对出口商的融资付款是在担保行承兑汇票或出具担保之后,这种付款是建立在银行信用基础之上的,风险相对较小。

(4) 福费廷二级市场在发达国家较为成熟,在我国也在发育壮大,福费廷业务下的票据可以比较容易在二级市场转售,能让包买商根据自己的融资成本和资金流动性来实现增强流动性和转移风险的目的。

(5) 福费廷业务的包买商作为票据的正当持票人,它的权益受到票据法的保护。

2. 对包买商的不利之处

(1) 包买商买断票据毕竟是承接了出口商所转嫁的所有交易风险,如果遭到来自担保行破产或进口国政治变故情况导致票据最后被拒付,它不能向出口商追索已经贴现融资支付出去的应收账款。

(2) 福费廷业务要求包买商一次性买断出口商的时间跨度长金额大的成套票据,属于批发性融资业务,包买商要做好融资成本核算,就不可能灵活接受出口商所提交的金额较小的票据包买。

(3) 包买商若接受时间跨度长达几年甚至十数年的票据包买并提供融资给出口商,就必须长期占用自己的资金,影响包买商自身的资金流动性。

(4) 包买商必须深入全面深入了解进口国甚至包括非进口国(若福费廷业务涉及出口商接受的其他位于进口国之外的充当担保行的)的政策、法律、习惯、市场、企业及银行资信等情况,这就需要包买商自己必须要有专业的人才,也要投入资金建设和维护好获取多方面资讯的相关软硬件。

(5) 不能采用"加速还款"法来减轻风险损失。普通贷款业务中的分期偿还业务,如有任何一期未能按期偿还,银行可以采用"加速还款"法要求借款人立即偿还全部欠款;但是在福费廷包买票据业务中,除非包买商在二级市场上出售福费廷票据,否则包买商不能要求"加速还款",还是必须耐心等待每一期票据到期才能从票据的承兑行或担保行处收回款项。

第二节　福费廷结算方式业务操作

一、福费廷业务的当事人

福费廷业务的主要当事人有4个:出口商、进口商、包买商和担保人。

(一) 出口商

出口商就是一般国际贸易进出口合同中的卖方/供货方,在福费廷业务中出口商与福费廷包买商签订包买协议。出口商一方面要履行自己对进出口合同中的进口商的义务去发运货物或提供服务,另一方面出口商把一整套代表了应收账款的票据卖断给包买商,立即从包买商处获得无追索权的中长期贸易融资,把到期可能被拒付的交易风险连同债权一并转让给包买商。当然,这里有一个前提,那就是出口商必须保证汇票、本票或其他债权凭证的合格有效,并已被包买商指定的进口地银行承兑或担保,同时向包买商支付包买协议里的各项费用,否则不能获得包买商的无追索权融资。

(二) 进口商

进口商就是一般国际贸易进出口合同中的买方/订货方,在福费廷业务里,进口商在与出口商签订合同之前通常也知晓出口商会叙作福费廷业务,所以是接受出口商打入福费廷融资成本后的远期交易价格的。与出口商签订了贸易合同后,进口商应承兑出口商出具的远期汇票或自己出具远期本票,向经出口商同意的指定银行申请票据担保,并自行承担担保费用;同时进口商还要及时提交完成进出口交易所需的外贸或外汇许可等相关文件。等到票据到期时,进口商须立即对票据做出付款,不能以货物或服务贸易中的商业纠纷为由而拒绝或拖延向包买商付款。

(三) 包买商

包买商通常为出口商所在国的银行或其附属机构,也可以是金融公司、专做福费廷业务的其他融资机构。包买商应出口商的询价要求,向出口商作出包买票据的报价,若出口商接受报价,那么包买商就与出口商签订包买协议,按照福费廷协议收取相应的贴现利息和各种费用,买断出口商提交的合格票据。包买商在无追索权地买入票据后,如不想一直持有票据直至到期,也就是说想在票据未到期前回笼资金,可以将所买入的票据拿到福费廷二级市场上转卖。所以,福费廷市场是存在有初级包买商与二级包买商的区别的。若持有票据到期遭到拒付,包买商自行承担拒付的风险及损失。

包买商需要具备以下资料才能提供报价:进口商名字、所在地;商品名称、种类、数量、货币单位、金额、付款地;提交何种票据、票据面值、票据期限、票据到期日;票据的担保人和担保方式;进出口商合同中预计的交货期;预计出口商提交票据的时间。

(四) 担保人

担保人通常为由包买商指定或经包买商同意并位于进口商所在地的银行。担保人应进口商的申请并在考察了进口商的资信、采取了必要的风险防范措施后,对出口商提交给包买商的票据进行承兑或对票据做出担保,承诺自己在票据到期时向包买商进行付款。如果包买商买断的票据是随附在信用证结算方式下的票据,担保人通常就是信用证的开证行。依照跟单信用证统一惯例,担保行/开证行在票据到期时付款的前提条件就是包买商叫来的单据做到了单证相符。

二、福费廷业务的运作模式

(一) 初级包买与二级包买

福费廷业务的初级市场是指包买商直接从出口商处以无追索权的方式获得应收账款,初级包买商可以把这些应收账款一直持有到票据的到期日,也可以在二级市场上转卖。二级市场是指初级包买商所购买的尚未到期的应收账款转卖给其他包买商(二级包买商)而形成的市场。初级包买是指包买商根据交易状况自行报价、与出口商签订包买协议并直接从出口商手中买断票据。二级包买是指通过包买商未到期票据的转让而接受票据的无追索权贴现。由于(对某国或某债务人)信用额度的限制、风险及流动性管理的要求以及提前获利的需求等因素,初级包买商常常需要转让票据以提前兑现资金,从而福费廷二级市场迅速发展。目前伦敦、新加坡和中国香港等地区的福费廷二级市场比较活跃,为二级包买提供了广阔的空间。但需要指出的是,随着包买链条的不断延长,持票包买商离基础交易越来越远。为了保证市场的安全稳定、正常运行,处于链条的最前段、能够更好地获得进出口商之间基础交易详细信息的初级包买商应承担起基本的道德诚信义务,本着应有的谨慎、恰当地评估风险并进行规范的运作。

(二) 普通票据包买与信用证下票据包买

在普通票据包买业务中,包买商直接对出口商提供的经进口商银行担保的商业汇票或本票进行贴现,对出口商无追索权地融资付款。担保行可通过出具单独的银行保函或备用信用证,或者直接在票据上作保付签字,即加具"PER AVAL"字样并加上担保行签字来承担对商业票据的付款担保责任。在信用证下票据包买业务中,包买商包买的是开证行在单证相符条件下承兑的汇票,根据开证行的有效承兑电文向出口商无追索权地贴现付款,完成福费廷交易。目前在我国主要是信用证下票据包买,包买行通常为信用证的指定银行,与开证行之间签有代理协议,互有授信额度,熟悉信用证业务操作,较为容易控制风险。

三、福费廷的业务流程

(一) 普通票据包买的业务流程

普通票据包买的过程如图10-1所示,通常包括以下12个步骤。

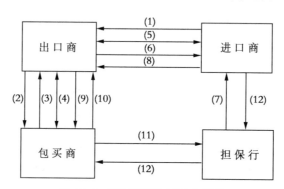

图 10-1 普通票据包买业务流程

(1) 进口商与出口商洽谈贸易合同,进口商要求合同标的(通常为大型资本性货物)付款方式必须是延期付款。

(2) 在进出口商洽谈贸易合同的同时,出口商接洽包买商并向其提供初步资料,递交福费廷业务申请书,询求包买意向及包买价格。包买商通常会要求出口商提供下列信息:① 进口国名称;② 进口商详情,包括注册地点、财务状况、履约能力等;③ 货物种类;④ 货款金额、币种和付款期限;⑤ 预期装船期,运输方式;⑥ 进口商付款方式;⑦ 有无银行担保付款以及担保行名称;⑧ 出口商详情,包括营业执照、注册资本、资信材料、印鉴及其他有关情况;⑨ 出口货物许可证或其他批复文件等。

(3) 包买商根据交易风险评估结果以及当时市场利率情况提出参考性的福费廷的报价,并告知出口商选择期的长短和选择费的收取方法。此报价属于福费廷合同关系在成立之前的要约,一旦报价,则构成包买商对出口商明确的责任。

(4) 出口商根据包买商的报价向进口商提出基础贸易合同延期付款的交易价格,继续与进口商谈判,当进出口商双方都同意价格条件及其他交易条件后,出口商明确接受包买商叙作福费廷业务的报价,与包买商签订正式的包买协议。包买商出具确认书或承担书,并由出口商签字接受后,对双方具有约束力。承担书的内容主要包括以下内容:① 背景交易详情。② 包买票据的详情。包括票据的种类,分期付款的具体方法:期数、每期的面额及到期日等,保付的具体要求,票据金额保全的有关规定等。③ 包买价格。包括贴现利息、宽限期费用、选择期费用、罚金等相关费用的收取规定。④ 贴现时出口商须提交的文件要求。除了用以贴现的票据,包买商通常还会要求出口商提交贸易合同副本、发票及提单副本、进口许可证、用汇许可证、印花税支付证明、票据担保文件、债权转让书、出口商对所有单据签字真实有效的证实声明等。⑤ 出口商向包买商提交票据进行贴现融资的截止日期。⑥ 福费廷合同签约双方的责任义务及违约处理。⑦ 其他特别约定。如约定包买商在担保人因法院止付令不能偿付到期款项的情况下,或在有证据表明出口商出售给包买商的不是源于正当交易的票据或债权时,或在出口商违约出现贸易纠纷导致拒付的情况下保留追索权等。

(5) 出口商与进口商签订贸易合同,明确规定使用福费廷进行应收账款的融资和结算。

(6) 出口商按合同要求发运货物,在赊账交易下自行把单据寄交给进口商,在托收方式下通过银行寄交单据给进口商。

(7) 进口商收到单据后,按约定承兑出口商的汇票或签发本票,并从出口商认可的担保行处获得对票据的担保。担保行的担保方式主要有两种:一是保付签字,即在票面上加注"Aval"字样、被担保人名称并签字;另一种是出具独立保证文件,如票据保付保函或备用信用证。独立担保文件必须是不可撤销的、无条件的以及可转让的。

(8) 进口商将福费廷业务所需的单据自行(在赊账交易中)或通过银行(在托收方式下)寄送给出口商。

(9) 出口商对票据做无追索权背书后,连同规定的其他单据一并提交给包买商要求贴现取得融资款。

(10) 包买商审核单据符合要求后,买断票据,将贴现净额支付给出口商。

(11) 票据到期前,包买商向担保行提示汇票要求付款。

(12) 票据到期日,担保行支付票款并获得进口商的偿付。如果票据遭到拒付,包买商承担损失,对出口商无追索权。

(二)信用证下票据包买的业务流程

信用证下票据包买实质是出口地包买银行对信用证下出开证行承兑的汇票的无追索权贴现,包买过程构成信用证结算过程的一部分。信用证指定银行如叙作包买业务,则直接包买开证行承兑的汇票;如指定银行不做包买业务,出口商也可申请其他银行包买票据。我国银行信用证下票据包买做得比较多,基本流程如图10-2所示。

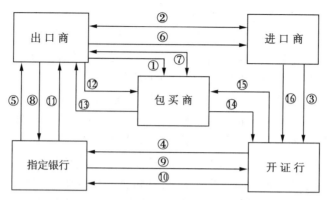

图 10-2 信用证下票据包买业务流程

对图 10-2 的说明如下：①包买询价。②签订贸易合同。③申请开证。④开出信用证。⑤通知信用证。⑥发运货物。⑦签订包买协议。⑧提交信用证所要求的单据给指定银行。⑨指定银行寄单给开证行请求承兑汇票。⑩开证行承兑汇票后通知指定行。⑪指定行通知出口商汇票已经得到承兑。⑫出口商向包买商提交单据。⑬包买商向出口商贴现票据，完成无追索权的融资服务。⑭包买商等待买断的票据在到期日向开证行提示到期票据要求付款。⑮开证行向包买商支付票据面值。⑯开证行要求进口商偿付信用证项下的款项。

信用证下包买应特别注意以下问题。

1. 对开证行的要求

在我国对外贸易的实际业务中，进出口商的基础付款条件是延期付款，采用信用证作为支付和结算方式还是非常普遍的。而当出口商需要将时间较长的应收账款通过贴现取得融资时，在远期信用证下叙作福费廷业务就成为了福费廷业务中的大多数。运用信用证办理福费廷业务，无论是哪一种信用证，通常情况下都需要开证行对信用证项下款项做出承兑或承付表示，出口商才能向福费廷包买商申请办理福费廷业务。由于包买商在买断了出口商交来的信用证项下票据后做出的融资是没有追索权的，所以最后这个融资款能否得到偿付取决于开证行的资信情况和运营实际情况。包买商叙作福费廷业务，承担了汇率波动、利率变动、外汇汇兑的风险，还承担了远期汇票到期付款的拒付风险，所以包买商需要对开证行有所要求：信用证的开证行必须资信可靠、与出口地银行无纠纷记录、开证行在出口地银行有足够的授信额度；同时开证行所在国（通常也就是进口国）政局稳定，没有外汇短缺或发生金融危机的可能。

案例 10-1

📖 **案情：**

2011 年，我国机械设备制造企业 A 公司拟向中东某国 B 公司出口机械设备。该种设备的市场为买方市场，市场竞争激烈，A 公司面临以下情况：

（1）B 公司迫切需要采购该款机械设备，但资金紧张，且 B 公司在其国内融资成本很高，希望 A 公司给予远期付款的便利，期限 1 年。A 公司这款机械设备正在努力打开海外市场，且公司本身正处于业务快速发展期，对资金需求较大，在各银行的授信额度已基本用满,希望在拿到更多海外订单的同时能保障出口应收账款进款到账。

(2) B公司规模不大,信用状况一般。B公司本来想争取到远期承兑交单的付款条件,但经过贸易洽谈,最终同意采用远期信用证方式结算。但B公司申请开立信用证的开证银行C银行规模较小,A公司对该银行了解甚少。

(3) 该笔贸易合同的结算货币是美元,A公司预计人民币兑美元汇率在一年内都处于升值通道,如等一年后再收回货款,将面临较大的汇率风险。

A公司一直与中国银行有良好的业务往来联系,希望中国银行能为促成这笔贸易合同达成及顺利履行提供解决方案。

为满足A公司融资、规避风险、减少应收账款等多方面需求,中国银行设计了福费廷融资方案,A公司最终采用了该方案,并在商业谈判中成功将融资成本计入商品价格。业务过程如下:

(1) C银行作为开证行,如期开来见票后360天付款的远期承兑信用证。

(2) A公司在将机械设备发运给B公司后,缮制全套单据提交给中国银行。

(3) 中国银行审单无误后寄单至C银行。

(4) C银行对远期汇票做出承兑并电告中国银行,确认到期付款责任。

(5) 中国银行向A公司叙作福费廷业务,在口出了贴现利息和收取了相关费用之后,无追索权地给予A公司贴现融资地净额,并按照即期汇率结汇入账。

(6) 中国银行为A公司出具出口收汇核销专用联,A公司凭以办理出口收汇核销和退税手续从而不仅完成了此次贸易交易,顺利收回货款、提前在比远期信用证到期日之前就办理了出口退税。

通过福费廷业务,A公司不但用远期付款的条件赢得了客户,而且在无需占用其授信额度的情况下,获得无追索权融资,解决了资金紧张的难题,有效规避了买方信用风险、国家风险、汇率风险等各项远期收汇项下风险,同时获得提前退税,成功将应收账款转化为现金,优化了公司财务报表。

分析:

在此案例中,中国银行作为国内A公司的往来业务银行,十分清楚A公司的需求和担心,作为我国最早开展福费廷业务且是IFA协会会员单位的著名中资国有银行,中国银行有能力就A公司开展此笔贸易交易的进口商B公司及开证行C银行做出深入的充分调查。在调查了B公司和C银行的资信情况之后,中国银行仍然建议A公司可以接受远期信用证作为基础的结算方式并采用福费廷业务进行融资结算,说明了中国银行认可B公司和C银行的资信情况,并且认为在一年内B公司所在的进口国政治局势是稳定的。因此,中国银行与A公司此笔福费廷业务的达成是三赢的:既解决了A公司拓展海外市场的需求,也解决了A、B公司共同存在的融资困难,同时使自己赢得了A公司今后在中国银行继续叙作福费廷业务的信任。

> **启示：**
>
> 中国银行拥有高素质的福费廷产品专业人才队伍，丰富的福费廷作业经验，集中化的管理和运作模式。中国银行代表目前担任国际福费廷协会(IFA)非执行委员会董事及东北亚地区委员会主席。中国银行福费廷产品种类齐全，不受结算方式限制，可融资的债权工具灵活多样，不仅包括信用证，而且包括汇票/本票、付款保函/备用信用证担保债权、出口信用保险承保债权等多种形式，还可以根据项目的具体情况，提供个性化解决方案。
>
> 国内的出口商在开拓海外市场时如果存在融资困难，特别是对进口商及承兑/保付汇票、本票的国外银行的资信情况难以充分了解时，应该优先选择我国的优质中资银行叙作福费廷业务。这是因为优质的中资银行可以依托广泛的分支机构和代理行网络，帮助出口商将远期付款交易条件下的应收账款的各类风险有效降低。而福费廷业务本身是包买票据的无追索权融资，在国内已经是IFA会员单位的中国银行已经在多年的业务往来中通过与IFA的紧密合作将风险承担范围进一步拓展到亚、非、拉等新兴市场国家。中国银行的福费廷融资期限灵活，不仅可以提供1年以下的短期融资，而且可以提供3—5年，甚至更长期限的中长期融资。

2. 对包买单据的特别要求

在福费廷业务中的债权凭证是汇票、本票，它们必须是"清洁的"，即出口商向包买商提交债权凭证是必须保证它们是基于真实的贸易背景和合法的商务合同的，但这些债权凭证又独立于商务合同，任何贸易和商业纠纷都不能影响债权人凭这些债权凭证在到期日收款的权利。叙作信用证项下的福费廷业务，包买商需要严格审核信用证及所有修改通知书的真实复印件，承兑票据函电的真实复印件，信用证款项让渡书，款项让渡通知书的真实复印件，开证行的款项让渡确认书以及申请人接受单据的确认书。当然，现在随着科技的发展，开证行在审核出口商提交来的单据无误之后，可以通过SWIFT系统发出MT799报文即可告知包买商自己完成票据的承兑。

下面举例说明信用证下票据包买的做法。

(1) 交易细节。

出口商：ABC EXP CO., LTD

进口商：XYZ IMP CO., LTD

开证行：印度I银行

议付行：中国N银行

包买商：中国D银行

货物：机械设备

金额：USD 10 000 000

(2) 包买条件。

贴现率：5.35% P. A. (LIBOR+0.75%)

承诺费率：0.50% P. A.

承诺期：60 天

票据期限：装船日起 360 天

宽限期：2 天

单据要求：开证行承兑电副本。信用证及其修改副本(若有)。有关单据签字真实性的确认函。开证行到期日会付款给 D 银行的确认电。N 银行出具的出口商印鉴的确认函。

（3）操作过程。

出口商于 201×年 4 月 1 日与 D 银行签订包买协议并与进口商签订售货合同之后,进口商向 I 银行申请开立远期信用证。I 银行开出以出口商为受益人的远期信用证,兑付条件是全套货运单据及提单日后 360 天的远期汇票,以开证行为受票人。201×年 4 月 18 日机械设备装船起运。出口商向 N 银行提交信用证要求的单据,提出款项让渡的申请,单证相符 N 银行寄单 I 银行要求承兑,并发出款项让渡通知。I 银行在确定单证相符后承兑汇票,向 N 银行发出承兑电,并确认款项让渡给 D 银行。201×年 5 月 10 日 D 银行收到所要求单据后,以无追索权的形式支付贴现净额,收入出口商指定账户,并出具出口收汇核销专用联,供出口商办理出口核销和出口退税手续。次年 4 月 13 日汇票到期 I 银行直接将汇票面值支付给 D 银行。

（4）贴现净额的计算。

本例中,包买的实际承诺期为 39 天(4 月 1 日到 5 月 9 日共计 39 天),贴现期 338(4 月 18 日到 5 月 9 日共计 22 天,360 天远期汇票到期,所以贴现付款日与汇票到期日之间的实际天数是 338 天)天加上 2 天宽限期共 340 天。

贴现利率为 5.35% P.A.承诺费率为 0.50% P.A.,因此：

$$贴现利息 = FV \times R \times D/360$$
$$= USD\ 10\ 000\ 000 \times 5.35\% \times 340/360$$
$$= USD\ 505\ 277.78$$

$$承诺费 = FV \times 0.50\% \times 39/360$$
$$= USD\ 10\ 000\ 000 \times 0.50\% \times 39/360$$
$$= USD\ 5\ 416.67$$

$$净贴现值 = 10\ 000\ 000 - 505\ 277.78 - 5\ 416.67$$
$$= USD\ 9\ 489\ 305.55$$

从而,包买商以 USD 9 489 305.55 的代价买断出口商的应收账款,为出口商提供了无追索权的贴现融资。

信用证下福费廷融资协议示例

出口商：(以下简称甲方)

包买商：(以下简称乙方)

甲方为了加速资金周转,避免出口项目的外汇及利率的风险,特向乙方申请办理福费廷业务。为了明确甲、乙双方的经济责任及有关事项,经甲、乙双方协商,特签订本协议,双方共同遵守。

第一条　项目概况

进口商：

开证行：

> 保兑行：
> 出口项目：
> 合同金额：
> 交货期：
> 第二条　金额及货币
> 金额：（大写：_____）
> 第三条　期限
> 票据到期日：
> 交单有效期：
> 第四条　贴现率
> 根据乙方实际融资天数以一年360天为基础，贴现率为百分之__。按照对收益每半年折现一次的方法计算。
> 第五条　承担费
> 承担费率为，按包买金额和实际承诺天数计算。
> 第六条　债务证明
> 由甲方出具的经信用证开证行或保兑行承兑的汇票。
> 第七条　甲方的责任与义务
> 甲方须在包买交单的有效期内向乙方提交下列经乙方认可的单据：
> （一）甲方背书转让的本协议第六条规定的汇票，注明：without recourse。
> （二）商务合同副本，注明：copy conforms to the original，由甲方有权签字人签字。
> （三）信用证及其修改副本，注明：copy conforms to the original，由甲方有权签字人签字。
> （四）货运提单及商业发票副本，注明：copy conforms to the original，由甲方有权签字人签字。
> （五）书面证明所提交的单据是真实的，单据上的签字合法、有效，并由甲方签字盖章。
> 第八条　乙方的责任及义务
> 乙方收到本协议第七条规定的单据，经审查同意后，将包买款项通过银行转账方式划到甲方在银行开立的账户内，账户号为_____。
> 第九条　违约处理
> 甲方若未按本协议第七条规定交单或中途撤单或提交的单据不真实，则须承担乙方因此而造成的全部经济损失。
> 第十条　其他
> （一）本协议未尽事宜，由甲乙双方协商解决。
> （二）本协议正本一式两份，双方各持一份，具有同等的效力。
> 　　　　　　　　　甲方：　　　　　　　　乙方：
> 　　　　　　　　　签字：　　　　　　　　签字：
> 　　　　　　　　　盖章：　　　　　　　　盖章：
> 　　　　　　　　　年　月　日　　　　　　年　月　日

（三）福费廷的二级市场的运作

福费廷业务的二级市场通常包括公开转让和风险参与两种形式。公开转让是指在福费廷二级市场上，福费廷包买商之间通过款项让渡或票据背书的形式，将原办理福费廷业务的应收账款无追索权地再次进行转让。风险参与（risk participation）是指在金融机构间，风险出让人向风险参与人按事先约定的条件转让风险资产，风险参与人以一定的方式承担部分或全部资产的风险，并赚取相应收益。

包买商从出口商处买断票据后，既可以将票据保留至到期日，亲自向债务人或担保人要求付款，也可根据风险变动情况及自身的风险管理要求等，在买断票据的同时或在持有票据一段时间但尚未到期时，将票据转卖给其他金融机构。包买商还可以通过包买辛迪加将银行承担的或有负债的全部或部分转让给风险在参与者。风险参与通常发生在包买商无力或无法单独去履行对债权人的债务的情况下,它需要让其他的包买商作为风险参与者参与进福费廷业务里。

在票据转卖过程中,买入方向卖出方无追索权地全额支付贴现款项并在票据到期时向债务人或担保人索款。卖出方在转移风险的同时赚取贴现的差价。对于转卖事实,双方应分别向债务人或担保人确认。初级包买商通过福费廷的二级市场可以分散风险、提高资产流动性并获得良好的收益,在欧洲的伦敦、法兰克福、苏黎世和中国的香港地区,福费廷的二级市场非常发达。

福费廷包买商前手与后手之间对于转让票据的价格一般通过电话进行协商,协议书的签署则常使用传真或发送加押 SWIFT 电文的形式。福费廷二级市场中,包买商前手通常以加押 SWIFT 方式向应收账款的保付人发出款项让渡通知,再由保付人对后手做出通知。当然,有时候应收账款的保付人不一定会按照前手的指示通知后手包买商款项已经让渡,这是因为在实务操作中,可由前手包买商代后手包买商到期收款后再支付给后手包买商。

与票据转卖不同的是,风险参与的份额可为票据的部分金额,参与风险的包买商也不直接与债务人或担保人打交道,凡事均由出让风险的包买商出面,风险参与事实也无需通知债务人或担保人。风险参与的实质作用相当于是购买出口信用保险单,初级包买商因此享有双重保障。

风险参与又分为融资性风险参与(Funded Risk Participation)和非融资性风险参与(Unfunded Risk participation)。融资性风险参与是指参与方及时将其参与份额的贴现款项支付给出让方,使出让方能及时收回部分票款,获得融资。在票据到期收回款项后,出让方再支付给参与方其应得份额。如票据到期后债务人或担保人不付款,参与方对出让方无追索权。非融资性风险参与是指参与风险的包买商在票据到期前并不实际向出让风险的包买商支付任何贴现款项,只是在票据到期时如债务人或担保人不付款,参与方将向出让方支付其参与份额的票款金额。因此,通过非融资性风险参与,出让方的目的只是转嫁部分福费廷包买票据的风险,参与方类似于充当了一个担保人。

福费廷的转卖与风险参与均基于相关包买商之间的业务协议。通过协议,规定双方的权利和义务。为谨慎起见,协议中应规定,出让方必须保证其出让的债权是正当有效的,相应的担保也是有效的,否则买入方/参与方将有权向出让方行使追索权。

第三节 福费廷结算方式在国际贸易中的运用

一、福费廷在国外的运用状况

福费廷业务最早起源于第二次世界大战以后的东西方贸易。第二次世界大战结束后,苏联及东欧各国为医治战争创伤,重建家园,需要从西方国家进口大量建设物资、日用品和粮食。但在布雷顿森林货币体系里,上述各国的本币在国际市场上处于弱势地位,也十分短缺外汇,而且本国的银行融资能力又十分有限。在与西方国家的进出口贸易中这些国家的进口商有强烈的进口需求，又更需要西方国家的出口商能提供延期付款的交易条件。西方国家的出口商则也想获得长期稳定的来自苏东国家的大额订单，但又不敢完全独自承担进口商延期付款带来的风险，同时也难以承受较长时间的延期付款带来的资金流动性缺乏的压力。在这样的时代背景下，富有长期贸易融资经验的瑞士苏黎世银行协会率先开展了福费廷业务——以美国向东欧国家出售谷物为背景，率先对美国出口商的应收账款提供了买断票据之后的融资服务。

尽管福费廷业务起源于消费性物资商品交易，但付款期限较长、金额较大等特点使其更适合于资本性物资的商品贸易。特别是20世纪五六十年代后，西欧国家的经济实力恢复之后，为了争夺已经逐渐转变为买方市场的资本性货物的出口市场，在进口方时常提出要得到延期付款甚至是几年之后才付款完毕的要求时，出口商越来越倚重于能够给他带来中长期融资和坏账担保的福费廷业务。在20世纪80年代爆发了全球性债务危机之后，金融市场波动日益增强，为了控制风险，不仅银行减少了对出口商的常规贷款，甚至许多国家也对出口信贷担保机构给予出口商的融资支持提高了门槛和增加了限制性条件。出口商在争夺进口国的大金额资本性货物进口订单时，承担了越来越大的利率风险、汇率风险、国家风险和买方信用风险。因此，在大宗性资本货物转变为买方市场后，出口商对福费廷业务的需要更为迫切，因此，福费廷业务量得到了快速增长、福费廷业务也扩展到了更多的国家。

世界上目前福费廷业务仍然主要集中在伦敦、苏黎世和法兰克福这三大市场。1965年，苏黎世的FINANZAG成立了世界上第一家专营福费廷业务的公司，标志着福费廷业务作为一种融资产品正式出现在了国际金融舞台。作为福费廷业务发祥地的苏黎世市场，一直居于全球福费廷市场的中心地位。长时间占据世界金融霸主地位的英国，伦敦在世界福费廷市场的二级市场上稳定地居于龙头老大的地位。法兰克福是德国乃至欧洲重要的工商业、金融和交通中心城市，很多欧洲、国际金融机构都选择在此。西德意志州银行的国际贸易商品融资部（ITCF）福费廷部门有遍布全球的经营网络，在《欧洲货币》《中欧》这些权威杂志上多年来评选的榜单上，获得过"最佳一级市场福费廷包买行""最佳贸易融资与福费廷机构"等殊荣。欧洲以外的福费廷市场，在中国、墨西哥、巴西、阿根廷、韩国等国，业务量也越来越大，令人瞩目。事实上，世界贸易中延期付款的成套设备、机器、飞机、船舶等贸易的应收账款，几乎没有不采用福费廷业务进行融资结算的。

1999年8月成立的国际福费廷协会（International Forfaiting Association，简称IFA）是福费廷业务领域最大的国际组织，总部就设立在瑞士苏黎世。IFA一直致力于福费廷市场规则的制定：2004年，发布了《国际福费廷协会指引》；2008年，发布了《福费廷一级市场介绍》；2012年，《福费廷统一规则》（URF800）正式获得通过，为国际福费廷的快速发展提供了准则支持。

截至2020年8月，IFA现有会员278个，覆盖全球55个国家和地区，会员主要为国际性大银行、福费廷公司以及位于金融中心的银行分行。IFA的使命之一就是维护来自不同地区的会员的利益，IFA主要为会员提供下列服务：定期举办年会为使会员便捷顺畅地交流观点而定期举办年会，同时也为会员之间增进联系提供更广泛的场所和机会；制定实务惯例和工作指南，出台规范性文件和推介标准业务流程，为福费廷业务的发展提供安全有序高效的规则及市场环境；推出不同层次的培训教育计划、讲座研讨等以满足会员在福费廷业务优化和提升方面的需求；设立区域委员会，加强区域间福费廷业务的交流与联系；建立协会网站为总部、会员、政府部门以及公众间的交流以及宣传推广福费廷业务提供平台等。IFA还与国际商会(ICC)、银行间融资贸易委员会(BAFT)、国际投资银行(IIB)等多个外部机构紧密合作,目的就在于为 IFA 的会员提供更丰富的资讯以促进福费廷业务的发展。

二、福费廷在我国的发展

我国福费廷业务的开展起步比较晚,但发展比较快,20 世纪 90 年代中期,我国银行在海外的分行开始办理福费廷业务。1994 年,我国成立了中国进出口银行,该银行是我国境内最早涉足福费廷业务的金融机构。当时的中国进出口银行作为一家政策性银行,它在福费廷业务的管理办法和操作过程方面进行了探索。入世之年的 2001 年,中国银行江苏分行为某轻工进出口公司出口酒具到法国办理了金额为 111 631.33 美元的福费廷业务,开创了国有商业银行办理福费廷业务的先河。尽管这笔福费廷业务的融资期限短至不足 50 天,严格来说融资期限如此之短的业务不是国际上通常认为的典型福费廷业务,但这笔业务掀开了我国商业银行叙作福费业务的篇章。同年 4 月,中国银行在广交会上向广大出口企业介绍了福费廷业务,引起出口企业的极大关注。自此之后,我国的商业银行基本都能开展福费廷业务,方式主要有直接买断和间接买断两种。随着业务经验的积累和客户基础的扩大,我国商业银行的福费廷业务快速发展。2005 年 6 月 8 日,国际福费廷协会(IFA)东北亚地区委员会在中国北京正式成立,标志着我国商业银行的福费廷业务发展进入了新的阶段。东北亚地区委员会是 IFA 在欧洲以外设立的第一个地区委员会,覆盖亚洲东部和北部地区。

我国福费廷业务目前已成为国际福费廷市场的一个新的增长点。中国银行是国内最早开办福费廷业务的银行,也是中国福费廷市场的领军者。从 2001 年开展第一笔福费廷业务,中国银行福费廷业务保持着跨越式增长的发展势头,截至中国银行成为福费廷协会东北亚地区委员会的会员单位的 2005 年,中国银行的福费廷业务量由 1 000 多万美元增长到 6.5 亿美元。目前,我国企业在进出口贸易中仍然习惯于使用信用证结算方式,而世界主要发达经济体的企业则越来越广泛采用非信用证的结算方式,尤其是带有融资功能的福费廷业务深受欢迎。据统计,全世界年均福费廷交易量占世界贸易总额的 2% 以上。按此比例计算,2019 年我国外贸出口额高达 17.23 万亿元,那么中国福费廷业务市场总额应接近 3 500 亿元。然而,中国目前实际的福费廷业务交易量远远没有达到这个水平。当前中国企业在资本性货物的生产供货能力增强,十分需要借助于银行的融资服务去大力拓展海外市场。可见,我国福费廷业务的需求意愿很旺盛,我国福费廷业务的市场潜力很大。

我国的福费廷业务近年来发展在科技创新、地域拓展、产品创新方面做了许多有益的探索。我国开展福费廷业务最早的商业银行——中国银行于 2011 年 9 月在新加坡成立福费廷中心,依托新加坡的亚太地区贸易融资资产主要二级交易市场地位,发挥出中国银行海内外一体化以及当地信息、渠道、交易商网络通达等优势,搭建起了丰富的分销渠道,大力推动产品创新。中国银行新加坡分行正在发挥区位优势,立足新加坡,辐射东南亚地区和"一带一路"国家、面向全球市场,将福费廷中心打造成为国际一流的贸易融资资产组合管理中心。2016 年 11 月,国际福费廷协会首次在东南业地区召开行业性大会,来自新加坡、中国、印度、英国等国家和地区的 80 多家企业、50 多家银行及非银行金融机构参加了此次盛会。在研讨会上,中国银行的业务专家张湄、艾昊、钟菲等分别受邀在会上做了专题演讲,他们对银行业监管发展趋势的深入探讨和贸易金融行业机遇的分享获得了嘉宾们的热烈反响。这次研讨会反映出了作为我国银行开展福费廷业务最早的中国银行已经在全球福费廷业务中承担起了重要职责。

需要指出的是,我国的福费廷业务不仅面向国际贸易交易而开展,在国内贸易的交易中也频频展露出它对企业的吸引力。特别是区块链技术的应用,让我国的多家银行能够更安全和顺畅地实现"区块链福费廷交易平台"的系统运转,能够为福费廷业务量身打造预询价、资产发布后询价、资金报价多场景业务并发、逻辑串行的应用服务流程。可以预见,福费廷业务作为能够给出口商提供流动性资金、提高资金周转率,有效规避潜在利率风险和汇率风险的金融工具,必然得到更多企业的青睐,而技术上的突破和银行之间的加强合作的格局逐步形成,又必然会大大促进我国福费廷业务量的迅猛增长。

尽管福费廷业务在我国的发展已取得了一定的成果,但与福费廷业务成熟的先进国家相比,我国的福费廷业务还未进入成熟的高级发展阶段。在发展进程中还存在着诸多的困难与问题。

（一）价格问题

从福费廷业务的起源和发展历程来看,我们不难发现,在出口资本性货物,尤其是采用信用证、跟单托收和赊销方式出口金额较大、交货时间长的资本性货物时,企业对福费廷业务的需求是很迫切的。企业采用福费廷业务完成结算,意味着企业能够把货款以卖断票据的方式得到福费廷商无追索权的融资,相当于企业迅速地收回了应收账款。而且由于现在的福费廷商也开展了对短期、中期票据的贴现融资,所以越来越多的企业愿意叙作福费廷业务。但是,除了能够享受国家财政贴息优惠政策的政策性银行,商业银行虽然能够给企业办理更灵活的福费廷业务,但也需要向出口企业收取选择费、承诺费等融资费用,加上其还要收取与商业利率相当的贴现利率,因此对出口企业而言,享有福费廷融资服务的价格是比较高的。价格高是影响福费廷业务向普通企业推广的"拦路虎"。

（二）风险问题

对票据包买商来说,福费廷业务最大的风险在于它在办理了无追索权的成组票据的贴现之后,就在事实上承接了原本由出口商承担的各类风险（包括信用风险、汇率风险、国家风险等）。我国的企业信用评估体系还不够完善,票据包买商在对国内异地非同城出口企业进行资信调查的时候,很难对企业的每笔交易都进行准确的评估。为了减少风险,票据包买商往往会提高福费廷业务的融资价格,这又反过来加大诱发了福费廷市场"劣币驱逐良币"的现象——让那些资信能力不够好的企业敢冒风险接受高报价的福费廷业务。由于我国金融机构在海外的分支机构仍然较少,对进口国国家政策、银行资信和市场状况等方面缺乏准确了解和系统研究,若贸然接受资信不够好的出口企业来办理福费廷业务,那么包买的即使是获得了进口国银行承兑或担保的票据,风险也仍然不小。

（三）流动性问题

福费廷业务属于批发性融资业务。叙作福费廷业务是占用了票据包买商的信贷额度的。因此,在我国仍然有许多普通商业银行没有动力和意愿开展福费廷业务。此外,我国福费廷业务的二级市场不够活跃,一些买断了大额度票据的银行难以通过福费廷二级市场把票据转卖出去。这种情况若不能得到根本性改变,会诱发银行资产流动性紧张的问题。

(四) 票据市场问题

福费廷业务是一种特殊的票据贴现业务,福费廷商对出口商的票据贴现是没有追索权的票据买断行为。而我国现行的《票据法》仍然对持票人的权益有如下主张:持票人不仅享有付款请求权,而且有追索权。由此可见,我国《票据法》的解释没有充分支持福费廷商买断票据的性质。与福费廷二级市场发达的世界其他国家的票据法规相比,我国需要在票据法规方面做出修改和完善,才能更好地促进我国福费廷业务的发展。

(五) 人才问题

过去,我国的福费廷业务其实局限于狭义的福费廷业务,即办理福费廷业务的银行在远期信用证、延期信用证项下无追索权地买断开证行已承兑的汇票或已承付的单据的业务,以及在托收业务项下买断经债务人的银行保付的已承兑汇票的业务。现在,我国的银行作为包买商,也已经开始叙作广义的福费廷业务,即无追索权地从出口商(债权人)那里买入应收账款。广义的福费廷业务对于包买商提出了更高的要求,也需要银行等票据包买商拥有更专业的人才,打造出更科学规范、快捷安全的结算技术平台。在后疫情时代,制约我国企业大宗性商品、资本性商品出口的外部因素有所抬头,商业银行办理贸易融资业务也需要管控风险。因此,商业银行必须始终重视人才培养和团队建设,致力于为客户提供更有竞争力的福费廷具体融资方案。

三、加快我国福费廷业务发展的对策

早在1986年,工业制成品占我国出口产品总额的比重就达到了63.8%,2001年起这一数值超过了90%,2017年这一数值达到了94.8%。可见,我国早已经成为了工业制成品的出口大国,而且我国出口的工业制成品中科技含量越来越高,附加值也越来越高,船舶、成套设备、精密仪器等资本性货物的出口交易也已经从过去的主要面向发展中国家市场进阶为也能打入发达国家市场。目前,我国的"一带一路"倡议得到沿线国家的积极响应,我国对沿线国家及周边国家的对外贸易额和对外直接投资额迅速攀升,同时我国在5G通信、高铁、桥梁建设、基因测序、导航等领域已经处于世界领先水平。我国的企业是有能力和实力大规模出口这些领域的资本性货物的。对我国出口企业来说,既要开拓发展中国家市场,也要争夺发达国家市场对资本性货物进口的订单。当下资本性货物的进出口交易,进口商往往提出延期付款和分期付款的要求,那么为了获得订单、留住客户,出口商十分需要得到资金融通和风险规避方面的大力支持。加快我国福费廷业务的发展,提高我国票据包买商办理福费廷业务的能力,能够为我国企业开拓海外市场、争夺更多的资本性货物出口订单更添助力。

目前,我国对金融的监管提出了金融服务回归本源的总体要求,福费廷业务是票据包买商对建立在真实贸易背景下的票据做特殊贴现的业务,是一款服务实体经济发展的贸易融资产品。福费廷业务不占用企业的授信额度,使企业能安全快速地收回应收账款。此外,福费廷业务还可以使出口企业提前享受出口退税。出口商使用福费廷结算,能清晰准确地知晓票据包买商贴现票据的固定利率,从而使出口商在与进口商洽谈合同时就能够正确地把控报价浮动的幅度。总体来看,福费廷业务降低了企业的融资成本,节约了企业的财务管理费用,提升了企业出口作价的竞争力。

综上所述,福费廷业务是服务于实体经济发展的一款贸易融资产品。外资银行办理福费廷业务时间更早,经验更多;中资银行想要在与外资银行的竞争中取得突破性的进展,需要在交易结构、风险把控、渠道建设等方面下功夫。

加快我国福费廷业务的发展对策,应主要着眼于以下几个方面。

(一) 重视营销,扩大宣传

好的产品也要有好的营销。福费廷业务已在我国开展了 20 多年,但是仍然有不少企业不了解甚至是不知晓这项贸易融资服务。当今国际贸易的市场环境,进口商对于结算方式能否提供融资服务越来越重视。传统的信用证结算方式,银行的融资服务创新性不足,在发达国家已经有越来越多的进出口商不再青睐于信用证结算方式。发达国家的商业银行对福费廷业务的使用已经很熟悉。我国商业银行没有理由不重视推动福费廷业务的发展。商业银行多途径、多方式地做好福费廷业务的营销推广活动,还应注重在扩大宣传的基础上为合适叙作福费廷业务的企业做好融资战略规划,为企业拓展融资的渠道。向企业推广好福费廷业务,不仅能深化企业对福费廷业务功能和好处的理解,还能使企业成为福费廷业务的宣传者、推广者,从而为银行积累优质客户资源。

(二) 不拘形式,敢于进取

福费廷业务在中国,也从早期的照搬照套外国的做法,发展成为今日能根据中国企业的具体情况和需求而量身定做的贸易融资综合服务。特别是我国已经激活了福费廷业务的二级市场,加强了银行同业之间的合作、增加了银行资产的流动性。国内银行同业工会之间也出台和实施了不少激励福费廷二级市场发展的举措。例如,2014 年年底,上海市银行同业公会发布了《福费廷二级市场业务操作规范》,以激励福费廷二级市场的能动性,鼓励银行开展同业间合作。这些行动改变了我国福费廷市场在银行供给端的竞争格局,境内银行已经广泛发展了银行福费廷业务的同业合作,而不再像过去那样仅仅是围绕着中国香港地区、新加坡等亚太金融中心的银行机构开展票据的转写、转卖业务。

我国的商业银行要努力打破行业间壁垒,积极转变思维,把福费廷业务与其他金融衍生产品的融资服务结合起来,提高我国银行办理福费廷业务的业务水准,大胆进军世界其他国家出口商叙作福费廷业务的市场。我国银行可以把福费廷业务与互联网金融、供应链金融结合起来,进一步探寻福费廷业务模式的创新。值得欣慰的是,我国银行目前正在把区块链理念及技术与福费廷业务相融合,从而更大程度地保障福费廷业务中信息流转的安全性和即时性;在此基础上有效地促进了我国福费廷二级市场的发展。当前,国内各家银行都突出强调"金融科技"的战略导向,以此来降低银行融资业务的操作风险、控制银行的整体运营成本、改善银行的客户体验等。自 2017 年起,国内多家银行成功试水区块链福费廷业务,从行内交易到跨行交易,不断取得突破。而中国人民银行贸易金融区块链平台则是区块链技术在供应链金融领域的有效尝试。该项目已陆续上线"应收账款多级融资""对外支付税务备案表""国际贸易账款监管"3 个应用场景,获得了社会各界的广泛关注和认可。在这个区块链技术作为支撑的贸易金融底层平台上,企业可进行包括应收账款贸易融资等多种场景的贸易和融资活动。同时,平台为监管机构提供了贸易金融监管系统,实现了对平台上各种金融活动的动态实时监测。可见,金融科技赋予了福费廷业务创新性融资活动的发展活力。

(三) 在市场实战和交流培训中提升能力

中国的福费廷业务二级市场已经基本发育起来。早在 2017 年,包括国有银行、全国性股份制银行、城商行、农商行等规模不一的银行都已经出现在国内福费廷的二级市场上。银行内部对于福费廷产品的分工也日趋明确:首先,银行总行的同业部或金融机构部牵头建立充裕的同业额度,并根据各分行产品需求进行额度统筹。其次,由产品推广部门制定最新的产品管理制度与操作指引,并根据市场最新需求和先进行的成功模式,进行有效推广。最后,由市场部门客户经理不断深挖客户潜力,并对企业的福费廷融资需求保持高度的敏感性。银行充分用好了同业合作渠道,高效进行业务消化,协助出口商在更具流动性的资金市场上获得融资。国内银行要能持续环环相扣、一气呵成地开展福费廷业务的上述分工协作,就需要银行多部门多条线的工作人员都需要有较高的综合素质:他们不仅要对国际贸易融资业务的操作流程很熟悉,而且要在财务方面具有足够的知识储备。随着福费廷二级市场的参与方不断增加,福费廷业务的包买商及从业人员就必须在市场竞争中展现出自己过硬的专业素养。而要使福费廷业务充分发挥出它功能多样、方式灵活、多元发展的贸易融资特点,让福费廷业务能有效解决企业融资不畅等痛点问题,就需要福费廷业务的从业人员不断提高自己的能力。为此,我国已开展福费廷业务的银行应积极争取加入国际福费廷协会(IFA),实现与其他国家(地区)的福费庭商开展多渠道多层次的交流和联系,从国际福费廷协会处即时获得国际福费廷业务的业务指南等最新信息,还应争取在国际福费廷协会的会议及各种培训活动中获得业务标准制定的话语权。

(四) 规范操作,严防风险

长期以来,我国出口商大多数选择信用证这种传统的结算方式。出口商和商业银行习惯于围绕信用证使用的各个环节开展国际贸易融资。因此,我国商业银行向出口商提供的融资产品中,以信用证为基础的国际贸易融资产品长期占主导地位。信用证项下的进口押汇、开证授信额度、票据的一般贴现等传统贸易融资方式,操作程序简单,导致习惯了提供信用证融资服务的商业银行在开展福费廷业务这样的结构性贸易融资服务时,在严防风险、规范操作方面做得较为不足。

福费廷业务是票据包买商无追索权地买断应收账款的批发性贸易融资,涉及的融资金额大、融资时间长。因此,票据包买商尤其要做好福费廷业务的风险管理和控制。作为票据包买商的银行,必须充分利用先进的技术手段对整个业务操作的各个环节进行监控管理,协调银行相关部门之间及各分行之间进行高效配合。

银行对福费廷业务的风险管控和规范操作需要有法律条文和规章制度作保障。我国相继出台了《金融机构大额交易和可疑交易报告管理办法》(中国人民银行令〔2016〕第 3 号)、《关于加强反洗钱客户身份识别有关工作的通知》(银发〔2017〕235 号),明确了反洗钱客户的身份识别的有关标准,这些规章制度对开展福费廷业务的银行及从业人员提出了工作要求:为避免加入反洗钱风波,银行及从业人员都必须加大对国际福费廷反洗钱问题的审查。各家银行要做好客户的准入和尽职调查工作,充分了解进出口商的注册地、业务范围及实际控制人的具体信息。银行在接受二级福费廷业务申请时,要借助于区块链等金融科技手段,将涉及反洗钱的黑名单嵌入到国际结算系统当中,保障系统中已录入的业务底层信息的真实性;同时,作为票据包买商的银行应密切关注联合国及相关国家的政策变化,密切跟踪反洗钱的标准。银行必须做到规范操作,才能保证福费廷业务项下融资放款的安全,不会给福费廷业务的卖出行和包买商造成经济及声誉的损害。总之,我国开办福费廷业务的银行及其他金融机构,既要始终规范操作福费廷业务的流程,严控风险,又要在务实精神的指引下探索业务创新。

案例 10-2

案情:

瑞士某汽轮机制造公司 A 公司向拉脱维亚某能源公司 B 公司出售汽轮机,价值 3 000 000 美元。因当时汽轮机市场很不景气,而拉脱维亚公司坚持延期付款,因而瑞士公司找到其往来银行 ABC 寻求福费廷融资。该银行表示只要拉脱维亚公司能提供拉脱维亚 XYZ 银行出具的票据担保即可。在获悉拉脱维亚 XYZ 银行同意出保之后,ABC 银行与瑞士公司签署包买票据合约,贴现条件是 6 张 500 000 美元的汇票,这 6 张汇票依次每隔 6 个月到期 1 张。其中,第一张汇票在装货后的 6 个月到期,贴现率为 9.75% p.a.,宽限期为 25 天。瑞士公司于合同签订当年的 12 月 30 日装货,签发全套 6 张汇票寄往拉脱维亚公司。汇票于次年 1 月 8 日经拉脱维亚公司承兑并交拉脱维亚 XYZ 银行出具保函担保后,连同保函一同寄给 ABC 银行。该银行于 1 月 15 日贴现全套汇票。

由于汽轮机的质量有问题,拉脱维亚公司拒绝支付到期的第一张汇票,拉脱维亚 XYZ 银行因保函签发人越权签发保函并且出保前未得到中央银行用汇许可,而声明保函无效;并根据拉脱维亚法律,保函未注明"不可撤销",即为可撤销保函。而此时,瑞士公司因另一场官司败诉,资不抵债而倒闭。

分析:

此案例中的包买商 ABC 银行已经对出口商——瑞士某汽轮机制造公司 A 公司做出了无追索权的融资贴现,而拉脱维亚的 XYZ 银行则援引本国法律声明保函无效,拒绝对 ABC 银行付款。至此,票据包买商 ABC 银行事实上遭遇了严重损失。

按照福费廷的业务程序,XYZ 银行既然是包买票据的担保行,那么就要在票据到期时做出付款,这种付款责任是第一性付款的责任。在实际业务中,包买商一般将票据的担保人看作是第一付款人。因此,ABC 银行作为一个瑞士本国银行,在与本国的 A 公司洽谈是否向其提供福费廷融资服务时,首先应该慎重指定一个可靠的银行作为担保行。而本案中的拉脱维亚 XYZ 银行是 ABC 银行主动对出口商提出来的充当担保行的银行。然而,最后此笔福费廷业务出了问题,很大程度上就归咎于这家 XYZ 银行。——在得知本国的进口商 B 公司拒绝支付到期的第一张汇票之后,XYZ 银行竟然以自己未获得本国央行的用汇许可为理由,声称自己签发的是一个无效的保函,并继而拒绝向瑞士 ABC 银行进行付款,甚至还援引拉脱维亚法律去强调自己所开立的保函是可撤销保函。

事情发展至此，显然暴露了拉脱维亚的 XYZ 银行不是一家有信誉的银行，其对福费廷业务下充当票据担保人的责任和义务也理解得极不到位。XYZ 银行为了维护自己的短期利益而拒绝承担作为福费廷业务担保人的责任，以自己的担保无效为借口拒绝对票据包买商付款，结实坑了一把瑞士的 ABC 银行。

在本案例中，A 公司与 B 公司的真实贸易背景是汽轮机销售，这就需要考虑进出口双方是否会因为贸易纠纷而产生进口商拒付的情况。汽轮机的交货质量通常需要在货物交付给买方并使用一段时间之后才能完成检验，以得出结论：货物是否符合进出口双方在基础合同中的货物质量条款的要求。拉脱维亚对数额较大的资本性货物的进口用汇有限制和管制，而瑞士的 ABC 银行却没有对做出票据担保的 XYZ 银行是否已经取得本国的用汇许可进行调查。在没有确认 XYZ 银行取得用汇许可之前，ABC 银行仅凭 XYZ 银行对进口商承兑的票据做出担保就立即向本国的出口商 A 公司给予了福费廷贴现融资——意味着 ABC 银行在买断票面金额高达 3 000 000 美元的票据时，它本身就面临着最终可能被拒付的巨大商业风险、信用风险和进口国国家风险。

果然，最后的结果对 ABC 银行而言是最不利的，拉脱维亚的 XYZ 银行硬是以自己没获得用汇许可为理由拒绝付款，更宣称自己的保函是可撤销保函，不再承担福费廷业务担保人的责任。所以，ABC 银行虽然在法理上是无可挑剔地可以要求 XYZ 银行付款，但是事实上其通再想从 XYZ 银行这里得到付款是几乎不可能的。如果转为向进口商要求付款，进口商作为汇票的承兑人，应该履行其对正当持票人——包买商 ABC 银行的付款责任，该责任不应受到基础合同履行情况的影响。但由于拉脱维亚属于外汇管制国家，没有用汇许可，进口商也无法对外付款。因而，虽然包买商在法理上占据优势地位，但事实上从进口商处收款同样受阻。而且，案例中也已看出因为出口商瑞士 A 公司已经资不抵债而倒闭，拉脱维亚的 B 公司作为进口商在拿到了机器（虽然宣称质量有问题），A 公司已经得到了 ABC 银行的融资款完成了该笔交易的应收账款到账，A、B 公司都不会有意愿去继续为 ABC 银行提供配合性的服务。

福费廷属于无追索权的贴现融资，即便为了防范风险，ABC 银行已与出口商瑞士公司事先就贸易纠纷的免责问题达成协议，但由于瑞士公司已经倒闭，从而，即使 ABC 银行重新获得追索权，也难以通过追索弥补损失。

💡 启示：

福费廷业务经验丰富却在此交易中马失前蹄的瑞士的 ABC 银行作为票据包买商，它的最大失误就在于贸然同意出口商只要有拉脱维亚 XYZ 银行为票据作出担保，就为此次汽轮机进出口贸易合同高达 3 000 000 美元的应收账款叙作福费廷业务。而且这个 XYZ 银行还是 ABC 银行主动给出口商 A 公司提出的。ABC 银行最后的惨重损失告诉我们，福费廷业务虽然能够给票据包买商带来较高的利润，但是在与出口商签订福费廷协议、办理福费廷业务之前，票据包买商一定要重视对出口商、进口商以及担保人本身资信情况和进口商所在国情况的调查。这些情况对于福费廷公司判断一笔业务的风险、确定报价,甚至决定是否接受这笔业务都具有非常重要的意义。

担保人的资信尤为关键,因而在实务中,担保人通常由包买商来指定。此案中,ABC银行也是自己指定了一家担保行,但显然 ABC 银行实际上并未对这家担保行的资信做好深入全面的调查。ABC 银行可能只是与 XYZ 银行有过一般的业务往来,它并未特别重视并去落实这些本来应该细致到位的资信调查工作,最终导致其蒙受巨大损失。

在蒙受损失之后,瑞士的 ABC 公司才恍然大悟:截至 XYZ 银行拒付的事情发生,拉脱维亚的 XYZ 银行成立也才 2 年多时间,它开展福费廷业务的时间非常短,实际接触到的福费廷业务也很少,业务经验包括业务办理程序方面都不是很成熟。也正是因为此种原因,办理过程中出现了许多违反政策及业务规定的问题。此外,本案中的票据包买商对进口国的相关政策法律也不十分清楚,对基础交易情况、货物情况没有足够的了解,对客户资信也未作必要的审查和把握。另外,还有一点很重要的是,在包买票据时,票据包买商对一些重要的单据文件的提交和传递也是需要做出周全要求的,比如用以了解交易背景的合同副本、用以防范进口国政策管制风险的进口及用汇许可证等如何提交、何时提交都需要在福费廷协议中做出明确的规定;对没有正常按时提交这些相关的单据文件,票据包买商有什么样的免责条款也应做出明确规定。此案中,票据包买商最后遭受巨大损失的教训告诉我们,风险的发生就源自对风险的疏于防范。

第四节 福费廷结算方式与其他结算方式的比较

一、福费廷与国际保理的比较

福费廷与国际保理,是国际结算中常见的两种给出口商提供的融资服务,两种业务也具有不少相似之处。概括起来主要体现在以下两个方面:一是两者都基于真实的贸易背景,无论是保理商还是福费廷包买商都是以向出口商提供融资而收取服务费,也都是通过购买出口商的应收账款而为出口商提供贸易融资;二是两者都具有坏账担保和转嫁风险的功能,都能够使出口商对自己所提供的无争议的债权(无论是以发票形式还是以汇票、本票等形式所代表的应收账款)在转让出去后可以不用再被追索。因此,福费廷与保理对于出口商而言,都是一种较好的贸易融资、转移风险、坏账担保的综合服务包业务。即便如此,两者的区别也是可以总结出来的,认清两者的不同对于叙作保理业务或福费廷业务的各方当事人非常必要。

(一)业务本质不同

尽管福费廷与保理都涉及贸易中应收账款的转让,也都使出口商能够提前回笼应收账款,但是在保理业务中,保理商是通过购买出口商的以发票表示的应收账款来使出口商能够提前回笼资金的,福费廷商则是通过买断出口商提交的汇票、本票来使出口商提前回笼资金的。保理业务遵循的是一般民法中债权转让的做法,在国际保理业务中,主要依据的是国际保理业务方面的公约和惯例。福费廷业务中遵循的是票据业务的程序,适用的是票据法的相关规定,同时参照国际福费廷协会的规则和指引来处理业务程序。

出口商提交给保理商的发票所代表的应收账款与出口商、进口商签订的基础合同的具体交易密不可分,进出口商基础合同的执行情况直接影响到应收账款转让的有效性。一旦发生贸易纠纷而导致拒付,根据国际保理联合会的《国际保理业务惯例规则》的规定,保理商无需承担坏账担保的责任。可见,通过保理方式进行的买方信用风险转移并不彻底。

福费廷业务项下出口商能够卖断给包买商的是票据,作为无条件付款凭证的票据一经开立,本身只要是规范合格、清洁有效的,就能顺畅地进入广阔的二级市场进行自由的流通转让,从而使福费廷所涉及的应收账款与进出口双方的基础交易完全独立。需要强调的是,经无追索权贴现而成为正当持票人的包买商对票据拥有完全的付款请求权,票据承兑人与担保人不得以贸易纠纷为由对抗包买商的付款请求,包买商也不得以贸易纠纷为由重新获得对出口商的追索权(除非双方另有规定)。因而,通过福费廷方式能够使出口商通过转让票据就较为彻底地转嫁了进口商存在的买方信用风险。也正因为上述原因,在保理业务中存在着隐蔽性保理,这种具体的操作中,出口商在转让应收账款给保理商的时候可以不必告知进口商。但叙作福费廷业务出口商必须在与进口商签订基础合同之前就去包买商处进行福费廷业务的询价,并且必须明示告知进口商该基础合同项下的应收账款将采用福费廷融资。若进口商不同意出口商以福费廷进行融资,出口商是不能叙作福费廷业务的,所以,也不可能存在"隐蔽型福费廷"。

此外,由于票据的流通性比发票的流通性强得多,而且世界各国票据法也比单纯的保理惯例和公约要更成熟和有约束力,所以福费廷业务下的包买票据可以较容易地转让出去,这进而增加了包买商管控风险的能力和大额融资的空间。

(二) 信用基础不同

保理业务是一种包括信用调查、保证付款、代理催收账款及提供融资的综合性金融服务,在国际结算中,当进出口商双方已同意采用托收中的承兑交单(D/A)或赊销记账贸易(O/A)来进行货款结算,但出口商又需要有效管理应收账款账户(尤其是较大程度地保障及时收回大部分应收账款)的情况出现时,国际保理就充分地展示了其业务功能能满足进出口双方的共同需要。在保理业务中,保理商以自己对进口商所做的资信调查情况为基础来给予出口商核准的企业授信额度,告知出口商在该额度内能得到保理商已购买发票的形式获得融资。也就是说,保理商给予出口商的融资款是基于进口商的商业信用。保理商购买应收账款时,进口商的付款责任并未确认,日后存在较大的拒付风险。

福费廷业务中,包买商购买的是经进口商承兑的汇票或进口商出具的本票,进口商的付款责任在应收账款购买时已经确定;此外,包买商通常只购买经进口地银行或其他担保机构担保的票据,因而福费廷包买商的票款兑现基于的并不仅仅是进口商的信用。在实务中,绝大多数包买商是在远期信用证结算方式下包买直接由开证行承兑的远期汇票。

因为上述原因,尽管两者都具有融资担保功能,福费廷的融资功能相对更强,而保理应重点发挥其保付、销售分户账管理、催收账款等服务功能。

(三)融资期限与金额大小不同

前文已述及,保理业务能够给中小微企业开拓市场、发掘新客户、维护老客户带来价格优惠之外的竞争优势,但保理业务需要保理商始终密切关注进口商的资信及运营情况以给出合理的赊销授信额度。因此,总的来说,保理业务更合适保理商开展贸易背景是小批量、多批次、多客户的消费品的贸易融资;实际业务中,国际保理融资期限通常是半年以内,属于短期零售性融资业务。而福费廷融资的起源与发展都充分展示了它是一种针对时间跨度长、交易金额大的真实贸易的中长期批发性融资业务,在国际贸易中,福费廷业务有效地促成了许多资本性货物出口交易的达成。正是因为它能提供几年甚至数十年的资金融通,而且融资金额是全部应收账款的票面金额,相较于保理业务项下保理商一般最多对发票金额的80%—90%进行预支付款的融资,福费廷业务的融资能力是很强大的。

(四)追索权有无的规定不同

福费廷在法语中的本意就是"放弃权利",通过包买票据来做到无追索权地给出口商提供融资是福费廷融资的本质和特色;而保理业务分为有追索权和无追索权两种融资方式。也就是说,保理商可以仅提供应收账款的资金垫付,它对出口商的融资服务可以是有追索权的,无追索性并不是保理融资的必然要求。出口商叙作保理业务时,可以不使用保理商的坏账担保服务从而降低保理费用。没有提供坏账担保服务的保理商,它对于出口商的融资仅仅是垫付资金而不是无追索权的买断性融资。

(五)风险承担不同

无追索权的保理与福费廷在向出口商提供无追索权融资时,都承担了出口商转嫁过来的交易风险。但保理商承接的仅仅是进口商的信用风险,即对由于买方资信方面的原因导致的坏账承担赔付责任。如果出口商将不合格的应收账款填报为合格的应收账款,保理商不承担这样的坏账担保。并且,如果出现了因货物质量、数量、装运期和交货期不符合基础合同的规定而导致贸易纠纷,进口商要求拒付或少付的商业风险,保理商也是不承担的。而福费廷业务的包买商买断票据后,承接的是与交易有关的所有风险,不仅有买方信用风险,还有买方所在国的政治风险、政策风险、市场风险等。从承担风险的种类上讲,福费廷业务所承担的风险转嫁是比保理业务中的风险转嫁更为彻底的。

(六)有无二级市场不同

在我国,福费廷业务的包买商买断票据之后给予出口商的融资款被视为出口商的已实现销售收入,意味着叙作福费廷业务的包买商把代表了应收账款的票据卖断给包买商之后就可以得到银行方面的证明资料,凭借这些证明资料在外汇管理局的网上服务平台登记好出口收汇、向税务机关办理出口退税。而保理融资分为两种情况:无追索权保理融资和有追索权保理融资,其中的有追索权保理融资由于应收账款到期收款的不确定性较大,因而不被视作出口商已经完成了收汇,只能等到应收账款到期所有款项完成收款以后,才能办理出口收汇登记和退税。当然,无追索权保理融资的款项还是可以向税务机关办理出口退税的。

正因为有这些区别,导致保理商所收购的发票是几乎没有二级市场的,而福费廷包买商所买断的汇票、本票等票据则有活跃的二级市场去进行流通。

(七) 计息方法不同

福费廷业务计算利息是按贴现方式进行的,包买商给予出口商的融资额是扣除了贴现利息之后的净额,这是一种期初付息的计息方式,因此实际利率远高于名义利率。保理业务以保理商预支给出口商的款项作为本金为基数去计算出从预付日到预计收款日的利息,保理商在收到货款后扣除掉这部分利息,再去向出口商支付原先未融资的应收账款余额。保理业务的计息方式是期末付息,这种计息方式下的实际利率与名义利率是等同的。

二、福费廷与传统结算方式的比较

福费廷最早是作为中长期贸易融资业务而出现的,如今福费廷也已经成为了一种新型结算方式,它在国际贸易中促成了许多大宗货物和资本性商品进出口交易达成。福费廷本质是对进口商承兑的远期汇票或签发的远期本票的贴现,因而与信用销售下的O/A和托收方式一样都是基于商业信用的结算方式。但在实际业务中,为了防范风险,包买商通常会提出票据要有自己认可的银行进行担保的要求。同时,与O/A与D/A一样,福费廷也为进口商提供了远期付款的机会,并且付款期往往更长。与上述两种结算方式明显不同的是,福费廷不仅仅是一种结算方式,更是一种担保方式和融资方式,通过无追索权的融资,不仅免除了O/A和D/A方式下出口商的收款风险,还解决了出口商接受远期收款带来的现金流紧张、资金周转困难的问题。利用福费廷结算方式,虽然出口商必须支付比普通贴现更高的贴现利息和承担其他的费用成本,但是出口商可以利用银行甚至银团的力量来增强自己做信用销售的能力,增强自己在买方市场条件下的出口竞争力。所以,为了争取大额订单和维系大客户,出口商如果能把福费廷的全部成本或部分成本转嫁给进口商,叙作福费廷业务来进行国际贸易的结算,也是一种明智的选择。

与信用证结算方式相比,福费廷的突出优点在于其融资功能上。信用证是我国企业熟悉和习惯使用的一种结算方式,应该说,信用证比托收和汇款在保障出口商的权益方面更有底气的就是它用银行信用替代了进口商的商业信用。但随着信用证在使用过程中时常出现欺诈条款、软条款,也包括开证行若在进口商的授意下,苛刻地以出口商所提交的单据存在不符点为由来进行拒付或扣费等情况亦频繁出现,出口商原来所特别看重的信用证保证付款的作用被削弱了。虽然信用证业务项下也可以有打包贷款、出口押汇等融资服务,但是这些融资服务都是有追索权的,对出口商来说是没有彻底解决后顾之忧的。而福费廷融资在本质上最鲜明的亮点就是包买商的无追索权融资,当应收账款的到账时间越长,应收账款的总金额越大,这种基础合同的应收账款采用福费廷进行融资结算就更能让出口商放心。

本章小结

福费廷业务是指包买商从出口商那里无追索权地买断由进口地银行担保的远期汇票或本票(这些本票或汇票产生于进出口商的真实贸易)所代表的未到期应收账款的业务。福费廷业务是作为包买商的银行为出口商提供风险担保和贸易融资的新型贸易融资方式。

福费廷本质上讲是票据贴现业务，但与一般的票据贴现相比，在追索权方面、票据期限方面、票据金额大小方面、出票背景方面、业务程序、业务风险方面以及融资成本方面等都有明显不同。总的来讲，除了成本较高，福费廷是对出口商较为有利的一种结算方式，而进口商与包买商也能从福费廷业务中获益。但对于任何一方当事人来说，福费廷业务也是尺有所短的，我们应在具体交易中，对它的长处和短处做有针对性的分析。

福费廷的具体运作模式，根据包买票据的市场不同可分为初级包买和二级包买。初级包买是指包买商根据交易状况自行报价，与出口商签订包买协议并直接从出口商手中买断票据。二级包买是指包买商将已买断但尚未到期的票据进行售卖转让给其他的金融机构。初级市场包买根据包买票据的银行保付方式不同分为普通票据包买与信用证下票据包买。在普通票据包买业务中，包买商直接对出口商提供的经出口商银行担保的商业汇票或本票进行无追索权贴现。在信用证下票据包买业务中，包买商包买的是开证行在单证相符条件下承兑的汇票。后者是目前我国福费廷业务的主要模式。信用证下票据包买与普通票据包买的业务流程有所不同，其中特别要注意开证行资信的审查以及包买文件的特殊要求。二级市场包买的形式又有转卖与风险参与两种，转卖事实应告知债务人或担保人，而风险参与的事实不必告知债务人或担保人。风险参与又分为融资性风险参与和非融资性风险参与。

福费廷业务是在第二次世界大战以后，顺应国际贸易市场的新发展而率先在欧洲诞生的一种新型担保融资结算方式。所以，欧洲的伦敦、苏黎世、法兰克福仍然是福费廷业务的三大市场。我国从20世纪90年代中期开展福费廷业务以来，福费廷的初级包买市场和二级包买市场日渐发育壮大，福费廷业务的规模日益增大。我国的银行不仅在国际贸易领域也在其他商务活动领域积极开展多种具体形式的福费廷业务，使我国福费廷业务的发展速度较快，目前已成为国际福费廷市场的一个新的增长点。由于我国福费廷市场潜力巨大，国外银行也在争夺这个市场，我国的商业银行应采取对策，加快福费廷业务的发展步伐，以积极应对竞争。其中，银行秉持锐意进取的态度，多方面提高从业人员的业务水平，用好金融科技以防范管控好业务风险是重中之重。

福费廷作为一种新型结算方式，与传统结算方式相比，在当今国际贸易市场条件下，具有明显的优势。同时，与同样也是较为新型的国际保理相比，两者有着很多的相似之处，但又各具特色，各有自己的适用条件和环境。对此应清楚地加以认识和区分，以便在实务中根据具体情况正确地加以应用。

基本概念

1. 福费廷：也称为包买票据，是一项与出口贸易密切相关的新型贸易融资担保结算方式。简单地讲，是福费廷商也即包买商无追索权地买断由于商品或劳务出口而产生的未到期应收账款的业务行为。具体表现为福费廷商无追索权地贴现代表应收账款的远期汇票或本票，从而使出口商提前收汇、提前兑现销售收入。

2. 宽限期：是包买商预估的票据到期日至包买商实际收款日的天数。

3. 承诺期：是指包买商与出口商签订包买协议的日期到包买商实际给予出口商融资贴

现日期的天数,一般不事先确定,但在包买协议中包买商通常会确定一个最后贴现日,过了此日期,包买商不再承担贴现义务,承诺期通常最长不超过6个月。

4. 承诺费:是包买商基于包买票据的票面金额以及实际承诺期的天数按照事先约定的费率收取的费用,包买商从报价时就要做好融资安排,承担了利率和汇率变动的风险,所以收取承诺费是合理的,是对包买商在承诺期内成本或风险的补偿。

5. 选择期:是指从包买商提出报价到与出口商签订包买协议之间的天数。选择期最长不超过1个月,一般只有几天时间。

6. 选择费:是包买商在选择期内对出口商收取的费用,作为包买商在选择期间承担利率或汇率变动风险的补偿。

7. 初级包买:是指包买商根据交易状况自行报价,与出口商签订包买协议并直接从出口商手中买断票据。

8. 二级包买:是指通过包买商未到期票据的转让而接受票据的无追索权贴现。

9. 包买商:通常为出口地的银行或其附属机构,抑或金融公司、福费廷公司等其他融资机构,应出口商的询价要求提出包买报价,在出口商接受后,与出口商签订包买协议,按照约定无追索权地贴现出口商提交的合格票据,并收取相应的利息及费用。

复习思考题

1. 简述福费廷业务的产生背景与发展现状。
2. 什么是福费廷业务?该业务有何特点?
3. 福费廷与一般贴现业务有哪些区别?
4. 福费廷业务的成本包括哪些部分?
5. 福费廷对各方当事人的利弊如何?
6. 普通票据包买的基本流程包括哪些环节?
7. 如何做信用证下的票据包买业务?
8. 福费廷与国际保理的异同体现在哪些方面?
9. 简述我国福费廷业务发展的现状。如何加快我国的福费廷业务发展?

第十一章 结算方式的选择与综合运用

【学习目标】
- 掌握结算方式选择的原则
- 熟悉各种结算方式的利弊所在
- 了解各种结算方式的不同组合

第一节 结算方式的选择

一、结算方式选择的原则

国际结算是指运用某种途径和特定货币以结清国际个人、企业与政府机构等不同主体所发生的债权、债务关系。国际结算涉及的结算方式实质上也是商务及非商务活动的各方当事人在合同中协商并议定的具体支付方式,反映出具体的跨越国境(关境)的货币收付活动的业务流程。

在国际贸易中,结算方式是国际贸易合同的十分重要的交易条件,能否合理确定一个进口商和出口商都能接受甚至是欢迎的结算方式,关系到国际贸易交易能否顺利达成、国际贸易合同能否最终顺利履行,也关系到国际贸易业务的双方能否满意和放心,并会在很大程度上决定今后的业务合作是否能够继续顺利开展。所以在国际贸易中,结算方式的磋商议定、结算方式条款的具体拟定是非常关键和重要的。结算方式在具体选择过程中应遵循如下原则。

(一)根据交易对手信用状况选择结算方式

在国际贸易中,买卖双方本着意思自治的原则去进行交易磋商、订立合同,无论是买方还是卖方都竭力想让自己的交易风险降到更低,也更想尽力去争取对自己有利的结算方式。交易对手的资信情况对交易的顺利进行起着关键性的作用。出口商不敢向不了解的新客户贸然采用赊账的付款条件。其实即使是对熟悉的老客户,在没有使用保理、福费廷等带有融资功能的结算方式时,出口商也几乎不会考虑采用赊账的结算方式。出于保障己方交易安全、捍卫己方交易利益的考虑,不管是出口商还是进口商都必须完整、全面、深入地调查对方的信用状况。在调查了信用状况之后,出口商也会尽量选择风险较小的结算方式。一般而言,当出口商认为进口商信用不佳时,会要求贸易合同中的结算方式尽量拥有银行信用而不是买方商业信用,如会更强烈地要求进口商同意采用信用证作为支付条件和结算方式。若是进口商在申请开立信用证方面存在困难,出口商也会要求进口商至少将一部分货款通过信用证来支付和结算,且往往附加要求进口商开立保函或备用信用证以保障出口商能及时足额地收取全部货款。当然,此时的进口商也往往会与出口商展开讨价还价,尽量争取自己所支付的货款中放置于信用证结算方式里的金额能够更少一些,以实现少交开证押金等费用的目的。反之,如果出口商充分相信进口商具有良好信用,他也可以使用托收作为结算方式,从而为自己赢得更多的非价格竞争方面的优势。总之,在任何一次具体的贸易交易中,到底是仅使用一种结算方式还是综合使用多种结算方式,都应该是评估了交易对手的信用状况之后再作出选择。

(二) 根据经营意图和适销情况选择结算方式

在国际贸易中,出口商与进口商最终能采用什么样的支付条件和结算方式,还要具体地对应双方的经营意图。在交易磋商的条件中,支付条件是非常重要的条件,它是一个会影响到交易是否能最终达成的磋商条件,一般认为支付条件反复磋商的难度仅次于价格条件。国际贸易中的经营意图是指交易双方从此次交易中希望能获取到的利益,这种利益不仅限于短期利益也包括了长期利益,而利益的争取和维护又与交易商品的适销情况紧密相关。商品如果畅销程度高甚至是供不应求,那么出口商不仅可以卖个好价格,而且可以要求进口商必须采取先付款(或部分先付款)的方式才接收订单、安排发货。在这种情况下,出口商是几乎不考虑接受进口商使用延期付款的支付条件的。如果出口商经过考察,认为进口商属于很有潜力的未来大客户,特别是对出口商开拓进口国及周边国家市场颇有助力的大客户,这个时候的出口商可以酌情考虑接受进口商以己方承担融资成本作为条件的一些结算方式。反过来,当交易的商品属于竞争性不强替代性却很强的商品甚至是滞销货物时,支付方式的选择权就只好让给进口商了。出口商必须考虑接受以己方承担融资成本的结算方式,甚至不得不向进口商提供资金融通的便利,让进口商享受到占用出口商资金的好处。总之,结合双方的经营意图和考虑商品的适销程度去选用支付条件和结算方式,是进出口商在每一次具体的贸易交易时都会去反复讨价还价的。

(三) 根据贸易术语的种类选择结算方式

贸易术语是一个简短的概念,它用来说明买卖双方有关手续、费用和风险的责任如何划分,它确定了卖方交货和买方接货方面各自应尽的义务,它是国际贸易中商品单价构成中必不可少的一部分(其他三个部分是计价货币、单位价格金额、计量单位)。国际贸易的进口商和出口商处于不同的国家,交易的货物进出关境,在整个货物发货、交货、接货的过程中,涉及诸如货物的检验、货物的运输、货物的保险、货物的进出口缴税等多个环节的办理和收费等许多问题,正是在国际贸易的长期实践中,逐渐形成的贸易术语解释了上述的诸多事项该如何妥善办理,而国际商会的《国际贸易术语解释通则》规范了这些贸易术语的使用。不同的贸易术语,对支付条件和结算方式的选择也是有影响的。在《2020年国际贸易术语解释通则》里把十一个贸易术语划分成两大类:分别是适用于任何运输方式的七种贸易术语和适用于水上运输方式的四种贸易术语。而沿袭以往版本的贸易术语解释通则,在国际贸易实务中,还惯例地把贸易术语划分为实际性交货(Physical Delivery)条件的贸易术语和象征性交货条件(symbolic delivery)的贸易术语。采用实际性交货的贸易术语成交的贸易合同,出口商按合同规定的时间和地点必须将货物实际置于进口商(或其代理人)控制之下才视为履行了交货义务。而采用象征性交货的贸易术语成交的贸易合同,出口商只需要在合同规定的时间和地点将货物装上运输工具或交付承运人,并向进口商提供包括物权证书在内的有关单证、凭承运人签发的运输单据及其他商业单据就视为履行了交货义务。在实际性交货合同里,出口商与进口商在交货时是有实际接触的;在象征性交货合同里,出口商与进口商在交货时不需要有直接接触,出口商也不需要向进口商保证最终在什么时间节点到货。

综上所述,在使用 EXW、FAS、DDP、DPU、DAP 这五种实际性交货的贸易术语的合同里,不宜采用托收方式。因为在这类交易中,出口商与进口商是直接接触(或是通过代理人进行接触)后完成交货义务的,出口商没有办法通过单据来控制物权,所以一般不能使用托收。假如此时非要使用托收作为结算方式,根本没有实际意义:它会造成名义上是付款交单(或承兑交单),而实际上进口商收到货物了才付款,也就意味着出口商通过托收项下的单据来控制物权的打算是落空的。对于象征性交货的贸易术语(CIF、CFR、CIP、CPT)达成的合同,采用的是凭单据交货、凭单据付款。出口商与进口商的交货和收货分别在不同的时间发生,也就是说,转移货物的所有权是以单据作为媒介的——交单即交货,这种情况更适宜于采用跟单信用证的结算方式。如果进口商的信用较好,还可以将跟单信用证的支付条件改为跟单托收的支付条件,采用付款交单的托收作为结算方式。简言之,当卖方可通过单据控制货权时,就可以采用托收方式支付。需要指出的是,FOB、FCA 的贸易术语虽然也属于象征性交货的贸易术语,但是这种合同的运输由进口商安排,出口商或接受委托的银行很难控制货物,所以也不宜采用托收方式。

(四) 根据运输单据的性质选择支付方式

运输单据包括具有物权凭证性质的海运提单、多式联运单据,也包括仅是体现了托运货物方与承运人之间存在运输合同关系的其他运输单据,如海运单、航空运单、铁路运单或邮包收据等。海运提单和多式联运单据是可以转让的,海运单、航空运单、铁路运单与邮包收据由于不具有物权凭证的性质,所以也没有转让的价值。国际贸易合同一般规定,跟单信用证、跟单托收结算方式中的"单"通常必须得包括运输单据,特别是针对新客户以海洋运输方式出口货物的情况时,出口商发出货物后,可以取得物权凭证——海运提单,更合适采用跟单信用证或跟单托收的结算方式,因为这样做可以有助于出口商及银行更有效地控制货物和约束进口商及时完成付款。而当货物采用空运、铁路运输或邮寄运输时,出口商得到的运输单据不具有物权凭证的性质,出口商不能通过这些运输单据来控制货物,所以不宜使用托收作为结算方式。

此外,出口商在与进口商磋商交易条件的支付条件、结算方式时,还应考虑进口国家或地区的商业习惯、同类及类似商品的竞争情况、交易数额大小、出口商在销售点是否设有代表机构等因素,酌情采取对进口商有吸引力的结算方式去争取交易达成,但出口商的首要出发点仍然是保障自己的交易安全,特别是能够使出口的应收账款尽快足额地收到。

二、常用三种支付方式的比较

汇款、托收、信用证结算方式是在国际贸易中使用广泛和频繁的三种传统的结算方式。一般而言,在正常履约时,较多使用的是上述三种结算方式,而在非正常履约时,则可使用银行保函或备用信用证。而需要融资时,则可以选择办理国际保理、福费廷业务;有的时候,贸易金额巨大、交易时间长、迫切需要风险转移和分散,还应考虑银行提供的风险参与和结构性融资的个体化方案和综合服务。下面对三种传统的结算方式用表格的形式加以比较(见表 11-1)。

表 11-1 汇款、托收、信用证支付方式比较

方式		对卖方发货及交单的约束或对买方及时足额付款的约束	对卖方是否有利	对买方是否有利	手续	费用	资金负担
汇款	预付货款	不能约束交单	最有利	收货无保证	简单	很少	卖方占用了买方的资金
	货到付款	不能约束付款	收款无保证	最有利	简单	很少	买方占用了卖方的资金
托收		D/P 以交单约束买方付款;D/A 依靠商业信用来期待付款	收款缺乏保证	有利	稍多	稍多	远期付款交单及承兑交单方式下,卖方都给了买方资金利用的便利
信用证		以相符单据约束银行或买方付款	收款有银行信用作保证,有利于卖方	相符交单约束了卖方交货要符合信用证及合同的规定,也有利于买方	多	大	较为平衡

表 11-1 阐述了在正常履约情况下的三种基本结算方式的特点,在实际应用选择时,还要针对不同的情况,选择结算方式。

第二节 结算方式的综合运用

在国际贸易中,一笔交易,通常只选择一种结算方式。但由于不同的结算方式各有利弊,进口商和出口商双方在交易中所承担的风险和资金占用的时间长短不同,往往在经历了交易磋商的交锋之后,进出口双方考虑到能够维护长期的贸易合作关系,特别是现在可以充分利用多种贸易融资方式去促成双方在资金安全的前提下达成交易,越来越多的贸易合同里已经出现了将两种甚至两种以上的结算方式结合起来使用的安排。结算方式的综合应用有两种情形:其一是不同结算方式的排列组合,即不同结算方式的搭配;其二是不同结算方式与不同融资方式的结合。

一、结算方式的排列组合

(一) 信用证与汇款相结合

它是指部分货款采用信用证的结算方式,余额货款采用汇款方式支付。国际贸易中的大宗散装货物的交易就常常采用这种结算方式组合。例如买卖矿砂、粮食等散装货物,可以在进出口货物买卖合同中规定 90% 的货款以信用证方式付款,剩余的 10% 等到货物运送抵

达目的港并经检验数量符合合同条款的规定之后再以汇款的方式完成所有货款的最终支付。必须注意,这种信用证与汇款相结合的结算方式,通常是因为交易的散装货物数量不容易控制,而且买卖双方都制定了合理的数量机动幅度条款,对于溢装的这部分货物,汇款也需要在合同中规定好是采用信汇、电汇还是票汇以充分保证出口商的利益。

当然,信用证与汇款相结合还可以用于紧俏商品的交易中,这种情况就需要进口商先以汇款的方式向出口商预付定金或一部分货款以争取到出口商快速发货,在等到出口商接收订单的答复之后,进口商还需要较快地申请开立信用证,以推动出口商办理出口货物的装运等事宜。

(二) 信用证与托收相结合

它是指不可撤销信用证与跟单托收两种方式的结合,具体做法是一笔国际贸易交易的货款部分以信用证付款,其余部分以托收方式结算。在实际运用时,托收必须是付款交单的方式,出口商签发两张汇票,一张汇票用于信用证项下,部分货款放置于信用证项下去收款,信用证的条款里规定信用证的开证行付款不需要受益人提交单据,或至少是信用证随附的单据里不包含有物权凭证的单据;出口商签发的另一张汇票随附合同中规定好的全部单据,按跟单托收业务去收款。这种结算方式的组合对出口商来说,由于部分货款得到了信用证银行付款的保证,还是比较放心的,另一部分货款放置于托收结算方式下去处理,由于有了信用证对部分货款能收到的保证,等于是出口商预收了部分押金,而且只要信用证中规定好要等进口商全部付清货款后才能向进口商交单,所以出口商所关心的货款能否及时足额收取的问题还是可以得到解决的。在实践中,为防止开证银行未收妥全部货款就将货运单据交给进口商,出口商务必要求进口商开立来的信用证中注明"在全部付清发票金额后方可交单"的条款。在进出口货物买卖合同中,也应规定相应的支付条款,以明确进口商的责任。在进出口货物买卖合同中,还要规定多少比率的货款使用信用证去结算,多少比率的货款使用付款交单的托收方式去结算。同时,进出口货物销售合同中,要特别重视列明信用证开立并送达到出口商的期限。

(Payment by irrevocable letter of credit to reach the sellers××days before the month of shipment stipulating that the remaining ××% against ××% of the invoice value available against clean draft while the draft on D/P sight basis; The full set of shipping documents shall accompany the collection draft and, shall only be released after full payment of the invoice value. If the buyers fail to pay the full invoice value, the shipping documents shall be held by the issuing bank at the seller's disposal.)

银行在处理这种业务时,可在致开证行的议付通知书上注明:

Please collect from the applicant on D/P sight basis for××(amount), being××% of invoice value, and credit the same to our/our H.O., Beijing account (or: and pay/remit the same to××Bank (我开证行) for our/Our H.O. Beijing account with them) under airmail/cable advice to us quoting our BP. No. ××.

(三) 托收与汇款相结合

托收方式(尤其是承兑交单的托收方式)是一种对进口商较为有利的结算方式,汇款(尤其是预付货款的汇款)方式,是一种对出口商较为有利的结算方式。把托收与汇款两种结算方式相结合,往往使进出口商的利弊悬殊缩小或接近,能促成进出口商达成贸易交易。出口商为了收汇更有保障,加速资金周转,在原则上同意进口商大部分货款通过托收方式完成收付和结算时,要求进口商在货物发运前必须使用汇款方式完成一定金额的付款,这部分付款一般被出口商用于安排备货和联系货物运输事宜;有时候这部分付款也被视作定金。在货物发运后,当出口商委托银行办理跟单托收时,可以在托收委托书里指示银行将进口商已经以汇款支付的部分款项从托收的全部货款中扣除。万一进口商的商业信誉不佳或者是因经营不利而无法完成剩余货款的支付,托收项下的剩余货款被拒付,此时的出口商可将货物运回,以预收的定金或货款抵偿运费、利息等一切损失。关于定金或预付货款规定多少,可视不同客户的资信和不同商品的具体情况而确定。

(Shipment to be made subject to an advanced payment (or down payment) amounting ×××to be remitted in favor of sellers by telegraphic transfer (or mail transfer) with indication of S/C No.×××, and the remaining part on collection basis, document will be released against payment at sight.)

二、结算方式与融资方式的结合

(一) 信用证与保函相结合

普通的跟单信用证通常在国际贸易中是作为提供货物或服务的支付工具,而保函可以作为一方向另一方担保己方必须履行合同义务的文件。在保函中都会明确规定若保函开立人不能履行双方在基础合同中的某项义务时,就会由担保人负责补偿受益人损失。

在国际商务活动中,信用证仍然是一种常用的支付工具和结算方式,特别是涉及成套设备出口或工程承包的大标的金额商务合同,除了按交货进度、工程建设进度收取相应的货款、工程款外,出口商(工程承包方)还会向进口商(工程业主)收取定金或保留金以防止对方违约。这等于是出口商(工程承包方)占用了进口商(工程业主)的资金,获得了资金融通的便利。所以,在这样的商务合同中,通常都规定货款(工程款)采用信用证方式支付和结算,但如果出口商(工程承包方)违约或无法继续履行合同,所收取的定金、保留金会通过履约保函、预付款保函向进口商(工程业主)进行赔付。

(二) 汇款与保函结合使用

在汇款方式中,无论是预付货款,还是货到付款,都可以用保函来防止不交货或不付款。

(三) 托收与保函结合使用

采用托收与保函相结合的方式,主要是为了在跟单托收项下的货款一旦遭到进口商拒付时,可以凭借保函向保函的开立人追回货款。一般做法就是由出口商开立汇票,凭进口商签发的拒付声明书要求保函开立人进行偿付。为使出口商收取货款有保障,并且不会难以追索回货款,应在进出口货物销售合同中规定保函的开立人所开立的是见索即付的保函,合同条款中明确规定:进口商在收到托收的单据后如未能在规定的时间内付款,出口商就可以启动向开立保函的银行索取出口货款的程序。需要注意的是,出口商必须把保函的到期日设立为晚于托收付款期限后的一段合理时间。在办理托收手续时,出口商还应在托收申请书中明确要求托收行请代收行在发生进口商拒付时,务必立即使用电报或电传通知使出口商知晓,以防止延误了时间导致保函过期失效。

(四) 赊销(O/A)或承兑交单(D/A)与保理的结合运用

当进出口货物销售合同采用了赊账或承兑交单的托收作为基本的结算方式之后,为了帮助出口商解决应收账款的催收和按时收汇到账问题,保理业务应运而生并发展成为向出口商提供融资服务的一种新型结算方式。保理业务与赊销或承兑交单托收相结合,可以让初始进入某一市场的出口商争取众多的潜在客户时,为自己的适销商品很快拿到订单打开销路提供非价格的竞争优势。保理服务还可以为出口商维护好与国外老客户进口商的正常贸易合作关系而提供收汇的安全保障。保理业务因为能提供进口商资信情况调查的服务,还适合用于从事不定期出口的企业——保理商可以根据即时的进口商资信情况调查而给予出口商合理的建议,让出口商同意接受进口商赊购或承兑交单托收的支付条件时给予进口商的信用销售额度是风险可控的。总的来说,保理业务是一种同时能便利出口商和进口商资金周转的结算及融资相结合的综合服务,在纺织品、服装、体育用品、玩具用品、箱包鞋类、普通电器用品等消费性工业制成品的进出口贸易中,保理与赊销、承兑交单相结合已经使用非常普遍。

(五) 信用证与福费廷的结合使用

福费廷业务属于批发性融资业务,最初的福费廷业务适用于标的金额在数百万美元以上的大中型出口合同。后来在发展中国家,在风险的承受能力不高和资金比较短缺的情况之下,包买商收取更高的费用之后也会对一些小额交易提供福费廷业务。狭义的福费廷业务本来就是指银行或专业福费廷包买商在远期信用证下无追索权地买断开证行已承兑的汇票或延期付款信用证下无追索权地买断开证行已承付的单据的业务。福费廷业务的融资操作一般是福费廷包买商一次性买断出口商提交来的合格的清洁汇票并给予出口商扣除了贴现利息之后的票面余额。由于福费廷业务的融资金额大,汇票的形式是多张时间上前后衔接的成套汇票,这就要求出口商在与进出口商订立进出口货物销售合同时,明确规定好每一张汇票的具体金额和具体到期付款的时间,这样的条款规定便于和利于出口商在叙作福费廷业务时为自己尽量争取到更优惠的贴现利息率。在我国,使用福费廷业务可以使出口商在获得福费廷商融资的当日就视同为收汇到账,意味着出口商可以不用等到进口商的到期付款日就能去税务部门办理出口退税手续、提前享受退税从而为自己节约了利息。

在国际贸易中,如何综合地使用支付工具和结算方式要根据实际业务的情况,这样才能使各种结算方式充分地发挥其功能,也才能对各当事人真正有益。

本章小结

结算方式是国际贸易合同的关键条款,条款内容的具体拟定体现了进出口双方的意思自治。结算方式在具体选择过程中应根据交易对手不同的信用状况、根据货物的不同销路情况、根据贸易术语的不同种类、根据运输单据的不同性质来选择不同的结算方式。

结算方式的选择不仅关系到交易各方的利益,也关系到交易的成功与否和双方贸易关系的维系。结算方式的综合应用有两种情形:其一是不同结算方式的排列组合,即不同结算方式的搭配;其二是不同结算方式与不同融资方式的结合。

基本概念

1. 支付方式的综合应用:结算方式的综合应用有两种情形:其一是不同结算方式的排组合,即不同结算方式的搭配;其二是不同结算方式与不同融资方式的结合。

2. 支付方式的排列组合:不同结算方式的具体搭配。

复习思考题

1. 试述结算方式选择的原则。
2. 简述结算方式综合运用的两种情形。
3. 将你所学过的国际结算方式进行比较,谈谈在国际贸易中结算方式的选择与综合运用。

第十二章 国际结算单据

【学习目标】
- 了解单据的缮制原则
- 理解单据的作用
- 熟悉不同种类的单据并能正确使用
- 重点掌握提单、保险单、发票等重要单据
- 掌握单据审核的原则并能熟练运用这些原则审核单据

第一节 单据概述

一、单据的定义

单据是贸易过程中的一系列票据、证书或证明文件的统称。通常意义上的单据指的是贸易单据,它是货运单据和货运附属单据的统称,是国际贸易过程中凭以证明货物品质、规格、重量、装运、保险等众多情况的文件。根据其用途的不同,贸易单据可分为:货物单据,如发票、装箱单、重量单等;运输单据,如提单、航空运单、邮包收据等;保险单据,如总保单、保险证明书等;其他单据,如电报、电抄、产地证、检验证书等。

二、单据的作用

(一)单据是履约的证明

托收与信用证结算都规定,卖方用提供合格的单据来证明他履行了合同规定的义务,单据就是他提供的履约证明。从法律上讲,这些单据就是书面证据。

(二)单据代表货物

买方通过单据可以对货物进行全面了解,以判断货物是否符合要求,进而决定是否付款,即"见单如见货"。同时,单据中往往有凭以提取货物的物权凭证,单据的转移代表了货物的转移,控制了单据就意味着取得了货物。

(三)单据是银行办理国际结算的前提

货物单据化、履约证书化使贸易和结算得以分离,从而为银行办理国际结算创造了有利条件。银行只需凭审核合格的单据付款,而不凭货物付款,这就使不熟悉商品专门知识的银

行能够介入国际贸易,从事结算、担保、资金融通等业务。

三、单据的缮制

(一) 制作方法

传统的单据制作方法是打字机打字加复写纸复写,从而区分正本(original)和副本(copy)。目前,由于复印机的普及,复制方法(reprographic system)制作的单据也为银行所接受,但须在正本上注明"正本"字样。

(二) 签字盖章

单据上的签字盖章是识别单据真伪的手段,也是确定签字人责任的标志,表明制单人对单据内容责任的认可。传统的签字盖章是先盖公司印章,再加有权签字人的签字。目前,由于国际贸易的迅速发展和现代通信技术的广泛运用,签署除手签之外,传真复印、打透花字、盖戳、记号或用机械与电子证实方法制成的签章也广为接受。

(三) 日期

一般说来,单据上应该打出制单日期。

(四) 更改

从法律角度来说,单据可以作为证据,因此,凡是更改都应加校正章或简签。

(五) 内容真实一致

制单人必须根据实际情况来制单,并且整套单据中相应的内容必须严格一致,以真实反映其履约的情况。

(六) 中性单据

在转口贸易中,中间商往往要求供货商提供没有任何关于供货商内容,如名称、地址、国籍等的中性(neutral)单据。

第二节 货 物 单 据

货物单据由发票、装箱单、重量单组成。前者是货款价目表,后两者则是货物明细单。

一、发票

(一) 发票概述

通常意义上的发票(invoice)即指商业发票(commercial invoice),是卖方向买方开立的、凭以向买方收款的发货清单,也是卖方对于一笔交易的全面说明,内容包括商品的规格、价格、数量、金额、包装等。商业发票是卖方必须提供的全套出口单据的核心，其余单据均需参照它进行缮制，在内容上不得与发票的记载相矛盾，所以发票又被称为中心单据。它同时又是履约、记账、报关与索赔的根据。

在国际贸易中，商业发票主要有以下5个方面的作用。

1. 交易的证明文件

商业发票是卖方向买方发运货物或说明履约情况的书面凭证，其内容必须是对所装运货物的情况作出的详细、全面的描述。买方可从发票上了解卖方所发运的货物是否符合合同的要求及信用证规定的条款，并作为核对所收货物的主要依据。所以商业发票是卖方最重要的履约证明文件。

2. 记账凭证

世界各国的工商企业都以发票作为记账凭证，因此，发票中通常都列有所装运货物价款的详细计算过程。

3. 报关纳税依据

商业发票中关于货物的描述、货价、产地等各项记载是世界绝大部分国家海关确定税额、税率的依据。

4. 汇票的替代

在不使用汇票的情况下，商业发票可以代替汇票作为支付货款的凭证。因为在征收印花税的国家，使用汇票须计征印花税，所以一些国家的进口商在信用证条款中订明不要求卖方提供汇票，而以发票代替，以免除印花税的负担。这种做法在对欧洲客户的贸易中，特别是在信用证业务中非常普遍。

5. 索赔依据

商业发票由于列明了装运货物的价目详情，一旦货物发生损失，受损方就可以以发票作为依据之一，向有关责任方提出索赔。

（二）商业发票的内容

商业发票的形式并不固定，不同的国家、出口企业有不同的格式，而且合同不同，商业发票的内容也不一样。就通常情况而言，商业发票可以分为首文、本文和结文3个部分。参见附式12-1。

1. 首文

商业发票的首文（heading）部分有发票名称、发票开立人和抬头人的名称及地址、发票和合同号码、发票开立的地点和日期、装运货物的船名、装运港、卸货港、信用证号码等。

（1）发票名称。注明"发票"字样，通常以"Invoice"代替"Commercial Invoice"。

（2）发票开立人的名称与地址。发票开立人即出口商，他必须是买卖合同中签约的卖方。

附式 12-1　商　业　发　票

上海金盛国际贸易有限公司
SHANGHAI JIN SHENG INTERNATIONAL TRADING CO.

TO: M/S
DONG JI INTERNATIONAL CO., LTD.
10TH FLOOR, REGENT BLDG. 547-8
KUEUI-DONG, KWANGJIN-KU, SEOUL, KOREA

921-923 Dong Fang Road
SHANGHAI, CHINA

COMMERCIAL INVOICE

号码 NO. 68KR001
定单或合约号码 S/C No. 68KR001
日期 Date FEB.2, 1996

装船口岸 From	SHANGHAI	目的地 To	PUSAN PORT
信用证号数 Letter of Credit No.	M06K3601NS00018	开证银行 Issued by	KOREA EXCHANGE BANK SEOUL, KOREA.

唛号 Marks & Nos.	货名数量 Quantities and Descriptions		总值 Amount
GY-A2F80L2P3/PUMP GROSS WEIGHT: 45kg NET WEIGHT: 40kg MEASUREMENT: 58X30X30CM MADE IN CHINA	HYDRAULIC PUMP FOR COMMERCIAL TRUCK GY-A2F80L2P3　　25 pkgs　　@USD590.- PACKED IN 25 WOODEN CTNS. GR.WT.: 1125KG VOL: 1.305M^3		FOB SHANGHAI USD14750.

We certify that the goods
are of Chinese origin

上海金盛国际贸易有限公司
SHANGHAI JIN SHENG INTERNATIONAL TRADING CO.

李永明

在信用证方式下,除可转让信用证外,一般应是信用证的受益人。发票的顶端必须有醒目的出口商名称、详细地址、电传、电挂、传真和电话号码。

(3) 发票抬头人的名称与地址。发票抬头人即收货人,是买卖合同的买方。在信用证方式下,除非另有规定,发票抬头人应是信用证的申请人。发票抬头人的地址应是合同买方的地址。

(4) 发票的号码、开立地点和日期。发票应单独编号。发票的开立地点即是开立人所在地点。发票一般是买卖合同签订后即开出的,因此发票日期可能早于信用证开证日期,但不应迟于信用证有效期。

(5) 合同号码。合同号码即订单号码。之所以列有合同号码,是因为发票是卖方履行合同义务的证明。又因为买方将以发票来核对装运货物是否符合合同的规定,在买卖方各有编号的情况下,还应将买方编号在发票上注明。一笔交易有几份合同的,都应打在发票上。

(6) 装运货物的船名、装运港和卸货港名称、信用证号码等内容。虽然从证明履约与单证相符角度看,这些内容并非发票所绝对必要的,因为出口商是以一整套单据来作履约证明的,但是,相关内容在发票上列示,可方便核查。

2. 本文

商业发票的本文(Body)是说明履约情况的部分,主要是说明货物和货价。内容包括唛头、货物描述与数量、规格、包装、单价、总金额、毛重与净重以及价格条件等。

(1) 唛头,即运输标志,是运输时承运人和收货人用以识别货物的标志。货物外包装一经刷制上唛头后,即确定了其合同关系。因此作为交易货物总说明的商业发票上,必须正确地反映出这一标志。

(2) 货物的描述,即货名与规格。商业发票中的货物描述必须与信用证的描述逐字对应。而在所有其他单据上,货物描述则可在不与信用证内容有抵触的前提下,使用统称。

(3) 货物数量。货物数量的计量方法可分为两类:一类是度量衡计量,如千克、升等;另一类是以个数计量,如箱、件、套等。商业发票中货物数量受信用证中有关货物数量和分运条款的约束,应在遵循有关计算惯例的前提下,与信用证保持一致。

(4) 包装与重量。包装方式如箱、袋、包装件数,货物的毛重、净重,一般在商业发票中也应打出。这些内容都是货物描述的一部分,应与其他单据上相应内容保持一致。

(5) 价格条件,即价格术语或贸易条件。由于价格条件既表明了买卖双方的各自责任,也说明了货物单价与货值的内容,因此,若贸易合同中规定有价格条件的,则必须在发票上体现,并符合信用证的有关规定。全套单据中凡涉及这些内容,必须保持一致。

(6) 单价与发票金额。单价中须注明价格条件,总金额应与汇票相符,并不得超过信用证金额。

(7) 发票上加注各种证明。信用证有时要求在发票上加注各种费用金额(如运费、保险费和 FOB 金额等)、特定号码(如进口证号、海关进出口税则税号等)、有关证明句(如澳大利亚来证常要求加注原料来源证明句等),一般可将这些内容打在发票商品栏以下的空白处。

3. 结文

商业发票的结文(complementary clause)部分内容主要是开立人即出口商的签字与盖

章。在信用证方式下,发票的结文部分应与信用证的规定相符。

(1) 发票应由信用证受益人出具。

(2) 信用证要求时,受益人应签字。

(3) 可转让信用证在转让后,由于实际出口业务由第二受益人承担,他将出具发票,但在交单后,第一受益人有权以自己签字的发票更换第二受益人签字的发票。因此,商业发票在信用证未规定时,一般无需签字。

(4) 若信用证规定了发票份数,则应足够,不能短少。对于正本发票,应加注"正本",(original)字样并签字,副本发票则无需签字。

(三) 发票种类

1. 商业发票

商业发票(commerical invoice)是出口商开立并描述装运货物的详细情况,且作为结算货款的发票,它是所有单据的中心。在没有汇票的情况下,商业发票代替汇票作为付款依据。商业发票的内容必须与信用证条款相符,并与其他单据的内容相一致。

2. 形式发票

形式发票(proforma invoice)是指贸易双方在交易未达成前,卖方应买方要求,将拟报价出售的货物的名称、规格、价格条件、单价等开立的一种非正式发票,供买方向其本国进出口管理机构或管汇当局申请进口许可证或批汇之用。它不是凭以结算的依据。形式发票上的价格,是由卖方根据当时情况估计的价格,对买卖双方都无约束力。在正式交易达成后,卖方仍需另外开立正式的商业发票。

3. 领事发票

领事发票(consular invoice)是出口商根据进口商驻在出口国的领事馆制定的固定格式填写,并经领事签章的发票。领事发票是某些进口国所特别规定需要的,它作为课税及审核商品有无倾销情况的依据。

4. 海关发票

海关发票(custom invoice)是出口商根据进口商的要求填写的、进口商提供的表明商品产地和价值内容的发票。同时作为进口国海关统计和货物估价定税的依据。比较常见的海关发票有:加拿大海关发票(Canada Customs Invoice,Form 7/78)、美国海关发票(Special Customs Invoice,SCI)、新西兰海关发票(Special Origin for Export to Newzealand,Form 59A)、西印度洋群岛、中南美洲国家海关发票(Form B)、牙买加海关发票(Form C23)、西非地区海关发票(Form C)、尼日利亚海关发票(Form C16)、加纳海关发票(Form C61)。

5. 制造商发票

制造商发票(manufacture's invoice)是生产出口商品的厂商,开给出口商的、以出口商为抬头人、以当地货物表示的、详述出口商品具体情况的售货发票。主要是便于进口国家掌握所进口的商品在出口地的销售价情况。

6. 证实发票

证实发票(certified invoice)是指商业发票下端，添加证明文句或宣誓文句的商业发票。此项文句的内容通常包括如下内容。

(1) 声明发票内容确实无讹。

(2) 货物确为某一地区所生。常用文句如下。

① We certified that the above merchandises are genuine and are origin of Shanghai and the prices are true and correct.

② We certified that the above statement are true and correct and they are the products of the soil and industry of Beijing.

We truly declare that the merchandises described in this invoice is sold (or agreed to be sold) and there isn't another different sent to the buyer; and the statements contained in this invoice are true and correct in every respect.

发票除上述分类以外，还有宣誓发票(sworn invoice)、收讫发票(receipt invoice)、样品发票(sample invoice)、装运发票(shipping invoice)、签证发票(visaed invoice)等发票形式。

二、装箱单

装箱单(packing list)又称包装单、码单，是说明货物包装内在详细情况的单据，也是商业发票的附属单据(参见附式12-2)。在国际贸易中，除散装货物外，一般都要求提供装箱单。装箱单的作用在于：补充商业发票内容的不足，通过表内的包装件数、规格、唛头等项目的填制，明确阐明货物的包装情况，便于买方对进口商品了解和掌握包装及数量情况，也便于进口地海关检查和核对货物。

装箱单一般用于花色品种较多的商品，其内容因货物不同而各异，但一般包括合同号码、发票号码、装箱单号码及出单日期、唛头、商品名称、商品及包装规格、每件包装的毛重或净重及商品数量、总计包装件数及重量或数量、进口商或收货人名称及地址、载货船名、目的地等。包装单有时还被称为"规格"明细单，(Specification List)或"详细包装单"(Detailed Packing List)等，其内容除了说明每件大包装的内容外，还得说明其中每件小包装内的商品详情。

装箱单在缮制中应注意，装箱单的内容应与货物实际包装相符，并与其他单据内容一致。通常情况下，装箱单的内容和格式都与发票基本一致，但内容比发票更全面、更详细，只是没有金额一栏，也无须签字。

三、重量单/体积单

重量单/体积单(weight/measurement list)是出口商签发的用以标明货物重量/体积的单据，也是商业发票的附属单据(参见附式12-3)。以重量或体积为计价单位的商品在装运前由商检机构、公证行、重量/体积鉴定人进行计量后，出具证明书，作为船公司计算运费、安排舱位及出口商履行合同义务和办理议付的依据。其作用与装箱单基本相同。在实际业务中，一般根据进口方来证的要求及商品的性质提供这两种单据，或只提供其中的一种。

重量单/体积单在缮制中应注意：重量单/体积单的内容应与货物实际重量及体积等内容相符，并与其他单据内容一致。

附式 12-2 装 箱 单

上海市五金矿产进出口公司浦东公司
SHANGHAI MINMETALS PU DONG CORPORATION
ADDRESS 830, PU DONG DA DAO SHANGHAI 200120 CHINA

致：
To:

6210320

装 箱 单
PACKING LIST

No. _____
DATE __15/1/96__

唛头及号数
Marks & Numbers

'GEM'
BKK
THAILAND
NO.1-200

PIGMENTS

SIZE	DRUMS	M/T
EVERBRIGHT FAST BLUE BGS		
NO.4382	160	4
EVERBRIGHT FAST GREEN PHG		
NO.5319	40	1
	200	5

PACKING: IN 25 KGS NET DRUMS
GR.WT. 6000KGS

上海市五金矿产进出口公司浦东公司
SHANGHAI MINMETALS PU DONG CORPORATION

林光明

附式 12-3　重 量 单

上 海 市 五 金 矿 产 进 出 口 公 司 浦 东 公 司
SHANGHAI MINMETALS PU DONG CORPORATION
ADDRESS 830, PU DONG DA DAO SHANGHAI 200120 CHINA

6210320

WEIGHT MEASUREMENT

No. ....
DATE 15/1/96

头 及 号 数
rks & Numbers

'GEM'
BKK
THAILAND
NO.1-200

```
             PIGMENTS
             ----------
        SIZE              DRUMS   M/T
   EVERBRIGHT FAST BLUE BGS
        NO.4382            160     4
   EVERBRIGHT FAST GREEN PHG
        NO.5319             40     1
                          ----    ---
                           200     5
                          ====    ===

   PACKING: IN 25 KGS NET DRUMS
   GR.WT. 6000KGS
```

上海市五金矿产进出口公司浦东公司
SHANGHAI MINMETALS PU DONG CORPORATION

[signature]

第三节 运输单据

运输单据(transport documents)是证明货物载运的单据,由承运人签发给出口商,证明货物已发运,或已装上运输工具,或已由承运人监管的文件。运输单据往往还是物权凭证,因此它是国际结算中最重要的基本单据。根据运输方式的不同,运输单据包括由船公司或其代理人签发的海运提单、由铁路部门签发的铁路运单、由航空公司签发的航空运单、由邮局或快递公司签发的邮包收据、由多式运输营运人签发的联合运输单据等。

一、海运提单

(一)海运提单概述

海运提单(marine bill of lading 或 ocean bill of lading,简称 B/L 或 BLADING),它是承运人或其代理人(轮船公司)签发的证明托运的货物已经收到,或装载船上,约定将该项货物运往目的地交提单持有人的物权凭证。《汉堡规则》对提单下的定义如下。

Bill of Lading means a document which evidences a contract of carriage by sea and the taking over or loading of the goods by the carrier, and by which the carrier undertakes to deliver the goods against surrender of the document. A provision in the document that the goods are to be delivered to the order of a named person, or to order, or to bearer, constitutes such an undertaking.

提单具有以下 3 个作用。

1. **货物收据**(Receipt for the Goods)

作为货物收据,提单上描述的货物就是承运人收到的货物。承运人收到托运货物后,应当根据托运人的要求发给提单。提单的签发意味着承运人已按提单上所列内容收到了货物。这种收据的法律效力,具有绝对证据性质,即使提单上有错误记载,承运人也要对此负责,不能据以对抗托运人以外的第三者。

2. **运输合同的证明**(Evidence of the Contract of Carriage)

承运人为托运运送货物是因为他们之间有运输合同,提单上记载了他们约定的内容与责任条款,但是作为一个完整的合同则还应该包括托运人订约时以托运单等其他方式与承运人约定的内容。根据英国与美国的法律,在约定(托运单)与提单记载不一致时,以约定为准,因此,提单也就只能称为"运输合同证明"了。

3. **物权凭证**(Document of Title)

提单代表货物,谁持有提单就有权向承运人主张物权。转移提单就转移了货物,掌握了提单就掌握了货物。提单可以转让、抵押、据以索赔。

（二）海运提单内容

提单的格式虽然有所不同，但基本内容不变。一张提单有正反两方面记载（参见附式 12-4）。正面载明下列事项：船名和船舶国籍；承运人名称和主要营业场所；装货港或承运人接收货物的地点和收货日期；卸货港或目的港，托运人名称，收货人名称，货物名称，唛头，包装，件数，重量，体积等，运费及其他费用，签发提单日期、地点和份数；承运人、船长或他们授权人的签字或盖章。除此之外，通常还有一些附加的项目、条款或批注。如，被通知人、进出口许可证号码等。

提单背面是印定的运输条款，作为确定承运人和托运人之间、承运人和收货人及提单持有人之间的权利义务的主要依据。印定的主要条款大致分为下述 5 点。

1. 首要条款（Paramount Clause）

这项条款主要是说明提单的法律依据。如发生有关货物运输的法律纠纷应按何国法律解决、由何国法院审理。

管辖提单的国际公约有三个，它们是《海牙规则》《维斯卑规则》和《汉堡规则》。

《海牙规则》的基本精神是确定承运人最低责任限度，提单上低于这一标准的规定一概无效。同时规定承运人必须谨慎理货，对于管理货物的疏忽必须负责，但是对于管理与驾驶船舶的过失却可免责。我国船舶公司的提单均参照该公约规则制定。

《维斯卑规则》的全称是《修改海牙规则的议定书》，但它并未对《海牙规则》的基本原则作实质性修改，只是提高了货物损害赔偿的最高金额，明确了集装箱和托盘运输中计算赔偿的数量单位和扩大了公约的适用范围。

《汉堡规则》全面修改了《海牙规则》，把承运人的责任改为对驾驶与管理船舶的过失也负责的"完全过失责任制"该规则目前尚未生效。

2. 承运人责任条款（Carrier's Responsibility Clause）

即承运人从装船开始到卸船为止，对货物所应负的责任。承运人的责任概括起来讲有两方面：一是适航，二是适货。所谓适航，是承运人在船舶开航前和开航时，应使船舶处于适航状态，配备适当的船员，装配船舶和配备供应品。所谓适货，是指承运人应使船舶的货舱、冷藏舱和其他载货处所适宜和安全地接收、载运和保管货物，承运人员对上述规定已尽职尽责，谨慎处理，但仍未能防止损害的发生，承运人可不负责任。但承运人应对其已谨慎处理的 事实有详细证明之责。

3. 免责事项（Immunities）

承运人对以下行为免责：承运人对于在驾驶或管理船舶中，船长、水手或其他船方雇佣人的失职；对于人力不可抗拒原因造成的海上危险；对于军事行动、政府禁令、罢工暴动；对于装货人过失；对于货物的本身特点或潜在缺点；对于为了援助或企图援助海上人命或财产所造成货物灭失或损害。

附式 12-4 海 运 提 单

Shipper (Complete name and address)	BILL OF LADING	B/L.No. SJB 1516

SHANGHAI MINMETALS PU DONG CORP.,

Consignee (Complete name and address)

TO ORDER OF SHIPPER

JIANGSU MARINE

江苏省海洋运输总公司
JIANGSU MARINE SHIPPING COMPANY

Tlx: 342255 MARJS CN–
342256 MARJS CN
Fax: (025)8803775 8801907
Cbl: JMSCO

Notify Party (Complete name and address)

G.E.M. CHEMICAL & SUPPLY CO.,LTD.
442/13 CHAN RD., THONGWATDAWN
SATHORN,BANGKOK 10120,THAILAND
TEL.212-5599

AS CARRIER

Pre-carriage by	Place of Receipt by Pre-carrier

ORIGINAL

Ocean Vessel Voy. No.	Port of Loading
SU XIANG V.9601	SHANGHAI

Port of Discharge	Final destination (if goods to be transhipped at port of discharge)	Freight payable at	Number of original Bs/L
BANGKOK			THREE

Marks & Nos.	Number and kind of packages; description of goods	Gross weight kgs	Measurement m³
GEM BKK THAILAND NO.1-200	200 DRUMS PIGMENTS	6000 KGS	11 M3

FREIGHT PREPAID

TOTAL PACKAGES (IN WORDS) SAY TWO HUNDRED DRUMS ONLY.

Freight and charges

Shipped on board the vessel named above in apparent good order and condition (unless otherwise indicated) the goods or packages specified herein and to be discharged at the above mentioned port of discharge or as near thereto as the vessel may safely get and be always afloat. The weight, measure, marks, numbers, quality, contents and value, being particulars furnished by the Shipper, are not checked by the Carrier on loading. The Shipper, Consignee and the Holder of this Bill of Lading hereby expressly accept and agree to all printed, written or stamped provisions, exceptions and conditions of this Bill of Lading, including those on the back hereof. One of the Bills of Lading duly endorsed must be surrendered in exchange for the goods or delivery order.
In witness whereof, the Carrier or his Agents has signed Bills of Lading all of this tenor and date, one of which being accomplished, the others to stand void.
Shippers are requested to note particularly the exceptions and conditions of this Bill of Lading with reference to the validity of the insurance upon their goods.

Place and date of issue:

30 JAN 1998   CHINA MARINE SHIPPING AGENCY
               SHANGHAI BRANCH   30 JAN

Declared Value $ _____ If shipper enters a value, carriers' package
limitation of liability does not apply and the ad valorem rate will be charged.

Signed for the Carrier

AS AGENT(S)
FOR THE CARRIER NAMED ABOVE

Applicable only when document used as a Through Bill of Lading

4. 承运人权利（Carrier's Right）

承运人有收取运费的权利、转船绕航的权利和对货物留置权。

5. 损害赔偿（Damadge）

货物到达时如遭受损坏，而其损坏明显的，收货人应立即向承运人提出书面通知；如不明显，应在提货后 3 天内发出书面通知。关于货物灭失或损坏赔偿的要求，应自交货之日或应交货之日起 1 年内提出，否则承运人得解除责任。

除以上介绍的提单正背面内容外，需要时承运人还可以在提单上加注一些内容，称为批注（superimposed，clause）。

（三）海运提单的基本当事人

通常提单上有 3 个基本关系人：承运人、托运人、收货人。

1. 承运人

承运人（carrier）是指与托运人签订运输合同的关系人。根据运输合同，承运人应对运送货物负责，并对运送过程中货物的损坏与灭失负责。承运人不一定是拥有运输工具，实际执行货物运送的运输公司（实际承运人）。承运人应该按约定将货物运到目的地交予货主。但在货主违反约定时可以行使留置权。

2. 托运人

托运人（shipper/consignor）是与承运人签订运输合同的关系人。

3. 收货人

收货人（consignee）指有权领取货物的当事人，通常是货物买卖合同的买方。
一般提单上还常常出现"被通知人"（notify party），被通知人只是承运人为了方便"货主"提货的通知对象，它不是提单关系人。

（四）海运提单的种类

国际商会《跟单信用证统一惯例 600》条款对海运提单的分类如下。

1. 已装船提单

已装船提单（on board B/l，shipped B/L）必须在同一批货物全部装进船舱或装在舱面后，经承运船舶的大副签收并根据托运人的要求，由承运人、船长或代理公司签发给托运人。有关海上货物运输的国际公约，各国的海商法、货运公会都作了类似的规定，使用于国际贸易的跟单信用证一般都要求这样的提单。持有这样提单的人根据提单上的记载，可以明确知道承运人不仅收到了货物，而且已装上指明的船只，从而按照其既定的航程，计算货物到达目的地的时间比较有把握。这对托运人、收货人和押汇银行都比较有利。

2. 备运提单

备运提单(received for shipment B/L)是指承运人在收到托运货物后在等待装船期间内，应托运人的要求而出立的提单。备运提单仅是作为贸易的卖方备妥货物并已交给承运人掌握的一种所有权证明文件，由于货物实际上并未装上船只，究竟由何船装运亦不肯定，所以增加了买方或提单持有人的风险。但对卖方来说，如买方同意接受这样的提单，他可以提前交单议付，提早收汇。出立海运提单的承运人对货物、装船时间并不承担责任，故在安全装载方面有较大的回旋余地。但同时又增加了他看管货物的责任。

承运人出立备运提单后，如货物装船后应托运人的要求，亦可在收回原出的备运提单后，另签"已装船"提单；或在原签备运提单上加注承运船名和装运日期，它与已装船提单具有同样效力。

3. 洁净提单

洁净提单(clean B/L)是指"货运单据上并未添加表明货物或包装有缺陷的附加条文或批注者"通常在提单的正面第一句均印有"除非本提单有其他说明，货物应在外表良好的状态下装船"(Shipped On board, in apparent good order and conditions, unless otherwise stated here on …)或类似文句。洁净提单表示承运人在接收货物和将它们装上船时，表面情况完好，承运人未发现任何货物或包装不良。因此，他就有责任按同样外表良好状态的货物交与收货人。这类提单对收货人的利益提供了充分的保障。

不洁净提单是指承运人在提单上批注有关承运货物损坏或异样状况，如货物包装不固、破残、渗漏、潮湿、翻钉，或标志模糊等。除非信用证规定可以接受，银行应拒绝不洁净提单。

4. 租船提单

根据租船合约出立的提单，称为租船提单(charter party B/L)。租船是相对班轮而言的。海洋运输除班轮之外，还有各种没有固定船期、没有航线的不定期船(tramp)运输，这是一种追随货源和流向安排的运输。这种运输要求货、船双方签订租船合同，根据合同规定实施运输，在租船合同形式下开具租船合约提单。除非信用证另有规定，银行将拒绝接受注明受租船合约为准者的单据。根据当前运输业的发展，《UCP 600》第 22 条提出如果信用证要求或允许租船合约提单，银行将接受具备下述条件的单据。

(1) 载有受租船合约制约的词语[a 款]。
(2) 表面上看来已由船长或船东或其代理人签署[a(1)款]。
(3) 表明已装船[a(2)款]。
(4) 表明规定的装货港与卸货港[a(2)款]。
(5) 是全套正本[a(4)款]。

B 款规定即使信用证要求提示与租船合约提单有关的租船合同，如若被提交，银行并不审核这类租船合同。因为租船合同是船舶所有人和租船人就租船业务所规定的权利和义务，与银行没有直接关系。当然，如果受益人提交了这类租船合同，银行有义务给予传递。

5. 运输行提单

运输行提单(forwarder's B/L)是指由运输行签发的提单。运输行是指自身无运输工具,只是替货主代办托运、代为报关提货的机构。如果运输行给托运人签发运输单据,通常是说明运输行将根据约定将货物发运至目的地的货物收据(Cargo Receipt)。运输行只对货物在他管辖时发生的货物损失负责,而对货物在运输中由实际承运人管辖时发生的损失不负责任,这对收货人非常不利。运输行一般资力较小、信用较差,对收货人来说增加了风险。因此《跟单信用证统一惯例600》规定不接受运输行出具的运输单据,除非信用证规定可以接受。

近年来,NVOCC(non-vessel operating common carrier,无船之船公司)的概念已被广泛接受。许多实力较强、信用较好的运输行,如FIATA成员,虽然也不拥有运输工具,却获准以承运人身份经营业务。以承运人身份而不是以代办托运的运输行身份,与托运人签订运输合同,并且以承担承运人责任的承运人身份签发提单。银行接受这样的运输行以承运人身份(acting as a carrier)签发的运输单据。

6. 过期提单

凡是货物抵达目的地后收货人才收到的提单称为过期提单(stale B/L)。由于收货人不能在货到时马上提货,很可能要向船方支付过期保管费,因此买方一般不接受过期提单。《UCP 600》中,国际商会规定,在信用证规定的交单限期(信用证未规定作21天计)之后才向银行交单,这时提单才算过期。如果L/C中规定的交单限期较长,运输的路程又较短,那么提单就要比货物晚到。为了让收货人及时提货,开证行可以向承运人开立提单保函(shipping guarantee),要求他们不凭提单先行放货。

7. 转船提单

转船提单(with transhipment B/L)是指船舶从货物装运港装货后,中途停靠港口,经换船而驶抵卸货港卸货而签发的提单。一般认为转运对收货人不利,因为货物由装运港装运上船后,如果不能直达目的港而需要在中途转船,必然造成费用增加、货物易于亏损、由货主承担转船风险、延迟货物到达时间。因此,只有在直运不可能时,如最后目的港是一个冷僻的港口,或装船港很少有船驶往该港等情况下,才转运。但转运对托运人(出口商)却无不便。在转船提单的情况下,卸货港的转运手续是第一程承运人代办的,对托运人来说方便不少,并且在转船提单项下,托运人发货后取得的是包括全程的可以立即交单取款的提单,这对托运人来说有利于资金周转。

《UCP 600》第20条对转运作如下规定。

除非信用证条款规定禁止转运,银行接受表明货物将转运的不可转让海运单,但以同一不可转让海运单包括全程运输为条件(c1款)。

即使信用证禁止转运,银行将接受下述不可转让海运单(c2款)。

(1) 表明转运将发生,只要在不可转让海运单上证实有关的货物是由集装箱,拖车及/或"子母"船装运,并以同一不可转让海运单包括全程运输为条件。

(2) 含有承运人有权转运条款者。

8. 直运提单

直运提单(direct B/L)是指提单上只记载由某船执行的从起运港到卸货港一段运输的

提单。货物直运时,收货人可以较快收货;由于中途不转运,不需卸下又装上,货物损失也较小,一般的收货人都希望货物直运。

9. 集装箱提单

货物成组化运输是20世纪60年代以来发展起来的一种比较先进的运输方式,具有便利陆海联运、提高装卸效率、加速船舶周转、提高码头使用率、减少货物损耗、节约包装材料等优点,在国际贸易中得到广泛采用。采用成组化运输是在发货地将货物汇集成一组大的单位,运至专用码头,装上专用船只,运达目的地。目前成组化运输主要有集装箱运输和托盘运输两种。

集装箱提单(container B/L)就是采用集装箱运输方式,根据运输合约签发的提单。在集装箱运输时,发货人可以在自己的仓库、工厂等处交出货物托运,承运人则把海上运输和内陆运输或其他运输方式联合起来,并一直负责把货运到收货人的仓库或加工厂为止。即实行的是"门到门"的服务,而不是通常海运方式中的"港到港"或"吊钩到吊钩"的服务。

10. 繁式提单

繁式提单(long form B/L)是指提单背面详细载明完整的规定承运人与托运人的权利与义务条款的提单。目前使用的提单大多是繁式提单。

11. 简式提单

简式提单(short form B/L)是不全部照录提单背面印定的运输条款,而是仅摘录其中重要条款,扼要列出或根本就不列出运输条款的提单。此种提单在正面印有"简式提单"字样。简式提单在美国比较流行。除非信用证另有规定,银行可以接受简式提单。

二、航空运单

航空运单(air waybill)是货物通过飞机运输时,由承运人签发的收妥货物凭证和运输合同的证明。它不同于海运提单,不代表所托运货物的所有权,并且是不可转让的。

航空运单正本一式三份,副本可任意添加,由航空公司按规定分发。如信用证要求提供运单若干份,则可以正本复印应用。

航空运单的特点有以下3点。

(1) 表明承运人名称和有承运人代表或代理人的签名。对签名的要求与海运提单相同。

(2) 表明货物已接受备运。

(3) 如信用证要求有实际发运日期,必须有该日期的批注,并作为装运日期。

航空运单上注明"供承运人使用"的方格内所列出的飞行次数和日期不能作为上述的批注。除此之外,航空运单的签发日期为装运日期。

在信用证业务中,除非信用证规定航空运单的收货人为开证行,在其他情况下,开证行并不掌握货物,所有议付行和付款行亦都不能将货物作为质押。所以,凡以航空运单对象的资金融通,实际上都带有信用放款性质。

三、铁路、公路和内陆水运单据

铁路、公路和内陆水运单据(rail、road or inland waterway transport documents)是托运人向国内外的铁路、公路、内陆水运办理货物运输时填制的运输单据。其内容有托运人、货物名称、件数、包装、重量、发站、到站及收货人等。它是承运货物的依据,经承运人盖章后,又是托运和承运双方权利和义务的一种契约。

四、邮包收据

邮包收据(parcel post receipt)是邮局接受信函或样品、包裹,寄发后出具并盖有邮戳及寄发日期的挂号凭证。邮局并不凭邮包收据交货,而是将邮包直接送交收货人或另发领取邮寄通知由收货人去邮局领取。所以邮包收据也不是货物所有权凭证。开证行有时为了掌握邮包的到达情况,一般要求邮包寄至:

Name of Applicant

C/0 name of Issuing Bank

Under L/C No_

这样开证行可以避免作为收货人去领取邮包和保管邮包,但可以知道邮包已经到达,可督促开证申请人备款赎单或追加押金等。

五、联合运输单据

联合运输单据(Combined Transport Documents,简称 CTD)是一种至少使用两种不同的运输方式将货物从一个国家的收货地运到另一国家的交货地,包括整个运输过程在内的运输单据。联合国多式运输公约对 CTD 的定义是:"联合运输单据是一种证明联合运输合同,联合运输商已经收到货物并保证按合同规定交付的文件。"

("Multimodal transport document" means a document which evidences a multimodal transport contract, the taking in charge of the goods by the multimodal transport operator, and an undertaking by him to deliver the goods in accordance with the terms of the contract.)

联合运输单按其能否转让可划分为:可转让联合运输单据(negotiable document)和不可转让联合运输单据(non-negotiable document)。前者可像提单一样作成指示式(空白指示或记名指示),通过交付或背书后交付即完成转让手续。可转让联合运输单据也可做成一式多份,经营人或其代理人凭其中一份交付货物后,责任即告解除。后者必须列明收货人,收货人不能转让单据,经营人把货物交给收货人或凭收货人的通知交给他授权的收货人后,经营人的责任即告解除。

联合运输单据不同于提单,它是货物收妥备运的证明,而提单(备用提单除外)是货已装船的证明;联合运输单据的经营人不一定自己拥有运输工具,他负责自货物收到至交货地的运输,而提单的承运人是运输工具的所有人或租赁人,他负责自货物装船(备用提单除外)至货物卸船止的运输;联合运输的经营人不仅对其代理人或雇佣人的过失和疏忽负责而且对向其提供服务的人的过失也予负责,而提单的承运人对船长、水手和其他船方雇佣人在驾驶或管理船舶中的过失概不负责。

以上五种运输单据的作用、性质各有所不同,其差异如表 12-1 所示。

表 12-1　五种运输单据性质的比较

项目 \ 名称		海运提单	航空运单	铁路运单	邮包收据	联合运输单据（CTD）
作用	物权	是	不是	不是	不是	是
	收据	是	是	是	是	是
	合同	是	是	是	是	是
抬头做法		都可以	记名	记名	记名	都可以
注明的接管方式		装船	收货/发运	收货/发运	收货/发运	收货/发运/装船
签发人		承运人或其代表	承运人或其代表	铁路当局	邮政当局	承运人或其代表
签发方式		签章及其他允许的方式	签字	日戳	日戳	签章及其他允许的方式

第四节　保险单据

一、海上货物运输保险概述

(一) 海上损失

国际贸易中，由于自然灾害和意外事故会造成各种损失，为了便于国际贸易的顺利进行，于是就产生了保险业务。

保险是保险人向被保险人收取一定的保险费后，对保险的标的物由于自然灾害和意外事故造成的损失，给予经济补偿。在国际贸易中，货物运输保险有海上运输保险和陆上、航空、邮政运输保险等。由于国际贸易大部分通过海上运输进行，又因海上运输保险起步早且较为复杂，所以，一般所讲的保险是指海上运输保险，其他陆上、航空、邮政保险，都可参照海上运输保险。

在海上运输途中，船只和货物由于遭受暴风、雷电、洪水、地震、海啸等自然灾害，或由于船舶或驳运工具搁浅、触礁、沉没、碰撞、失火、爆炸，以及船长、船员的不法行为等意外事故所造成的各种损失，叫作海损（Average）。根据发生情况的不同，损失可分为以下 3 种类型。

1. 全损

全损（total loss）是指保险标的物在运输途中全部灭失或等同全部灭失的损失。全损可分为以下 3 种情况。

(1) 实际全损（actual total loss）。指保险标的物的全部灭失或虽非全部灭失但已完全失去原有的性质与作用，使投保人对所投保的标的物不能再行使用。实际全损又称绝对全损（absolute total loss）。

(2) 推定全损（constructive total loss）。指货物虽然尚未全部灭失，但货物遭受损失的程度，使得对这些货物的施救、整理、修复原状并运往目的地的费用超过这类货物的完好状态在目的地的价值。

(3) 部分全损(partial total loss)。指保险标的物中可分割的某一部分发生的全损。

2. 共同海损

共同海损(general average)是指海运途中,由于自然灾害或意外事故,使船只、货物共同处于危险状态之中,为了保证同一航程中遇险财产的共同安全和免除危险所作出的有意识而又合理的特殊损失或支出的特殊费用。共同海损通常是由利害关系人船方、货方和运费收入方按比例共同分担。

3. 单独海损

单独海损(particular average)是指船舶、货物在海上因自然灾害或意外事故所造成的但不能列入共同海损的那部分灭失或损害。这些损失是意外的,不像共同海损是有意识作出的;同时,损失仅指保险标的物本身的毁损,并不包括由此而引起的费用。这种损失不由利害各方共同负担,而由遭受损失的财产所有人单独负担。由此,单独海损是既非共同海损又非全损的一种损失。

(二) 保险险别

海运保险承保的险别,可分为两大类:基本险和附加险。

1. 基本险

它是保险人对承保标的所承担的最基本的保险责任。在国际上,大体可分为以下3种。

(1) 平安险(free from particular average,简称 FPA)。又称单独海损不赔险,它的责任范围:一切全损,包括实际全损、推定全损、部分全损,以及运输工具意外事故造成的部分损失和施救、救助费用等。它不负责范围是:被保险人的故意行为或过失造成的损失,被保险货物的品质不良、数量短缺、自然损耗、本质缺陷、特性以及市价跌落、运输延迟所引起的损失、战争或罢工引起的损失。

(2) 水渍险(with particular average,简称 WA 或 WPA)。又称单独海损赔偿险,它的责任范围是:平安险的全部责任,以及由于海上自然灾害所造成货物的部分损失,它不负责的项目与平安险一样。

(3) 一切险(all risks)。一切险的承保责任,除水渍险的全部责任外,还承保被保险货物在运输途中由于外来原因所造成的全部或部分损失。实际上,一切险等于水渍险加上一般附加险。

2. 附加险

它是指基本险之外又加保的各种险别,以适应运输途中各种不同的需要。附加险可分为两种:一般附加险和特殊附加险。

(1) 一般附加险。它是指货物在投保平安险或水渍险后,由于货物、包装或运输等商品各自的性质,需要保险人扩大承保范围,加保险别。常见的一般附加险有以下11种。

① 偷窃提货不着险(risk of theft pilferage and nondelivery,简称 TPND)。

② 渗漏险(risk of leakage)。
③ 碰损破碎险(risk of clash and breakage)。
④ 钩损险(risk of hook damage)。
⑤ 淡水雨淋险(risk of fresh water & rain damage,简称 FWRD)。
⑥ 短量险(risk of shortage)。
⑦ 混杂玷污险(risk of intermixture and contamination)。
⑧ 串味险(risk of taint of odour)。
⑨ 受潮受热险(risk of sweat and heating)。
⑩ 锈损险(risk of rust)。
⑪ 包装破裂险(risk of breakage of packing)。

(2) 特殊附加险。它是指由于特殊的环境需要而投保的附加险,常见的特殊附加险有以下 8 种。

① 战争险(war risk)。是承保直接由于战争、类似战争行为和敌对行为,武装冲突而引起货物的损失。它不能单独投保,必须投保一项基本险后才能投保。战争险和基本险,保险责任的起讫点有所不同。战争险的保险责任,从货物装上海轮或驳船开始到货物在目的港卸离海轮或驳船为止,基本险的保险起讫点为"仓至仓"。

② 罢工暴动民变险(risk of strike riots and civil commotion,简称 SRCC)。
③ 交货不到险(failure to deliver)。
④ 进口关税险(import duty)。
⑤ 拒收险(rejection)。
⑥ 黄曲霉素险(aflatoxin)。
⑦ 舱面险(on deck)。
⑧ 存仓火险责任扩展条款(fire risk extention clause)。

上述列举了几种海上运输通常遇到的险别,现通过图 12-1 对各个险别的关系进行表述。

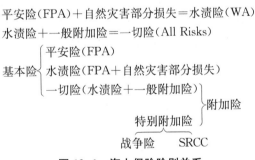

图 12-1　海上保险险别关系

二、保险单据

(一) 保险单据内容

海上运输保险单据,是保险公司承保后,对被保险人出具的承保海上运输险的证明。保险单据是保险契约的证明,也是出险后索赔的依据。一旦发生损失,货主可凭保险单据向保险公司索赔。

保险单据的内容,可从正面与反面论述(参见附式12-5)。保险单据的正面,印有主文,其主要内容说明保险单是保险人与被保险人之间的保险契约,并规定保险人的责任范围、保险责任的起讫以及除外责任等。主要有:投保人、承保货物和金额、承保险别、装货的船名、装运港、目的港、预计船舶起运日期、货物的描述、唛头和件数、出运单据日期、检验理赔地点、承保人签字、投保日期。保险单据的背面,印有货物运输保险条款,表明承保的基本险别。

(二)保险单据种类

海上运输保险单据,一般有以下4类。

1. 保险单

保险单(insurance policy)是承保人对被保险人签发的单独保险单。包括保险契约全部内容,是完整的承保形式。它对保险公司和被保险人的权利、义务有详尽的描述,因此,又称为正式保险单。俗称"大保单"。

2. 保险凭证

保险凭证(insurance certificate)是一种较简单的保险单,俗称"小保单"。包括保险单据的基本内容,但不附有保险条款的全文。保险公司和被保险人的权利、义务,以保险公司的正式条款为准。

3. 浮动保单

浮动保单(floating policy),又称总保单(open policy)。它是指国际贸易中的进出口商,就一定时期和保险人签订一张总的保险契约,证明在一定时期内投保的最高额、保险条件和保险费率等,保险人根据这样的契约而出立的保险单,称为总保单。此类保单一般用于业务量大且频繁、金额大的业务。被保险人可在每批货物出运时,由自己或与其交易的对方,向保险人发送申请投保通知(declaration of insurance)。或规定出口商直接向该保险人申请投保。保险人收到通知时,将投保金额从总保单中扣除,直至总保额全部用完。

4. 暂保单

暂保单(cover note)是指在保险单和保险凭证未开立之前,由经纪人出立的、向被保险人发出保险基本内容的文件。它不是保险契约的证明,而是保险单或保险凭证未正式出立之前,表示即将签订保险契约的证明。其内容比较简单,一般这类单据不为进出口商所接受。

(三)保险单据的作用

保险单据是保险人对被保险人承保后出具的书面证明,是双方签订的保险契约,一旦发生损失凭以索赔。

保险单据的作用有以下2点。

附式 12-5 保险单

中国太平洋保险公司
CHINA PACIFIC INSURANCE COMPANY LIMITED

总公司设立于上海
Head Office: SHANGHAI

D NO. 0004173

保 险 单
INSURANCE POLICY

号次
NO. PSH001 / 029361-2

中国太平洋保险公司(以下称承保人)根据被保险人的要求,在被保险人向承保人缴付约定的保险费后,按照本保险单承保险别和背面所载条款与下列特款承保下述货物运输保险,特立本保险单

This Policy of Insurance witnesses that China Pacific Insurance Company Limited (hereinafter called "The Underwriter") at the request of the Insured named hereunder and in consideration of the agreed premium paid to the Underwriter by the Insured, undertakes to insure the undermentioned goods in transportation subject to the conditions of this Policy as per the Clauses printed overleaf and other special clauses attached hereon.

被保险人:
Insured: SHANGHAI MINMETALS PUDONG CORP.

标 记 Marks & Nos.	包装及数量 Quantity	保险货物项目 Description of Goods	保险金额 Amount Insured
As per Invoice No. 6210320	200 DRUMS	PIGMENTS	USD42,350.00

总保险金额:
Total Amount Insured: U.S. DOLLARS FORTY TWO THOUSAND THREE HUNDRED AND FIFTY ONLY

保费 Premium: AS ARRANGED 费率 Rate: as arranged 装载运输工具 Per conveyance S.S. SUXING V.9601

开行日期 Sig. on or abt: as per 自 From: SHANGHAI 至 to: BANGKOK

承保险别
Conditions: Covering All Risks and War Risks as per Ocean Marine Cargo Clauses and War Risks Clauses (1/1/1981) of The People's Insurance Company of China. (Abbreviated as C.I.C. All Risks & War Risks). Warehouse to Warehouse Clause is included.

所保货物,如遇出险,本公司凭第一正本保险单及其他有关证件给付赔款;如发生本保险单项下负赔偿责任的损失或事故,应立即通知下述代理人查勘。

Claims, if any, payable on surrender of the first original of the Policy together with other relevant documents. In the event of accident whereby loss or damage may result in a claim under this Policy immediate notice applying for survey must be given to Agent as mentioned hereunder.

Bangkok Insurance Co. Ltd.
Bangkok Insurance Building
302 Silom Road, Bangkok 10500, Thailand
Tel: 234-1155 Fax: 236-6541
Telex: 87333 BANGINS TH

赔款偿付地点:
claim payable at: THAILAND IN USD

日 期 Date: Jan. 15, 1996   上海 Shanghai

地址 Address: 中国上海福州路 567 号
567 Fuzhou Road, Shanghai, 200001
P.R. China
Tel: 021-63511888 Fax: 021-3734746
Telex: 33695 COMIN CN

经办: 陈伟蓉(00071)
复核:

中国太平洋保险公司 上海分公司
CHINA PACIFIC INSURANCE COMPANY LIMITED
SHANGHAI BRANCH

GENERAL MANAGER

1. 保险合同的证明

保险单据是保险人与被保险人之间所签订的保险合同的证明。按保险业的惯例，只要保险人在被保险人填写的保险单据上签了字，保险合同就告成立，它具体规定了保险人和被保险人的权利和义务。

2. 赔偿证明

保险合同不同于一般的贸易合同的是，它是一种赔偿性的合同，而非买卖性的合同。被保险人支付保险费后，保险人即对货物在遭受合同责任范围内的损失负赔偿责任，被保险人即可凭保险单据向保险人索赔，因此保险单据也是赔偿权的证明文件。作为一种权利凭证，货物运输保险单像提单一样可背书转让，但赔偿不是必然发生，而只是偶然发生的，因此保险单据只是潜在的利益凭证。

三、保险合同的当事人

保险合同的基本当事人有 2 个：保险人和被保险人。

（一）保险人

保险人（insurer）是保险合同中与被保险人订约并承担保险的一方。保险人接受投保人的投保，有权取得保险费，并发给保险单据。当保险标的物遭受合同责任内的损失时，保险人应承担赔偿责任。

目前，以保险人身份经营业务的有以下 4 种。

1. 保险公司（Insurance Company）

有些国家的法律规定只有以公司名义注册的保险组织才能够经营保险业务。

2. 保险商（Underwriter）

他是个体的保险经营人，为英国所特有。英国保险法允许劳合社的成员以个人名义经营保险业务。

3. 保险代理商（Insurance Agent）

他是保险人的代表，根据授权代表保险人承接保险业务。有时一些业务保险公司无法完成，便请海外的机构代理，如检验货物、批改保险单甚至理赔等。

4. 保险经纪人（Insurance Broker）

他是保险人和被保险人之间的中间人，替保险公司承揽业务，并收取佣金。保险经纪人不是独立的法人，在受理保险业务时，不能开立正式的保险单据，只能出具保险经纪人的暂保单作为办理保险的认证，然后向保险公司投保。暂保单只是代办保险的约定而非保险合同，一般银行不予受理。

（二）被保险人

被保险人（the assured 或 the insured）是与保险人相对的概念，是受保险合同保障的人，有权在受险后按保险合同向保险人取得赔款。为此,被保险人有义务向保险人缴纳保险费。被保险人一般包括以下3种。

(1) 投保人,即与保险人订立保险合同的一方。

(2) 被保险人,即出险时遭受损害的一方。

(3) 受益人,即在保险标的物遭受损失时,有权向保险人索赔的一方。

在运输保险中,他们的界限往往难以划分清楚,一般都是进出口商人。在出口保险时,投保人若是出口商,若货物未出售,则被保险人与受益人都是他;若货物售予进口商,则进口商成为被保险人与受益人。在进口保险时,投保人若是进口商,则被保险人与受益人均是进口商。

根据保险惯例,被保险人只有在满足以下2个条件时方有资格取得赔偿。

(1) 具有保险利益。如果保险标的物的损失对某人造成损失,该人则具有保险利益。在索赔时,只有证明自己拥有保险利益才能取得赔款,即证明货物的损失对自己造成了损失。在货物运输保险时,持有提单就是有保险利益的证明。

(2) 持有善意。承办保险时,保险人并不调查事实,因此要求被保险人如实介绍货物、运输工具、运输路线等情况,以利保险人作出准确判断。被保险人还必须保证货物还未出险,至少在投保时不知道货物已出险。如果被保险人没有达到上述标准,则保险人在货物出险时可以拒绝赔偿。

第五节 其他单据

一、产地证

产地证(certificate of origin)是原产地证明书的简称,是证明交易货物的生产地或制造地,作为进口国给予出口国配额或优惠关税待遇的凭证。在交易双方商定以产地作为商品品质标准时,又是交货品质的证明。有的国家为了限制某个国家或地区的进口货物,需要以产地证来证明货物的来源,以控制进口额度(参见附式12-6)。

签发产地证的机构视信用证具体要求来定;如无规定,银行可接受任何机构签发的产地证,甚至包括出口商自行签发的产地证。

在实际业务中,产地证主要分为2种:一种为出口国进出口商品检验检疫部门或贸易促进委员会或进出口商会签发的一般产地证。它主要包括进口商的名称及地址、唛头及标记、货物描述及件数、签发机构对货物产地的声明、出具机构签字及日期等内容。另一种是出口商品检验检疫机构签发的普惠制产地证(generalized system of preferences,GSP),它是发达国家给予发展中国家的普遍的、非歧视性的和非互惠的关税优惠待遇。普惠制产地证主要包括进出口双方当事人的名称及地址、货物运输方式及路线、唛头及标记、货物描述及件数、产地类型、重量或体积、出口商声明及出具日期、商检机构声明及签发日期等内容。到目前为止,已有28个发达国家,主要是欧盟各国向我国提供这种优惠。由于我国加入了世界贸易组织,而该组织内各成员相互实行最惠国待遇和国民同等待遇,因此,有更多国家向我国提供这种优惠措施。

附式 12-6 产 地 证

	ORIGINAL			
1. Exporter (full name and address) SHANGHAI JIN SHENG INTERNATIONAL TRADING CO. 921-923 DONG FANG ROAD, SHANGHAI CHINA	Certificate No. **1734430** **CERTIFICATE OF ORIGIN** **OF** **THE PEOPLE'S REPUBLIC OF CHINA**			
2. Consignee (full name, address, country) DONG JI INTERNATIONAL CO., LTD. 10TH FLOOR, REGENT BLDG. 547-8 KUEUI-DONG, KWANGJIN-KU, SEOUL, KOREA				
3. Means of transport and route FROM SHANGHAI TO PUSAN, KOREA BY SEA	**5. For certifying authority use only**			
4. Destination port PUSAN, KOREA				
6. Marks and numbers of packages GY-A2F80L2P3/PUMP GROSS WEIGHT: 45kgs NET WEIGHT: 40kgs MEASUREMENT: 58X30X30CM MADE IN CHINA	**7. Description of goods, number and kind of packages** HYDRAULIC PUMP FOR COMMERCIAL TRUCK 25 WOODEN CTNS (PACKED IN TWENTY FIVE WOODEN CARTONS ONLY.) *** *** ***	**8. H S Code** 8413	**9. Quantity or weight** 1125kgs	**10. Number and date of invoices** 68KR001 FEB.2, 1996
11. Declaration by the exporter The undersigned hereby declares that the above details and statements concerning all the goods were produced in China and that they comply with the Rules of Origin of the People's Republic of China. SHANGHAI CHINA FEB.6, 1996 Place and date, signature and stamp of authorized signatory	**12. Certification** It is hereby certified that the declaration by the exporter is correct. SHANGHAI CHINA FEB.6, 1996 Place and date, signature and stamp of certifying authority			

China Council for the Promotion of International Trade is China Chamber of International Commerce.

二、检验证明书

为了保证出口商品符合合同所规定的等级、品质、卫生、疫情等标准和商品的数量、重量规定,一般应由第三者或国家公证机构进行检验和鉴定。对检验鉴定的结果,以书面形式予以的证明就是商品检验证明书(inspection certificate)。出口国为了维护本国的对外信誉和出口商品的国际竞争力,需要对出口商品实行检验;进口商为了维护自己的利益,保证进口商品的品质和数量符合贸易合同的规定,同时防止进口商品带进病菌、病毒或其他有害于环境保护,有害于人、畜、禽以及作物的物质,往往对进口商品提出检验要求。因此,商品检验证明书是国际结算中的重要单据之一,可用于证明出口方履约或作为进口方提出索赔的依据,同时也是进口国海关当局清关、放行的证件。

常见的商检证书有以下 11 种。

(1) 品质检验证书(inspection certificate of quality),用以证明商品的品质和规格。

(2) 数量检验证书(inspection certificate of quantity),用以证明商品包装的数量或件数等情况。

(3) 重量检验证书(inspection certificate of weight),用以证明商品的重量及包装情况。

(4) 卫生检验证书(sanitary inspection certificate)和健康检验证书(Inspection Certificate of Health),用以证明商品在加工中的卫生情况或证明动物产品在屠宰前疫区和疫情情况以及加工中的卫生情况检疫合格,未受传染病菌或病毒沾染,可供食用。

(5) 兽医检验证书(veterinary inspection certificate),用以证明活动物或动物产品经兽医检验,符合检疫卫生要求。

(6) 消毒检验证书(disinfection inspection certificate)和熏蒸检验证明书(Inspection Certificate of Fumigation),用以证明动、植物产品经过一定的消毒或熏蒸处理。

(7) 植物检验证书(plant quarantine inspection certificate),用以证明对植物,包括植株及果实等的检疫结果。

(8) 温度检验证书(inspection certificate of temperature),用以证明冷藏商品在冷藏库保管的温度情况和装冷藏品船舱的温度情况。

(9) 重量检验证书(inspection certificate of conditioned weight),用以证明商品外包装的体积或毛重情况。

(10) 分析检验证书(inspection certificate of analysis),用以证明对商品成分的分析结果。

(11) 产地检验证书(inspection certificate of origin),用以证明商品的原产地或生产国之所在,以便进口国海关统计配额使用情况及决定关税待遇的优惠程度。对于以产地为交易货物品质标准的某些农、副、矿产品或某些特种工艺品等,往往还须在证书上注明具体生产地点,而不能笼统地只注明生产国别。

各种检验证书的申请人、货名、件数、标记、检验结果等内容应符合信用证规定,并与发票和其他单据一致,出证日期不得迟于提单日期。

三、船公司证明

为了满足进口国政府了解运输等情况的要求,进口商往往要求出口商提供船公司出具的证明,常见的船公司证明(shipping company's certificate)有以下 6 种。

（1）船籍证，用以证明载货船舶的国籍。
（2）航程证，用以说明航程中停靠的港口。
（2）船龄证，用以说明船龄。一般船龄在15年以上的船为超龄船，许多保险公司对15年以上船龄的船舶不予承保。
（4）船级证，说明载货船舶符合一定的船级标准。劳合社船级社签发的船级证明中，100A1是标准船级。
（5）货装集装箱船证明。信用证若要求货物须装载集装箱船只，只要提单上能表示出是集装箱运输就无需提供证明。若要求货装集装箱船证明，则须由受益人提交此证明。
（6）收单证明。为了使进口商及时凭单提货，有时出口商将一套单据委托船长随船带交收货人，此时，船长须签发收单证明。

四、其他附属单据

由于进口商或开证行对装运货物的需要不同，有时还要求如下其他单证。
（1）受益人声明（beneficiary's statement）。是信用证交易中，出口商自己出具的说明已经履行了合同义务的证明。
（2）电报抄本（cable copy）。是用电文来证明出口商已经向进口商作了符合要求的电报通知。
（3）装船通知（shipping advice）。是受益人根据信用证要求在规定时间内以电报或电传方式将装运情况通知收货人的电文。受益人凭该电报或电传副本提交银行议付。
（4）借记通知（debit note）。是指出口商应收的佣金、费用，以借记通知办法结算，实收金额应为发票金额加借记通知金额。
（5）贷记通知（credit note）。是指出口商应付的佣金、费用以贷记通知办法结算，实收金额为发票金额减贷记通知金额。
（6）中性单据（neutral documents）。是在某种单据上不表现出口方的真实名称。
（7）保险声明书（insurance declaration）和保险回单（insurance acknowledgement）。
（8）出口许可证副本（copy of export licence）。

第六节 单 据 审 核

一、单据审核原则

单据审核是银行对受益人提交的凭以议付、付款的单据的审查，实务中简称为审单（documents examination）。之所以要审单，是因为单据的质量关系，到能否安全及时收汇。

单据审核的依据是国际商会第600号出版物《跟单信用证统一惯例》《UCP 600》(2007年修订本）所规定的条款，以及世界各国的习惯做法和惯例。简单地说，审单工作须做到"单证一致，单单一致"。单证一致是指单据在表面上应和信用证规定相符。即信用证所规定的，都应在有关单据上得到反映，单据上说明的情况和事实不能和信用证规定相抵触。单单一致，是指各种单据的相关内容或相同内容的描述应保持一致。各种单据只能互相补充、相辅相成,不能彼此矛盾。

合约、信用证、单据与货物,是每笔外贸交易必不可少的要件,搞清它们之间的关系,对于单据审核有很重要的意义。合约是交易的基础,是信用证开立的依据,信用证条款是审单的依据;单据是货物的文件,货物是交易的实质。"信用证与买卖合同或其他合同,是两种不同性质的文件,虽然信用证的开立以该项合同为依据,但银行与该合同完全无关,不受其约束。即使信用证中包含有关合约的任何援引,银行也与该合约完全无关,并不受其约束"(《UCP 600》第4条)。"在信用证业务中,各有关方面处理的是单据,而不是与单据有关的货物、服务或其他行为"(《UCP 600》第5条)。为使提交的单据合格与完整,必须做到"纵横审核"。所谓"纵向审核",是指信用证是各项单据的中心,信用证内容必须是逐字逐句地阅读,不得遗漏,做到"单据一致"。所谓"横向审核",是指发票是其他单据的中心,有关数字与描述必须一致,做到"单单一致"。

二、统一惯例中一些重要条款的理解

(一) 关于分批支款及分批出运问题

信用证明确规定可分批支款与分批装运,应严格按照信用证条款办理;若信用证对此未作规定,则可理解为允许分批装运、分批支款。判断是否属分批装运,一般的标志是看提供的运输单据是否具有不同的出单日期。若在同一运输工具、同一班次的多次装运情况下,即使运输单据有不同的出单日期,或表明不同的地点亦不作为分批装运论处。

严格地说,分批装运(partial shipment)与分次出运(partial lots)不同。分批(shipment)是指:① 船号不同、船名相同,航次不同;② 船名与航次相同,但目的港不同。分次(Lots)是指船名相同、船次相同、目的地相同,但起运港不同。分批的概念比分次的概念大,每一批内可以分 n 次装运。在分批的情况下,应出立多份单据,而在分次的情况下,只能出一套单据。但实际上 Shipment 与 Lots 有时可互换,如有的来证规定"goods should shipped in 5 lots by separate vessels, each shipment should be of about 25 M/T""shipment must be effected in one Lot"或"shipment of one or two lots"。在上述信用证下,分批等于分次。

如果信用证规定在指定的日期内,分期支款或分批装运,而其中某一时期,又未能按期支款或装运,除非信用证另有规定,则信用证的该期和以后各期均告失效。例如,来证规定:"Partial shipments allowed. But each shipment must be effected 10 days within last shipment."倘若第一次出运货物,是1989年1月2日,则第二批出运须在1月3日与1月12日之间。如外贸公司第二批货物未运出,在1月15日出运第三批货物,虽然第三批货物出运的时间符合信用证规定(1月13日—1月23日),但由于第二批货物未能按规定出运,则第三批货物不得出运,以后各批也均告失效。

在信用证禁止分批装运的情况下(Partial Shipment Prodbited),在信用证规定的装效期内,所有的货物一次装完,所有的款项必须一次用完。例如,来证规定"购买地毯1 000条,不可分批。"若出口方出运070条,则开证行可以出口方分批装运或短装(Short Shipment)为由,拒绝付款。但有一例外,若装运货物在数量单价未变的情况,即使有5%的伸缩也是允许的。如原装运的货物,不能以个体单位(台、只、个等)、包装单位(箱、包、袋等)、可数单位(双、件、套等)计算,只能以重量单位(千克、吨、公吨等)计算时,此类货物属散装货的范围,按照《UCP 400》的解释,此类货物在不超过信用证总金额的情况下,可有5%的伸缩。例如,来证规定"出运矿砂1 000公吨,不得分批装运。"若出运的货物为980公吨,则开证行不得以分批出运或短装为由,拒绝付款。因为按规定,在不超支的情况下,出运950—1 050公吨矿砂,是在许可的范围内。

(二) 对 about、around 的理解问题

about、around若用于信用证金额、信用证规定的数量或单价时,可理解为该金额、数量、单价有10%的增减幅度。about,around若用于装运期时,可理解为货物于规定日期前后各5天内装运,起讫日期均包括在内。如来证规定:"出运衬衫约1 000件",则出运衬衫的范围可掌握在900—1 100件之间。如来证规定"shipment on or about(or：around) Sept. 15",则提单的日期可为9月11日—9月19日之内的任何一天,包括11日与19日两天。

案例 12-1

案情:

伊朗大步里士银行来证购买我方纺织品印花棉布48 000码。信用证规定不准分批装运,但在购货数量48 000码之前有about字样。

由于存货不足,受益人T公司按期出运了印花棉布45 600码。随后受益人交单议付,议付行审单无误,遂寄单索汇。

开证行接到单据后声称,进口商开证人拒绝付款赎单,理由是信用证不准分批装运,而实发货物短装。除非受益人在三个星期内能将短装部分货物出运,否则,开证人不同意接受单据并付款。

我方受益人坚持来证中在要货数量前有about字样的规定,按统一惯例要求已经做到单证相符。后开证行来电表示开证人已接受单据并支付货款。此案遂了结。

分析:

进口方拒绝接受单据的理由是不能成立的。因为既然在要货数量前有about字样,实际上已明确同意受益人可按统一惯例规定,在发货数量上增或减10%。受益人实际交货45 600码已超过43 200码的下限要求。

此项来证本身即有含糊不清的内容,如进口商不准出口方分批装运,则不应在要货数量的条款上加列about字样。

启示:

信用证业务的审核依据是统一惯例,任何付款及拒付的依据只能是围绕着信用证、单据、统一惯例进行。

统一惯例对一些特定的字、词都有特定的表述,应严格掌握,并灵活运用。

(三) 期限与交单问题

(1) 若信用证下装运日期条款之前,有"止""至""直到""从"(to, till, until, from)等字

样,应理解为包括所述日期。若使用"以后"(after)一词,则应理解为不包括所述日期。

(2)"上半月""下半月"(first half、second half of a month),应分别理解为每月 1 至 15 日以及 16 日至该月的最后一天,首尾两天均包括在内。

(3)"月初""月中"或"月末"(beginning、middle or end of a month),应分别理解为每月 1 至 10 日、11 至 20 日、21 至该月最后一天,首尾两天均包括在内。

(4)每张信用证应规定一个确切的装运期,不能使用诸如"迅速""立即""尽快"(prompt,immediately,as soon as possible)以及类似词语。若使用这类词语,可不予理睬。

(5)信用证的有效期也必须明确。如开证行规定信用证有效期为"1 个月""6 个月"或类似情况,未列明何时起算时,开证行的开证日期被认为是起算日。

(6)除交单日期外,每张要求运输单据的信用证应规定一个运输单据出单日期后,必须交单付款、承兑或议付的特定限期。如未规定该限期,银行将拒受迟于运输单据出单日期 21 天后提交的单据。无论如何,单据不得迟于信用证到期日提交。如有效期为 1989 年 12 月 20 日,货物最迟装运日为 1989 年 12 月 1 日,信用证规定"all shipping documents must be Pre-scented within 15 days after bill of lading"。若货物确于 12 月 1 日出运,则所有单据必须在 12 月 16 日前向银行提示。虽然单据于 12 月 16 日至 12 月 20 日之间提示,并未超过信用证有效期,但却超过了交单特定限期,所以不可照办。若上述信用证有效期、货物最迟装运日均不变,信用证规定"all shipping documents must be presented within one month after bill of lading"。虽然从该条规定中我们得知,单据最迟提交日为 1990 年 1 月 31 日,但由于信用证的有效期为 1989 年 12 月 20 日,所以最迟交单日应为 1989 年 12 月 20 日。因为,特定交单日的规定,首先必须服从信用证有效期的规定。将上述例子再变化一下,如果信用证有效期仍为 1989 年 12 月 20 日,最迟装运日为 1989 年 11 月 1 日,信用证没有规定特定交单日,此时,所有单据必须于 11 月 22 日之前提示。11 月 23 日提示的单据,虽然符合信用证有效期的规定(12 月 20 日),但却违反了本条关于单据须于运输单据出单后 21 天提示的规定。与上例的情况相同,21 天的规定,首先必须服从信用证有效期的规定。

信用证的到期日,若适逢银行节假日,则可顺延至下一营业日,但最迟装运期不能以此为由而顺延。于次一营业日受单的银行,必须在单据上注明"presented for payment (or: acceptance or negotiation as the cash may be) within the expiry date extended in accordance with Article 44(a) of the Uniform Customs"。

三、主要单据的审核要点

(一)汇票审核要点

1. 汇票金额(Amount)
(1)汇票金额不能超过信用证限额(amount doesn't exceed amount available)。
(2)汇票上的货币币别与金额,须与发票上的一致(currency and amount agree with those in the invoice)。
(3)汇票大、小写金额一致(amount in figure and words agree)。

2. 汇票日期(Tenor)

(1) 出票日期(drawn for correct tenor)。

(2) 提示日期(presentation date)。汇票提示日期,一般是信用证规定单据提示日。若信用证对单据提示日未作规定,则应理解在运输单据出立后的21天内提示,但两者都必须在信用证有效期内。

(3) 到期日(Expiry Date)。如是即期汇票(Sight Bill),则当日汇票提示时,必须马上付款。如是远期汇票(Tenor Bill),在出票后若干天付款(××days after date)的情况下,汇票的到期日,应从票据出立之日计算;在见票后若干天付款(××days after sight)的情况下,汇票的到期日,应从票据承兑之日起计算;在规定某一远期的情况下,到期日就是未来的固定日。

3. 汇票当事人(Party)

(1) 收款人(drawn to order of correct party)。若信用证有规定,收款人按规定办理;若信用证未作规定,一般收款人为议付行或其指示人。

(2) 付款人(drawn on party specified)。付款人一般为开证行、代付行。若信用证有规定,则按规定办理;若信用证未规定付款人,则以开证行作为付款人

(3) 出票人(drawn by party specified)。出票人,一般为出口商。

4. 在汇票上载明信用证规定的条款(Bears All Clauses Specified)

(1) 出票条款(drawn under clause)。

(2) 利息条款(interest clause)。

(3) 汇率条款(exchange rate clause)。

(4) 起息日(value date)。

(二) 发票审核要点

(1) 发票须由信用证的受益人开出(invoice in name of beneficiary)。

(2) 受票人(addressed to party specified)。若信用证规定发票受票人,按规定办理;若无规定,则发票上的 account party 应与进口商名字相同。

(3) 发票对货物的描述,与信用证的描述相一致(description of goods in invoice must correspond with that in the credit):① 数量、重量与信用证要求的一致(quantity、weight agrees with that called for)。② 按规定价格与价格条件办理(price and price term as specified)。

(4) 发票金额不超过信用证金额(invoice amount should not exceed credit amount)。

(5) 提交的发票份数应正确(correct number of copies presented)。

(6) 发票的副署、签证与证实,如果信用证有此要求(invoice signed, visaed and certified, if as specified)。

(三) 提单审核要点

(1) 必须是经签署的洁净、已装船提单(must be "signed" "clean" "shipped on board", bill of lading)。

(2) 不能显示"货装甲板"字样(must not show "on deck" shipment)。

(3) 提单抬头的背面要正确(B/L must made out to specified party and must be correctly endorsed)。

通常提单抬头和背书情况如图 12-2 所示。

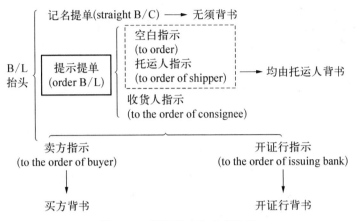

图 12-2　提单抬头和背书示例

(4) 装运期、装运港、卸货港与目的港，必须按信用证规定办理(date of shipment, port of loading, port of discharge and destination as specified)。

(5) 按信用证规定的价格条件，注明"运费已付""运费已预付""运费托收"("freight paid""freight prepaid""freight to be collected"must appear on bill of lading in accordance with price term specified in the credit)。

若价格条件为 CIF、C&F，多数情况下 B/L 应注明"运费已付"或"运费已预付"；若价格条件为 FOB，则一般情况下，B/L 应注明"运费托收"或"运费待付"。

(6) 装运货物与发票规定一致(must cover merchandise specified in invoice)、

与发票以外的一切单据相同，B/L 与货物的描述可用"统称"，这种"统称"不能和信用证规定货物相矛盾。

(7) 唛头、包装数量与其他单据一致(marks and number of package agree with other documents)。

(8) 提示的提单，必须是全套正本及相应副本(full set of originals and correct number of copies should be presented)

(四) 保险单审核要点

(1) 保险单据的类别按规定的提示(must be of type specified)。若信用证未规定保险单据的级别，原则上只能提供保险单(insurance policy)；若信用证规定较低级别的保险单据(如保险凭证 insurance certificate)，即使提供较高级别的保险单据(如保险单)，也是可以接受的。

(2) 保险金额(insurance amount)保险金额，首先必须服从信用证的规定；在信用证对保险金额未作规定的情况下，一般投保的最低金额，应为货物的 CIF 金额加 10%；如单据表面上无法确定该金额时，可接受信用证要求付款、承兑或议付的金额，以及商业发票金额中两者较高的金额作为最低金额。

(3) 保险币别与信用证币别相同（currency is same currency as credit）。

(4) 投保险别如规定所示（cover all the risks specified）。对信用证规定投保的险别不能漏保；若信用证对投保险别未作规定，则可接受载明任何险别的保险单据。

(5) 必须全程保险（must cover full period of transit）。一般基本保险的范围，都是"仓至仓"。特殊附加保险的范围，是从货物装上海轮或驳船开始。至货物目的港卸离海轮或驳船为止，因此，通常在投保特殊保险的时候，要加列一条款"包括仓至仓"（from warehouse to warehouse included）。

(6) 保险日期，必须与提单日期相同或超前（must be dated on or before date of shipment as evidenced by date of B/L）。

(7) 船名、装运港、目的港与提单上的描述一致（name of carrying vessel, ports of shipment destination agree with that of B/L）

(8) 货物名称、件数、唛头与其他单据一致（adequately describes the merchandise, number of packages, marks, etc. which agree with other documents）。

(9) 保险单份数如规定所示（correct number of copies as specified）。

(10) 保险单须经签署（to be signed）。信用证项目的单据种类繁多，在审核其他单据时，如重量证、装箱单、商检证、船公司证明、海关发票、产地证、电抄、受益人证明等，应掌握如下原则：首先，各种单据须严格按信用规定的要求办理，各项单据须有合格方签署；其次，单据的细节内容，须与其他单据一致。

四、世界有关国家对审单（与中国进出口相关）的习惯做法

（一）尼泊尔、印度

提单与发票均须手签（manual signed）。

（二）斯里兰卡

(1) 提单与发票均须手签。

(2) 来证要求单据上注明 BTN No.（系 Brussels Tariff Nomenclature 之缩写，布鲁塞尔税则目录号码），单据上应照打。

（三）孟加拉国

(1) 提单须手签。

(2) 有的来证规定是，货物必须装 IBRD 会员国旗帜的船只；我国系 IBRD 会员国，如装国轮，符合信用证要求。

(3) 有的来证要求，提供付款报告（report of payment）。

（四）科威特

(1) 发票上显示船名、制造商名称和每种货物净重。

(2) 绝大多数来证议付时扣佣金。

(3) 货物重量用千克表示。

(4) 必须提供产地证,并显示制造商名称。
(5) 来船证明除了有抵制以色列要求外,要标明"允许进入"字样。
(6) 在 Kuwait 国名后,不能出现 Persian Gulf(波斯湾)。

(五) 伊朗

(1) 来证关于"波斯湾条款"的规定,须照办。

If shipment is to be effected via sea to Iranian Port(s) at "Persian Gulf", any clause other than "Persian Gulf", on documents is not acceptable.

(2) 货物去伊朗的来证,要求在发票上标示关税号。
(3) 若商品以托盘(Pallet)包装,则提单上打出头×××Pallets,再注明 S. T. C. ××Cases or Cartons,以与其他票据上货物件数相符(S. T. C.是 Said to Container 的缩写)。

(六) 巴林

(1) 一切商业凭证(发票、提单、产地证),均应注明商品产地国。如我国出口至巴林的货物都应标示出"made in China"。
(2) 一切商业凭证,均须有关负责人手签。

(七) 菲律宾

信用证上载明领事发票条款:

Consular invoice and certificate of origin in duplicate signed manually sworn to before a Philippine consular officer, where available, otherwise before a notary public oaths or any person authorized by law to administer.

Consular invoice to be issued by Philippine consulate in China and to be applied for by buyers Chinese agent.

(八) 黎巴嫩

(1) 发票、产地证除加盖图章外,还须签字,否则另征收 10% 的进口税。
(2) 要提供证实发票,如证明货物是中国产的、发票金额没有任何折扣、发票内容正确无误。

We certify that invoice is authentic, the only one issued by us for the goods herein described, mentioning their exact value without any deduction of payment in advance and that their origin is exclusively Chinese.

(3) 发票上载明无六角星条款(反对以色列条款)。在发票上无载明无六角星条款的情况下,受益人应另出立一张证明没有任何六角标记的声明。

Invoice must show that goods or the container are not hearing hexagon star.

(4) 来证要求出具联合产地、价值声明发票。
(5) 规定货物必须由中国远洋运输公司的船只装运。

Shipment to be effected on COSCO vessels. (China Ocean Shipping Co.)

(6) 对货物去贝鲁特的提单,必须载明特别条款,内容为:当船抵达贝鲁特港靠泊卸货时,收货人务必自备足够卡车在码头船边吊杆下接货。否则,承运人有权指示船舶驶离贝鲁特港,把货物选择卸在附近的一个港口,到此承运人的责任全部停止,货物卸岸储存费用和发生的其他一切费用以及风险,均由收货人负责。

When vessel arrived at Beirut and berthed for discharging, receivers/consignees must have sufficient trucks ready on deck to take delivery of cargo under tackle otherwise carriers have the right to instruct the vessel to depart from the port of Beirut and land the cargo at a convenient port whereby Carrier's liabilities shall cease as if the cargo has been landed at Beirut, and Storage as well as other expenses and risks arisen here after shall befor the account of the Receivers or Consignees.

(九) 缅甸

规定货物装缅甸五星公司船只(Burma Five Star Shipping Corp)或其指定者。

(十) 毛里求斯

(1) 来证要求出具联合产地、价值声明发票。

"combined documents with origin & value"或者"invoice with declaration of value"发票应照加此字。

(2) 发票分别列明运费、保费及 FOB 价格,列明管汇号号码。

(3) 如来证规定海关发票,可用 Form B.C.23 或空白格式。海关发票要表示进口管汇号并分列 FOB 值、运费、保费。

(4) 一般有船令条款,对中国船给予很大的方便;挂外国旗的,须有 P&I Club 或有资格船级社(如 Lloyds)签发的有效船级证明。

(5) 领事签证,可由贸促会代替签发。

(6) 来证一般有木材包装条款。

Do not use plant stuff in packing to avoid plant disease.

(十一) 叙利亚

发票上加注下列证明文句:

(1) 证明货物价格正确,是中国生产。

We hereby certify that this invoice is true and correct and that the value shown hereon is the actual selling price of the goods referred and that the goods are of China Origin.

(2) 说明有无中间商在叙利亚,并载明代理商佣金条款。

We declare that for the goods mentioned in this invoice. We are not represented for Syria and that Syria is not induced in the territory of any other agent who would benefit what so ever from any commission on our products exported to Syria.

(十二) 新加坡

(1) 港口条款(PSA Clause)。装货船必须停靠在新加坡港务局码头,有定期现轮,他们才作安排;非定期现轮,只能靠泊浮筒卸货,增加收货人负担。

Shipment from China to Singapore port of Singapore Authority.

（2）商业发票或提单上打出运费金额。

（十三）阿拉伯地区

（1）来证要求发票表明"反对以色列"。

Beneficiary declaration on the invoice that the producing company is a state enterprise and has no relation with Israel whatsoever。

（2）凡在阿拉伯抵制以色列黑名单内的银行，不得议付信用证。

On no condition may a bank listed in the Arab Israel Boycotted Black List be permitted to negotiate this credit.

（3）所有单据内容均不能出现"波斯湾"字样。

The words "Persian Gulf" should not appear in any document.

（4）对产地证文字的规定。一般来说，产地证的文字，应用英文或阿拉伯文表示。由中国贸促会出立的产地证，可不用上述两种文字，但必须在此种产地证后，附上一段用上述两种文字之一表述的译文。

Certificate of Origin in a language other than English or Arabia are acceptable provided they are accompanied by a translation in one of these languages duly counter signed by the China Council for the promotion of International Trade. Any other documents submitted under this credit in languages other than English or Arabic are not acceptable.

（5）船只等级条款。

A certificate from an international classification society, stating that all ship cargo gears are in good order.

（6）船令条款。

Shipment to be effected by regular liner under 25 years of age otherwise the overage porminumm if any to be paid by the beneficiary.

（7）反对以色列条款。

A separate certificate is required from the steamship owners or from the manufacturer/exporters stating as under：

To whom it may concern. We certify that the carrying steamer is allowed by the Arab authorities to call at any Israel port during its trip to Arabian.

（十四）澳大利亚

（1）发票上要显示两段关于享受优惠税的字句，即发展中国家证明条款。

Developing Country Declaration that final process of manufacture of the goods for which special rates are claimed has been performed in China and that not less than one half of the factory or works cost of the goods is represented by the value of the laboror materials or of labor and materials of China and Australia.

（2）出具运费清单。

（3）一般提交Form A产地证；若采用简化产地证，则在产地证上加注上述"发展中国家证明条款"。

(十五) 美国

(1) 一般信用证都规定要出具 Form 5515 海关发票。

(2) 1984 年 4 月 1 日起,输美纺织品要出具的出口许可证/商业发票(Export License/commercial Invoice),代替原来的签证发票。

(3) 来证运输条款中列有 Overland Common Point×××（CCP×××）,即"转口"的意思,可按要求在提单上缮打"OCP×××"字样。

Shipment from China to Sanfrancisco OCP Chicago.

(4) 检验条款一般如下。

Beneficiaries guarantee that merchandise will pass U. S. FDA (Food and Drug Administration) Inspection.

(十六) 加拿大

(1) 加拿大海关发票,不能自加附页,要采用特定页格式。海关发票的各项都应填满。不能填的项,则要打"Nil"或符号。海关发票中的出口国家的市场价格,必须用出口国货币表示。折合外币应低于 FOB 金额。海关发票通常要求 4 张,并加以手签。

Canadian Customs invoice in 4 copies showing the fair market value at time and place of shipment in the currency of the country of export and signed manually.

(2) 如货值超过 CAN $10 000 以上者,海关要求出具 Form B31 及特别出口人声明(Special Exporters Declaration),除填进口商和出口商名称外,第一项填 NO,第五项填制造厂商的名称并须手签。

(十七) 加勒比海共同体

(1) 使用专门加勒比海共同市场海关发票,海关发票左下角 Status(职位)一栏一定要打出,否则,可能遭受拒付。

(2) 如来证币制为美元,在上述发票上所列水脚之处,也应以美元表示。

(十八) 智利

(1) 一般都有进口许可证编号。

(2) 一般要求 9 份商业发票,发票须注明 FOB value,Insurance premium 及 Freight。

(十九) 厄瓜多尔

海关不接受空白抬头的提单。提单一般作成 shipper's 抬头后再加背书。

(二十) 阿根廷

(1) 所有单据均须手签。

(2) 提单要求发货人即出口公司手签和加盖日期。

(3) 发票上一般都显示出西班牙文的证明字句。证明发票所述的一切都是正确的,货价不会更改。

(二十一) 德国

(1) 柏林来证格式,地名打 West Berlin,不可跟 F. R. Germanyo。
(2) 有的来证,规定保险单上要注明"Premium Paid"。

(二十二) 希腊

(1) 希腊商务部于 1984 年 3 月 27 日宣布 EB/1695 号规定希腊进口商在向有关当局申请进口许可证时,须在形式发票上注明进口商品有净重或净吨位、出厂价和 FOB 价;如系 CIF 价,除上述要求外,还须注明运费和保险费,所以,要防止出现出厂价高于出口价的情况。
(2) 纺织品出口。收到信用证后,即通过我方银行,将该批货物的出口许可证号码先电告开证行,待货物装运时再出具许可证。
(3) 信用证一般规定发票上要扣除代理商佣金。
(4) 议付时,一般发通知电,起止日为发电后第三至第四天。

(二十三) 马耳他

发票上要注明信用证规定关于 value 及 origin 的字句,如出海关发票,则可不加。

(二十四) 奥地利

奥地利是中欧内陆国家,一般经德国港口 Hamburg 转运,应注意 Form A 产地证上的进口国名称。一般奥地利当地来证都应打"奥地利",不能按目的港 Hamburg 打"德国"。

(二十五) 英国

对于畜产类商品,须出具兽医证明条款,证明产地国家近 30 里内无口蹄疫。
Veterinary Certificate in duplicate showing that the country was free from foot and mouth desease with a radius of thirty miles.

(二十六) 塞拉利昂

海关发票用 Form C 格式,上面具有印就的供货人名称;如无印就的名称,在商业发票上要注明所附的海关发票,其内容与商业发票完全一致。其字句为:
We hereby declare that commercial invoice is in support of the attached certified invoice No. ××× and that the particulars shown true and correct in every detail.
海关发票背面签字处,要加盖出口公司的公章。

(二十七) 加纳

(1) 使用该国专用海关发票,注明水脚金额,其金额须与提单上所列一致;如提单上不注明水脚,则可另提供船公司所出的水脚清单。
(2) 一般要求出具日内瓦通用鉴定公司(Societe Generale de Surveillance,缩写 OGO)检验证书。出口国若无 SGS 或其代理机构,则商品检验须在货到进口国后,再由 SGS 检验。

(二十八)贝宁

发票上注明"in accordance with Benin customs regulation"并列明 FOB Value 及水脚等费用,再加盖贸促会公章。

(二十九)埃塞俄比亚

要求提供制造厂商发票(Manufacturer's Invoice)。我国一般由公司自行出具,以人民币表示。金额可掌握在按低于 FOB 价格合成人民币后的 4%左右。

(三十)卢旺达

是非洲内陆国家,进口货物都经坦桑尼亚的港口达累斯萨拉姆(Dar Es Salaam)或肯尼亚的港口蒙巴萨(Mombasa)内运。来证一般规定,一张正本提单由出口商寄给港口所在地的报关运输行,以便办理提货与转运手续,成交价为 CFR Dar Es Salaam 或 CFR Mombasa,港口至内陆城市基加利(Kigali)一段运费由买方负担。

(三十一)肯尼亚

所有单据均需标明进口海关编号。
all documents must show SITC Code No. …(SITC 是 statistical 缩写,系进口海关编号)。

(三十二)苏丹

海运提单上需显示证明文句。
It must be mentioned on the B/L terms and conditions that the merchandise should be delivered only aginst presentation of the original B/L and that no Guarantee from any Bank or otherwise is workable．

本章小结

单据是贸易过程中的一系列票据、证书或证明文件的统称。它是国际贸易过程中凭以证明货物品质、规格、重量、装运、保险等众多情况的文件。根据其用途的不同,贸易单据可分为货物单据、运输单据、保险单据和其他单据。单据是履约的证明,单据代表着货物,单据同时又是银行办理国际结算的前提。

货物收据由发票、装箱单、重量单组成。前者是货款价目表,后两者则是货物明细单。

运输单据是国际结算中最重要的基本单据。根据运输方式的不同,运输单据包括由船公司或其代理人签发的海运提单,由铁路部门签发的铁路运单,由航空公司签发的航空运单,由邮局或快递公司签发的邮包收据,由多式运输营运人签发的联合运输单据等等。

保险单据是保险公司承保后,对被保险人出具的承保风险的证明。它是保险契约的证明,也是出险后索赔的依据。海上运输保险单据,一般有保险单、保险凭证、浮动保单和暂保单四类构成。

单据审核是银行对受益人提交的凭以议付、付款的单据的审查。单据的质量关系到能否安全及时收汇。单据审核的依据是国际商会第600号出版物《跟单信用证统一惯例》所规定的条款,以及世界各国的习惯做法和惯例。审单工作须做到"单证一致,单单一致"。为使提交的单据合格与完整,还必须做到"纵横审核"。所谓"纵向审核",是指信用证是各项单据的中心,信用证内容必须是逐字逐句地阅读,不得遗漏,做到"单证一致"。所谓"横向审核",是指发票是其他单据的中心,有关数字与描述必须一致,做到"单单一致"。

基本概念

1. 单据:单据是贸易过程中的一系列票据、证书或证明文件的统称。它是国际贸易过程中凭以证明货物品质、规格、重量、装运、保险等众多情况的文件。

2. 发票:通常意义上的发票即指商业发票,是卖方向买方开立的、凭以向买方收款的发货清单,也是卖方对于一笔交易的全面说明,内容包括商品的规格、价格、数量、金额、包装等。

3. 形式发票:贸易双方在交易未达成前,卖方应买方要求,将拟报价出售的货物的名称、规格、价格条件、单价等开立的一种非正式发票,供买方向其本国输出入管理机构或管汇当局申请进口许可证或批汇之用。它不是凭以结算的依据。

4. 领事发票:它是出口商根据进口商驻在出口国的领事馆制定的固定格式填写,并经领事签章的发票。

5. 海关发票:它是出口商根据进口商的要求填写的、进口商提供的表明商品产地和价值内容的发票。同时作为进口国海关统计和货物估价定税的依据。

6. 制造商发票:它是生产出口商品的厂商开给出口商的、以出口商为抬头人、以当地货物表示的、详述出口商品具体情况的售货发票。主要是便于进口国家掌握所进口的商品在出口地的销售价情况。

7. 装箱单:又称包装单、码单,是说明货物包装内在详细情况的单据,也是商业发票的附属单据。

8. 重量单/体积单:它是出口商签发的用以标明货物重量/体积的单据,也是商业发票的附属单据。

9. 海运提单:它是承运人或其代理人(轮船公司)签发的证明托运的货物已经收到,或装在船上,约定将该项货物运往目的地交提单持有人的物权凭证。

10. 已装船提单:已装船提单是指在同一批货物全部装进船舱或装在舱面后,经承运船舶的大副签收并根据托运人的要求,由承运人、船长或代理公司签发给托运人的运输单据。

11. 备运提单:备运提单是指承运人在收到托运货物后在等待装船期间内,应托运人的要求而出立的提单。

12. 洁净提单:洁净提单是指货运单据上并未添加表明货物或包装有缺陷的附加条文或批注的提单。

13. 保险单:它是承保人对被保险人签发的单独保险单。包括保险契约全部内容,是完整的承保形式。

复习思考题

1. 简述单据的分类。
2. 发票有哪些种类?
3. 海运提单的作用是什么?
4. 备运提单如何转变为已装船提单?
5. 集装箱提单和普通海运提单有何区别?
6. 简述海上损失的种类及海上货物运输险的险别。
7. 审核单据的原则是什么?

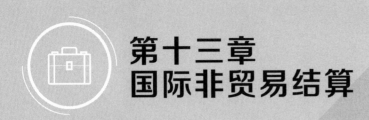

第十三章 国际非贸易结算

> 【学习目标】
> - 了解国际非贸易结算的内容
> - 掌握国际信用卡的特点和流程
> - 掌握旅行支票的特点和流程
> - 掌握国际汇款的分类和流程
> - 了解外币兑换的相关规定

第一节 国际非贸易结算概述

国际非贸易结算是指以货币结算国际进出口贸易货款之外的债权和债务,泛指贸易结算业务以外的一切国际结算业务。国际贸易以外的其他经济活动以及政治、文化等交流活动,例如服务供应、资金调拨和转移、国际借贷等都会引起外汇收付,为了完成这些跨越国境的货币收付,需要进行非贸易结算。通常这些货币的收付是建立在非商品交易基础上的,也称为无形贸易结算。常见的非贸易结算有侨汇、旅游、运输、通信、建筑、保险、金融、咨询、广告等的非贸易结算。

从内容上看,非贸易结算主要包含了以下类别:① 非贸易汇款,包括华侨及外国人等汇入国内的汇款以及国内私人汇出的汇款;② 国际运输收支,包括我国铁路、民航、海运部门、管道运输及跨境专线物流的收入和支出;③ 邮电费收支,包括我国邮电部门和外国邮电部门之间结算彼此邮电费用所产生的外汇收入和支出;④ 银行经营服务收支,包括我国银行经营外汇业务收入,如手续费、邮电费、利息和海外分支机构上缴的利润和经费以及相应业务的外汇支出;⑤ 保险费收支,包括我国保险公司进行国际经营的外汇收入,如保费、分保费和佣金等以及应付的保险佣金和保险赔款支出;⑥ 图书、电影、邮票收支,包括我国图书、电影和集邮等公司进出口图书、影片以及邮票等的收支;⑦ 外轮代理和服务收入,包括外国轮船在我国港口所支付的各项费用以及我国外轮服务公司提供物资和服务的收入;⑧ 旅游外汇收支,包括我国各类旅行社和其他旅游经营部门服务业务的外汇收入和支出;⑨ 机关、企业、团体等的经费收支,包括我国使领馆等汇出的经费和外国驻我国使领馆等汇入的经费,以及其他机构和企业汇出汇入我国的利润;⑩ 调回国外私人资产及馈赠的结算。

本章主要介绍国际信用卡、旅行支票和旅行信用证、国际汇款和外币兑换 4 个方面的内容。

第二节 国际信用卡

一、国际信用卡概述

信用卡是一种重要的结算工具,信用卡结算方式在非贸易结算中具有广泛的应用。

信用卡是由银行或信用卡公司向其客户提供小额消费信贷的一种信用凭证。信用卡用特殊塑料制作,上面凸印有持卡人的卡号、姓名、性别、有效期等,背面有持卡人的预留签字、磁条和银行简单声明。持卡人可凭卡向发卡单位及其附属机构存取款及转账,凭卡在特约商户消费。追溯信用卡的起源,有人认为早至19世纪80年代,英国就出现了信用卡的原型,当时英国服装部门、旅游业部门在它们的商务活动中允许客人使用信用卡进行短期的商业赊借行为,但这个时候的信用卡没有授信额度,也不能长期借款。到了20世纪50年代,美国著名商人、曼哈顿信贷专家弗兰克·麦克纳马拉在他自己的一次尴尬购物遭遇中发现了商机,于是他联合朋友创建了信用卡公司——大来信用卡公司,这种信用卡卡片允许他的持卡人进行记账消费,是典型的商业信用卡。而1952年,美国加利福尼亚州的富兰克林国民银行作为金融机构首先发行了银行信用卡,成为第一家发行信用卡银行。1959年,美国的美洲银行在加利福尼亚州发行了美洲银行卡。此后,许多银行加入了发卡银行的行列。到了20世纪60年代,银行信用卡很快受到社会各界的普遍欢迎,并得到迅速发展,信用卡不仅在美国,而且在英国、日本、加拿大以及欧洲各国也盛行起来。从20世纪70年代开始,中国香港、中国台湾、新加坡、马来西亚等地区也开始办理信用卡业务。20世纪60年代,信用卡在美国、加拿大和英国等欧美发达国家萌芽并迅速发展,经过50多年的发展,信用卡已在全球95%以上的国家得到广泛受理。

20世纪80年代,随着改革开放和市场经济的发展,信用卡作为电子化和现代化的消费金融支付工具开始进入中国,并得到了跨越式的长足发展。如今,世界各地对信用卡的接受程度和使用程度都很高。信用卡已经成为世界范围内跨地区、跨国境使用的一种支付凭证。国际信用卡可以在世界上大部分的国家和地区消费或提取现金,使客户避免了携带现金的烦恼。

根据不同的标准,我们可以把信用卡作以下分类。

(1) 根据发卡机构的不同,信用卡可以分为银行卡(bank card)和非银行卡(non-bank card)。银行发行的信用卡就是银行卡,如万事达卡、维萨卡等;信用卡公司等非银行机构发行的就是非银行卡,如运通卡、大莱卡、JCB卡等。

(2) 根据发卡对象的不同,信用卡可以分为单位卡和个人卡。单位卡和个人卡又可以分为主卡和附属卡。

(3) 根据持卡人的信誉、地位、收入、财产等资信情况的不同,信用卡可分为普通卡、金卡、白金卡和无限卡。

(4) 根据流通范围的不同,信用卡可分为国际卡和地区卡。

(5) 按照信用卡账户币种数目,可以分为单币种信用卡和双币种信用卡。

(6) 按照信用卡结算货币不同,可以分为外币卡和本币卡。

(7) 按照信用卡信息存储媒介划分,可以分为磁条卡和芯片卡。

本节主要介绍国际卡。

二、世界主要信用卡机构

从 20 世纪 60 年代后期开始,电子信息技术兴起、金融业务也不断创新,"VISA""万事达"等区域性的银行卡联盟开始出现,它们专业经营信用卡网络,不仅把信用卡网络扩展到美国全境,而且凭借着美国作为超级大国的地位,伴随着美国文化、经济力量在全球扩张的势头,也把"VISA""万事达"发展成为了世界前两大银行信用卡品牌。目前在国际上主要有维萨卡国际组织(VISA International)及万事达卡国际组织(MasterCard International)两大组织及美国运通国际股份有限公司(America Express)、大莱信用卡有限公司(Diners Club)、JCB 信用卡公司(JCB)3 家专业信用卡公司。在各地区还有一些地区性的信用卡组织,如欧洲的 EUROPAY 和我国的银联等。

信用卡组织的作用是:建议和运营全球或区域统一的支付卡信息交换网络,负责支付卡和交易的信息转换和资金清算,负责经营和管理卡组织自身的标识和品牌,制定并推行支付卡跨行交易业务规范和技术标准。

(一) 维萨卡国际组织

维萨卡国际组织是目前世界上最大的信用卡和旅行支票组织,其前身是 1900 年成立的美洲银行信用卡公司。1974 年,美洲银行信用卡公司与西方国家的一些商业银行合作,成立了国际信用卡服务公司,并于 1977 年正式改为国际组织,成为全球性的信用卡联合组织。维萨卡无论是发卡数量还是交易额都居世界首位。维萨卡(VISA)国际组织拥有 VISA、ELECTRON、INTERLINK、PLUS 及 VISA CASH 等品牌商标。

(二) 万事达卡国际组织

万事达卡国际组织是全球第二大信用卡国际组织,管理总部设在美国纽约,总处理中心设在圣路易斯市。1966 年美国加州的一些银行成立了银行卡协会(Interbank Card Association),并于 1970 年启用 Master Charge 的名称及标志,统一了各会员银行发行的信用卡名称和设计,1978 年再次更名为现在的 MasterCard。万事达卡国际组织拥有 MasterCard、Maestro、Mondex、Cirrus 等品牌商标。万事达卡国际组织本身并不直接发卡,MasterCard 品牌的信用卡是由参加万事达卡国际组织的金融机构会员发行的。万事达卡国际组织于 1988 年进入中国,目前国内主要商业银行都是其会员。

(三) 美国运通公司(American Express)

美国运通公司是目前美国最大的信用卡公司之一。该公司建立于 1850 年,初始业务主要是以旅游为中心的相关业务,1946 年介入信用卡领域,1958 年开始发行运通卡。运通以"信任、安全和服务"为品牌精神,服务网络遍及全球 130 多个国家和地区,是深受全球消费者和各类商务客户青睐的金融支付品牌。经过多年的发展,它已成为世界最大的一家独立经营信用卡业务的公司。美国运通公司的总部设在纽约,信用卡总处理中心在盐湖城。

(四) JCB 信用卡公司

JCB 是目前日本最大的信用卡公司。1961 年日本信用卡株式会社作为日本第一家专门的信用卡公司宣告成立。在其后 40 多年时间里,一直作为日本最大的信用卡公司发展至今。JCB 始终是日本信用卡行业的开路先锋,是该行业首屈一指的品牌。JCB 在世界各国积极地推进 JCB 卡的发行。从 1981 年开始,JCB 以开创世界通用的 JCB 信用卡为目标,推进发展。JCB 始终坚持通过 JCB 卡的拓展,将能够满足所有会员需求的高质量及高附加值服务向全世界普及。目前,JCB 已经通行于世界 190 个国家和地区,更在海外设有大概 30 个分支机构和代理机构,全世界业务协作机构的数量已经扩大到 350 家以上。JCB 是日本信用卡行业的开路先锋,是该行业首屈一指的品牌。JCB 已在全球 190 多个国家和地区发行流通。

(五) 大莱信用卡公司(Diners Club International)

大莱信用卡公司创始于 1950 年,是世界上最大也是最早的信用卡公司之一,总部设在美国芝加哥市。根据业务发展的需要,大莱信用卡公司将全球分为五大业务区:亚太区、北美区、南美区、欧洲区和非洲区。中国于 1983 年开始办理大莱信用卡业务。

(六) 中国银联(China UnionPay)

中国银联成立于 2002 年 3 月,是经国务院同意,中国人民银行批准设立的中国银行卡联合组织,总部设于上海。截至 2019 年 9 月,中国银联已成为全球发卡量最大的卡组织,发行近 80 亿张银行卡。中国银联积极联合商业银行等产业各方推广统一的银联卡标准规范,创建银行卡自主品牌;推动银行卡的发展和应用;维护银行卡受理市场秩序,防范银行卡风险。银联卡除了"内卡外用",成为中国旅客出境的首选支付工具,还发展成为了境外居民喜爱的支付工具,为越来越多境外居民提供安全、便利的支付服务。例如,在我国香港地区,新增银联信用卡数量在所有品牌信用卡中的占比超过 50%,存量及新增借记卡占比超过 90%。境外 25 个市场 38 个旅游城市完成了无障碍受理市场建设,境外 55 个国家和地区累计发行银联卡突破 1.2 亿。截至 2019 年 9 月,银联网络遍布中国城乡,并已延伸至亚洲、欧洲、美洲、大洋洲、非洲等境外 174 个国家和地区。中国银联通过银联跨行交易清算系统,实现商业银行系统间的互联互通和资源共享,保证银行卡跨行、跨地区和跨境的使用。中国银联已经成为中国金融在全球市场的一张重量级名片,实现了从服务国人到走向世界的品质飞跃。

据数据显示,Visa 在全球市场的占有率高达 54%。Visa 的发卡量要远高于万事达、美国运通、JCB、Discover 的发卡数之和,约为万事达的 1.9 倍,美国运通的 30 倍左右。同时,Visa 在卡费支付额、总消费额、交易笔数上都要超过万事达、美国运通、JCB 和 Discover 的总和。万事达是 Visa 在科技支付市场上最强有力的竞争对手。根据 2017 年的数据显示,Visa 与万事达共占据了全球 80% 的科技支付市场。但是不论是从体量上,还是盈利能力上,Visa 都优势明显。

需要注意的是,按照 2018 年发布的《关于明确单标识外币信用卡使用范围的公告》要求,银行发行的 VISA、万事达、JCB、美国运通等单标识外币信用卡使用范围明确如下:仅限中国境外及中国港澳台地区使用。国内使用的银行卡必须要有银联标识。根据《银行卡业务管理办法》第三十三条，除国家外汇管理局指定的范围和区域外，外币卡原则上不得在境内办理外币计价结算。可见，万事达、维萨、JCB 发行的信用卡虽然可以在国内使用，但是会受到限制，必须在支持各自卡组织对应标志的刷卡机具的场所才可以消费。以万事达信用卡为例，在国内消费的前提条件是必须找到带有万事达标志的刷卡器具。简单地说，万事达卡只能在拥有万事达标识的 POS 机的商户消费，比如只有在星巴克和四星以上酒店或者是外国连锁超市可能有，其他的场所是没有的，所以在中国国内使用万事达卡并没有那么方便。

其实，从 20 世纪 90 年代开始，海外信用卡品牌万事达卡、VISA 等都曾试图从各种渠道落地中国，但核心的结算业务一直未能在内地市场落地。但 2001 年加入 WTO 之后，海外信用卡入华正式踏上议程。如今经过 20 多年的快速稳步发展，国内的金融环境也更为安全和透明，中国内地市场开始对海外信用卡落地直接使用加大了开放。2017 年 7 月，万事达卡、VISA 和美国运通向中国人民银行和中国银监会提交银行卡清算资质申请。2018 年，万事达卡和 VISA 分别在 6 月和 1 月撤回申请；VISA 同年 4 月再提交申请但仍需要补交材料；11 月，美国运通获批，然后与连连数字科技有限公司合资建立了连通（杭州）技术服务有限公司，开始筹建清算机构、运营美国运通品牌。在杭州连通公司中，美国运通旗下的 American Express Travel Related Services Company, Inc. 和 American Express Marketing & Development Corp. 分别占股 49%、1%。2019 年 3 月 8 日新闻报道了万事达卡与网联合资成立大陆境内人民币结算公司，万事达卡在合资公司万事网联信息技术（北京）有限公司中持股高达 51%，相比美国运通的 50% 多了 1%，但小小的 1% 见证了新历史的开端——万事达成为了合资公司的大股东、突破了过往金融行业外资持股不超过 50% 的限制，也宣告了国外信用卡金融企业正式落地大陆。万事达卡此次落地中国，相信对国内的旅游业是一次极大的提升，将能明显促进内地消费服务水平。

三、信用卡的要素

（一）基本当事人

(1) 发卡行：发行信用卡的银行或机构。
(2) 持卡人：持有信用卡的客户。
(3) 特约商户：特约单位。与发卡行（或代办行）签订协议，受理持卡人使用指定的信用卡进行购物或支付费用的服务性质单位。
(4) 代办行：受发卡行的委托，负责某一地区内特约商户结算工作的银行。

（二）免息期

从银行记账日（也称账单日）至发卡银行规定的到期还款日之间为免息还款期。信用卡在用于透支消费等非现金交易（即直接用卡支付或网上转账，而不是提取现金）时，享有 20—50 天（有的是 25—56 天）的免息期待遇，即在规定的到期还款日之前全额归还欠款，将免收利息。如果没能全额还款，则银行需要收取所有未偿还的透支利息，而且还要罚息。按照中国人民银行规定，信用卡的透支利息是每日万分之五。罚息的标准一般是 5 元，有的收 10

元。此外,透支现金不享有免息待遇。

(三) 循环信用

每张信用卡都有一个信用额度,是银行授予持卡人的最高可透支限额。随着卡的透支使用,信用额度做相应的递减;随着欠款的归还,卡的信用额度也做相应的恢复。

(四) 最低还款额

信用卡产生透支而在到期还款日时无力全额偿还欠款,则可偿还最低还款额,通常为透支额的10%,设有最低标准。最低还款额的标准会在信用卡的对账单上标明。最低还款额的概念等于是在向银行表明您并非恶意透支而不想归还欠款,只是暂时没有偿还能力而已。偿还最低还款额将无损于个人信用。没有全额偿还欠款则不享有免息期待遇,如果在到期还款日之前没偿还最低还款额,会被银行罚息。

(五) 约定还款

信用卡可以指定一个储蓄账户作为约定还款账户,银行会在到期还款日之前自动从约定还款账户内扣款来归还信用卡的欠款。约定还款账户可以是同一银行的活期储蓄存折、借记卡或准贷记卡。只要约定还款账户内保留有足够的余额来归还信用卡欠款,则可以保证充分享有信用卡的免息待遇。

四、信用卡的流通和使用

(一) 信用卡消费

持卡人去特约商户消费时,其经办人员需要对信用卡进行仔细审核。审核无误后经办人员填写一式四联的签购单,并将信用卡相应信息压印在签购单上。核对持卡人签字和信用卡预留签字相符后,经办人员把信用卡连同签购单的第一联交还持卡人。特约商户汇总当日(或一周)多笔签购单作一笔总计单一式三联,然后编制进账单并将签购单和总计单的相应联次送交当地代办行向其索款。

代办行收到特约商户送来的信用卡单据后,认真审查以下内容:进账单和总计单填写的内容是否正确、齐全;进账单和总计单净金额是否相符,手续费是否计算正确;签购单的内容、联次是否齐全、有效等。审查无误后,代办行从发卡行在代办行开设的备用金账户取款,扣除相应的手续费后将净款支付给特约商户。然后代办行根据总计单编制信用卡备用金账户借记报单一式两联,将其中一联连同总计单的"发卡行存根联"和签购单的"发卡行存根联"寄送国外发卡行。发卡行按总计单金额汇款存入备用金账户并向持卡人收取相应的款项。

(二) 信用卡取现

当持卡人到代办行凭信用卡提取现金时,代办行应认真审查:① 信用卡的真伪,包括检查防伪标识、名称和图案等是否与规定相符;② 该卡是否属于已委托代办的信用卡;③ 该信用卡的卡号是否被列入委托行通知的"注销名单";④ 该信用卡是否在有效期内;⑤ 持卡人要求提取的现金是否在用款限额之内;⑥ 持卡人的护照或身份证姓名是否与信用卡姓名一致。审查无误后,经办人员用压印机将信用卡正面凸出的内容压在一式三联的专用取现单上,并且按照持卡人所需金额加上相应的手续费填写在取现单有关栏内,交持卡人当面签字。如果持卡人签字和信用卡预留签字相符,经办人员即把金额支付给持卡人,并且把信用卡连同取现单的"持卡人存根联"交还持卡人。如果持卡人要求支取的现金超过了最高用款限额,代办行必须先用电传与委托行联系,取得授权后方可办理兑付。兑付时将委托行批复的号码填入取现单,联系中发生的费用可向委托行算收。代办行将每天所有的取款单金额总计起来,与国外发卡行进行清算。

(三) 信用卡挂失、补办和注销

遗失信用卡后,持卡人可以及时通过银行的客户服务专线口头挂失,然后向银行办理正式书面挂失手续,并支付相应的挂失手续费。持卡人首先应该填写"信用卡挂失申请书",写明持卡人姓名、信用卡种类、信用卡号码、信用卡有效期以及持卡人的护照或身份证号码等并签字。代办行立即将持卡人的姓名、信用卡号码等以电报或电传通知委托行办理挂失支付,并及时通知各代办行和特约商户停止受理挂失的信用卡,并且将"信用卡挂失申请书"寄送委托行。持卡人在挂失的同时可以申请换卡。若持卡人不需用卡,可以持本人卡片、身份证件至银行办理注销手续。

五、信用卡风险及其管控

信用卡的起源与发展历程及信用卡在全球的使用情况来看,信用卡广泛使用于零售业务和各种服务行业中。在我国,多家银行提出"大零售"战略,积极拓展消费金融业务,信用卡是其中的重要组成部分。2016年以来,国内大部分商业银行信用卡的交易额的同比增速都在持续上涨,银行通过多方措施提升持卡人的用卡活跃程度,信用卡非利息收入中的消费回佣收入对银行信用卡收入的贡献越来越大。此项收入贡献越大,则表明银行客户的黏性、忠诚度、活性越好,银行的盈利能力更为稳健。国际上信用卡业务按收入结构大体可分为两类:一类是以利息收入为主;另一类是以回佣收入为主。提升利息收入需要持续探索客户精细化、差异化管理,依托大数据建模等技术实现灵活分层定价;提升回佣收入则需要深耕客户经营,打造消费生态。要保持银行信用卡业务的良性发展,就必须保障信用卡业务收入稳定增长,而这首先又要取决于信用卡风险的防范和规避。

信用卡风险是指在信用卡业务中,由于不确定因素的影响,使信用卡业务的预期收益与实际收益产生偏差,这种偏差一般包括:实际收益为负;实际收益为正,但低于预期收益;实际收益高于预期收益。信用卡的风险有4类:持卡人信用风险、信用卡诈骗风险、信用卡收单风险、信用卡操作风险。信用卡风险具有涉及面广、风险发生的方式多样化两大特点。

信用卡是一种大众支付工具,经济收入符合一定条件的社会各界人士均可申请领取信用卡。持卡人数量多,风险发生的可能性就越大。信用卡流通范围广。信用卡不仅可以在本地区使用,还可以跨地区使用。随着流通范围的扩大,风险涉及的范围也相应增大。流通环节多。用信用卡结算涉及发卡机构、代理行、取现网点、特约商户、特约商户开户银行等部门,任何一个环节出现问题,都有可能给信用卡业务带来风险。信用卡在管理机构和流通过程中产生风险的方式是多样的。例如,发卡机构对客户资信状况审核不严;对持卡人透支控制不及时;止付处理不迅速;特约商户没有严格按照操作办理,收卡时不核对止付名单、不核对居民身份证、超限额不经授权等，都可能导致风险的产生。不法分子利用信用卡进行透支倒账、冒用诈骗。如，伪造身份证明、谎报经济状况骗取信用卡；冒用他人丢失的信用卡进行诈骗；与商户或取现点的不法分子合谋，用假信用卡进行诈骗；制造假信用卡等。

加强信用卡的持卡人风险控制与管理，信用卡发卡机构应严格审核申请人的资料，做好对持卡人的安全用卡宣传教育。信用卡发卡机构应对申请人的资料进行严格的资信审核，尤其要通过多种方式核实申请人资料的真实性。对于发卡营销外包服务商或单位批量提交的申请资料，发卡机构应加大资信审核力度。发卡机构要根据申请人的资信状况，严格审批信用额度，加强发卡源头的风险控制。信用卡发卡机构应慎重选择发卡营销外包服务商，并严格约束与发卡营销外包服务商之间的外包关系。发卡机构一旦发现信用卡申请材料属于未与其签订发卡营销外包协议的中介公司递交的，不得受理相关业务。对于代领卡、邮寄卡等非本人领卡的卡片发放方式，发卡机构应通过制定风险防控措施等相关业务规则防范业务风险。发卡机构应加强对持卡人用卡情况的监控，对于已确认存在套现行为的信用卡持卡人，有权采取降低授信额度、止付等措施。发卡机构发现不法中介、个人骗领信用卡或违规使用信用卡的，应立即与工商、公安等有关部门进行沟通协调，并协助有关部门对其进行打击和处理。发卡机构应对公众加强有关信用卡知识的宣传教育和普及工作，使公众了解信用卡申请和使用的基本常识，提高风险防范意识，增强诚信观念。

信用卡欺诈风险是指非真实持卡人通过制作假卡、盗用他人名义等各种方式盗用他人资金或信用额度，或者对本人的用卡行为进行抵赖。根据信用卡欺诈的手段不同，我们可以将信用卡欺诈风险分为以下4种类别：① 丢失、被盗卡带来的信用卡欺诈风险。客户的信用卡和身份证明被不法分子以非法途径取得后，在此卡进入止付名单之前，进行授权额以下的消费，给发卡机构、商户和持卡人带来损失的可能性。② 仿冒已有的信用卡进行欺诈的风险。专门犯罪集团依照发卡机构信用卡样板及有关数据，制作假卡，并且利用这种假卡进行消费或提取现金。③ 恶意透支。合法的持卡人利用发卡机构提供的短期限额消费信贷业务，采用限额下连续购货或取现的方式，恶意造成超越限额的巨额透支，并超期拒不偿还。④ 商户欺诈。是指不良商户与持卡人或者不法分子勾结，骗取发卡机构信用的行为。

为防范和管理信用卡的欺诈风险，银行或信用卡公司必须确定与风险承受能力相适应的风险管理策略；设置独立的、专职的欺诈部门风险管理人员；建立交易监控体系对欺诈交易警报及时回应；积极配合司法机关工作、大力打击银行卡犯罪；实现欺诈风险信息共享；加强跨行交易数据的安全管理；在软硬件上落实和提高银行卡安全防范措施；建立商户收银员培训和持证上岗制度；加快银行卡相关法律制度的修订。

信用卡的操作风险包括市场营销、信贷审批程序、制作、行政支持、客户服务、收款等环节，操作风险的起因既包括内在组织权限不清、审核不严、守则不尽，也包括外在客户的有账不管、管不及时、讨债不力和防冒不力、法令不严。

对于信用卡操作风险的管控和防范，主要是银行和信用卡公司要建立起信用卡操作风险管理框架，一个良好的风险管理框架有利于发卡机构识别、衡量信用卡操作风险，并且减少操作风险可能带来的损失。

中国经济信息社2020年7月在上海发布了《中国信用卡消费金融报告》，报告认为，目前消费金融市场参与者众多，行业结构趋于融合，其中银行信用卡业务是成熟的消费金融模式，是消费金融的"主力军"。中国信用卡行业的发展已从高速发展期进入到高质量发展期，并且更加注重稳健发展的理念,持续健全风控管理。信用卡在我国已经经历了从准贷记卡到贷记卡的转变,其作为小额信贷工具的本质不仅早已恢复,而且随着网络技术的发展、电脑及移动终端的普及,信用卡的使用更加普遍,信用卡在快速兴盛起来的电子商务中作为消费金融工具、小额信贷工具的功能发挥得越来越充分。可以说,信用卡的使用场所越来越广泛、使用的人群越来越大众化、使用的频率越来越高,信用卡给人们生活带来了巨大的便利;同时,信用卡的诈骗手段也日益复杂、信用卡诈骗案层出不穷,必须要严厉打击信用卡诈骗行为。信用卡诈骗罪是指使用伪造、骗领、作废的信用卡,或者冒用他人信用卡,或者利用信用卡恶意透支,诈骗公私财物,数额较大的行为,均可构成信用卡诈骗罪。需要强调的是,冒用他人信用卡的行为,主要包括以下四种,拾得他人信用卡并使用;骗取他人信用卡并使用;窃取、收买、骗取或者以其他非法方式获取他人信用卡信息资料,并通过互联网、通信终端等使用;其他冒用他人信用卡的情形。

信用卡已经成为消费金融的主力军,而且当今世界的消费者跨境消费已经非常普遍,所以发行信用卡的世界各地银行都把严格控制和严厉查处信用卡消费中的恶意透支行为作为了一件非常重要的风控工作。信用卡消费中属于恶意透支的 6 种行为:① 肆意挥霍信用额度,无法归还的行为;② 消费后逃匿、改变联系方式、逃避银行催收的行为;③ 抽逃转移资金、隐匿财产、逃避还款的;④ 其他非法占有资金,拒不归还的行为;⑤ 使用信用资金进行违法犯罪活动的行为;⑥ 明知还款能力不足而大量透支导致无法归还的行为。在我国,信用卡恶意透支需要承担的后果有:① 逾期利息。信用卡消费一般有 20—50 天的免息还款期,未在规定期限内还清消费欠款,那么上月的所有消费费用不再享受免息待遇,且循环日息高达万分之五,即年利率百分之十八。② 不良信用。信用卡逾期会被记录在央行个人征信系统里,并全国联网,逾期个人不管在哪家银行申请借贷业务时,机构都会查询个人信用状况,从而影响办理相关业务。③ 刑事诉讼。如透支消费两个月后仍未还清欠款,机构会进行电话通知用户还款;如还不还款,机构就会请律师向用户发出律师函;最后还是不还款者,机构进行报案处理,涉嫌构成信用卡诈骗罪。④ 滞纳金。即持卡人在到期还款日未进行还款或金额不足最低还款额时,按规定需支付发卡行一定费用。

第三节 旅行支票和旅行信用证

一、旅行支票概述

旅行支票是银行或旅游公司为方便旅行者安全携带和使用而发行的一种定额支票,专供旅行者在途中购买物品、支付旅途费用。2009 年 12 月,国家外汇管理局发布了《关于外币旅行支票代售管理等有关问题的通知》,对"外币旅行支票"做出明确界定,即境内商业银行代售的、由境外银行或专门金融机构印制、以发行机构作为最终付款人、以可自由兑换货币作为计价结算货币、有固定面额的票据。同时明确了外币旅行支票的代售对象和原则性用途。代售对象可以是境内机构、驻华机构,也可以是境内的居民个人或非居民个人。银行代售的外币旅行支票原则上应限于境外旅游、朝觐、探亲会亲、境外就医、留学等非贸易项下的对外支付,不得用于贸易项下或资本项下的对外支付。

由于旅行支票没有指定的付款地点,一般也没有日期限制,可以在全世界大部分地区使用,因此深得旅行者的欢迎,在国际旅游业中使用相当普遍。随着金融业和旅游业的发展,旅行支票被中外人士广泛接受,并成为国际旅游和商务活动中广为使用的一种有价票据。兑换旅行支票业务也成为银行发展中间业务增加收益的重要组成部分。与之相应,如何在收兑旅行支票工作中既快捷热忱地为客户服务,又有效防范业务风险、保障资金安全问题已日益引起银行业的广泛关注。

1891年4月25日,美国运通公司发行了全球第一张旅行支票。目前,全球通行的旅行支票品种有美国运通(AMERICAN EXPRESS)、VISA以及通济隆、MASTERCARD、花旗等品牌,而印有中行字样的上述旅行支票能够在世界各地800余家旅行支票代兑行兑换,或在各国的大商铺和宾馆饭店直接使用。其中美国运通旅行支票在中国大陆2 000多家银行营业网点可以买到,合作银行包括农行、工行、中行、建行、光大、中信、交通等银行,建议使用者购买前先做电话查询。

旅行支票在性质和使用方式上具有以下特点。

1. 面额固定

旅行支票是一种固定面额的支票,购买者可以根据自己的需要来选择购买。表13-1是美国运通公司提供的几种不同面额的旅行支票。

表13-1 美国运通公司提供的各种币别和面额的旅行支票

币 别	面 额					
美 元	20	50	100	—	500	1 000
欧 元	—	50	100	200	500	—
港 币	20	50	100	200	—	—
加拿大元	20	50	100	—	500	—
日 元	—	—	10 000	20 000	50 000	—
英 镑	20	50	100	200	500	—

2. 兑取方便

旅行支票一般不受时间和地区的限制,世界各地广泛接受。发行机构为了扩大旅行支票的流通,往往在世界各大城市和旅游地特约许多代兑机构,持票人携带旅行支票,不但可在发行机构的代理行兑取票款,而且可以在酒店、餐厅、商场、学校等场所消费完成付账或购物,并且无需支付任何费用。旅行支票在美国可以完全等同现金使用,甚至可以买一份报纸。

3. 携带便利,使用安全有保障

旅行支票在购买时需在发行银行柜台预留签字,使用时需要复签,兑付行只有在两者一致的情况下才可付款。因此旅行支票不慎遗失或被窃,购买了旅行支票的正当持票人可办理挂失、理赔和紧急补偿。旅行支票不易被冒领,办理退款或补发新的旅行支票都是比较简便的,对出国旅行的人来说远比携带现金安全。

4. 无使用期限

旅行支票永久有效,一次购买后未使用完毕,还可留待下次出境使用。普通支票只有先在银行存款才能开出支票,而旅行支票是用现金购买的,类似银行汇票,可以说它是一种特殊的汇票,即它的汇款人同时也是收款人。

5. 收费合理,轻松享受便利和安全保障

由于发行旅行支票,银行或旅行公司要收取手续费,占用了旅行支票购买者的资金却不用付息,有利可图,所以,各银行和旅行社竞相发行旅行支票。而旅行支票在境外消费的便利性又让使用者轻松享受便利和安全保障,例如遇有意外时,旅行支票的购买人可申请旅行支票发行机构提供的医疗等紧急援助服务,因此旅行支票现在大受欢迎。

二、旅行支票的代售

旅行支票的代售是指银行代旅行支票发行机构出售旅行支票的业务。代售行向客户收取款项后,将旅行支票出售给客户,同时将款项付给旅行支票发行机构。

旅行支票的签发机构往往在世界各地都有代售机构,我国的大部分银行都办理代售旅行支票业务。国内单位或个人购买旅行支票,代售行一般按购买金额的 1‰ 收取手续费(购买面值 3 万美元以上,手续费按 5‰ 计收)记入本行中间业务收入账户。银行旅行支票代售服务的对象既可以是个人客户也可以是公司客户。我国银行目前出售的旅行支票币种主要为美元、日元、欧元、瑞士法郎、英镑和加拿大元等。

代售旅行支票时,银行一般对购买者有如下要求。

(1) 提供护照和有效签证。

(2) 缴交购买旅行支票所需的外汇款项和手续费。

(3) 填写一份购买合约,填写其姓名、护照号码、地址,并签名。

(4) 当面在旅行支票初签位置上签名。为了确保购买旅行支票者的资金安全,购买时须当面在旅行支票初签位置上签名,且切勿在兑付前复签。

三、旅行支票的使用

旅行支票属于一种有价证券,在兑付的过程中,银行既要谨慎处理以防范风险,又要保障持票人的正当权益。我国银行目前兑付的旅行支票主要是 VISA、MASTER、CITICORP 和国际运通等旅行支票。持票人可在我国大部分银行的任一支行或网点要求兑付旅行支票。

银行办理旅行支票兑付时的注意事项如下。

(1) 兑换旅行支票时,请客户必须出示本人护照并复印(如有必要请客户出示购买协议并复印),旅行支票必须由旅行支票持票人持本人护照办理兑换业务,不接受代他人或委托他人办理兑换。

(2) 要认真识别旅行支票的真伪及票面、币种、面额和有无初签、发行机构、查验旅行支票是否真实完整且无涂改、拼贴、挖补的痕迹,核对是否属于收兑范围及挂失、止付号码,遇有疑问时,立即与旅行支票的发行机构联系,按其指示处理。

（3）初签、复签必须相符。

（4）要求持票人本人在旅行支票复签位置上当面复签，核对复签与初签相符后即可兑付。当面复签是指工作人员的视线要完整地看到持票人在复签位置上，用笔画出线条或文字。

（5）每人、每次兑换额最高位等值 10 000 美元（不含），超过此限额到银行办理。

（6）兑换旅行支票时，无论兑换面额大小和兑换金额多少，必须与该旅行支票的发行机构咨询。

（7）兑换旅行支票时，必须影印持票人的护照备查。

（8）不得兑付在转让栏签字的旅行支票，复签与初签不相符的旅行支票，旅行支票无初签及无复签的旅行支票、电子识别码受损的旅行支票，无法清晰辨别币种、面额、号码、发行机构名称和图案的旅行支票。

（9）不得兑付票面打孔及剪角的旅行支票。

（10）不得兑付票面上印有："VOID"或"SPECIMEN"字样的旅行支票。

（11）银行兑付旅行支票时，一般按收兑旅行支票票面的总计金额扣收 7.5‰贴息（日元扣贴息后角分，只舍不进）。

（12）发现有疑问或非正常的旅行支票，一定要当即向客户说明并当着客户的面，在客户所填写的"外汇兑换水单"上登记旅行支票的发行机构名称、币种、面额、号码，立即联系旅行支票发行机构，按旅行支票发行机构指示办理。

（13）旅行支票兑入后必须立即在旅行支票的对角线位置上，左低右高，英文字母和数字序号不得倒置，使用蓝色水性印油，加盖清晰的旅行支票划线章。

凡有下列情况之一者，银行一般不予办理兑付：没有初签的旅行支票，转让的旅行支票，规定有有效期但已逾期的旅行支票，限制在英镑区、法郎区或其他有限制兑付条款的旅行支票。兑付行买入旅行支票后，应该及时向境外银行办理托收。在托收委托书上，兑付行应详细列明旅行支票的付款行行名、面额、张数、起讫号码并加计总金额。

旅行支票购买者使用旅行支票时的常见应注意事项包括以下 3 点。

（1）在使用旅行支票时除非兑换、消费或转让旅行支票，否则不要在旅行支票上复签；

（2）购买旅行支票者所持的护照、购买合约最好与旅行支票分开保管，方便在旅行支票万一丢失后办理挂失补偿手续；

（3）如遇填写错误、潮湿霉腐、破损残缺，旅行支票购买者可到银行填写注销证明书，注销该旅行支票。

四、旅行支票的挂失和补偿

旅行支票一旦遗失或被窃，购买者可立即通过旅行支票发行机构设在世界各大城市的 24 小时服务电话与其补偿中心取得联系，通知被窃的支票号码、金额及有关情况。然后，购买者应按补偿中心的指引到就近的代售行办理挂失手续，填写旅行支票挂失表格。购买者向代售行提供原购买合约与身份证件，经代售行核对无误，并向补偿中心取得授权后，即可获取新的购买合约和新的旅行支票。

但是下列情况不能办理补偿：购买者无法提供原购买合约，申请超过限额，遗失的支票未初签或支票在遗失前已复签。

五、电子旅行支票

电子支票是网络银行常用的一种电子支付工具,电子支票与纸质支票一样是用于支付的一种合法方式。电子支票是纸质支票的电子替代物,它与纸质支票一样是用于支付的一种合法方式,它使用数字签名和自动验证技术来确定其合法性。使用时,电脑屏幕上显示出来的电子支票样子十分像纸质支票,填写方式也相同,支票上除了必需的收款人姓名、账号、金额和日期外,还隐含了加密信息。电子支票通过电子函件直接发送给收款方,收款人从电子邮箱中取出电子支票,并用电子签名签署收到的证实信息,再通过电子函件将电子支票送到银行,把款项存入自己的账户。电子旅行支票是集储值、消费、折扣等多功能于一体的国际旅行支票。旅行支票能电子化实现自动退税的功能,能免去消费者临上飞机前匆忙填写退税单排队审核的麻烦。电子旅行支票在欧美很多国家消费没有手续费,取现也只是每笔扣 2 美元。相比于信用卡至境外取现的手续费大概在 3%,而且从取现那天起还要支付大概 0.5‰ 的利息,使用电子旅行支票在境外消费和支付既便捷还很实惠。

目前,大型银行都发行了电子旅行支票。信用卡或现金在境外支付都有局限性,电子旅行支票的出现屏蔽了这些局限。电子旅行支票购买的手续便捷。通常来说,申请信用卡一般需要一周到两周的时间,而电子旅行支票只需要到指定的代理网点申请办理就可以开通,存入资金后即可使用。电子旅行支票的额度较高。如运通的电子旅行支票最高可存入的资金为 15 000 美元,通济隆电子旅行支票最高可存入 50 000 美元。一般来说,高于普通信用卡支持的支付额度。特别是在海外支付学费、购买奢侈品等,额度较高的电子旅行支票使用起来更加方便。而且,电子旅行支票与银行账户不挂钩,主要采用 PIN 码来进行信息的确认。

电子旅行支票在使用时,也拥有较为妥善的安全保护机制。如在电子旅行支票的申领时,除了主卡外,你还可以免费申请一张备用卡。备用卡拥有不同的卡号,在你的卡片遗失或是被盗后,可以通过电子旅行支票机构的服务电话冻结主卡,并激活备用卡来进行使用。此外,使用者还可以通过紧急补发或是紧急援助来获得临时的资金支持,暂时解决在境外的资金使用问题。与信用卡提供紧急补发、紧急现金支援还需要另外收取服务费用所不同的是,电子旅行支票的紧急服务均是免费的。

电子旅行支票类似于充值预付卡,在国内充值后可用于在境外消费与提现,更实现了以前支付手段中缺失的大额消费需求。电子旅行支票可以在中国境外的自动提款机或商户使用,支持境外网站网上购物。

总的来说,旅行支票具有现金良好的流动性,永久有效且无使用时间限制,几乎和现钞一样方便好用,却没有现钞遗失、遭窃的后顾之忧。旅行支票的使用不像信用卡那样受到通信状况的制约。虽然信用卡的用卡环境不断改善,但其对系统的依赖程度仍然很高,尤其是在那些通信设施不发达的地区和国家,会出现信用卡刷不出的不便。旅行支票具有多币种选择,避免了兑换产生的汇率损失。现在市面上的国际卡大多是以美元为结算货币。例如,你用国际卡在欧洲消费,虽然不需手续费,但由于美元和欧元的汇率多变,而由差价造成的实际损失也相当可观。可使用欧元的旅行支票便无这样的烦恼了。而且,与信用卡取现高昂的手续费相比,旅行支票的购买和使用手续费低廉。因此,旅行支票已成为国际结算中非常重要的工具和常见方式。

案例 13-1

案情：

2000年12月25日，A市甲公司财务人员到乙银行A分行营业部要求兑付9张支票，每张支票都是价值1 000美元的由美国运通公司发行的旅行支票。该银行业务人员审核后发现，这些旅行支票与运通公司的票样相比，支票的印刷粗糙，估计是彩色复印机所制；票面金额、徽标等没有凹凸感；复签底线也非由小字母组成，而是一条直线，估计是复印机无法分辨原票样的细微字母；票面在紫光灯光下泛白色，没有水印。经仔细查询审核，该行确认这些旅行支票为伪造票据，予以没收。

经查，这些伪造的旅行支票是境外的丙公司出具给甲公司抵债用的，甲公司准备兑付后还贷款。

分析：

旅行支票在发达国家使用早，如今在全世界各地的接受度也很高。它没有使用期限，中间有"凭票祈付栏"，从而可以转让给第三者，所以旅行支票可以成为付款和清偿债权、债务的一个工具。但是旅行支票的使用也存在着风险，通常有柜台风险、伪造风险、票面风险、挂失风险、在途风险等。本案例中，银行的业务人员负责仔细，没有兑付这9张伪造的旅行支票，避免了蒙受损失。

本案例是利用伪造旅行支票进行诈骗的。从该案的发生可以看出，境外不法分子仍然企图利用某些中国客户甚至银行在处理外汇票据业务方面经验不足的弱点，进行诈骗。运通公司作为世界上著名的信用卡公司，也是在全球最早发行旅行支票的公司，它所发行的旅行支票不可能粗制滥造，也不会在票面金额、徽标等关键之处没有凹凸感，更不可能票据上没有水印。银行接到这样的旅行支票，在进行兑付之前，就可以凭借票据粗制滥造的表象怀疑这是伪造的旅行支票。

启示：

（1）银行业务人员要加强对外汇票据业务的学习，掌握外汇票据的识别技术，辨真伪、明是非。

（2）要有高度的责任感和认真的态度，谨慎细致地处理每一笔业务，不能有半点马虎。

（3）要向企业宣传外汇票据知识，使企业能够掌握一般的外汇票据鉴别技术。企业遇有难以识别的外汇票据要通过银行进行查询，以免误收假票据而遭受损失。

六、旅行信用证

旅行信用证是银行为便利旅行者到国外支付旅行费用而开立的，允许持证人在一定金额及有效期内，沿途向指定的付款银行支取款项的信用证。旅行信用证的特点主要是：开证申请人与受益人同为一人，即汇款人和收款人同为旅行者本人；不能转让，只可由受益人使用；旅行信用证的正本由开证申请人自己携带；受益人按不超过旅行信用证总金额的限额,可以一次或多次向指定的议付行支取款项,但每次取款后都必须在信用证上做记录;旅行信用证是一种光票信用证,不附带任何单据。

旅行信用证是没有物质保证的光票信用证,所以银行需要在申请人开立旅行信用证时收取足够的押金。旅行者把押金款交给银行,并在信用证或单独的印鉴卡上当面签字并预留印鉴。但申请人确定好旅行的目的地,要使用旅行信用证时,开证行将旅行信用证的副本连同申请人的签字样本寄至旅游目的地的代理行或分行、联行,以供旅行信用证的持证人到旅行目的地或其他主要沿途地区的对付点支取款项时进行核对。

旅行信用证的兑付操作程序是审核、填单、兑付、撤销。兑付行在审核旅行信用证时,主要检查指定的兑付行是否为本行,有无涂改,信用证的签字与签字样板是否相符,信用证的有效期是否未到期,持证人兑付的金额是否未超过信用证的总金额。经过审核确认无误,可以兑付时,受益人要在银行柜台填写取款收据一式两联,第一联是正收联,填好后随报单寄给开证行;第二联是副收联,由兑付行留存备查。兑付款项时,兑付行将支款日期、支款金额及本次支付后的余额、兑付行名称在信用证上背批并加盖兑付行盖章,收取兑付贴现利息和手续费后,将票面余额付给持证人;同时兑付行将收据或汇票寄给开证行索偿,由开证行偿还垫款。旅行信用证的支取金额一般不能超过信用证的金额,如有超过,要作为透支计算罚息。当持证人只去了旅行信用证的最后一笔款项,也就是旅行信用证的金额全部用完后,兑付行要在旅行信用证上加盖"注销"戳记,不再把旅行信用证退回给持证人,而是将旅行信用证连同取款收取、汇票一起寄给开证行注销原证。

旅行信用证在20世纪80年代初期曾广泛使用,在当时内此项服务方便了广大旅游者。但从旅行信用证开立和使用的步骤中,不难发现旅行信用证手续繁杂,早已不适应消费者跨境旅游和支付的多方面需求。随着各种新型支付工具如信用卡、旅行支票、国际汇票等的普及使用,旅行信用证业务已日趋萎缩,发达国家的银行早已拒绝受理旅行信用证业务,国内银行也先后停办此项业务。

第四节　国际汇款

一、国际汇款概念

非贸易汇款是国际汇款业务的一部分,是与贸易项下汇款相对而言的,也是债务人或付款人委托银行将款项汇交给境外债权人或收款人的一种委托银行付款的结算方式,主要用于资本借贷、清偿债务、划拨资金、无偿赠送和私人汇款等。

汇款按照当事人所处国家的不同,可以分为国际汇款和国内汇款;按照产生的原因不同,可以分为贸易汇款和非贸易汇款;按照汇款方向的不同,可以分为汇出汇款和汇入汇款。本节介绍由于非贸易原因引起的国际汇入汇款和汇出汇款。

二、国际汇款的方式

非贸易汇款也有信汇、电汇、票汇3种汇款方式,各种汇款方式的汇出、汇入,与贸易汇款的业务做法基本相同。

电汇是银行以电报、电传或 SWIFT 方式汇入和汇出的汇款。电汇迅速、便捷,收款人能在较短的时间里收到汇款,但是汇款人须承担较高的费用,一般用于比较紧急的款项。电汇的汇入途径主要有两种:一是国外银行直接发至解付行(即汇入行)的电汇,解付行应在译电核押、填妥收条后尽快解付;二是国内银行发电转委的电汇,由解付行审核无误后,填制一套电汇收条,办理解付手续。解讫后,连同正副收条划入清算行。

信汇是汇出行填制一整套包括信汇总清单、信汇委托书、正副收条、汇款证明书以及信汇通知书等套写格式,邮寄给解付行的汇款。解付行核对总清单后,逐笔抽出信汇委托书并确认核对无误后,办理解付或转汇手续。

票汇是指汇款人到汇出行交款购买银行汇票,然后将汇票自带或邮寄给收款人,并由收款人持票向国内指定的解付行兑付票款的一种汇款结算方式。它的主要特点是费用低,但速度慢。汇出行售出银行汇票后,应向指定的解付行发出汇票通知书,以便解付行凭以解付票款。解付行将汇票上的出票人签字、汇票通知书上的签字和汇出行签字样本核对相符后,办理解付。汇票上若有收款人姓名,则应由收款人背书,并查验持票人提供的证件。

三、汇入汇款

汇入汇款是境外亲戚、朋友、受聘公司或其他机构将可兑换外汇汇入给境内的个人或在境内的外国人的业务。该业务主要适用于在境外有合法外汇收入或其他有汇入款需要的境内个人,包括在境内的外国人。

收款人将汇入行的汇款路径资料(代理行名称、账号、汇入行分支机构名称)及收款人的名称、联系电话、账号(如有)、身份证号(未开户者)提供给境外汇款人,境外汇款人按这些资料在境外汇款。汇入行收汇后电话通知客户或按账号直接存入,同时按规定办理国际收支申报手续和大额汇款核实手续。银行境外汇款指引见附式 13-1。

附式 13-1 银行境外汇款指引

Please instruct your banker to transfer the funds by T/T as follows:Correspondent:
(bank),(city)
SWIFT Code*
(汇入银行的境外账户行名称及其 SWIFT 代码)
Beneficiary's Bank:××Bank,H.O. Shanghai
SWIFT:××××××××××or a/c No.*
(汇入行:总行及其 SWIFT 代码或账号)
Beneficiary's a/c No.:
(收款人卡号、存折账号或者公司美元账号)
Beneficiary:
(收款人户名:个人名字汉语普通话拼音或公司英文名)
Remarks:/TELE/pay through ××Bank (city)Branch
摘要:电信通知,通过本行××城市解付

目前,我国对汇入汇款有以下政策规定。

(1) 一次性解付外币现钞或存入现钞户的:① 等值 1 万美元以下的,直接到银行办理,不需要专门审核证明材料;② 等值 1 万美元以上(含 1 万美元)、5 万美元以下的,银行审核相关证明材料、身份证明后登记备案,予以办理;③ 等值 5 万美元以上(含 5 万美元)的,持相关证明材料向所在地外汇管理局申请,经外汇管理局审核真实性后,凭外汇局核准件到银行办理。

(2) 汇入款结汇及从外汇账户结汇的:① 等值 20 万美元以下的,银行直接办理,不需要专门审核证明材料,但应以客户确认属于经常项目收入为限;② 超过等值 20 万美元(含 20 万美元)以上的结汇,银行审核相关证明材料后予以办理,并登记后报所在地外汇管理局备案。

(3) 直接汇入现汇账户的:① 一次性存入等值 1 万美元以下的,直接到银行办理;② 一次性存入等值 1 万美元(含 1 万美元)以上的,需向银行提供真实的身份证明,银行登记备案后予以办理。

(4) 境外个人旅游购物贸易方式项下的结汇,凭本人有效身份证件及个人旅游购物报关单办理。

上述证明材料是指专有权利使用和特许收入、法律、会计、咨询和公共关系服务收入、利润、红利、利息、年金、退休金、雇员报酬、赡家款、捐赠款和其他经常项目外汇收入相关证明材料;个人在境外投资、向境外银行借款等的资本项目收入报经外汇管理局核准后到银行办理开户、收汇、解付手续。

(5) 汇入款等值超过 2 000 美元(不含),需要收款人办理国际收支申报手续。

(6) 国家规定大额汇款和可疑汇款报备制度,需要客户提供材料、配合询问,银行负责对无关人员保密。

四、汇出汇款

按照《个人外汇管理办法实施细则》,我国目前对个人结汇和境内个人购汇实行年度总额管理。年度总额分别为每人每年等值 5 万美元。国家外汇管理局可根据国际收支状况,对年度总额进行调整。个人所购外汇,可以汇出境外、存入本人外汇储蓄账户,或按照有关规定携带出境。个人年度总额内购汇、结汇,可以委托其直系亲属代为办理;超过年度总额的购汇、结汇以及境外个人购汇,可以按本细则规定,凭相关证明材料委托他人办理。

汇出汇款指的是个人自有外汇汇出,即汇款人以自有的现汇账户、现钞账户的资金或持有的外币现钞,委托银行办理汇出境外的业务。该业务适合于有合法自有外汇收入,不需要向银行购汇的汇款,在外汇管理局指定的用汇范围内汇出境外。汇款人可以是境内居民或非居民(外国人)。

外汇储蓄账户内外汇汇出,凭本人有效身份证件办理;手持外币现钞汇出,当日累计等值 1 万美元以下(含)的,凭本人有效身份证件办理;超过上述金额的,还应提供经海关签章的《中华人民共和国海关进境旅客行李物品申报单》或本人原存款银行外币现钞提取单据办理。

汇款人凭境外发票、学校录取通知书等相关用汇证明材料到银行办理,银行审核这些材料后按汇款人填写的境外银行、账户和收款人信息办理电汇;或者按汇款人要求开出银行汇票,受益人持票向解付行提示付款。

目前我国对汇出汇款有以下政策规定。

(1) 现汇账户汇出和现钞(持钞)汇出分别按以下规定办理:① 居民个人现汇账户存款

汇出境外用于经常项目支出,持身份证明及有关证明材料直接到银行办理。② 居民个人现钞账户存款或持有的外币现钞汇出境外用于经常项目支出:一次性汇出等值10 000美元(含10 000美元)以下的,持身份证明直接到银行办理;一次性汇出等值10 000美元以上的,需持有关证明材料和相应的外汇携入海关申报单或银行单据或银行证明向所在地外汇管理局申请,经外汇管理局审核真实性后,凭外汇管理局的核准件到银行办理。

(2) 上述证明材料指自费出国留学或中小学生出国学习、境外就医、居民个人缴纳国际学术团体组织的会员费、居民个人从境外邮购少量药品、医疗器具用汇和居民个人在境外的直系亲属发生重病、死亡、意外灾难等特殊情况的 用汇材料。其他性质的用汇凭外汇管理局的核准文件办理。

(3) 按规定,超过2 000美元(不含)的汇出款,汇款人需要填写对外付款申报单(对私)。

五、中国市场活跃的国际汇款业务

我国有大量海外旅居的华人和华侨,他们是境外资金汇入中国的庞大群体。而如今我国的商务活动也有大量的境内资金汇出。中国国际汇款市场的巨大能量早就引起了国际金融巨头们的高度关注。早在20世纪90年代中期,国际汇款行业的两大巨头——美国西联公司和国际速汇金有限公司就进入了中国汇款市场并展开了激烈的竞争。最早进入中国市场时,美国西联公司与中国邮政有过长达6年的业务合作,当时中国邮政享有美国西联公司中国独家代理权,后来美国西联公司携手中国农业银行开展了联汇兑的业务。当时的美国西联公司之所以不愿意继续赋予拥有中国国内90%以上国际汇款份额的中国邮政独家代理权,就在于当时的中国邮政办理国际汇款业务的时候还是依据万国联盟的《邮政汇票协定》,对普通汇款采取的是传统的MPI标准汇票单模式,这就导致一些国家(地区)不及时进行资金清算,而通过中国邮政汇给中国客户的国际个人汇款无法及时支付。

而进入信息时代,国际汇兑市场竞争比拼的是一个"快"字。所以,美国西联公司、国际速汇金有限公司都不约而同地瞄准了那些拥有众多营业网点的国有银行,在这两家国际汇兑行业的巨头公司看来,这些银行在中国民众中有极高的信任度和认可度,同时营业网点多的优势也足以使与其合作能发挥出个人汇兑业务的强烈后劲。所以速汇金有限公司选择了中国工商银行、西联公司选择了中国农业银行作为在中国市场开展汇兑业务的合作伙伴。在速汇金和西联未进入中国国际汇款市场之前,中国本土的金融机构向境外汇款一般是通过银行电汇,从汇出到款项收达至少3—5天,而且汇入行是小银行或者位于不太发达的国家,用时更长。当速汇金有限公司和西联公司进入中国的国际汇款市场之后,由于它们拥有独立的电脑网络,也拥有网点连接全球金融机构的优势,使得国际汇款的时间大为缩短。正是在国际汇款巨头公司进入中国市场的竞争中,也倒逼了中国的金融机构必须提升自己的国际汇款业务能力。

在加入世贸组织之后,中国的银行业许多业务都得到了长足发展,其中包括国际汇款业务。通过观念改变、业务流程的改进和运营服务能力的提升,中国的多家银行的国际汇款业务做到了提高效率、降低成本和控制风险的良性发展。如今,中国本土的各银行包括进入中国国际汇款市场的外国金融机构,在跨境汇款业务上的竞争更为激烈,都提供了种类繁多的汇款产品,要想脱颖而出,还是要做到既有个性化产品,又要在后续业务处理流程和综合配套服务方面打造出自己的亮点。

第五节 外币兑换

一、外币兑换概述

外币通常是指本货币体系之外的流通货币。外币兑换是对个人客户提供的一项柜台服务,包括买入外币、卖出外币和一种外币兑换成另一种外币。主要为个人客户提供将外汇兑换成人民币或其他外币的服务。其他的服务对象为境外个人客户。请注意,这里的外币兑换业务强调的是:自由流通币种的外币现钞进行兑入和兑出业务。国家确定某种外币能否收兑,主要考虑两个因素:一是货币发行国(地区)对本国(地区)货币出入境是否有限制;二是这种货币在国际金融市场上是否能够自由兑换。目前,我国国内可以兑换的外币现钞有19种,分别为美元、欧元、英镑、澳元、加元、日元、瑞士法郎、丹麦克朗、挪威克朗、瑞典克朗、港币、澳门元、新加坡元、菲律宾比索、泰国铢、韩元、新西兰元、新台币、巴西雷亚尔。

国有五大银行包括中国银行、中国工商银行、中国建设银行、中国农业银行、交通银行,均可以兑换外币。其中,中国银行可以兑换外币的币种最多(见表13-2)。

表13-2 中国银行2020年8月11日外汇牌价(部分)

外汇币种	现汇买入价	现钞买入价	现汇卖出价	现钞卖出价	中行折算价	发布日期
美元	693.84	688.2	696.78	696.78	697.71	2020.08.11
新西兰元	457.95	443.82	461.17	467.51	459.25	2020.08.11
英镑	906.69	878.51	913.36	917.4	911.23	2020.08.11
加拿大元	519.63	503.22	523.46	525.77	521.92	2020.08.11
欧元	813.84	788.55	819.84	822.48	817.92	2020.08.11
日元	6.532 8	6.329 8	6.580 8	6.591	6.575 8	2020.08.11
韩元	0.585	0.564 4	0.589 6	0.611 3	0.587 3	2020.08.11
新加坡元	504.35	488.79	507.89	510.42	507.33	2020.08.11

买入外币的手续:港澳台、华侨、外国人士手中持有的可自由兑换货币需要兑换成人民币,可凭本人有效身份证件到本行营业部办理兑换。卖出外币的手续:港澳台、华侨、外国人士手中持有未用完的人民币要求兑回外币,可凭自开出起6个月内有效的外币水单准予一次性兑回外币;澳台、华侨、外国人士可以将一种外币兑换成另一种外币。

中国境内所有商业银行不兑换的外币现钞,包括停止流通的外币、轻微破损的外币和部分小币种国家的外币。具体是指:(1)停止流通的旧版货币,包括旧版美元、英镑、瑞士法郎、挪威克朗、瑞典克朗、丹麦克朗、加拿大元、澳大利亚元、新西兰元、新台币、港币、澳门元、日元、韩国元、新加坡元、文莱元、马来西亚林吉特等;(2)未作废但退出流通的货币,包括德国马克、奥地利先令、比利时法郎、卢森堡法郎、法国法郎、西班牙比赛塔、爱尔兰镑、荷兰盾、意大利里拉、芬兰马克、葡萄牙埃斯库多、希腊德拉克马等欧元区停止流通的纸钞;(3)轻微破损的外币,包括美元、英镑、欧元、瑞士法郎、挪威克朗、瑞典克朗、丹麦克朗、加拿大元、澳大利亚元、新西兰元、新台币、澳门元、港币、韩国元、日元、新加坡元、文莱元、泰国铢、马来西亚林吉特等纸钞。(4)小币种国家的外币,包括韩国元、马来西亚林吉特、泰国铢、文莱元、菲律宾比索、印度尼西亚盾、越南盾、外蒙古图格里克、印度卢比、巴基斯坦卢比、俄罗斯卢布、波兰兹罗提、匈牙利福林、埃及镑、以色列新谢克尔、约旦第纳尔、阿曼里亚尔、阿联酋迪拉姆、沙特阿拉伯里亚尔、科威特第纳尔、巴林第纳尔、利比亚第纳尔、巴西里亚尔、墨西哥比索、新西兰元、南非兰特等纸钞。目前,银行一般不兑换外币硬币,主要是运输成本高、清点保管困难。在中国境内,民间有大量有价外国小面额、轻微破损、小币种纸钞沉淀下来。通过国内领先的独立第三方支付平台——支付宝公司担保交易的功能,使这些有价纸钞通过合法渠道回流到发行国,从而减少民众不必要的结汇损失。

二、兑入外币

凡属中国人民银行公布的"人民币外汇汇率表"内所列的各种外国货币,银行均可办理收兑。银行办理收兑外币,按当天牌价兑付,没有收兑牌价的外币不予收兑。兑入外币的折算方法:应付人民币金额＝兑入外钞金额×外钞买入价。兑入外币时,银行要审定外币的币别,识别真伪,并鉴定其流通情况,合乎兑换条件后才能办理收兑。不能直接兑现,只能办理托收。发现外币假钞时,银行将没收假钞,并开具没收假钞证明。

三、兑出外币

银行兑出外币即客户向银行购汇,指的是境内居民在因私、商务出境或其他符合国家规定用途的条件下,持用汇凭证向银行申请购买外汇的业务。单位或个人申请购买国家公布的可自由兑换外币时,应按外汇管理局有关规定向银行申请购买,经银行审核无误后办理兑付。我国银行兑出外币有3种情况。

(1)对私售汇。境内居民在因私、商务出境或其他符合国家规定用途的条件下,持用汇凭证向银行申请购买外汇,银行根据外汇管理局的授权办理。

(2)对公供汇。指的是境内居民个人因公务临时出行,按规定可以在银行一次性以人民币自费换取不超过400美元的外汇。客户凭因公出国任务批件等材料和身份证明到银行办理换汇手续,银行审核无误后按规定标准予以供汇。

(3)外籍员工换汇。包括两种情况:① 外商投资企业中外籍人士、华侨、港澳台职工,凭身份证明、税票(税务凭证)、单位工资支出明细单或本人人民币收入清单和雇佣证明到银行兑付;如果未能提供税票,则应提供税务局出具的完税证明。② 境外人员出境时的退汇业务:境外人员离境前,要求将入境时兑换的未用完的人民币兑回外币,可凭本人护照和本人的有效期(6个月)之内的外币兑换水单到原兑换机构办理。银行办理兑回外币业务时,应同时收回原兑换水单,加盖"已兑换"戳记,作为外汇买卖传票的附件。

兑出外币的折算方法为:应收人民币金额＝兑出外钞金额×外钞卖出价。

本章小结

国际非贸易结算是指以货币结算国际进出口贸易货款以外的债权和债务,它是国际贸易结算的对称。我国目前非贸易结算的内容主要包括非贸易汇款、国际运输收支、邮电费收支、银行经营服务收支、保险费收支、图书电影邮票收支、外轮代理和服务收入、旅游外汇收支、机关企业团体等的经费收支和国外私人资产调回及馈赠等。

信用卡是由银行或信用卡公司向其客户提供小额消费信贷的一种信用凭证。持卡人可凭卡向发卡单位及其附属机构存取款及转账,凭卡在特约商户消费。随着电脑和网络的普及,信用卡已经成为世界范围内跨地区、跨国境使用的一种支付凭证。

旅行支票是由银行或公司为方便旅游者出境旅游和境外消费而发行的一种定额支票,它具有携带方便、兑取方便用安全的好处。旅行支票在银行兑付和持票人使用的过程中,要遵守注意事项,做到谨慎处理、防范风险。旅行支票可以挂失和办理补偿。

非贸易国际汇款是指由于非贸易原因引起的国际汇入汇款和汇出汇款。非贸易汇款也有信汇、电汇、票汇三种汇款方式,与贸易汇款的业务程序是基本相同的。现在的国际汇款业务讲求"快"字以提高银行汇款业务的竞争力。

外币兑换是指自由流通币种的外币现钞的兑入和兑出业务。凡属中国人民银行公布的人民币外汇汇率表内所列的各种外国货币,银行均可办理收兑。单位或个人申请购买国家公布的可自由兑换外币时,应按外汇管理局有关规定向银行申请购买,经银行审核无误后办理兑付。

基本概念

1. 信用卡:指由银行或信用卡公司向其客户提供小额消费信贷的一种信用凭证。
2. 贷记卡:指持卡人无须事先在发卡机构存款就可以享有一定的信贷额度使用权的信用卡,即"先消费,后还款"。
3. 借记卡:指持卡人必须在发卡机构存有一定的款项,用卡时以存款余额为限,不允许透支的信用卡,即"先存款,后消费"。
4. 旅行支票:由银行或公司为方便旅游者安全携带和使用而发行的一种定额支票,专供旅行者在途中购买物品、支付旅途费用。
5. 初签:指购票人在购买支票时,在签发银行柜台当面签署的名字。
6. 复签:指在兑付行兑付旅行支票时,购票人(持票人)在兑付银行柜台当面再签署的名字。
7. 外币兑换:指自由流通币种的外币现钞的兑入和兑出业务。

复习思考题

1. 在我国,非贸易结算的业务范围主要包括哪些?
2. 信用卡业务的当事人有哪些?世界上信用卡的发行和使用现状是怎样的?使用信用卡进行境外消费和结算有什么好处?
3. 旅行支票的特点是什么?旅行支票为什么成为了受欢迎的境外消费的结算工具?
4. 旅行支票兑付和使用的注意事项有哪些?
5. 中国对外汇出汇款和境外汇入汇款办理可以从哪些方面改进?
6. 我国银行兑出外币有哪几种情况?

第十四章 国际支付清算体系

【学习目标】
- 熟悉国际支付清算体系的含义
- 掌握国际支付清算体系中银行转账的原则和交换轧差平衡原理
- 熟悉国际支付清算体系的基本要素
- 掌握国际支付清算体系的种类
- 了解几种重要的国际支付清算体系

第一节 国际支付清算体系概述

一、支付清算体系的含义

当今世界,国家地区之间每日因产品和服务以及资金单方面转移而发生的货币支付额达万亿美元以上,而这些额度的支付以及债务债权的清算基本上由银行这一中介机构承担。若贸易往来,又或是资金偿付直接使用现金,则耗费大量的人力、物力,耗时长,并带来巨大的风险,限制了国际贸易的发展以及全球化的进程。同时,国际结算中的支付方式,基本依托于银行信用,或与银行信用相关联的商业信用。

可见,支付清算体系是由提供支付清算服务的中介机构和实现支付指令传递及资金清算的专业技术手段共同组成,用以实现债权、债务清偿及资金转移的一种金融安排。支付清算体系可分为两个体系:一是资金清算体系,即每个国家或地区自己建立银行同业自己清算系统,如市场经济的两个参与者在同一银行开立存款账户,在完成一笔交易后,债务人就会签发支票给债权人,债权人送交自己的开户行,银行发现这张支票的签发者和接受者都是本行的客户,便会凭此支票借记出票人的账户,贷记收票人的账户。一纸支票以最便捷的方式在一家银行内部转账结算,清偿了交易双方的债权、债务关系。二是以货币为主体而建立的货币清算地的资金清算体系。从广义来说,国际支付清算体系由上述两个部分构成,后者在国际结算中的影响更为广泛,已有的美元清算体系(CHIPS)、欧元清算体系(TRAGET)、英镑清算体系(CHAPS)、港元清算体系(CHATS)等皆是以货币为主体而建立的货币清算地的资金清算体系。

二、支付清算体系的基本要素

一般而言,支付清算体系至少包括五个基本要素:付款人、付款人的开户行、票据交换所、收款人以及收款人的开户行。在广义的支付清算体系中,票据交换所是最核心的内容。

在每个国家或地区自己建立银行同业自己清算系统中,一般以本国或地区的中央银行为核心。在长期的金融实践中,银行同业之间彼此不开立往来账户。如果交易双方在不同的银行开有存款户,A 银行的客户将签发的支票预交给 B 银行的客户,B 银行的客户将支票交给 B 银行,B 银行向 A 银行进行提示,A 银行接受交换,首先借记出票人的存款账户,后将拨头寸给 B 银行,使 B 银行贷记收款人的账户。在这里,票据交换所发挥着重要的作用。一般而言,中央银行牵头成立票据交换所,各银行或是票据交换所的成员都在票据交换所中开立存款账户。如此,银行同业之间交换票据、结算轧差都在票据交换所中进行。从这里可以看出,尽管每日往来进行不同银行转账的笔数和数额非常大,同业之间相互抵消债权、债务,但真正交割的余额却很小,在算统账中实现总平衡,这也就是交换轧差平衡原理,又称为"伦敦金融城原理"。现如今,电子化的信息交换代替了票据交换,银行从"纸交换"向"电交换"转变,但票据交换所的功能依旧不变,且愈发发挥重要的作用。

以货币为主体而建立的货币清算地的资金清算体系涉及国际贸易的往来,往往涉及不同货币的交换和结算。此时,任何外币票据不能进入本币票据交换所,这意味着一张外币票据,一定进入票据面值所表示的货币发行国,才能进行清算,而且最好是到这种货币的发行和清算中心去交换。跨国流动的票据,其出票人和收款人可以是全世界任何地方的个人或企业,但票据的付款人或者担当付款的主体必须是所付货币清算中心的银行。为遵守国际支付体系中对付款人的严格要求,各国银行纷纷将外币存款账户开设在该种外币的发行和清算中心,以便顺利地完成跨国的货币收付。当然,在国际经济交往中,付款货币的不同,所涉及的要素可能有所不同,有的货币收付不通过票据交换所。例如,进口国(出口国)的某银行在出口国(进口国)某银行总行开有出口国(进口国)货币的存款账户,出口国(进口国)账户行在其来账上借记(贷记)或通过交换进行转账。前者不涉及出口国(进口国)的票据交换所,而后者要涉及出口国(进口国)的票据交换所。若国际结算使用的货币不是进出口国的货币,采用的是第三国货币,当进出口国在第三国银行开立第三国货币的存款账户,则二者的结算可以直接形成碰头行转账(第三国银行借记进口国的第三国货币存款,贷记出口国的第三国货币存款),不需要通过票据交换所进行结算,但当进出口国的银行在不同的代理行开立了存款账户,没有碰头行,则需要通过第三国的货币清算中心的票据交换所实现结算。

票据交换所的成员,将往来的账户连接全国银行系统,并连接着开有这种货币往来账户的全世界银行。在票据交换所的票据交换当天被清讫,分别借记、贷记票据交换所成员行各自的客户、同业代理行往来账户,并由此扩散到全世界有关银行的相关账户上的账目,并且其起息日都为交换当天。随着"电交换"的发展,目前全世界各国或地区的票据交换所的资金也为"当天资金","隔日资金"越来越少。

三、支付清算体系的分类

(一) 按经营者身份的不同划分

1. 中央银行拥有并经营

支付清算体系对国家或地区的金融发展有着重要的影响,在社会生活中处处有其影子。支付清算体系的建设和运营的安全稳定关乎着经济社会的稳定,往往在国家层面进行直接经营和管理。由此,诸多支付清算体系直接由国家的中央银行直接拥有并经营,如美国联邦储备体系（FEDWIRE）、日本银行金融网络体系（BOJ-NET）以及我国的中国现代化支付系统（CNAPS）。

2. 各银行拥有并经营的行内支付系统

银行是资金结算重要的中介组织，随着商业银行的发展，规模越来越大，在各地设置分支结构，为了更加便利地进行汇兑往来和资金清算，商业银行也将在自身行内体系中建立支付系统，如我国四大国有商业银行均开通了各自的电子资金汇总系统。

3. 私营清算机构拥有并经营

经济的发展，金融工具的创新，各个非银行的金融机构在将在经济社会中的影响愈发重要，并拥有经营自身的清算体系。当然，私营清算机构的清算体系要接受中央银行的监督和管理，私营清算机构的资金清算往往通过中央银行账号完成，如纽约清算所协会的 CHIPS、英国的 CHAPS 等。

（二）按支付系统的服务对象及单笔业务支付金额划分

1. 大额支付系统

大额支付系统，又称之为资金转账系统。从直观意义上来看，大额支付系统是针对单笔业务支付金额大的体系，由此服务的对象通常是银行间的资金往来、证券期货以及金融衍生工具的交易，在处理跨国交易中通常使用大额支付系统。2002 年，我国建立的第一代现代化支付系统（CNAPS）中，其大额支付系统（HVPS）采取逐笔实时方式处理支付业务，全额清算资金。大额支付系统的推广，取代了原先全国电子联行系统，解决了资金汇划速度慢的问题，并且大额支付系统中的数据能够有效体现银行间资金流动模式与金融稳定性的关系。大额支付系统是各国中央银行建设和经营的重点，以便有效地实施货币政策，更好地维护金融稳定，促进经济发展。

2. 小额支付系统

小额支付系统，又称之为零售支付系统。从直观意义上来看，小额支付系统是针对单笔业务支付金融较小的体系，由此服务的对象通常较为零散，并且种类多，支付的媒介较多，如现金、银行卡以及其他种类的票据等。小额支付系统（BEPS）是我国现代化支付系统（CNAPS）的重要组成部分，小批量处理支付业务，并定时进行批量轧差净额清算。小额支付系统在各国支付体系中都占有非常重要的地位，其特点是处理的业务金额小、笔数多、成本低，可以为社会提供低成本的跨行支付清算服务，其运行效率反映了一个国家金融基础设施状况，小额支付系统的完善可以进一步提高整个社会的金融服务水平。

（三）按支付系统的服务的地区范围划分

1. 境内支付系统

境内支付清算系统，顾名思义，是处理一国境内各种经济活动所产生的债权、债务，并利用本币资金进行清算的体系。境内支付清算系统既有中央银行拥有和经营，又有私营清算机构或商业银行拥有和经营，主要服务于一国境内的经济和金融活动。

2. 国际性支付系统

当资金来往跨国时,国际性支付系统发挥至关重要的作用,有效地推进了国际贸易的发展。国际性支付系统,顾名思义,是为处理国际交易往来而产生的债权、债务的体系。进一步地,国际性支付系统可分为两种类型:一是基于某国清算机构建立并经营,并逐步被国际上其他国家和地区所运用,如美国的 CHIPS、英国的 CHAPS。这一类的支付系统的货币清算单位皆清算机构所在国的货币,CHIPS、CHAPS 则是美元和英镑。二是不同国家共同组建的跨国支付清算系统,如欧元实施后的欧洲支付系统(TARGET)。

第二节 世界著名支付清算体系

一、环球同业银行金融电信协会

环球同业银行金融电信协会(Society for Worldwide International Financial Telecommunications,SWIFT),是属于国际银行的通信系统,专门为国际银行业服务,是一个非营利合作组织。到 2012 年年底,全球已经有 212 个国家和地区超过 10 279 家金融机构连接和使用 SWIFT。我国的中国银行、工商银行、建设银行等也加入了 SWIFT。

SWIFT 是目前世界上最大的金融清算与通信组织,其业务范围包括客户汇款、银行资金调拨、外汇交易、贷款存款付息、托收、股票、跟单信用证以及索汇等,但其本身并不包括结算和清算。SWIFT 有其两大优点:一是快速、安全。SWIFT 对银行规定的其他结算方式进行了简化,并可以每天 24 小时不间断地运行,只要会员行电脑设备运行正常,任何时候都可以收发电报,且速度极快,发出电信 1—2 分钟就会获得收电银行的回应。同时,SWIFT 保密性能好,电文一入网就可以自动编制和核对密押,不会丢失。二是标准统一、制度严格。SWIFT 对收发电信规定了一套标准化的统一格式,可以避免会员行之间文字或翻译上的误解和差错。各会员行通过系统进行相互间的业务通信往来时,必须按照统一的电报格式代码发报,各种不同的业务使用不同的发报格式。2015 年前 10 个月,SWIFT 共提供报文量超过 50.7 亿条,同比增长 8.9%,平均每天报文量达 2 406 万条。SWIFT 以其高效、可靠、低廉和完善的服务,在促进世界贸易的发展、加速全球范围内的货币流通和国际金融结算、促进国际金融业务的现代化和规范化方面发挥了积极的作用。

二、纽约清算所银行同业支付系统

纽约清算所银行同业支付系统(Clearing House Interbank Payment System,CHIPS)是一个实时的电脑化处理系统,为参与银行办理跨境美元支付清算服务。CHIPS 在运行之初仅有 9 家参与机构,但是到 20 世纪 80 年代后期,参与机构达到顶峰 140 家,随后随着银行业合并浪潮的兴起,参与机构数量迅速下降,此后维持在 50 家左右。系统本身也每年接受联邦银行监管当局的监管。参加 CHIPS 的银行均有一个美国银行公会号码(American Bankers Association Number),即 ABA 号码,作为参加 CHIPS 清算所的代号。每个 CHIPS 会员银行所属客户在该行开立的账户,由清算所发给通用认证号码(Universal Identification Number),即 UID 号码,作为收款人或收款行的代号。凡通过 CHIPS 支付和收款的双方必须都是 CHIPS 会员银行,才能通过 CHIPS 直接清算。通过 CHIPS 的每笔收付均由付款一方开始进行,即由付款一方的 CHIPS 会员银行主动通过其 CHIPS 终端机发出付款指示,注明账户行 ABA 号码和收款行 UID 号码,经 CHIPS 电脑中心传递给另一家 CHIPS 会员银行,收在其客户的账户上。通过 CHIPS 传递的支付通常是具有国际性的、与跨行业务有关的支付,包括外汇交易、欧洲货币业务。然而从 2001 年开始,CHIPS 开始关注国内业务。美国金融危机爆发后,CHIPS 的美元支付清算规模出现较大幅度下降,2009 年其清算规模下降了 28.4%,此后基本维持稳定。

三、联邦资金转账系统

联邦资金转账系统(Federal Reserve CommunicationSystem,FEDWIRE)是美国境内美元支付系统,是美联储所拥有和经营的一个实时总额支付结算系统,其任务之一就是为美国银行体系创建统一的支付清算系统。从 1918 年开始,该系统为银行提供跨行票据托收服务,跨地区票据托收通过 FEDWIRE 调拨清算净差额。随着银行业务对支付系统需求的不断扩大以及电脑电信技术的广泛运用,所有符合美联储存款保险条例要求的存款机构都可以直接使用该系统。全球美元跨境清算主要通过纽约清算所行间支付公司拥有并运营的清算所银行间支付系统(CHIPS)进行,美国国内美元大额转账则主要通过美联储拥有并运营的 FEDWIRE 资金转账系统。FEDWIRE 美元清算服务与 CHIPS 业务量发展轨迹类似,但是远较 CHIPS 业务量规模要大。

四、交换银行自动收付系统

交换银行自动收付系统(Clearing House Automated Payment System,CHAPS)设立于 1984 年,是英镑的票据交换系统。英国的 11 家清算银行加上英格兰银行共 12 家交换银行集中进行票据交换,其他商业银行则通过与其往来的交换银行交换票据。非交换银行须在交换银行开立账户,以便划拨差额,而交换银行之间交换的最后差额则通过它们在英格兰银行的账户划拨。CHAPS 以高度电脑化的信息传递,部分地取代了依靠票据交换的方式。在 CHAPS 下,12 家交换银行成为"结算银行",由八条"信息通道"把它们和该系统的一个"信息转换中心"连接起来。参加 CHAPS 的银行进出自动系统的付款电报都使用统一格式,它的八个"信息通道"分别都有对出入的收付电报自动加押和核押的软件装置以及信息储存装置。除此之外,每条通道都有一个自动加数器,它可以把发给或来自其他通道的付款电报所涉及的金额根据不同的收款行分别加以累计,以便每天营业结束时,交换银行之间进行双边对账和结算,其差额通过它们在英格兰银行的账户划拨进行结算。2017 年中国银行伦敦分行成为 CHAPS 第 25 家直接清算会员,也是第一家参加 CHAPS 直接清算的亚洲银行。中国银行全面参与 CHAPS 进一步扩展了 CHAPS 英镑清算在全球的服务范围。

五、泛欧自动实时全额结算快速转账系统

泛欧自动实时全额结算快速转账系统(Trans-European Automated Realtime Gross Settlement Express Transfer,TARGET)是欧元区大额支付结算系统。TARGET1 于 1999 年 1 月 4 日开始运行,欧盟约有 5 000 个机构加入了该系统。由于 TARGET1 有着高度分

散化的特征,2007 年 11 月,TARGET2 建成并运行,其具有单一集中平台和标准化技术接口,取代了原先的 TARGET1。TARGET2 是处理欧元交易的实时全额结算系统(RTGS),欧盟成员国的 RTGS 停止运行。TARGET2 是一个分布式的系统,它由 15 个国家即时支付结算系统(RTGS)、欧洲央行付款机制(EPM)和一个连接系统组成,其作用是进行各国 RTGS 数据格式与互联标准数据格式的转换,旨在实现三个目标:一是通过促进欧元区货币市场的整合,以便顺利平稳实施单一货币政策;二是提高系统稳健性和欧元支付的效率;三是在即时支付结算基础上为清算结算提供一个安全可靠的机制,从而最小化支付风险。

六、日本银行金融网络系统

日本银行金融网络系统(Bank of Japan Net Funds Transfer System,BOJ-NET)是由日本银行负责运营的大额支付清算系统,主要用于结算银行债务,包括私营清算系统清算后产生的净债务。BOJ-NET 在日本支付清算体系中处于核心和枢纽地位,参加其他清算系统的金融机构都必须在日本银行开户,最终通过日本银行金融网络系统完成彼此之间的资金清算,系统的参加者包括银行、证券公司和代办短期贷款的经纪人以及在日本的外国银行和证券公司。BOJ-NET 于 1988 年建成,建成之初由两个子系统组成:一是用于资金转账的 BOJ-NET 资金转账系统;一是用于日本政府债券(JGB)结算的 BOJ-NET 政府债务服务系统。2001 年初日本银行废除了定时净额结算这种结算方式,使得实时总额结算成为 BOJ-NET 唯一可用的结算模式。2005 年 11 月,日本银行决定对 BOJ-NET 进行进一步的升级,2011 年新一代实时支付结算系统(RTGS-XG)竣工,进一步提高了日本大额支付体系的安全和效率。截至 2010 年底,BOJ-NET 资金转账系统包括 383 个在线参与机构,这包括 142 家银行、54 家外资银行在日分支机构、91 家信用社、5 家中央合作社、39 家证券公司、3 家货币市场经纪以及 13 家其他机构等。

通过 BOJ-NET 资金转账系统进行的大多数资金转账都是贷记转账,但机构内的资金划拨,也可以通过借记转账来进行。日本银行提供的大多数支付服务都可以通过 BOJ-NET 资金转账系统处理,主要包括以下 4 类交易类型。

(1) 同业拆借市场和证券交易所引起的金融机构之间的资金转账。

(2) 在同一金融机构的不同账户之间的资金转账。

(3) 私营清算系统产生净头寸的结算。

(4) 金融机构和日本银行之间的资金转账,包括在公开市场操作的交易。

七、中国香港的支付结算系统

我国香港地区的清算所自动转账系统(Clearing House Automated Transfer System,CHATS)于 1996 年实行,是处理大额的行间支付的体系。CHATS 支付指令已在实时全额基础上结算。一旦付款行通过其香港金融管理局账簿完成资金转账,结算就是最终的和不可改变的。实时全额结算(RTGS)系统的实施在相当大的程度上降低了清算所自动转账系统支付中的结算风险。通过香港货币管理局账簿完成结算的支付是最终的和不可改变的。除特殊情况之外,香港货币管理局不允许由银行保持的结算账户发生透支。那些没有足够的贷方结余或用于日间回购的合法证券以完成外发指令的银行必须将其指令在系统中排队。排队机制允许银行通过取消重新排队和修正等来管理他们自己的支付指令队列。香港的实时全额结算系统通过提供一种行间资金转账系统和中央货币市场单位之间的无缝界面,解决支付堵塞问题,提供了日间流动资金。

第三节 人民币支付清算体系

一、人民币支付清算体系概述

中国现代化支付系统(China's National Advanced Payment System,CNAPS)是由中国人民银行经营,通过对原有的支付系统进行改造而建立的现代化支付系统。CNAPS 项目包括建设覆盖全国的金融数据通信网这一基础设施,将众多银行机构连接到全国和地区支付业务清算和结算中心,以及开发一系列支付应用处理系统,如大额支付系统、小额支付系统等,以逐步取代原有分散的各个支付系统。大额支付系统由央行拥有和运行,是所有支付应用系统的核心,为跨行资金转账、金融市场、证券市场、外汇市场提供当日资金结算,也为小额支付系统、同城清算所、银行网络及银行电子汇总系统提供日终净额结算。小额支付系统则支持各类借记和贷记业务。这两个系统分别于 2005 年和 2006 年完成了全国推广,在我国的资金清算中起着不可替代的作用。

二、人民币支付清算体系发展历程

(一)改革开放前的支付清算体系

中国人民建行初期,中国银行业使用的传统资金结算方式,即采用以现金为主的同城结算方式和以汇兑为主的异地结算。随着第一个"五年计划"的实施,银行汇兑业务逐渐恢复,框架逐渐填充,国家对企业、机关等各领域机构进行现金的严格管理,只要个人支付可使用现金和小额交易方式外,其他方式支付均需要强制性地通过银行转账结算来行使。"文革"时期,银行无序运作,结算业务岌岌可危。"文革"结束,国家政府开始整顿清理经济与金融领域,加强结算业务。自此以后,结算业务开始进入正轨。此阶段,"全国大联行"的三级联行清算体系建立了起来,即县辖联行、省辖联行以及全国联行。在这一体系制度下,银行信贷收支情况由总行统一进行管理,实施统收统支制度,这一制度就一直沿用到改革开放初期。

(二)改革开放后的支付清算体系

改革开放后,支付清算体系不断的变革和完善:1980 年的异地委托收款结算和限额结算;1985 年的商业汇票承兑、贴现业务及再贴现业务;"统一计划、划分资金、相互融通"的管理模式来迎合信贷资金管理;1988 年的《关于改革银行结算的报告》以及 1996 年的《中华人民共和国票据法》。最为突出的便是 1996 年 CNAPS 的启动建设。

CNAPS 系统主要作用在于为商业银行间提供跨行支付清算业务。它主要涉及的对象包括中国人民银行清算总公司和各个商业性质银行、政策性银行及其他金融性机构。CNPAS 在整个金融基础设施体系中占有核心地位价值,该系统分为大额实时支付系统和小额批量支付系统两个板块。2002 年大额实时支付系统(HVPS)成功进入试运行阶段,截至 2003 年

6月，我国所有省会城市均已开始运行。大额支付系统采取逐笔实时方式处理支付业务，全额清算资金。建设大额实时支付系统的目的，就是为了给各银行和广大企业单位以及金融市场提供快速、高效、安全、可靠的支付清算服务，防范支付风险，它对中央银行更加灵活、有效地实施货币政策和实施货币市场交易的及时清算具有重要作用。该系统处理同城和异地、商业银行跨行之间和行内的各种大额贷记及紧急的小额贷记支付业务，处理人民银行系统的各种贷记支付业务，处理债券交易的即时转账业务。大额实时支付系统的成功运行，极大地提高了中国人民银行为各商业银行提供跨行支付清算服务的能力和效率，有力地支持了我国金融市场大额资金支付清算的健康发展，成功推动了我国支付领域的信息化创新。

相对于大额实时支付系统，小额批量支付系统（BEPS）所对应的人群比较局部，一般涉及的对象都是中小型企业甚至个人消费业务。该系统处理的业务包括同城、异地的纸质凭证截留跨行间的定期小额借记支付业务以及定期小额贷记支付业务，并批量发送指令。2006年6月底实现了全国推广应用。小额支付系统的建成，可以为社会提供低成本的跨行支付清算服务，有利于推动与老百姓关系密切的各种日常支付，例如为企事业单位代发工资、公用事业收费、税款缴纳、通存通兑等业务提供跨行清算服务，从而进一步提高整个社会的金融服务水平。

三、人民币支付清算体系的内容

人民币支付清算体系保函3个区域层级，分别是境内清算、离岸清算和跨境清算。境内清算是指境内银行通过中国现代化支付系统（CNAPS）进行的人民币资金清算。离岸清算是指境外银行通过清算行进行的人民币清算。跨境清算是指境外银行与境内银行进行的人民币资金清算。

（一）境内支付清算体系

人民币境内清算体系是以人行现代化支付系统为核心，各商业银行行内支付系统为基础，其他支付系统为补充的支付清算网络体系。其中第一代人行现代化支付系统（CNAPS）是2002年人总行在电子联行系统的基础上建立的国内一体化跨行支付清算系统。随着我国对外开放程度的逐步扩大，CNAPS在商业银行接入方式、流动性管理、应急能力和运维机制等方面逐渐显露出不足。在此背景下，人民银行于2013年起试运行人行二代支付系统（CNAPS2），该系统以ISO 20022为标准与国际支付报文接轨，同时在组织框架、接入方式、清算方法、排队机制、流动性管理、灾备建设等方面较一代系统得到了很大的调整和完善。

（二）离岸支付清算体系

2013年2月中国人民银行授权中国工商银行新加坡分行担任新加坡人民币业务清算行，人民币离岸清算体系建设拉开序幕。随后，央行于2014年年中分别授权建设银行伦敦分行、交通银行担任伦敦地区、韩国首尔地区的人民币清算行，逐步拓展人民币离岸清算体系。离岸清算体系根据账户关系和收付款人所在地不同，可分为以下几种清算方式：同一离岸地区内的人民币清算：收付款行均为当地银行时，通过当地离岸清算行C进行人民币资金清算。支付信息通过SWIFT或当地人民币清算系统进行传递，通过SWIFT方式传递信息时收付款行在离岸清算行开立人民币账户进行资金清算，见图14-1。

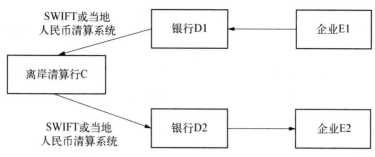

图 14-1　同一离岸地区内人民币清算简要图示

不同离岸地区间的人民币清算：如图 14-2 所示，银行 D1 在离岸清算行 B 开户的情况下，直接通过 SWIFT 发送支付指令至清算行 B（虚线部分）；银行 D2 在离岸清算行 C 开户的情况下，通过 SWIFT 或当地人民币清算系统发送指令至清算行 C，清算行 C 与清算行 B 之间通过 CNAPS 传递支付信息和资金清算（实线部分）。

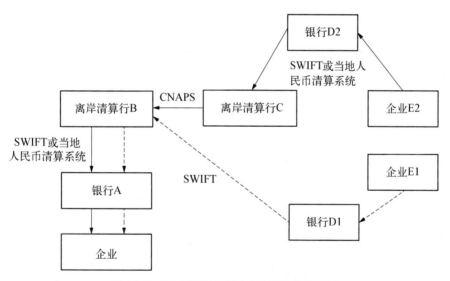

图 14-2　不同离岸地区间人民币清算简要图

（三）跨境支付清算体系

人民币跨境清算使用得最为广泛的两种模式为代理行模式和清算行模式：代理行模式下，境内银行与境外银行间通过开立账户进行资金清算，以 SWIFT 传递支付指令。清算行模式下，境内银行和境外银行间通过清算行间接进行清算资金。境外银行通过 SWIFT 或当地人民币清算系统与清算行传递支付指令，通过 SWIFT 方式传递时需在清算行设立人民币账户。清算行直接加入中国现代化支付系统（CNAPS）与境内银行传递支付指令和资金清算。中银香港、中国银行澳门分行和台北分行分别被授权为港澳台地区人民币清算行。

在实际业务开展中，境内商业银行在受理跨境汇款业务时，首先考虑的是是否与收款行存在账户关系，一般会优先选择代理行模式进行汇款。在无法通过代理行模式或客户要求的情况下，才会选择清算行模式。从结算流程上看，两者并无太大的差异，均是代理境外银行与境内银行间进行资金清算。从清算系统使用来看，两种模式均涉及 SWIFT 和 CNAPS 系统，不同的是清算行模式还需借助当地人民币清算系统，代理行模式需借助行内系统。随着跨境人民币业务各项政策相继出台，跨境人民币业务规模不断扩大，人民币已成为中国第二大跨境支付货币、全球第四大支付货币、第二大贸易融资货币。

本章小结

支付清算体系是由提供支付清算服务的中介机构和实现支付指令传递及资金清算的专业技术手段共同组成，用以实现债权、债务清偿及资金转移的一种金融安排。由于经济活动所产生的债权、债务须通过货币所有权的转移加以清偿，支付清算体系的任务即是快速、有序、安全地实现货币所有权在经济活动参与者间的转移。支付清算体系对国际贸易结算具有重要意义。票据是转移资金的重要工具，是存款账户的支付凭证。无论多么复杂的债权、债务关系，对银行而言，是从一个客户的存款账户上付出，收进另一个客户的存款账户上。银行结算提供的是一种收付服务。在票据交换所，银行同业之间交换的金额很大，但真正交割的余额却很小。在票据交换所里的总平衡是算总账。票据交换所在同业之间相互抵消债权、债务，经过"交换轧差"达到平衡。支付清算体系的种类可按经营者身份的不同、按支付系统的服务对象及单笔业务支付金额大小，或按支付系统服务的地区范围划分为不同的种类。

在世界著名支付清算体系中，环球同业银行金融电信协会（Society for Worldwide International Financial Telecommunications，SWIFT）是一个国际银行间的非营利合作组织，是一个传递银行间金融交易的电信系统。纽约清算所银行同业支付系统（Clearing House Interbank Payment System，CHIPS）是一个实时的电脑化处理系统，为参与银行办理跨境美元支付清算服务，是当前最重要的国际美元支付系统。联邦资金转账系统（Federal Reserve Communication System，FEDWIRE）是美国境内美元支付系统，是美联储所拥有和经营的一个实时总额支付结算系统，其任务之一就是为美国银行体系创建统一的支付清算系统。交换银行自动收付系统（Clearing House Automated Payment System，CHAPS）设立于 1984 年，是英镑的票据交换系统。泛欧自动实时全额结算快速转账系统（Trans-European Automated Realtime Gross Settlement Express Transfer，TARGET）是欧元区大额支付结算系统，该系统连接各成员国中央银行的大批量欧元实时清算系统。日本银行金融网络系统（Bank of Japan Net Funds Transfer System，BOJ-NET）是由日本银行负责运营的大额支付清算系统，主要用于结算银行债务，包括私营清算系统清算后产生的净债务，在日本支付清算体系中处于核心和枢纽地位。我国香港的清算所自动转账系统（Clearing House Automated Transfer System，CHATS）于 1996 年实行，是处理大额的行间支付的体系。中国现代化支付系统（China's National Advanced Payment System，CNAPS）是由中国人民银行经营，通过对原有的支付系统进行改造而建立的现代化支付系统。CNAPS 项目包括建设覆盖全国的金融数据通信网这一基础设施，将众多银行机构连接到全国和地区支付业务清算和结算中心，以及开发一系列支付应用处理系统，如大额支付系统、小额支付系统等，以逐步取代原有分散的各个支付系统。CNAPS在我国的资金清算中起着不可替代的作用。

基本概念

1. 支付清算体系：由提供支付清算服务的中介机构和实现支付指令传递及资金清算的专业技术手段共同组成，用以实现债权、债务清偿及资金转移的一种金融安排。

2. 交换轧差平衡原理：在票据交换所，每日往来进行不同银行转账的笔数和数额非常大，同业之间相互抵消债权、债务，但真正交割的余额却很小，在算统账中实现总平衡，这也就是交换轧差平衡原理，又称为"伦敦金融城原理"。

3. SWIFT：环球同业银行金融电信协会(Society for Worldwide International Financial Telecommunications，SWIFT)是一个国际银行间的非营利合作组织，是一个传递银行间金融交易的电信系统。

4. CHIPS：纽约清算所银行同业支付系统(Clearing House Interbank Payment System，CHIPS)是一个实时的电脑化处理系统，为参与银行办理跨境美元支付清算服务，是当前最重要的国际美元支付系统。

5. FEDWIRE：联邦资金转账系统(Federal Reserve Communication System，FEDWIRE)是美国境内美元支付系统，是美联储所拥有和经营的一个实时总额支付结算系统，其任务之一就是为美国银行体系创建统一的支付清算系统。

6. CHAPS：交换银行自动收付系统(Clearing House Automated Payment System，CHAPS)设立于1984年，是英镑的票据交换系统。

7. TARGET：泛欧自动实时全额结算快速转账系统(Trans-European Automated Realtime Gross Settlement Express Transfer，TARGET)是欧元区大额支付结算系统，该系统连接各成员国中央银行的大批量欧元实时清算系统。

8. BOJ-NET：日本银行金融网络系统(Bank of Japan Net Funds Transfer System，BOJ-NET)是由日本银行负责运营的大额支付清算系统，主要用于结算银行债务，包括私营清算系统清算后产生的净债务，在日本支付清算体系中处于核心和枢纽地位。

9. CHATS：我国香港的清算所自动转账系统(Clearing House Automated Transfer System，CHATS)于1996年实行，是处理大额的行间支付的体系。

10. CNAPS：中国现代化支付系统(China's National Advanced Payment System，CNAPS)是由中国人民银行经营，通过对原有的支付系统进行改造而建立的现代化支付系统。CNAPS项目包括大额支付系统、小额支付系统等，以逐步取代原有分散的各个支付系统。CNAPS在我国的资金清算中起着不可替代的作用。

复习思考题

1. 国际支付清算体系有哪些基本要素？
2. CHIPS是怎样运作的？

3. "当天资金"是什么意思？是怎样做到的？

4. 在国际经济交往中，所有的收付都要经过票据交换所吗？什么情况下需要，什么情况下又不需要？

5. 国际支付清算体系与国内支付清算体系有什么显著区别？

第十五章
国际结算中的风险管理

> 【学习目标】
> - 熟悉国际结算中的信用风险、欺诈风险、操作风险的含义
> - 掌握与基本的国际结算方式相关的重要风险
> - 了解几种基本风险的管理策略

第一节 信用风险及管理

一、银行承担的信用风险

信用风险是指交易对方不履行到期债务的风险,当债务发生时,由于债务人偿还财务的能力和意愿存在不确定,以致债权人遭受损失。在国际结算中,最基本的信用风险是进口商偿付货款的能力和意愿,并且在不同的结算方式中,信用风险的侧重点也有所不同。在汇款和托收等以商业信用为基础的结算方式中,出口商承担着进口商的信用风险;在信用证等以银行信用为基础的结算方式中,银行承担着进口商的信用风险。同时,在各种各样的贸易融资方式中,银行也承担进口商、出口商或其他银行的信用风险。在本节中,我们主要讨论银行和出口商在国际结算中承担的信用风险及其管理。

在国际贸易中,银行承担信用风险主要表现在银行的信用证业务,包括开立跟单信用证或保兑信用证,以及银行提供贸易融资业务中。

(一) 银行信用证业务中的信用风险及其管理

1. 开证业务中银行承担的信用风险及其管理

在国际贸易活动,买卖双方可能互不信任,买方担心预付款后,卖方不按合同要求发货;卖方也担心在发货或提交货运单据后买方不付款。因此需要两家银行作为买卖双方的保证人,代为收款交单,以银行信用代替商业信用,常见的工具就是信用证。信用证是银行有条件保证付款的证书,成为国际贸易活动中常见的结算方式,按照这种结算方式的一般规定,买方先将货款交存银行,由银行开立信用证,通知异地卖方开户银行转告卖方,卖方按合同和信用证规定的条款发货,银行代买方付款。信用证是一种银行信用,它是银行的一种担保文件,《UCP 600》规定,在单证严格相符的情况下,信用证的开证行必须承担第一性的付款责任。银行第一性的付款责任并不因为进口商即开证申请人发生无力或无意愿偿付货款的情况而解除。在此意义上,开证银行承担着进口商的信用风险。

在了解了开证申请人(进口商)的业务及财务情况,以及货物的性质以后,银行就应制定相应的信贷策略。首先,在开立信用证时,可以根据对进口商的了解,确定是否给予免担保的信贷额度,或是要求一定形式的担保,如要求存入保证金、抵押出口信用证,或要求其他银行的保函担保,等等。其次,银行需要慎重考虑信贷额度的结构,使得信贷额度的金额、期限、币种等等都与相应的进口贸易相联系,以确保信贷额度的正当使用。

案例 15-1

案情:

某出口公司收到一份国外开来的L/C,出口公司按L/C规定将货物装出,但在尚未将单据送交当地银行议付之前,突然接到开证行通知,称开证申请人(进口商)已经倒闭,因此开证行不再承担付款责任。开证申请人倒闭可以构成开证行拒绝付款的理由吗?如果不可以的话,那么开证行在付款后,很难从已倒闭的开证申请人那里得到全额付款,结果是银行产生信贷损失。对银行而言,开证业务产生的信贷损失与普通贷款的信贷损失完全一样吗?银行可以采取哪些做法来减少开证业务产生的信贷损失?

分析:

在单证严格相符的情况下,信用证的开证行必须承担第一性的付款责任。银行的第一性的付款责任并不因为进口商即开证申请人发生无力或无意愿偿付货款的情况而解除。开证业务的信贷风险与普通贷款的信贷风险的主要区别之处是:开证行在付款后即取得了对货物的所有权,如果进口商不偿还货款,银行可以从变卖货物所得款项中(部分)获偿。在开证业务中,银行管理信用风险的根本在于了解开证申请人(进口商)的业务及财务情况,在此基础上制定相应的信贷策略。

启示:

在开证业务中,银行管理信用风险的根本在于了解开证申请人(进口商)的业务及财务情况。例如,公司所在的行业情况、公司的财务流动性等。如果申请人所在的行业竞争激烈,并且商品更新换代很快,一旦开证申请人经营不良,或产品滞销,再加之流动性偏紧的话,其偿付货款能力就会受到影响。此外,银行还应对与信用证相关的贸易有所了解。对银行而言,开证业务的信贷风险与普通贷款的信贷风险的主要区别之处是:开证行在付款后即取得了对货物的所有权,如果进口商不偿还货款,银行可以从变卖货物所得款项中(部分)获偿。银行应了解货物的性质,并据此判断从变卖货物所得款项中获偿的可能性、获偿的大致比例及相应成本。

2. 保兑信用证业务中银行承担的信用风险及其管理

《UCP 600》取消了可撤销信用证这一种类,今后所有的信用证均为不可撤销信用证,并规定,一旦对不可撤销信用证加具保兑,当信用证规定的单据提交到保兑行时,在完全符合信用证规定的情况下则构成保兑行在开证行之外的确定承诺。保兑行和开证行一样均对受益人承担第一性的付款责任。保兑行的这种付款责任不能因为开证行的破产而解除。在正常情况下,保兑行付款或议付后,可以从开证行得到偿付;当开证行破产时,保兑行仍承担着对受益人的付款责任,却很难再从已破产的开证行得到全额偿付。在此意义上,保兑银行承担着开证行的信用风险。

案例 15-2

案情：

我某出口企业收到国外开来不可撤销信用证一份,由设在我国境内的某外资银行通知并加以保兑。我出口企业在货物装运后,正拟将有关单据交银行议付,忽接该外资银行通知,由于开证银行已宣布破产,该行不承担对该信用证的议付或付款责任。开证银行破产可以构成保兑行拒绝付款的理由吗？如果不可以的话,那么保兑行在付款后,很难从已破产的开证银行那里得到全部付款,结果是保兑银行产生信贷损失。银行可以采取哪些做法来减少保兑信用证业务产生的信贷损失？

分析：

保兑行和开证行一样均对受益人承担第一性的付款责任。《UCP 600》规定保兑行自对信用证加具保兑之时起,即不可撤销地承担承付或议付的责任。保兑行的这种付款责任不能因为开证行的破产而解除。保兑行管理信用风险的根本在于了解开证行的资信情况,例如开证行的资本充足情况、流动性、资产质量等。为避免风险过于集中,保兑行可以为通常来往的开证行设立一定金额的专用于保兑的信贷额度。

启示：

在保兑信用证业务中,保兑行管理信用风险的根本在于了解开证行的资信情况,例如开证行的资本充足情况、流动性、资产质量等。为避免风险过于集中,保兑行可以为通常来往的开证行设立一定金额的专用于保兑的信贷额度,确保本银行保兑由某一特定开证行开立的信用证控制在信贷额度规定的总量内。该信贷额度大小的确定则是依据保兑行对开证行资信情况强弱的了解,判断其信用风险的程度,并核定出合理的信贷额度。对于资信情况较弱的开证行,就会设立较小的保兑信贷额度,这样一来,即使开证行破产,保兑行的损失也控制在核定的范围内,从而避免了风险集中可能带来的巨大损失。

(三) 银行提供贸易融资业务中的信用风险及其管理

在托收和信用证业务中,银行提供贸易融资的对象可分为出口商和进口商两大类。银行向出口商提供贸易融资根据装运前后分别为:打包贷款(装运前)、托收出口押汇和信用证议付(装运后)。银行向进口商提供贸易融资的常见方式授信开证(Issuing of L/C with Credit Limits)、承兑信用(Acceptance Credit)以及进口押汇(Inward Documentary Bill)以及福费廷(Forfaiting)。

1. 对出口商的贸易融资

在国际结算中,银行向出口商提供贸易融资分为货物装运前融资和装运后融资两大类。

装运前融资是银行在出口商尚未发运货物的情况下对出口商贷款；装运后融资是出口商已经发运货物，并将货运单据交到银行，作为融资的依据。由此可见，两者划分的依据是出口商是否已发运货物，并将货运单据交到银行。打包贷款是典型的装运前融资，托收出口押汇和信用证议付是装运后融资。

打包贷款是指出口地银行为支持出口商按期履行合同、出运交货，向收到合格信用证的出口商提供的用于采购、生产和装运信用证项下货物的专项贷款。出口商在收到信用证，还未及出运货物时，在自有资金不足，可将信用证抵押给银行，从银行处得到相应额度的短期贷款，用以采购、生产和装运。货物出运后，出口商将单据交贷款银行办理议付，贷款行在向出口商议付时扣除贷款本息，将余额付给出口商。银行在发放打包贷款时，依据的仅是出口商收到的信用证。如果出口商在提取打包贷款后情况发生变化，无法继续备货出运，那么贷款银行手上没有任何单据；也就是说，贷款银行既没有凭据可以向开证行要求付款，也没有物权可以作价变卖。贷款银行仅可以要求出口商用该笔贸易以外的其他资金还款，但这一点在出口商财务情况恶化时也往往难以做到，结果就是银行蒙受信贷损失。

与打包贷款不同，托收出口押汇和信用证议付是在出口商出运货物之后，把货运单据交到银行以取得融资。托收出口押汇和打包贷款也有相关联关系：出口商借入打包贷款后，很快将货物装船运出，在取得各种单据并向进口商开发汇票后，出口商通常前往贷款银行，请其提供出口抵押贷款，该银行收下汇票和单据后，将以前的打包贷款改为出口押汇，这时的打包贷款即告结束。在托收出口押汇中，托收行贷款后，即成为出口商的债权人，取得了托收项下跟单汇票的质权。如果托收遭到进口商的拒付，可向出口商追索；如果无法索回贷款，托收行有权根据跟单汇票处理货物。在信用证议付中，议付行以自有资金按照票面金额扣除各项费用后垫付给受益人，此时汇票以及所有单据的所有权即转让给议付行。议付行议付单证，按《UCP 600》规定，保留对受益人的追索权，即如果开证行拒付，议付行就可向受益人追索；如果无法索回贷款，议付行有权根据单据处理货物；在托收出口押汇和信用证议付中，银行都承担出口商的信用风险，但风险的程度比打包贷款大为降低，因为银行在融资时掌握了货运单据和物权。

此外，在国际贸易中进行资本性物资交易，如大型成套机械设备，当出口商以赊销方式出售商品后，需要经过预先选定的贴现行或大金融公司认可的担保行担保过的本票（汇票）卖断给贴现行或大金融公司，从而提前得到现款的一种资金融通的形式。福费廷业务是一项高风险、高收益的业务，对银行来说，可带来可观的收益，但风险也较大。福费廷业务无追索权，若主债务人、担保行均破产，则由包买商承担全部风险；福费廷业务中的汇票、本票从半年到若干年，最长的可达 10 年，因此属于中期融资业务，风险较大。因此，银行做这种业务时，关键是必须选择资信十分好的进口地银行。当出口地银行作为包买商时，债权凭证必须由包买商接受的银行或其他机构无条件地、不可撤销地进行保付或提供独立的担保。

案例 15-3

案情：

出口商 A 是银行 B 的客户。出口商 A 收到了以其为受益人的信用证，在备货过程中，由于资金不足，向银行 B 申请信用证下的打包贷款。银行 B 同意发放打包贷款，贷款金额为信用证金额的70%,贷款期为30天。双方约定,当出口商A发运货物后,即以全套单据向银行B议付,银行B从出口商A应得的议付款中扣除打包贷款本息。在贷款期内,出口商A因经营不善倒闭,不再发运货物,因而无法提交单据。出口商A也无力以另外途径向银行B偿还打包贷款。在打包贷款业务中,银行承担的信用风险与银行在出口押汇业务中承担的信用风险有什么区别?哪个风险的程度更大?为什么?

🔍 **分析:**

银行在发放打包贷款时,依据的仅是出口商收到的信用证。如果出口商在提取打包贷款后情况发生变化,无法继续备货出运,那么贷款银行手上没有任何单据。也就是说,贷款银行既没有凭据可以向开证行要求付款,又没有物权可以作价变卖。在托收出口押汇和信用证议付中,银行都承担出口商的信用风险,但风险的程度比打包贷款大为降低,因为银行在托收出口押汇和信用证议付中掌握了货运单据和物权。

💡 **启示:**

银行对出口商贸易融资的信贷风险管理的核心是了解出口商的经营情况,以及所融资的贸易的具体情况。基于对特定贸易的了解,银行可以尽量缩短融资期限,以降低进口商经营情况在融资期内发生变数的可能性。此外,在信用证议付中,银行还需了解开证行的信誉,以确保开证行在单证严格一致的情况下付款。

案例 15-4

📖 **案情:**

出口商A向进口商B的出售一笔货物,价值300万美元。而进口商B坚持延期付款,因而出口商A找来其往来银行C寻求福费廷融资。C银行表示只要进口商B能提供所在地银行D出具的票据担保即可。在获悉银行D同意出保之后,C银行与出口商A签署包买票据合约,贴现条件是:6张50万美元的汇票,每隔6个月一个到期日,第一张汇票在装货后的6个月到期,贴现率为9.75%p.a.,宽限期为25天。出口商A在当年12月30日装货,签发全套6张汇票寄往进口商B。汇票于次年1月8日经进口商B承兑并交银行D出具保函担保后,连同保函一同寄给银行C。银行C于1月15日贴现全套汇票。由于货物质量有问题,进口商B拒绝支付到期的第一张汇票,银行D因保函签发人越权签发保函并且出保前未得到中央银行用汇许可,而声明保函无效,并根据进口商B所在国家法律,保函未注明"不可撤销",即为可撤销保函。而此时,出口商A因其他原因,资不抵债而倒闭。此时,银行A是否受损?

🔍 **分析:**

包买商C银行受损基本成为定局。按照福费廷业务程序,C银行在票据到期首先向担保行D银行提示要求付款。但由于D银行签发的保函因不符合所在国保函出具的政策规定及银行保函签发人的权限规定而无效,本根据其法律的规定,即便有效,因未注明"不可撤销",D银行如不愿付款,也可随时撤销保函下的付款责任。因此,C银行通过第一收款途径已不可能收回款项。如果C银行转向进口商B要求付款,该责任不应受到基础合同履行情况的影响。但由于进口商B所在国家属于外汇管制国家,没有用汇许可,进口商B也无法对外付款,因而,虽然包买商C银行在法理上占据优势地位,但事实上从进口商B处收款同样受阻。福费廷属于无追索贴现融资,即便为了防范风险,C银行与出口商A事先就贸易纠纷的免责问题达成协议,但由于出口商A已经倒闭,从而,即使C银行重新获得追索权,也难以追索弥补损失。

💡 **启示:**

福费廷公司或银行在签订福费廷协议、办理福费廷业务之前,一定要重视对出口商、进口商以及担保人本身资信情况和进口商所在国情况的调查。这些情况对于福费廷公司或银行判断一笔业务的风险、确定报价、甚至决定是否接受这笔业务都具有非常重要的意义。担保人的资信尤为关键,因而在实务中,担保人通常由包买商来指定。此案例中,C银行也是指定了一家担保行,但实际上对这家担保行的资信并非特别重视,甚至出现了担保行在办理过程中出现违反政策及业务的规定。其次,在案例中,包买商对进口国的相关政策法律也不十分清楚,对基础交易情况、货物情况不具足够的了解,对客户资信也未作必要的审查和把握。再次,在包买时,包买商对一些重要的单据文件如用以了解交易背景的合同副本,用以防范进口国政策管制风险的进口及用汇许可证等也未做出提交的规定和要去。

2. 对进口商的贸易融资

在国际结算中,银行为进口商提供融资主要包括授信开证(Issuing of L/C with Credit Limits)、承兑信用(Acceptance Credit)以及进口押汇(Inward Documentary Bill)。授信开证是指银行在未向客户收取全额保证金的情况下,为其开立进口信用证的业务。通过该项业务,进口商可以部分或全部免交开证保证金,进口融资业务从而减少资金占压,加快资金周转。银行一般应进口商申请,进口融资业务根据其偿债能力、履约记录和担保条件等情况为其核定授信额度,该项额度实行余额控制,可以循环使用,进口商在该项额度之内可全部或部分免交开证保证金。若进口商未能事先获得授信额度,可采取单笔授信审核的办法。

进口商对出口商的汇票进行承兑属于一种商业信用。如果出口商不完全相信进口商的支付能力,出口商会要求由银行对其远期汇票进行承兑,进口融资业务以保证货款的收回。此时,进口商就要向银行提出承兑汇票的申请。如果出口商要求进口商以现金支付,进口商还可以向银行签发汇票,由银行承兑,进口商将经承兑的汇票在市场贴现,以贴现所得款项支付给出口商。承兑信用是银行对外贸易融资的重要形式。在这个过程中,银行为进口商提供了信用,进口融资业务由于票据一经承兑。承兑人即变为第一付款人,承担了进口商违约的风险,因此要对进口商的资信进行调查,并控制承兑金额,当然还要向进口商收取一定的费用。

进口押汇是指当接到国外寄来的单据,而进口商暂时没有资金付款赎单时,进口融资业务以跟单汇票和进口货物作为抵押,要求银行代为垫付货款的业务。根据结算方式,也可分为信用证下进口押汇和进口托收押汇两种。信用证下进口押汇是开证行在收到单据、审单相符后即先行付款。进口商取得单据提货后将货物销售,进口融资业务以收回的资金偿还银行垫付货款的本金和利息。进口托收押汇则是发生在托收结算方式下,代收银行替进口商垫付货款,向进口商提供的短期资金融通。

案例 15-5

案情:

某贸易公司向国外客商出口货物一批,以远期 D/P 方式付款。合同订立后,出口方及时装运出口,开出以买方为付款人的 60 天远期汇票连同所有单据一起交到银行,委托银行托收货款。单据寄抵代收行后,进口商办理承兑手续时,货物已到达目的港,且货物销售的市场行情较好。但付款期限未到,为及时提货销售,进口商向代收行出具信托收据借取货运单据提前提货。然而,在销售过程中,因保管不善导致货物被火烧毁,进口商又遇其他债务关系倒闭,无力付款。由于进口商以信托收据借取货运单据是代收行向进口商提供的贸易融资,其信用风险应由代收行承担。代收行在付款到期日仍需向出口商付款,并承担由此而来的信贷损失。

分析:

在本案例中体现的是进口托收押汇。银行对信托收据融资的信用风险的管理,首先需了解所融资的贸易的具体情况;其次,对进口商的总体经营情况也要及时把握,当进口商的财务现金流发生困难,也会影响货款的偿还;此外,银行在提供信托收据融资时应要求进口商对货物全额投保,保险范围应包括火灾等,一旦货物发生保险范围内的损失,所得赔偿用于偿还银行货款。

启示:

在信托收据融资方式中,如进口托收押汇,银行承担的是进口商的信用风险,即进口商在提货、售货后,将所得款项还给银行以清偿货款。如进口商倒闭,依据信托收据银行对该笔贸易项下的货物或货款(如果货物已经出售)有优先债权。

二、出口商承担的信用风险及管理

在国际结算中,常见的信用包括银行信用和商业信用。在以商业信誉为基础的结算方式中,出口商往往承担更多的信用风险,如承担进口商的信用风险。出口商承担进口商的信用风险集中体现在货到付款和托收中。

在货到付款中,出口商先行发货,待进口商收到货物后,立即或在一定期限内将货款汇交出口商。这种结算方式对进口商有利,对出口商不利,因为此时已将货物运至进口商,出口商对进口商已没有约束,出口商要承担进口商收货后不付款或拖延付款的信用风险。在货到付款的结算方式中,出口商承担的信用风险最大。

在托收中,出口商同样承担进口商的信用风险,但同时通过货运单据的交付对进口商行使约束,因此较货到付款的结算方式其承担的信用风险相对较少。常见的托收方式是付款交单托收(D/P)和承兑交单托收(D/A),并且这着两种托收方式中,出口商所承担的信用风险不一样,前者较于后者所承担的信用风险相对较小。在 D/P 方式中,只有在进口商付款时,代收行才能将代表物权的货运单据交给进口商;在 D/A 方式中,代收行在进口商承兑远期汇票后,即将货运单据交给进口商,由进口商在汇票到期时再履行付款义务。由此,D/A 方式中出口商承担的信用风险较大,是因为进口商只需在汇票上承兑,并未付款之前就可取得货运单据提货;但对出口商来说,进口商到期不履行付款责任的风险还是存在的。一旦交单,出口商就失去了约束进口商的手段——物权;如果到期日进口商拒付,货款就有可能落空。

以商业信誉为基础的结算方式,一般建立在进出口双方长期合作关系的基础上。在长期的贸易关系中,出口商建立起对进口商的了解正是管理这方面信用风险的关键所在;同时,出口商为了尽可能减少托收方式的结算风险,应尽量争取做"到岸价格 CIF"交易,自办保险。如途中发生损失,以 CIF 价格成交的,出口商可凭保险单向保险公司索赔,争取主动。

第二节 欺诈风险及管理

一、提货担保

在国际结算中,欺诈风险是指结算中的当事人可能因为其他当事人伪造或变造与结算相关的文件或事实骗取货物或货款而承担的损失。欺诈风险多见于以下业务中:提货担保,"提单径寄开证人"条款信用证,以及伪造货运单据。

提货担保是指进口商开出信用证后,但有时因航程过短,货比单据先到,为了能及时提货用于生产销售并免付高额滞仓费,客户可要求银行为其开出提货担保书,交承运人先行提货,待正本提单收到后向承运人换回提货担保书的一种担保业务。在提货担保业务中,对开证行而言,担保的作出具有不可撤销性,担保的结清是以开证行以提单换回自己的书面担保为前提。一旦签订了担保书,就丧失了对货物的主动权。一般地说,开证申请人有一定金额的赔偿担保或信托收据;如果不严密管理,出具担保的开证行很容易有一个所借单据金额未突破赔偿担保金额的假象。行骗者还往往利用相同的货名以蒙骗船方,从而提走别人的货物,造成的损失最后由出具担保的开证行承担。

由于提货担保的金额和效期的敞口,即提货担保没有金额和效期的限定。也就是说,银行承担的责任是"无限责任"。由于担保银行的赔偿责任包括但又不限于货物本身,如果担保银行(开证行)拒付,议付行要求退单,开证行把单据退回后,出口商找船公司要货,而货物已经被进口商凭提货担保提走了,这时,船公司必定向开证行索赔。由于认赔责任包括但不仅限于货物本身,开证行赔付的金额比单据金额还多。在国际信用证业务中,议付行常常能够利用开证行办理提货担保后的这种压力,要求开证行付款。而对于开征银行来说,则处于相当被动的局面,虽收取了进口商的足额开证保证金(但仍然存在敞口),若真的卷入由此引起的法律纠纷,仍然很被动,甚至可能造成损失,并影响其正常业务的开展。

案例 15-6

📖 **案情：**

银行 A 根据其客户 B 公司的指示开立一张金额为 30 000 美元的信用证，货物允许分批装运。次月，申请人向开证行说明货物由受益人分两批装船，第一批货物已经抵达香港，要求开证行出具提取这第一批货物的提货担保，并附上相应的金额为 15 000 美元的赔款保证。由于申请人在开证行有 60 000 美元的信用额度，所以该行签发了一张给船公司的提货担保，允许申请人提货。一星期后，第一批货物的单据尚未收到，申请人又要求提取第二批货物的提货担保。由于申请人的信用额度并未突破，因此开证行开出了第二份提货担保。几天后，开证行获悉它的客户 B 公司倒闭了，董事们不知去向。之后开证行收到了国外寄来的单据，但金额是 30 000 美元。显然信用证下只有这一批货物，根本没有第二批。一个月以后，凭开证行担保而被提走第二批货物的船公司，声称开证行侵占了价值为 30 000 美元的货物。原来 B 公司少报了第一批货物的金额，再冒领了不是它的第二批货物。

🔍 **分析：**

随着航运业的不断发展，近洋地区的进口贸易的运输时间越来越短，航程一般在 2—7 天，经常发生货物先于单据到达进口地的情况，由银行出具提货担保的情况比较普遍。银行通常要对船公司保证赔偿因没有提单而提货所产生的一切损失及费用；如果客户骗取提货担保，冒领货物，提供担保的银行很可能遭受很大的损失。

💡 **启示：**

防范这类诈骗的有效措施有 4 种：① 开证行在开证时就在信用证中明确规定货物的唛头，在提货担保上打出货物唛头，并加注信用证号码，这样开证申请人就只能提取信用证中所规定的货物，而不能冒领别人的货物。② 开证行可以通过议付行获得货物的详情资料，了解单据是否已被议付，是否真的有这批货物，以避免受骗。③ 开证行应该要求开证申请人提供绝对付款的书面保证和保证金，以防届时开证申请人以单证不符为由达到提取货物后不付款的目的。④ 开证行可以要求进口商在他的赔偿担保或信托收据中说明承担无限责任，而不是像上述案例中只有 15 000 美元，必要时考虑要求进口商提供抵押品或由信誉良好的第三方提供无限责任担保。

二、"提单径寄开证申请人"条款信用证

在正常情况下，应该是受益人将全套正本提单及单据提交银行，由开证行通知开证申请人到银行付款赎单，然后向船公司提货。但如果信用证中规定有"提单径寄开证申请人"条款，开证申请人在收到提单后就可以在未付款的情况下提货，这种做法的好处是解决了货物先到港而信用证下的单据未到，进口商无法提货的矛盾。在执行国际贸易合同时，对来自近洋的进出口货物我们常常遇到有下列条款的信用证："发货后，请立即或在 3 天内将 1/3 份

正本提单以特快专递的方式直接寄到开证申请人处,并将盖有邮戳的邮政收据或特快专递底联列为随附单据之一随同其他正本提单、发票一起送交银行议付。"

任何合同的交易都是以一方的交货换取另一方的付款为前提条件的。一旦发货人递交出运单,就意味着他自动将物权转移给另一方而解除了要求另一方必须付款的制约,这时如果收货人不付款,发货人将面临着货、款两空的风险。因此,"提单径寄开证申请人"条款信用证对出口商和开证行来说,有着较大的风险,必须防范不法商人利用"提单径寄开证申请人"条款存心诈骗。对出口商来说,进口商提货后,如果再以单证不符等理由拒付货款,出口商就面临货款两空的危险。对开证行来说,如果受益人接受了此条款,履行了将提单一份(或多份)正本径寄开证申请人的义务,且议付的单证相符,开证行是不能免除付款责任的。如果开证申请人提货后不予付款,或破产倒闭,损失将由开证行承担。

为解决上述问题,目前国际上通常采用的做法有以下 3 种,但由于每种方式都具有各自的缺点和不便之处,因此在实际执行中还需贸易各方认真考虑权衡利弊。第一种做法,担保提货采用信用证支付方式,货物的进口商在货物抵达国内港口时向其开证银行提出凭海运提单副本提货的申请,开证行在审核进口商提供的有关资料后,并在进口方提供了 100% 的货价保证金后,向船公司出具提货担保证明书,船公司凭该银行担保将有关货物先行交给进口商,然后由开证行负责将正本海运提单补交给海运公司,换回其银行担保证明书。采用这种方式收货人虽然能提早拿到货物,但由于收货人需提供 100% 的货价保证金,会占用收货人的有限资金,不利其资金周转。第二种做法,采用电放方式提货。收货人在征得发货人和船公司的同意后,采用电放的方式,要求船公司允许收货人在目的港凭海运提单复印件和收货人出具给船公司的《担保函》先行提货,同时收货人承诺在保函规定的时间内将正本海运提单交回船方式撤回《担保函》。采用此种做法,船公司会承担一定的连带风险和责任。当收、发货人之间发生贸易纠纷时,船公司会因此受到牵连并冒着被扣船,被起诉等等风险,因此船公司对此种方式一般都采取审慎的态度。在对收货人的资信没有 100% 的把握之前,船公司是不会同意电放货物这种方式的。第三种做法,也是目前采用较普遍的方式,即在信用证条款中附加保护性条款。在信用证规定 1/3 份正本提单直接邮寄给收货人提货的同时,规定收货人只有将全套 3 份正本提单全部退银行后方能拒付货款。采用此种做法既可以保证发货人按时收到货款,同时又可以方便收货人及时收到货物。但采用此种方式也会给收货人合理拒付造成许多不便之处,当发货方故意违约时,收货人因无法及时收回全套正本海运单据而不能拒付货款保障自己的权益,因此收货人应审慎考虑后再决定是否接受此种条款。

无论采用哪种做法,要防范此类风险,从出口商的角度,就是要了解开证行和开证申请人有良好的信誉,同时要确保信用证中所有条款均能做到,且严格按照信用证条款制单,使进口商以后无法以单证不符或信用证失效而拒付。从开证行角度,在开立"提单径寄开证申请人"条款信用证时,要了解开证申请人有良好的信誉,银行可以要求开证申请人提交开证保证金,一般还要求开证申请人出具信托收据,承认货物所有权属银行所有,万一开证申请人提货后不付款,可作为诉讼的依据。

三、信用证结算中伪造单据

在信用证结算中,只要单据相符,开证行就要对外付款,进口商也要付款赎单。进口商得到合格单据并不一定得到单据记载的货物,如果出口商蓄意伪造商业发票、质检单、保险单、提单等单据,或提供与实际货物不一致的单据,进口商可能在不知情的情况下对空头提单付款赎单,受到财产损失。如果是这样,虽然进口商可凭合同向出口商索赔,但蓄意行骗的出口商可能已不知去向。对此种风险,进口商应提高警惕,对不了解的客户或信誉欠佳的客户不可不防假单据。

第三节　操作风险及管理

一、银行审单风险

随着国际经济贸易的不断发展,全球一体化的经济格局使信用证交易越来越频繁,单据也日趋繁杂,操作风险也相应增加。国际结算中的操作风险是指由于当事人操作不当而造成的风险,最常见的操作风险是信用证业务中银行审单的风险和出口商审证的风险。

由于银行在审查单据的过程中有可能因为银行内部的技术性问题而导致的银行资金损失。信用证作为一种结算方式,银行审单时单据符合了单单一致、严格一致的条件后即应付款。但如果在审单时由于审单员的失误,或者技术层面的失控,导致银行对不符单证付款后,就必须承受无法收回垫款的损失。在信用证业务中,承担审单的操作风险的主要是议付行和开证行。议付行在议付单据时,为了能向开证行安全索偿,必须合理小心地审核单据,保证单证一致,以避免开证行因单据不符点而拒付的风险。开证行在收到单据后,必须小心谨慎地加以审核,确定其是否与信用证条款相符,以避免开证申请人因单据不符点而拒付的风险。银行在审单时,只需审核单据表面有无不符点,而对任何单据的形式、完整性、准确性、真实性或法律效力等不负责任。

案例 15-7

📖 案情:

A银行开出一份信用证中,对货物的描述如下:数量 2 500 箱,单价 USD 15.80,价格条款为 CIF。其中 FOB 价为 USD 39 500.00,运费为 USD 800.00,保险费为 USD 75.00,信用证总金额为 USD 40 375.00,允许有 5% 的增减(包括数量和金额)。而后,A银行收到议付行提交的单据审核中发现:实际装货数量为 2 625 箱,汇票金额为 USD 42 875.00。发票中显示 FOB 价为 USD 42 000.00,运费为 USD 800.00,保险费为 USD 75.00。开证行经计算,发现正确的总金额应为 USD 42 350.00。即 FOB 价为 USD 41 475.00(2 625 箱×单价 USD 15.80),运费为 USD 800.00,保险费为 USD 75.00,显然发票中的单价计算有误,A银行据此拒付,而议付行提出异议,认为其没有义务核对单价与数量计算的正确与否。银行有义务和责任在审单中进行详细的数学计算吗?以什么标准来认定什么是需要计算的?什么是不需要计算的?

🔍 分析:

本案议付行在审单中,没有发现发票金额计算中的错误,因而与开证行发生索偿的纠纷。《UCP 600》规定："开立信用证的指示或信用证本身，以及修改信用证的指示和修改书本身，必须完整而明确。为了防止混淆和误解，银行应劝阻下列意图：在信用证或其任何修改中，加注过多细节……"信用证中的成本计算等内容可以归纳为过多细节的范围，这不属于银行的职责。当信用证中包括这些过多细节时，银行没有义务通过详细的数学计算来确定是否相符。但是，如果信用证中总金额及其分项构成即FOB价、运费、保险费是分列的，则其可理解为属于银行必须动手计算的范围。在本案中，因为只有单一货物的描述，且信用证中有总金额分项构成的描述，开证行要求议付行发现计算上的错误，也不是不合理的。在实务中，从议付行的角度，如果遇到列出总金额分项构成的信用证，在审单中应格外注意计算。从开证行的角度，则应尽量避免在信用证中加列从表面上看要求银行进行审核计算的描述，以免引起不必要的纠纷。

💡 **启示：**

为了防范议付后被开证行拒付的风险，议付行可以要求受益人将货权作抵押，即受益人交单时需填写"质押权利设定书"（Letter of Hypothecation），声明在发生意外时，议付行有权处理单据，甚至变卖货物，使货物成为议付行完全可以支配的抵押品，减少议付行索偿的风险。如果议付行向开证行索偿遭拒付，可以向受益人行使追索权，此时议付行相当于汇票的正当持票人，除非议付行是保兑行。但如果议付行接受了受益人交来的"无追索权"的汇票并进行议付后，则应承担"无追索"的义务。如事后被开证行拒付，议付行应自负责任。

《UCP 600》对开证行（以及保兑行）的审单时间规定如下：开证行应在不超过收到单据次日起的5个工作日内审核单据，以决定接受或拒绝单据，并通知交单方。开证行如果发现单据与信用证不符，应在不超过收到单据次日起的5个工作日内通知索偿行表示拒绝接受单据，并且应一次性提出所有不符点，不可分批分期地提出。同时要声明代为保管单据听候处理意见，或说明已将单据退回寄单行。开证行拒付后，若申请人提出接受单据，则开证行应先征询寄单行的同意，然后才可将单据交给申请人。

案例 15-8

📖 **案情：**

某银行开立一份不可撤销的议付信用证，并通过另一家银行将信用证传递给受益人。受益人发货后取得单据并通知银行议付，议付银行议付后将单据传递给开证行。开证行在收到单据后第9个工作日以不符点为由拒付。开证行在收到单据后第9个工作日拒付是否合理。

🔍 **分析：**

在本案例中，开证行拒付超过了《UCP 600》规定的合理期限，不能免除其偿付责任。开证行如未能在规定期限内表示拒绝，则必须履行偿付责任。这种情况下，因为单据有不符点,开证申请人有理由拒付。银行无法从申请人处收取货款,只能因为本身操作中的疏忽而承担损失。

> 💡 **启示**:
>
> 为了防范过期拒付的风险,开证行一般都有严格的计时机制,确保银行在不迟于收到单据次日起的 5 个工作日内作出合理的反应。

案例 15-9

📖 **案情**:

某年 8 月,A 公司作为进口商与出口商 B 公司签订了贸易合同。9 月 30 日香港 C 银行开出不可撤销跟单信用证,证中规定:最迟装运期为 11 月 30 日,议付有效期为 12 月 15 日。B 公司按信用证的规定完成装运,并取得签发日为 11 月 10 日的提单,当 B 公司备齐议付单据于 12 月 4 日向银行议付交单时,银行以我方单据已过期为由拒付贷款。那银行的拒付是否有理?

🔍 **分析**:

在本案例中,提单签发日为 11 月 10 日,而 B 公司于 12 月 4 日才向银行议付交单,尽管议付有效期为 12 月 15 日,但晚于提单签发日 21 天,在信用证上又无特殊规定,银行有理由拒付。

💡 **启示**:

作为出口商应及时在规定的 21 天内交单付议,如有特殊情况需要延迟,则应在信用证或合同上注明"过期提单可以接受"的条款。

二、出口商的操作风险

一份不可撤销的信用证中如果有若干赋予开证申请人单方面可随时解除付款责任主动权的条款,便使得表面上为不可撤销的信用证变成了实质上可撤销的信用证,这类条款对出口商是很不利的。但由于它们的生效方式表现出来的虚假和隐蔽性,往往出口商不容易识别而疏于防范。所以人们常把这类条款称为"陷阱条款"或"软条款",即指在不可撤销的信用证加列一种条款,使出口商不能如期发货,据此条款开证申请人(买方)或开证行具有单方面随时解除付款责任的主动权,即买方完全控制整笔交易,受益人处于受制人的地位,是否付款完全取决于买方的意愿。软条款一般有以下 4 种。

(1) 变相可撤销信用证条款:当开证银行在某种条件得不到满足时(如未收到对方的汇款、信用证或保函等),可利用条款随时单方面解除其保证付款责任。

(2) 暂不生效条款:信用证开出后并不生效,要待开证行另行通知或以修改书通知方可生效。

(3) 开证申请人说了算条款:信用证中规定一些非经开证申请人指示而不能按正常程

序进行的条款。如发货需等申请人通知,运输工具和起运港或目的港,需申请人确认等。

(4) 无金额信用证(zero letter of credit):信用证开出时无金额,通过修改增额或只能记账,而不发生实际现汇支付。通常还可以用几个"不"字来概括。即开证行不通知生效,不发修改书,开证人不出具证书或收据,不来验货,不通知船公司船名等,并常常伴有要求出口商提前支付5%甚至更高履约金的字样,其中有不少是在证外合同中早就规定好了的。

案例 15-10

案情:

某银行收到国外开来的信用证,其中有下述条款:① 检验证书于货物装运前开立并由开证申请人授权的签字人签字,该签字必须由开证行检验;② 货物只能待开证申请人指定的船只并由开证行给通知行加押修改后装运,该加押修改必须随同正本单据提交议付。该信用证对出口商有怎样的风险?出口商应否接受该信用证?

分析:

本案中的两个条款,都属于凭证文件规定由申请人或其代理人出具的条款,是软条款。如果出口商不加分析地接受该信用证,则会无法控制所提交单据的质量,而失去了要求开证行付款的主动权。

启示:

对信用证软条款的防范,首先要注意出口合同条款的拟定。信用证是以商业合同为背景来开立的,所以在缮制合同时,对关键条款应尽可能制订得详细明确、言简意赅,最好能在合同中阐明买方在申请开证时应向或不应向银行提出的条款,避免信用证条款过于烦琐,而不给对方以乘虚而入的机会。对各类可能发生事件考虑得越周到,则出现软条款的机会就越少;反之,如果合同本身不明确,出现了软条款就无法依照合同要求修改。其次,对来证要仔细审核,从信用证的生效环节、货物检验环节、货物装船环节到货物验收环节,需一一审查其中是否含有软条款。不要等做到一半时才发现信用证条款有问题存在,那时为时已晚,万一进口商不同意修改信用证,出口商就将陷到了十分被动的局势。此外,最重要的是出口商要不断加强信用风险管理,注重资信调查,谨慎选择贸易合作伙伴,在签约前有必要通过一些具有独立性的调查机构详细审查客户的基本资料,选择资信良好的客户作为自己的贸易合作伙伴。

作为信用证的受益人,出口商在收到信用证时应该仔细审阅。受益人审证的依据有3条:一是买卖合同;二是收证时的政策法令;三是备货和船期等实际情况。审查来证内容有无出口方办不到的地方,有无影响出口方安全及时收汇或会增加出口方费用开支的地方,如果发现来证与合同内容不符,必须立即联系开证申请人要求修改信用证。同时,在订立商检条款时,应力争客户同意由我国的商检机构来实施商品检验。一来可以减少费用;二来可以减少许多麻烦。倘若在订立合同时,能够争取到由我国的商检机构来进行检查,并且出具检验证,将给出口商很大方便,让出口商处在比较主动的地位,使信用证方式收汇更加顺利。

只有在出运前做好审证和改证的工作,才能最大限度地防止"拒付"或"迟付"为早收汇、安全收汇创造条件。

案例 15-11

案情:

某出口企业对外出口产品一批,销售合同中规定商品装于木箱之中(to be packed in wooden cases),而对方所开来的信用证则显示商品装于标准出口纸箱中(to be packed in standard export cartons)。由于卖方同时拥有两种包装的产品,而且船期临近,且双方有长期的业务合作,卖方便在信用证中所规定的装运期前将装于标准出口纸箱的产品装运并取得相应的单据。此后卖方收到信用证的修改通知书,对方表示由于工作疏忽将包装条款打错,希望信用证中的相关条款与合同条款保持一致,即以木箱进行包装。卖方由于已经装运,所以拒绝接受修改。待卖方向有关银行结算以后,却收到买方提出的抗辩:"关于第××××号合同,合同中规定采用木箱包装,而贵方所提交的单据显示该批货物系装于出口标准纸箱中,我方已与最终用户联系,其表示不能接受。因此,我方也不能接受贵方所提供的货物和单据,希望贵方退还已从银行结算的货款,并承担我方的损失费用……"该案中出口商承担了怎样的风险?出口商应该怎样做可以降低或消除风险?

分析:

信用证是一独立的、自足性的文件,在跟单信用证业务中,各方均应以信用证作为唯一依据,而非合同和实际货物。从这个意义上来说,卖方的做法无可厚非,买方的以合同规定提出的要求并不能得到支持。此案例中,本身是一个小问题,但因缺乏沟通所酿成。出口商在收到信用证,发现其中的包装要求与合同规定不符的时候,应该在出运前及时联系进口方,澄清包装的要求,并对信用证作出必要的修改,由此引起的时间延误,可要求进口方通过信用证展期予以弥补。如此,就可以避免本案中后来所发生的纠纷,确保安全及时收汇。

启示:

由于银行决定是否议付的依据是"单证相符,单单一致",而不是依据合同。倘若信用证规定条款与合同不吻合,出口商必须考虑能否接纳。如果无法达到信用证规定条款的要求时要立刻与开证申请人联系,对信用证进行必要修改。规则是死的,而人是活的,友情操作、无情规则可能会避免麻烦。

第四节 综合风险及管理

前面,我们讨论了国际结算中的信用风险、欺诈风险、操作风险,及各种风险的管理措施。在国际结算的实践中,往往是多种风险同时存在,这就更加需要当事人清醒地分析情况,并在适当的时候作出谨慎而又敏捷的处理。

案例 15-12

案情:

2000年12月10日,某市A公司与德国B公司签订了一份出口地毯的合同,合同总价值为50 000美元,收货人为B公司,付款条件为D/A30天。2000年12月20日,A公司按照合同的要求备齐货物发运。在取得空运提单和原产地证之后,公司连同已缮制好的汇票、发票、单据一起交到该市C银行。因A公司近期资金紧张,随即以此单向C银行申请办理押汇。银行考虑虽然托收风险大,但A公司资信状况良好,与本行有良好的合作关系,无不良记录,就为A公司办理了出口押汇,押汇金额为50 000美元,押汇期限为50天,到期日为2001年2月9日。同日C银行将此款项转到A公司账户,随后A公司便支用了该笔款项。2001年1月12日,C银行收到国外提示行电传,声称客户已经承兑,并取走了该套单据,到期日为2001年2月8日。但是到期日之后,却迟迟未见该笔款项划转过来。经A公司与C银行协商,由A公司与买方联系,买方声称已将该笔款项转到银行。2001年3月25日,C银行发电至代收行查询,代收行未有任何答复。此时A公司再与B公司联系,B公司一直没有回电。到2001年9月,突然来电声称自己破产,已无偿还能力。至此,该笔托收款已无收回的可能。C银行随即向A公司追讨,但A公司一直寻找借口,拖欠不还。C银行见A公司无归还的诚意,就将A公司告上法庭,要求A公司清偿所欠的银行债务。在本案例中,托收款无法收回的损失最终应由谁承担?C银行承担了哪一方的信用风险?银行和出口商共同承担着怎样的欺诈风险?这些风险应如何妥善管理?

分析:

这是一个信用风险与欺诈风险同时存在的例子。在案例事实中,不难看出存在着欺诈的情况。在2001年1月,C银行收到国外提示行电传,声称B公司已经承兑,并取走了该套单据,到期日为2001年2月8日。但是到期日之后,却迟迟未见该笔款项划转过来。A公司与B公司联系,B公司声称已将该笔款项转到银行。2001年3月25日,C银行发电至代收行查询,代收行未有任何答复。直到半年以后的2001年9月,B公司才突然来电声称自己破产,已无偿还能力。公司与代收行的言行前后严重矛盾。最后的结果是B公司没有支付货款,但取走了单据。作为取走单据的自然结果B公司也取走了货物。A公司与C银行落得款货两空的境地。

作为以商业信用为基础的结算方式,在托收中,进口商的信用风险由出口商承担,也就是说,托收款无法收回的损失最终应由出口商A公司承担。前面我们说过,同样是托收,D/A的风险高于D/P,因为D/A进口商只需承兑即可拿到单据,出口商在进口商最终付款前仍然承担着信用风险。本案正是一个典型的例子,出口商应尽量避免运用D/A

方式结算。即使要用,也需要十分谨慎,要对进口方有充分的了解,防止信用风险和欺诈风险。

C银行以出口押汇方式向A公司提供了贸易融资,在出口押汇业务中,银行在押汇时保留着对出口商的追索权。在此意义上,银行承担出口商的信用风险。前面我们说过,信用风险是指债务人偿还债务的能力和意愿。在本案中,虽然C银行试图行使对A公司的追索权,但显然A公司没有偿还其债务的意愿。这就是C银行将其告上法庭的原因。从风险管理的角度,C银行可以更谨慎并作出更敏捷的反应。2001年3月C银行发电至代收行查询,代收行未有任何答复,此时银行就应该向A公司追索货款,而不是等到9月B公司来电声称破产时才行使追索权。在这里C银行浪费了半年的时间,使该笔信贷的变数大大增加。虽然C银行可以将A公司告上法庭,但诉讼耗费人力物力,且最后也不一定能收回货款。如果C银行能早作反应,这些情况则大有可能避免。

💡 **启示:**

为了避免出现类似的风险,出口商应尽量避免运用D/A方式结算,即使要用,也需要十分谨慎,要对进口方有充分的了解,防止信用风险和欺诈风险。从银行的角度,应始终清醒地分析情况,并在适当的时候作出谨慎而又敏捷的处理。总之,国际结算中的风险管理建立在对各方当事人充分了解以及对国际结算和国际贸易实务充分熟悉的基础上。外贸业务人员应努力学习外贸相关专业知识,提高自身的业务综合素质水平,是防止风险的重点。伴随着竞争的日益激烈,千变万化的市场对业务人员提出更多更高的要求,贸易做法日益灵活多变,业务上一旦不熟,遇到问题看表面而不看实质,对风险缺乏充分的估计,很容易造成严重后果。银行要不断加强干部和员工的培训,使得从业人员学懂并严格执行国家外汇管理、外贸、税收、海关以及外商投资企业有关的政策,重要岗位人员应定期轮换。此外,各方当事人要区块链技术的学习与运用,区块链将是未来国际结算的选择之一。基于区块链技术的国际结算具有可追溯性,可以使每笔交易都能查找到交易路径,真正实现了可追溯的操作,保证了各项结算的安全。并且,由于区块链实现了点对点的服务,使得国际结算可实现去中心化,即不需要搭建存储者的服务器,这样既可以省去很多维护成本,而且使得交易更加透明化,减少正常交易被不法分子利用的风险。最后在实践中,既要有对整体贸易流程的把握,又要有对细节的注意。在长期的工作中积累经验非常重要。

本章小结

在国际结算中,常见的风险是信用风险、欺诈风险和操作风险。信用风险是指从债务的发生直到债务全额偿还为止,债务人偿还债务的能力和意愿的不确定性可能给债权人带来的损失。在汇款和托收等以商业信用为基础的结算方式中,进口商的信用风险由出口商承担;在信用证这种以银行信用为基础的结算方式中,进口商的信用风险就转而由银行承担。另一方面,在各种各样的贸易融资方式中,银行也承担进口商、出口商或其他银行的信用风险。在以商业信誉为基础的结算方式中,出口商承担进口商的信用风险。这种风险反映在货到付款的汇款和托收中。

欺诈风险是指结算中的当事人可能因为其他当事人伪造或变造与结算相关的文件或事实骗取货物或货款而承担的损失。欺诈风险多见于以下业务中:提货担保、"提单径寄开证人"条款信用证以及伪造货运单据。

操作风险则是指由于当事人操作不当而造成的风险。最常见的操作风险是信用证业务中银行审单的风险和出口商审证的风险。

对国际结算中风险的管理建立在对各方当事人充分了解以及对国际结算和国际贸易实务充分熟悉的基础上,同时要不断地学习区块链技术的学习,掌握其在国际结算中的运用。在实践中,既要有对整体贸易流程的把握,又要有对细节的注意。

基本概念

1. 信用风险:从债务的发生直到债务全额偿还为止,债务人偿还债务的能力和意愿存在着不确定性,由此可能给债权人带来的损失就是信用风险。

2. 欺诈风险:结算中的当事人可能因为其他当事人伪造或变造与结算相关的文件或事实骗取货物或货款而承担的损失。

3. 操作风险:在结算中由于当事人操作不当而造成的风险。

4. 装运前融资:银行在出口商尚未发运货物的情况下对出口商贷款,打包贷款是典型的装运前融资。

5. 装运后融资:出口商已经发运货物,并将货运单据交到银行,作为融资的依据,托收出口押汇和信用证议付是装运后融资。

6. 打包贷款:出口商在收到信用证,还未及出运货物时,资金一时周转困难,可将信用证抵押给银行,从银行得到相应额度的短期贷款,用以备货。货物出运后,出口商将单据交贷款银行办理议付,贷款行在向出口商议付时扣除贷款本息,将余额付给出口商。

7. 信托收据:进口商在借取货运单据时所提供的书面信用担保凭证。依据信托收据,银行是信托人,进口商是受托人,进口商受代收行的委托代为处理货物。货物的产权归属银行所有,进口商保证货物出售后,一定把所得款项还给银行以清偿托收或信用证下的货款。

复习思考题

1. 信用证的议付行在议付信用证时承担着开证行的信用风险吗?承担着欺诈风险吗?为什么?

2. 如果申请人要求修改信用证,增加信用证金额,开证行的信用风险增大了吗?为什么?

3. 如果进口商一再要求延长信托收据融资的期限,通常会引起银行在风险管理方面的警示,你知道为什么吗?

4. 学习了本章,回顾第一章的学习,区块链技术在国际结算中的风险管理扮演怎样的角色?

主要参考文献

1. 贺瑛.国际结算[M].复旦大学出版社,2006.
2. 许南.国际结算[M].中国人民大学出版社,2013.
3. 赵慧娥.国际贸易实务(第2版)[M].中国人民大学出版社,2018.
4. 李秀芳.国际商法[M].中国人民大学出版社,2017.
5. 冷柏军,张玮.国际贸易理论与实务(第2版)[M].中国人民大学出版社,2019.
6. 李源彬,穆炯,杨洋.电子商务概论(第3版)[M].人民邮电出版社,2012.
7. 劳帼龄.电子商务安全与管理[M].高等教育出版社,2003.
8. 胡道元,闵京华.网络安全[M].清华大学出版社,2004.
9. 陈琳,徐桂华,李顺萍.国际结算与贸易融资[M].清华大学出版社,2018.
10. 高洁,罗立彬.国际结算(第3版)[M].中国人民大学出版社,2015.
11. 黄芸.国际结算[M].湖南师范大学出版社,2013.
12. 舒红,聂开锦,沈克华.国际结算[M].格致出版社,2009.
13. 徐捷.国际贸易融资——实务与案例[M].中国金融出版社,2013.
14. 李华根.国际结算与贸易融资实务[M].中国海关出版社,2012.
15. 吴国新,张学波.国际结算[M].高等教育出版社,2011.
16. 吴百福,徐小薇.进出口贸易实务教程(第6版)[M].格致出版社,上海人民出版社,2011.
17. 裴祥喜,孙焱.电子商务中电子支付安全探究[J].中国商贸,2011(3).
18. 谷素华.国际结算信用风险及其控制[J].经济研究参考,2014(70).
19. 王晓东,孙泽元.利用区块链技术开展国际结算的探讨[J].对外经贸实务,2017(7).
20. 莫淑.全球人民币清算体系建设研究[J].河南财政税务高等专科学校学报,2014,28(5).
21. 杨涛,程炼.我国支付清算体系运行的理论与实践前沿[J].中国信用卡,2016(1).
22. 王伟.两大工程奠定我国现代支付清算体系——专访中国人民银行原副行长吴晓灵[J].金融电子化,2019(10).
23. 高蓓,盛文军,张明.跨境清算体系:国际比较及中国进展[J].上海金融,2016(8).
24. 胡思琪.浅谈中国支付清算体系的改革发展及未来走向[J].中国商论,2016(33).
25. 郭松珍.国际结算中我国出口企业面临的信用证风险及其防范[J].特区经济,2011(9).

图书在版编目(CIP)数据

国际结算/贺瑛主编. —3 版. —上海：复旦大学出版社，2022.9
（创优. 经管核心课程系列）
ISBN 978-7-309-16027-7

Ⅰ. ①国… Ⅱ. ①贺… Ⅲ. ①国际结算-高等学校-教材 Ⅳ. ①F830.73

中国版本图书馆 CIP 数据核字(2021)第 241121 号

国际结算（第三版）
GUOJI JIESUAN
贺　瑛　主编
责任编辑/王雅楠

复旦大学出版社有限公司出版发行
上海市国权路 579 号　邮编：200433
网址：fupnet@ fudanpress.com　http://www.fudanpress.com
门市零售：86-21-65102580　团体订购：86-21-65104505
出版部电话：86-21-65642845
杭州日报报业集团盛元印务有限公司

开本 787×1092　1/16　印张 20.75　字数 505 千
2022 年 9 月第 3 版
2022 年 9 月第 3 版第 1 次印刷

ISBN 978-7-309-16027-7/F·2848
定价：52.00 元

如有印装质量问题，请向复旦大学出版社有限公司出版部调换。
版权所有　侵权必究